O INTERESSE NO DESINTERESSE

Dados Internacionais de Catalogação na Publicação (CIP)
(Câmara Brasileira do Livro, SP, Brasil)

Bourdieu, Pierre, 1930-2002
O interesse no desinteresse : curso no Collège de France (1987-1989) / Pierre Bourdieu ; tradução de Fábio Ribeiro ; edição estabelecida por Julien Duval. – Petrópolis, RJ : Vozes, 2025.

Título original: L'intérêt au désintéressement
ISBN 978-85-326-7109-7

1. Interesse pessoal 2. Interesse público 3. Sociologia política
I. Duval, Julien. II. Título.

25-267641 CDD-306.201

Índices para catálogo sistemático:
1. Interesse público : Sociologia 306.201

Cibele Maria Dias – Bibliotecária – CRB-8/9427

Pierre Bourdieu

O INTERESSE NO DESINTERESSE

Curso no Collège de France
(1987-1989)

Edição estabelecida por Julien Duval

Tradução de Fábio Ribeiro

EDITORA VOZES
Petrópolis

Tradução realizada a partir do original em francês intitulado *L'intérêt au désintéressement – Cours au Collège de France (1987-1989).*

Direitos de publicação em língua portuguesa – Brasil:
2025, Editora Vozes Ltda.
Rua Frei Luís, 100
25689-900 Petrópolis, RJ
www.vozes.com.br
Brasil

Editoração: Piero Kanaan
Diagramação: Guilherme Ayres
Revisão gráfica: Jhary Artiolli
Capa: Editora Vozes

ISBN 978-85-326-7109-7 (Brasil)
ISBN 978-2-02-143271-8 (França)

Este livro foi composto e impresso pela Editora Vozes Ltda.

Sumário

Nota dos editores

Os editores agradecem a Louis Gabrysiak e Thibaut Izard por seu trabalho de transcrição das aulas, assim como a Bruno Ambroise, Johan Heilbron, Louis Pinto e Yves Winkin por seu auxílio no estabelecimento do texto definitivo e das notas[1].

Este livro prossegue e conclui a empreitada de publicação dos cursos de Pierre Bourdieu no Collège de France. Alguns meses após sua última aula nessa instituição, em março de 2001, Bourdieu publicou, sob o título *Ciência da ciência e reflexividade* (Bourdieu, 2017)[2], uma versão resumida de seu último ano letivo (2000-2001). Depois de seu falecimento, foram publicados *Sobre o Estado*, em 2012, e depois *Manet: uma revolução simbólica*, em 2013, que correspondiam às aulas que ele deu, respectivamente, nos períodos 1989-1992 e 1998-2000 (Bourdieu, 2014, 2023a)[3]. A publicação do "curso de sociologia geral" que Pierre Bourdieu ofereceu durante seus cinco primeiros anos letivos no Collège de France, entre abril de 1982 e junho de 1986, foi preparada em seguida, com um primeiro volume, publicado em 2015, que reunia as aulas dos anos letivos 1981-1982 e 1982-1983, e depois um segundo, em 2016, reunindo as dos três anos seguintes[4]. O curso oferecido em 1992-1993 que Bourdieu intitulou "Os fundamentos sociais da ação econômica" foi publicado em 2017 (Bourdieu, 2017a). Esse volume reúne os cursos oferecidos em 1987-1988 e 1988-1989 sob o título "A propósito do Estado". O primeiro ano inclui cinco sessões, de cerca de uma hora e cinquenta minutos

1. O tradutor gostaria de agradecer a Maël Brustlein e a Juliana Miraldi, doutora em Sociologia pela Universidade Estadual de Campinas (Unicamp), pelo auxílio com questões que surgiram nesta tradução [N.T.].

2. Título original: *Science de la science et réflexivité*, publicado em 2001.

3. Títulos originais: *Sur l'État*, publicado pela Seuil, em 2012; e *Manet, une révolution symbolique*, também publicado pela Seuil, em 2013.

4. No Brasil, esses dois volumes foram editados em cinco, todos publicados pela Editora Vozes: Bourdieu (2021a, 2021b, 2023b, 2023c, 2025). Título original da obra: *Sociologie générale vol. 1: Cours au Collège de France 1981-1983*, publicado pela Seuil, em 2015; e *Sociologie générale vol. 2: Cours au Collège de France 1983-1986*, também publicado pela Seuil, em 2016.

cada, que ocorreram semanalmente às quintas-feiras em março e abril de 1988. O segundo ano é composto de duas aulas dadas em Lyon (Bourdieu, 1989c, 1996c, p. 137-156) e cinco aulas dadas em Paris, às quintas-feiras, em janeiro e fevereiro de 1989[5].

A edição deste volume conforma-se às escolhas editoriais definidas quando da publicação do curso sobre o Estado, que visavam conciliar a fidelidade e a legibilidade[6]. O texto publicado corresponde à transcrição das aulas tais como elas foram dadas.

Como nos volumes anteriores, a passagem do oral ao escrito foi acompanhada por uma leve reescrita que buscou respeitar as disposições que Bourdieu aplicava quando ele próprio revisava suas conferências e seminários: correções estilísticas, suavização dos resíduos do discurso oral (repetições, vícios de linguagem etc.). As raras passagens que estavam pouco audíveis ou inaudíveis são assinaladas por reticências entre colchetes. Algumas palavras ou fragmentos de frases foram adicionadas durante a edição do texto para facilitar a leitura ou esclarecer formulações elípticas; quando elas não foram pronunciadas por Bourdieu, aparecem entre colchetes.

A divisão em seções e parágrafos, os subtítulos e a pontuação são dos editores.

As notas de rodapé são, em sua maioria, de três tipos. O primeiro indica, quando foi possível identificá-los, os textos aos quais Bourdieu se referiu explicitamente (e às vezes implicitamente); quando pareceu útil, adicionamos curtas citações desses textos. O segundo visa indicar aos leitores os textos de Bourdieu que, anteriores ou posteriores aos cursos, contêm aprofundamentos sobre os pontos abordados. O último tipo de notas fornece elementos de contextualização, por exemplo, em relação a alusões que poderiam ser obscuras para leitores contemporâneos ou pouco a par do contexto francês.

[**Nota do tradutor**: Reforçando o que foi dito pelos editores, gostaria de fazer uma observação sobre o caráter deste texto, que é razoavelmente diferente de um livro acadêmico tradicional. Pierre Bourdieu é conhecido por um estilo um tanto obscuro de redação, especialmente em suas primeiras obras. Este livro, por ser uma transcrição de suas aulas com uma intenção didática muito mais preponde-

5. As aulas parecem ter sido um pouco mais curtas em 1988-1989 do que no ano anterior. As gravações utilizadas aqui – que infelizmente contêm interrupções – têm em média uma hora de duração.

6. Cf. a nota dos editores em Bourdieu (2014b).

rante, é uma mudança radical para Bourdieu. Os editores franceses escolheram manter grande parte da oralidade dessas aulas, opção que segui na tradução e que considero ser a grande virtude deste texto para um público mais geral (e também especializado): um Bourdieu mais claro e até mais "humanizado". Assim, peço que se tenha isso em mente durante a leitura: neste texto há gírias, construções verbais não eruditas, piadas, trocadilhos, jogos de palavras, próclises no lugar de ênclises e outros traços de oralidade. No que concerne à tradução, sempre que possível adicionei referências a edições em língua portuguesa nas notas de rodapé. As referências aos originais também estão indicadas em algumas notas de rodapé. Também acrescentei notas de esclarecimento de contexto para um público brasileiro quando julguei necessário. Em algumas passagens, o próprio Bourdieu comenta citações de outros autores. Quando isso acontece, acrescentei "P.B." ao final dos colchetes das intervenções de Bourdieu para diferenciá-las das minhas.]

Aula de 10 de março de 1988

Leitura interna, leitura externa e autonomia – O esquecimento do microcosmo – A coerência e a normatividade do direito – O espaço das obras e o espaço das posições – Um texto canônico de D'Aguesseau – A invenção do público como novo soberano

[A gravação utilizada não contém o começo da aula. É difícil estimar a duração da passagem que falta. Para melhor compreensão do ponto de partida deste curso, é útil referir-se ao texto de situação "Pierre Bourdieu às portas do Estado" (cf. abaixo: p. 275)]

Durkheim disse que se há um problema difícil que o sociólogo não pode abordar sem temores e estremecimentos, é o problema do Estado[1]. O problema é ainda mais difícil porque falamos dele de qualquer jeito e não paro de me debruçar sobre esse tema: a dificuldade particular da sociologia, o próprio Durkheim também já dizia[2], deve-se ao fato de que todos nós somos sociólogos espontâneos; todos achamos que temos as respostas dos problemas científicos mais difíceis. O problema do Estado é intrinsecamente difícil, mas, apesar disso, jamais se falou tanto sobre o Estado quanto hoje em dia (e acho que falam muitas besteiras sobre o Estado). Portanto, abordarei o problema de maneira negativa[3], por meio de desvios, aproximando-me lentamente daquilo que acredito ser o centro.

---

1. Sem dúvida, alusão a frases de Durkheim como aquela que abre seu curso sobre o Estado: "Há poucas palavras que são tomadas numa acepção tão pouco definida" (Durkheim, 1975).

2. Cf. Durkheim (2019a), em particular o prefácio da primeira edição e o capítulo II. Título original: *Les règles de la méthode sociologique*, publicado em 1895.

3. Numa entrevista com Loïc Wacquant, em que retoma o começo de seu curso sobre o Estado, P. Bourdieu faz uma aproximação com a "teologia negativa".

Depois de alguns prelúdios, abordarei o problema do direito e mais exatamente da pretensão que um grupo pode formular de dizer aquilo que deve ser. Com efeito, a característica própria do corpo[4] dos juristas é terem mandatos sociais, mandatos concedidos em parte por eles mesmos, não somente para dizer o que é, mas também para dizer o que deve ser. Estamos tão acostumados com esse papel que ele nos parece autoevidente, mas se refletirmos sobre isso, há algo de escandaloso, de extraordinariamente surpreendente: como um grupo, por mais respeitável que seja, pode sentir-se legitimado a dizer o que deve ser em relação ao mundo social? Como ele pode se dar o mandato, ou receber o mandato, de regulamentar questões de vida e de morte? Em outras palavras, com que direito ele pode dizer o direito, ou (essa era uma pergunta que se fazia em maio de 1968 – mas foram feitas muitas perguntas boas –)[5] quem será o juiz da legitimidade dos juízes[6]? Será que os juízes estão bem colocados para decretar sua legitimidade? Formulada dessa maneira, a pergunta é muito parcial. Ela satisfaz à propensão crítica um pouquinho sardônica que muitas vezes inspira a sociologia e que é o primeiro momento da sociologia. Se essa propensão crítica a olhar por trás das cenas, essa espécie de postura de desconfiança que consiste em interrogar os portadores de pele de arminho e de togas, permite dar um primeiro passo na direção de uma ciência do mundo social, num segundo momento ela se torna um obstáculo a um conhecimento rigoroso do mundo social. Essa é uma das perguntas que gostaria de fazer (mas haverá outras).

Antes de entrar em minha análise, gostaria de dizer que um espaço social tal como esse [a sala de aula do Collège de France] não é muito favorável, como vocês podem imaginar, para a discussão e o questionamento. Por isso, para favorecer uma forma de troca que será extraordinariamente útil para mim, sugiro a vocês, como sempre faço, que depositem na minha mesa, por exemplo, durante o intervalo, papéis assinados ou anônimos nos quais vocês me façam perguntas ou objeções. Tentarei respondê-los imediatamente se forem fáceis e me parecer possível, ou

4. Na França, o termo "corpo" ["*corps*"] também serve para designar associações oficiais de profissões e de funcionários públicos. Em português, a palavra "corpo" tem um significado próximo em expressões como "corpo docente", "corpo diplomático" etc. [N.T.].

5. O curso foi dado em 1988, ou seja, vinte anos depois de maio de 1968. Nessa época, a herança do movimento começava a ser questionada frequentemente no campo político e no campo intelectual.

6. Alguns anos antes, P. Bourdieu (1984) utilizou essa frase no título de um de seus artigos.

então na próxima aula. Para mim, em todo caso, é psicologicamente importante [proceder dessa maneira] porque todo discurso coloca a questão de sua própria legitimidade e uma maneira de sentir-se justificado no monopólio do discurso o mínimo que seja é ter a sensação de que respondemos a perguntas. Vocês verão que um dos textos que comentarei hoje recorre a essa forma de legitimação, e mesmo que possamos duvidar de sua validade científica, essa legitimação tem uma validade psicológica. Portanto, sinceramente encorajo vocês, se tiverem objeções ou perguntas, a escrevê-las e colocar um papelzinho na minha mesa para que eu tente respondê-las. Essa maneira de proceder é importante porque, por razões de tempo ou por uma espécie de pudor profissional, vou constantemente pressupor que vocês sabem coisas que talvez não saibam. Insisto para que vocês não hesitem em fazer perguntas que possam considerar triviais ou ingênuas: as perguntas ingênuas muitas vezes são as mais fundamentais e elas podem me obrigar a fazer esclarecimentos ou preencher lacunas que posso deixar passar no meu discurso, ou, como já aconteceu no passado, simplesmente confessar que não sei responder.

Leitura interna, leitura externa e autonomia

Agora vou retomar, para começar, a base que foi debatida pelos diferentes participantes do seminário[7]: trata-se de um artigo sobre a noção de campo jurídico que publiquei, sob o título "A força do direito", no número 64, de setembro de 1986, da revista *Actes de la recherche en sciences sociales* (Bourdieu, 1986, 1989f, p. 209-254). É um artigo [*P. Bourdieu hesita quanto aos adjetivos*] um pouco espinhoso, abstrato, obscuro. Vou tentar lembrar a vocês muito rapidamente sua substância como introdução ao problema que quero formular hoje e que se esforça para ir além desse artigo.

Nesse texto, tento demonstrar que o direito coloca um problema comum a todos os discursos eruditos e os discursos com pretensão universal, quer dizer, o discurso filosófico, o próprio discurso científico e, de modo mais geral, todas as formas de expressão (pintura, literatura etc.): para compreender essas formas de

7. Deve ter acontecido uma primeira referência no começo da aula (na passagem que falta da gravação utilizada aqui) ao seminário dedicado à discussão da sociologia do direito que P. Bourdieu organizou como parte de sua atividade didática no Collège de France em 1987-1988, do qual participaram Alain Bancaud, Anne Boigeol, Jacques Commaille, Yves Dezalay, Antoine Garapon e Irène Théry. O número 76-77 de *Actes de la recherche en sciences sociales*, "Direito e perícia", de março de 1989, resultou em parte desse seminário.

expressão particulares, devemos escapar das alternativas nas quais estão presos até agora os debates científicos. Por exemplo, no terreno da filosofia, que foi relativamente pouco submetida à análise objetivadora ou, mais ainda, no terreno da literatura, dois campos se enfrentam ao redor de uma alternativa decidida na forma "ou isto ou aquilo". A primeira posição, da qual aquilo que chamamos de "semiologia" é uma forma recente, é a dos analistas internos que afirmam que, para compreender um *corpus* jurídico ou literário, uma poesia, a obra de um pintor ou de um filósofo, é preciso ler os textos e apenas isso. A leitura interna do texto tomado em si mesmo e por si mesmo, captado em sua coerência, deve revelar o que esse texto contém. A posição oposta e antagônica toma por objeto não o texto, mas o contexto, isto é, o espaço social no qual se produziu o texto ou, mais simplesmente, o autor do texto. Essa tradição foi ilustrada por gente como Lukács, Goldmann ou Adorno sobre Heidegger por exemplo[8]. Para simplificar, essa maneira de proceder consiste em enxergar reflexos nos textos e, quando se trata do direito, ferramentas: os discursos, *corpus*, códigos, leis são considerados como refletindo as instituições ou forças sociais (a sociedade, a classe dominante etc.) e como destinados, enquanto reflexos, a servir de instrumentos para os grupos sociais que expressam.

No caso do direito, a leitura interna se encontra no campo dos doutores. Essa é uma das propriedades que o direito compartilha com a filosofia: nos dois casos, os especialistas mantiveram o monopólio da história de sua disciplina. Na verdade, esses são praticamente os únicos dois corpos que constituíram *de facto* como ciência separada da história de sua disciplina. A história da filosofia é um império dentro de um império, ela é independente, ela não se ensina nos cursos de História. Ela é ensinada pelos filósofos de maneira muito particular, completamente diferente dos historiadores. Essa reserva de caça é um dos meios para uma disciplina tentar proteger sua autonomia: ninguém pode entrar aqui se não for filósofo, ninguém pode entrar aqui se não for jurista. A história do direito, como a história da filosofia, é monopolizada por aqueles que pagaram o direito de entrada naquilo que chamo de "campo" e que aceitam os pressupostos fundamentais que aceitamos ao entrarmos no corpo dos filósofos ou dos juristas. Nem sequer se formula a pergunta; achamos natural que a história do direito seja feita pelos juristas ou que a história da filosofia

8. Cf. em particular Lukács (2009), cujo título original é: *Die Theorie des Romans*, publicado em 1920; Goldmann (1976), cujo título original é: *Pour une sociologie du roman*, publicado pela Gallimard em 1964; e Adorno (1964).

seja feita pelos filósofos, e apenas pelos filósofos, que se insurgem e dizem que é um escândalo, uma redução ou um positivismo assim que alguém que não se afirme como filósofo pretenda estudar esse objeto particular que é a filosofia. Essa espécie de postulado da autonomia é muito importante e um dos objetos que interrogarei hoje é a constituição de um universo cultural autônomo e de um corpo de pessoas que são parte interessada [*partie liée*] (a expressão deve ser entendida no sentido forte) desse *corpus* autônomo [...].

[Muitas vezes é útil?] tomar as palavras ao pé da letra: quando falamos de "leitura interna", "interna" significa que o texto é tomado em si mesmo e por si mesmo, que ele é lido pelas pessoas que são *internas* ao grupo daqueles que sabem que se deve ler o texto por si mesmo e em si mesmo. A leitura interna é a leitura daqueles que aceitam o pressuposto segundo o qual, por exemplo, um texto de Descartes está separado da história de uma vez por todas e tenho o direito de lê-lo sem saber nada sobre quem foi Descartes. Eu posso até professar que é importante não saber nada... Assim, Heidegger passava seu tempo dizendo que não era preciso se interessar pelo mundo do autor, que esse mundo não tinha importância alguma, e ele tinha um certo interesse em dizer isso.

Vou explicitar um pouco: o formalismo, a leitura interna, é uma leitura que trata dos próprios textos, da própria forma, e unicamente dela. As leituras internas são leituras formalistas que podem encontrar uma expressão completa nas teorias puras. Seria preciso formular a pergunta de uma sociologia das teorias puras e das propriedades comuns das teorias puras (a teoria pura da economia walrasiana, a teoria pura do direito de Kelsen, a teoria pura do Estado...). Esse tema mereceria um longo desenvolvimento[9]. Aqui direi simplesmente que essas teorias puras têm em comum afirmarem a autonomia pura da forma (jurídica, literária etc.) em relação ao mundo social no qual ela se produz, enquanto os defensores da leitura externa, da abordagem reducionista, negam essa autonomia da forma e afirmam que temos de algum modo o direito de atravessar a forma como uma espécie de tela para chegar até o que é expresso sob a cobertura dessa forma. Afirmar a legitimidade de uma leitura interna é também afirmar a existência de um modo de pensar específico inseparável de um modo de expressão específico,

9. Sobre esse ponto, cf.: Bourdieu (2011b, p. 99-182). Cf. também uma aula posterior de P. Bourdieu (27 de maio de 1993) em que ele mencionará um projeto de juventude que teria consistido em fazer "uma teoria pura da sociologia e uma sociologia da teoria pura"; e Bourdieu (2017a, p. 165).

de uma forma específica, e é afirmar a irredutibilidade de qualquer discurso puro a suas traduções numa outra língua. Exagerando um pouco (isso ajuda a compreender), poderíamos dizer que no limite o único discurso legítimo é a paráfrase conforme: por exemplo, seria preciso analisar o discurso do comentário filosófico e o papel desempenhado nele pelo mimetismo linguístico e sintático... Portanto, afirma-se a existência de um modo de pensar específico irredutível a suas condições sociais de produção.

Última propriedade: esse modo de pensar específico e esse modo de expressão específica encontram sua fundamentação em si mesmos. Não há motivo para buscar uma norma, como disse Kelsen, fora do mundo jurídico (Kelsen, 2009)[10]: é no próprio direito que o direito se enraíza. Esse é um outro problema que eu gostaria de formular: ao proceder dessa maneira, resolvemos o paradoxo do Barão de Münchhausen, que é, acho, o paradoxo historicista por excelência: fundamentar um discurso positivo sobre o mundo social como o discurso jurídico sem apelar a uma fundamentação exterior a esse discurso é segurar-se pelos cabelos para permanecer no ar[11]. Falo de maneira um pouco caricatural, mas acho que a questão da fundamentação, que é uma das questões filosóficas nobres por excelência, pode ser retraduzida nessa linguagem pitoresca que não deixa de ter fundamento. A teoria pura é a ambição de suspender um sistema no ar pela própria força do sistema. No caso do direito, uma outra jogada de força é a passagem do positivo ao normativo; da constatação ("As coisas são assim") à norma; do sociológico (ou do positivo, do constativo) ao normativo, do ser ao dever-ser.

Eis essa oposição reduzida à sua forma mais simples, para não dizer mais simplista. Uma observação de passagem: do lado dos defensores da leitura externa, há uma indiferença, voluntária ou não, à forma, quer dizer, a tudo aquilo que a leitura interna acentua. A leitura externa tende a ignorar (no sentido ativo ou passivo do verbo "ignorar") a especificidade dos modos de expressão, a especificidade e a irredutibilidade da forma. Por exemplo, um paradoxo dessa tradição é que os marxistas estruturalistas como Althusser não deram nenhuma atenção à estrutura dos discursos que tentavam explicar a partir de teorias como

---

10. Obra original: *Reine Rechtslehre*, publicada pela Deuticke, em 1960.

11. Referência a um episódio das *Aventuras do Barão de Münchhausen*, conto alemão do final do século XVIII: o barão, montado em seu cavalo, sai da areia movediça puxando-se pelos cabelos. Essa metáfora divertida é comum na filosofia; P. Bourdieu já a utilizara no contexto de uma aula sobre a ciência, cf.: Bourdieu (2025, p. 1107-1117).

a teoria do aparelho de Estado (Althusser, 2022)[12]: rapidamente, a força da teoria tradicional do reflexo, da ideologia, é tamanha que, mesmo num período estruturalista, essa abordagem tende a passar por meio da forma, da estrutura dos sistemas simbólicos, para se interessar de modo privilegiado na função. Para dizer coisas banais e elementares: a sociologia da religião reduz a religião à sua função de "ópio do povo"[13], ela ignora a questão da própria estrutura da mensagem que cumpre essa função, assim como a questão mais sofisticada de saber se a estrutura da mensagem não contribuiria para a realização de sua função e se não é através, e somente através, dessa estrutura que pode ter como função ocultar a função que a função se realiza (não complico de propósito; lembro a vocês que as coisas são complicadas).

Se retomo essa oposição simplista [entre leitura interna e externa], é porque todos os sujeitos sociais presentes nesta sala a têm em mente no estado de um esquema inconsciente, e uma dificuldade da prática da ciência social é que temos em mente um monte de oposições desse tipo que continuam a funcionar e que servem de filtro à recepção de todas as mensagens: tudo aquilo que direi será percebido por meio dessa oposição e, durante toda minha fala, vocês poderão, conscientemente ou não, sacudir o que digo para saber se me situo de um lado ou de outro, enquanto eu me esforçarei para superar essa oposição, o que, aliás, não quer dizer que terei sucesso completo porque ela também está na minha mente. Trata-se de superar essa oposição não de maneira sincrética dizendo que ambos os lados têm razão, como nas dissertações de filosofia (nas quais a última parte propõe uma espécie de síntese um pouco flácida [*pequenas risadinhas na sala*]), mas encontrando um modo de escapar da alternativa.

O esquecimento do microcosmo

Esse preâmbulo foi importante porque gostaria de introduzir a ideia de que, para compreender a ciência, a filosofia e, nesse caso, o direito, levar em conta o

12. Manuscrito original: "Idéologie et appareils idéologiques d'État», publicado no periódico *La Pensée*, n. 151, p. 3-38, em 1970.

13. Referência à análise marxista da religião: "A miséria *religiosa* constitui ao mesmo tempo a *expressão* da miséria real e o *protesto* contra a miséria real. A religião é o suspiro da criatura oprimida, o ânimo de um mundo sem coração, assim como o espírito de estados de coisas embrutecidos. Ela é o *ópio* do povo" (Marx, 2005, p. 145.). Obra original: *Zur Kritik der hegelschen Rechtsphilosophie*, publicada em 1843.

universo social que chamo de "o campo de produção" (aqui, o campo jurídico) permite escapar dessa alternativa. Os dois lados que mencionei, com efeito, têm em comum abstraírem inconscientemente uma realidade social extremamente importante para compreender o que acontece nos textos: o espaço no qual se produzem, se disputam, se comentam os textos, o espaço no qual brigamos a respeito dos textos, das pinturas etc. A tradição internalista em geral só menciona esse espaço de maneira muito rápida e incompleta, sob a forma de restos: por exemplo, sobre a filosofia de Renouvier, menciona-se muito rapidamente que ele esteve na École normale [supérieure] em tal ano, que fulano foi seu colega[14]. Poderíamos esperar que a leitura externa prestasse mais atenção a esse universo, mas na verdade ela também passa por ele em silêncio, ela também o escotomiza[15], para usar a linguagem da psicanálise, porque, de acordo com o que chamo de lógica do curto-circuito, ela vai diretamente dos textos para a sociedade em geral ou, como dizem certos juristas, para os "grupos sociais" (essa é a expressão que utilizamos quando não queremos dizer "classes sociais"), passando bizarramente em silêncio pelo universo social no qual se produzem essas verdades particulares que são os discursos eruditos.

Nesse caso em particular, esse universo social é o que chamo de "o campo jurídico". Poderíamos dar várias definições dele, darei apenas algumas que são complementares. O campo jurídico é um universo social no qual lutamos para dizer quem tem o direito de dizer o direito. É um universo social no qual nosso negócio é o direito: o direito é um negócio, o direito é importante, temos que fazer alguma coisa com o direito, em oposição àqueles que estão fora do campo e não têm nada para fazer, que são indiferentes. Estar no campo é enxergar a diferença entre dois decretos, é estar disposto a morrer por uma diferença entre dois decretos, enquanto aquele que está fora não percebe o que se passa. Num campo filosófico, é parecido: estamos dispostos a morrer pela diferença ontológica. A diferença ontológica é um problema muito sério e entendo que possamos ter vontade de morrer por ele, mas o que quero dizer é que, quando estamos num campo, somos moldados por ele. Isso demoraria demais e não o farei hoje, mas é muito importante inferir as implicações do que significa ser membro do campo,

14. Charles Renouvier não estudou na École normale supérieure, mas sim na École polytechnique.

15. *Scotomise* no original, termo psicanalítico que se refere ao bloqueio mental de percepções indesejadas [N.T.].

do que significa "estar dentro". Uma propriedade do pertencimento é o fato de não sermos indiferentes, de não dizermos: "para mim tanto faz", "é parecido", "não vejo diferença". Por outro lado, aquele que está desprovido dos instrumentos cognitivos e avaliativos para fazer a diferença, para ver a diferença, é indiferente; ele não dá mais valor a um lado ou ao outro, ele é como o asno de Buridan[16]. Essa indiferença é um sinal do não pertencimento, e a não indiferença, o investimento, é, pelo contrário, um sinal de pertencimento.

Como resultado, um sinal do pertencimento é o fato de ter interesses no jogo. Como minha utilização da palavra "interesse" com frequência é muito mal compreendida, põem besteiras na minha boca quanto a esse assunto. Por isso, vou falar latim [*risadinhas na sala*]. (Como sempre digo, a linguagem é um dos grandes problemas das ciências sociais: elas são obrigadas a falar com uma linguagem que é construída para não dizer as coisas como elas são. A sociologia deve combater a linguagem que, simultaneamente, contém o discurso sobre o mundo social e também o oculta...) Como a palavra "interesse" logo evoca Bentham, Stuart Mill etc., direi em vez disso *illusio*, em referência a uma falsa etimologia (repito algo que alguns de vocês já me ouviram dizer)[17] que se atribui a Huizinga. Em *Homo ludens*, Huizinga diz que podemos entender *illusio* como o fato de estar investido num jogo, de ser tomado pelo jogo, de estar interessado nos objetivos que se jogam num jogo, que estão em jogo num jogo[18]. É exatamente disso que se trata para o interesse específico (porque não existe interesse que não seja específico – quando me leem, sempre se esquecem de que explico que se trata de um "interesse *específico*"). É em razão de seu interesse específico que o jurista não é indiferente ao que se joga no jogo jurídico, ele tem uma competência específica, um capital específico, e a competência também pode funcionar como capital, para fazer a diferença onde outras pessoas não a fariam e, ao mesmo tempo, para investir

16. A tradição filosófica atribui ao filósofo escolástico Jean Buridan o paradoxo do asno que morre de fome [e sede] por ser incapaz de escolher entre a ração de aveia e o pote d'água que lhe são oferecidos. Buridan comentava Aristóteles, que mencionou "[aquele] que, sofrendo muito de fome e de sede, em igual medida e estando à mesma distância de alimentos e de bebidas, necessariamente se mantém parado" (Aristóteles, 2022, 295b32, p. 111).

17. Cf. em particular as aulas de 2 de novembro de 1982 (Bourdieu, 2021d, p. 118-119) e de 22 de março de 1984 (Bourdieu, 2023b).

18. O desmancha-prazeres, escreve Huizinga, "priva o jogo da ilusão – palavra cheia de sentido que significa literalmente 'em jogo' (de *inlusio*, *illudere* ou *inludere*)" (Huizinga, 2019, p. 12). Obra original: *Homo Ludens*, publicada pela Routledge, em 1949 (1944).

no jogo (a palavra "investimento" pode ser tomada no sentido econômico). As crises dos campos devem-se ao fato de que esse capital específico está ameaçado. Se, por exemplo, suprimirmos o latim nos liceus, o valor desse capital cultural desmorona. A competência específica é aquilo que permite fazer as diferenças e, ao mesmo tempo, ela leva a investir no sentido econômico. A aquisição de uma cultura jurídica é assim um investimento que produzirá lucros durante toda a vida. Esse investimento econômico é ao mesmo tempo um investimento psicológico, mas não desenvolverei isso.

Eis, de modo geral, o que quero dizer quando falo de campo. Tanto as leituras internas quanto as externas esquecem que existem universos sociais relativamente independentes que poderíamos qualificar de "microcosmos" (o "microcosmo político" de que fala aquele sujeito[19] é um desses universos). Uma vez na vida, essa é uma boa metáfora: um campo é um microcosmo relativamente autônomo em relação ao cosmos social; ele tem sua lógica própria, ele não está no vazio. A ilusão dos internalistas é acreditar que esse microcosmo é totalmente autônomo, como se estivesse fora do espaço e das forças de gravitação. Um microcosmo é relativamente independente em relação às exigências ou pressões externas. Assim, o direito é relativamente independente em relação às exigências do príncipe e do público. Dentro desse universo desenvolvem-se, como acabei de dizer, interesses específicos e formas de capital específico, formas de poder específico, e a posse de competências raras que se engendram nesse universo torna-se um instrumento de poder nesse universo e muitas vezes para além dele. Portanto, os campos são o local de uma produção de formas de capital específico, de autoridade específica, de uma raridade específica. Eles também são o local de relações de força específicas que não são relações de força brutais, relações de classes, como diz a leitura externa, mas relações de luta que assumem a forma de conflitos de competência [mesmo que?], no limite, não exista uma luta filosófica, por mais abstrata que possa parecer, que não tenha alguma relação com as lutas sociais.

---

19. Alusão a Raymond Barre (ex-primeiro-ministro que, no momento em que o curso acontece, era candidato à eleição presidencial). Universitário de origem, Raymond Barre afirmava distanciar-se do jogo dos partidos e do mundo político, que às vezes chamava de "microcosmo". Entre outros exemplos, [o jornal] *Le Monde* relatou em 1979 uma de suas declarações: "É esse tipo de bobagem que acaba arruinando o crédito com a opinião. A opinião entende os problemas e não reage de acordo com os costumes especiais de um microcosmo em que as coisas que valem não têm nada a ver com o essencial" (Le débat européen est plein d'arrière-pensées pour 1981, déclare M. Barre, *Le Monde*, 5 de junho de 1979).

A coerência e a normatividade do direito

Os juristas afirmam a autonomia do sistema das normas jurídicas. Eles falam de uma ciência jurídica [...]. Eu não vou me estender porque falo muito longamente sobre isso no artigo que indiquei a vocês, mas uma propriedade desse jogo regrado é produzir a coerência. Em graus e formas diferentes, dependendo das épocas e das sociedades, o campo jurídico é organizado de tal maneira que as lutas "interessadas" (no sentido de um interesse específico) que se desenrolam nele tendem a produzir a coerência na medida em que são posicionadas sob o signo do reconhecimento da sistematicidade do *corpus* de regras em nome do qual se luta e na medida em que, para ter a última palavra numa luta jurídica, é preciso ter ao seu lado o sistema, a coerência, o direito. Uma luta jurídica, e é isso que a define, é uma luta na qual não se pode ganhar a não ser que se tenha o direito ao seu lado, e participar de uma luta jurídica é aceitar essa regra tácita do jogo – deixemos a violência na porta e vamos brigar com as leis. Assim como nas lutas matemáticas não agimos como o soldado romano que mata o matemático ou o físico[20], nas lutas jurídicas utiliza-se apenas a força do direito. Essas são lutas nas quais reconhecemos a força do direito e damos força ao direito pelo fato de não usarmos nenhuma outra força que não a do direito. Esse é o paradoxo do campo jurídico. Essas propriedades que descobrimos no nível do sistema, a saber, que esses sistemas aparentemente são animados por uma espécie de tendência à autocompressão, à sistematização crescente, são posicionadas pelos leitores internalistas *dentro do sistema* (essa observação também valeria para a matemática, para a noção de *épistémè*[21]...), sucumbindo a uma visão hegeliana[22]: haveria uma *Selbstbewegung* do sistema, um autodesenvolvimento do sistema no sentido da sistematização. Todavia essa tendência não é imanente ao sistema: ela ocorre no sistema quando ele é objetivo de lutas entre pessoas que reconhecem o sistema como instrumento de luta. E é porque é preciso escolher o sistema para lutar no

20. Sem dúvida, alusão à morte de Arquimedes, no relato de Plutarco: "De repente apresenta-se a ele um soldado que lhe ordena a segui-lo para encontrar Marcellus. Ele se recusa a fazê-lo até alcançar a demonstração de seu problema. O romano, irritado, saca a espada e o mata" (Plutarco. *Vidas paralelas*, v. 5, § 25).

21. Referência à noção de *épistémè* desenvolvida por Michel Foucault, particularmente em Foucault (2012) [obra original: *L'Archéologie du savoir*, publicada pela Gallimard em 1969] e Foucault (2019) [obra original: *Les Mots et les choses*, também publicada pela Gallimard em 1966].

22. Para explicações sobre essa visão e as críticas que recebe de P. Bourdieu, cf. em particular as aulas de 9 de novembro de 1982 e de 3 de maio de 1984 (Bourdieu, 2021b; 2023b).

campo jurídico que se trabalha pela coerência do sistema. Não desenvolverei mais esse primeiro ponto.

O segundo ponto é mais complicado. É o da normatividade. Como acontece de o sistema jurídico produzir o que sempre foi considerado, em particular pelos filósofos desde Hume[23], uma espécie de salto mortal? Como acontece de podermos passar de "isso é" para "é preciso" ou "devemos"? Podemos dizer que o campo jurídico, como qualquer campo, é o local de uma alquimia social, de uma espécie de transmutação: no começo temos a força social, o arbitrário social, e no fim temos o universal. (Simplifico um pouco, mas se não simplificarmos no discurso oral, quando o faremos? Uma virtude da comunicação oral é que ela permite dizer coisas um pouco simplistas corrigindo-as ou dizendo que são simplistas. É por isso que não quero que me gravem [*risos na sala*]: com a gravação, ou em todo caso com a transcrição, podemos ficar apenas [com a coisa simplista]).

Esse universo social no qual se produz a norma confronta-se com a questão de sua própria fundamentação. Kelsen, que é um dos grandes fundadores da teoria pura do direito, tentou, numa lógica kantiana, construir uma teoria pura do direito que não devesse nada a aportes positivos ou positivistas. Ele buscava a norma fundamental, a norma de base, aquele famoso ponto no qual poderíamos nos suspender para nos elevarmos[24]. Quanto a mim, direi que a norma fundamental é a lei de funcionamento do campo: é na lógica do funcionamento do campo que se encontra a única fundamentação histórica possível da universalidade provisória do direito, e a mesma coisa valeria para a filosofia, a ciência etc. Para tentar fundamentar isso que acabo de expressar, vou me referir muito brevemente ao *Conflito das faculdades*, um texto de Kant que cito com frequência e que penso ser uma contribuição importante para a sociologia da ciência[25]. Nele Kant distingue as faculdades que podemos chamar de temporais (a faculdade de teologia, de medicina e de direito) e as faculdades que podemos chamar de espirituais (a

---

23. "Em todo sistema de moral que até hoje encontrei, sempre notei que o autor segue durante algum tempo o modo comum de raciocinar, estabelecendo a existência de Deus, ou fazendo observações a respeito dos assuntos humanos, quando, de repente, surpreendo-me ao ver que, em vez das cópulas proposicionais usuais, como *é* e *não é*, não encontro uma só proposição que não esteja conectada a outra por um *deve* ou *não deve*" (Hume, 2009). Título original: *A treatise on human nature*, publicado em 1740.

24. Referência à analogia com a aventura do Barão de Münchhausen (cf. nota 17).

25. P. Bourdieu utiliza esse texto em particular em Bourdieu (2013a); cf. também: Bourdieu (2021c, 2021d).

faculdade das artes, de filosofia e as ciências) e opõe essas duas classes de faculdades dependendo da fundamentação de sua autoridade. A autoridade das faculdades temporais (isso que faço é uma reinterpretação do texto de memória, mas vocês podem se referir a ele)[26] baseia-se numa delegação do poder temporal: o médico, advogado, juiz, teólogo recebem um mandato de um poder temporal para fazer o que fazem; em última instância, eles são delegados, plenipotenciários, mandatários de um poder. O texto de Kant dá a intuição de uma fundamentação sociológica do surgimento da questão da fundamentação. Já as faculdades não temporais não têm delegação. Por só terem fundamentação em si mesmas, são obrigadas a se colocar a questão de sua fundamentação: como fundamentar uma autoridade se não posso dizer "tenho um mandato", "fui autorizado", "sou certificado conforme", tudo aquilo que o Estado, por exemplo, pode dar? As faculdades espirituais não podem se esquivar da questão da fundamentação, e o mérito histórico de Kant (depois isso virou metafísica, essa noção de *Grund* [fundamentação] deu lugar ao *páthos*) foi afrontar essa espécie de indigência na qual se encontram as faculdades espirituais a partir do momento em que sabem que não há mais delegação, que só podem encontrar sua fundamentação em si mesmas. Kelsen, nesse sentido, é muito kantiano: ele enfrenta o problema no caso do direito que, de todos esses universos, é sem dúvida o mais difícil de fundamentar de maneira pura. O jurista pode não se fazer a pergunta que se faz ao matemático ou ao filósofo. Mas Kelsen se faz a pergunta: ele busca um modo de raciocínio específico, um começo absoluto, o equivalente do *cogito*, um primeiro ponto fixo a partir do qual podemos encadear uma corrente de razões[27]. Ele tenta fundamentar uma teoria geral das normas, fazendo do jurista o fundador da norma fundamental a partir da qual deduz todas as normas particulares. No fundo, a ideia central daquilo que eu gostaria de dizer a vocês deve-se a esse trabalho teórico que Kelsen faz.

---

26. "Pode-se denominar de faculdade inferior àquela classe da universidade que, ou na medida em que, se ocupa somente de doutrinas que não são adotadas como norma diretriz por comando de um superior. [...] Assim, a Faculdade de Filosofia, porque deve defender a *verdade* das doutrinas que ela admite ou mesmo apenas concede, deve ser concebida, na medida em que é livre, como aquela que está somente sob a legislação da razão, mas não sob a do governo" (Kant, 2021, p. 59) Título original: *Der Streit der Fakultäten*, publicado em 1798.

27. Referência à empreitada de René Descartes que, no *Discours de la méthode* (1637), postula o *cogito* e se refere a "Essas longas cadeias de razões, todas simples e fáceis, das quais os geômetras têm o costume de se servirem" (Descartes, 2018, p. 24).

Como acontece com frequência nos campos autônomos, Kelsen leva ao nível de um programa de pesquisa consciente e explícito aquilo que é o trabalho constante do campo de produção, e o que vou tentar demonstrar agora é que o campo jurídico se constituiu progressivamente no decorrer do tempo como um universo autofundamentado ou autofundamentador, tendo em si mesmo sua própria fundamentação, por meio de toda uma série de lutas contra a Igreja, os príncipes, o poder real etc. Aquilo que chamamos de a autonomia de um campo jurídico foi o produto de um trabalho coletivo de representação e de uma conquista coletiva cuja tradução no nível teórico é dada por Kelsen e que ele tenta reproduzir no plano teórico. Seria um trabalho enorme retraçar toda a história do processo de autonomização do campo jurídico e não posso fazer isso em poucas aulas. Vou apenas caracterizar com dois ou três exemplos a lógica desse processo de autonomização insistindo em dois aspectos que me parecem igualmente indispensáveis para que um campo se autonomize e se torne autofundamentador, ou pelo menos para que ele seja capaz de dar àqueles que participam dele, e àqueles que não participam, a ilusão de autofundamentação. Por um lado, um corpo ou um campo se autonomiza e o corpo que se autonomiza ao produzir o campo produz normas precisas por meio das quais cortam as relações de dependência com as autoridades externas. Existe um trabalho dos juristas para constituir o campo jurídico como uma ordem jurídica (a palavra "ordem" é importante: pensem na Ordem dos Advogados, na Ordem dos Médicos); existe um trabalho de autodisciplina em todos os sentidos do termo para constituir a autonomia da disciplina. Esse trabalho tem uma longa história. Podemos recontar quase ano a ano o trabalho incessante de codificação das regras do jogo no campo jurídico com a qual o campo jurídico se dá uma fundamentação coletiva e autônoma. É por isso que posso apenas mencionar: há tratados imensos que só consegui folhear. Por outro lado, existe um trabalho simbólico no nível das representações que não é menos importante (uma outra ilusão do materialismo primário [é ignorá-lo]) e que leva a dar aos agentes sociais engajados no campo jurídico (os advogados, magistrados etc.) uma representação mental de sua prática.

O espaço das obras e o espaço das posições

Portanto, distingo dois níveis. Existem os códigos, textos, leis e os agentes sociais que os fazem funcionar, que se beneficiam deles, que lucram com eles.

A tradição antropológica mais pura quase sempre confunde o nível da cultura como objetivação de estruturas mentais – o conjunto de ferramentas, práticas, técnicas, modos de pensar etc. – e a cultura como espaço social dentro do qual se utilizam essas estruturas mentais[28] (estou explicando demais ou muito pouco, mas eu não podia não falar um pouquinho). Em relação a essa tradição, a noção de campo tem a virtude de dizer que existe um nível social: existem juízes, magistrados, advogados, promotores, procuradores, instituições, associações, lutas entre essas instituições e, entre esses agentes, cargos, recompensas, objetivos específicos, monopólios, lutas pelo monopólio etc. Dentro desse universo social em que acontece um monte de coisas sociais, engendra-se, produz-se, reproduz-se, transforma-se um universo de discurso relativamente autônomo em relação a esse espaço. Esse universo de discurso tem propriedades sistêmicas (propriedades de coerência, a tendência a perseverar no ser, de autocontinuação, de autoperpetuação) que ele deve, para mim, à lógica daquilo que acontece no nível social das lutas, conflitos e concorrências, porém os dois níveis devem ser distinguidos cuidadosamente. Para ser claro, distingo o espaço das posições e o espaço das tomadas de posição, isto é, o espaço das posições que os agentes ocupam num espaço. Se vocês descreverem, por exemplo, o campo filosófico na França, vão constatar que existem posições hierarquizadas nas universidades e depois que existem, ao lado das posições universitárias, posições jornalísticas, e alguns ocupam apenas uma posição universitária, outros ocupam também posições no jornalismo etc. Pode-se fazer assim uma sociologia do espaço das posições e das relações de força entre os agentes que ocupam essas diferentes posições, com a hipótese de que o conhecimento desse espaço de posições dá um princípio de compreensão do espaço das tomadas de posição, quer dizer, daquilo que as pessoas escrevem, da forma ou do estilo que utilizam, das citações e das referências que fazem, que podem ser em alemão, inglês etc. Portanto, é preciso distinguir claramente os dois universos e não excluir a hipótese de que o universo das tomadas de posição tenha uma autonomia em relação ao universo das posições porque é por meio dessa autonomia das tomadas de posição em relação às posições que se pode engendrar uma acumulação progressiva do universal. Eu iria até um pouco mais longe: se existe cumulatividade (como há evidentemente

28. P. Bourdieu refletira longamente sobre o conceito de "cultura" na década de 1960, em seus seminários na École pratique des hautes études.

nos campos científicos, mas também num campo filosófico), é porque o direito de entrada tácito num campo erudito é o domínio do espaço das tomadas de posições passadas e atuais, o domínio da cultura específica que é necessária para poder jogar o jogo; é através do domínio dessa cultura específica que se torna ela mesma um instrumento e um objetivo de lutas entre os agentes que, depois de pagarem esse direito de entrada, engajam-se no campo, que se pode produzir a cumulatividade. Eis um exemplo simples: um motor do "progresso" num campo pode ser a postura tendencialmente universal que leva os recém-chegados a contestarem os dominantes em nome de propriedades do espaço das tomadas de posição que os dominantes reprimiram ou relegaram. Posso usar uma linguagem mais simples tomando o caso dos reformadores religiosos. Eles se serviram do capital específico (os Evangelhos, os textos canônicos) para realizar um retorno às fontes, ao puro, ao originário, e produziram assim um efeito revolucionário em nome da verdade da tradição. Eu acho que essa forma de mudança é a mais frequente nos campos de produção cultural[29]: ela consiste em desfrutar da autonomia do espaço das tomadas de posição em relação ao espaço das posições e apoiar-se nos ganhos entesourados pela memória coletiva do campo para produzir efeitos subversivos dentro do campo das posições.

O que importa do ponto de vista da análise que vou apresentar e que se distingue da teoria dos sistemas[30] é a distinção muito clara entre o espaço das obras que forma um quase-sistema, um *corpus* que tende à sistematicidade, e o espaço das posições dentro do qual se definem as estratégias dos agentes jurídicos, estratégias que podem utilizar como arma a referência ao sistema, à sua coerência, ao seu rigor. [...] Para mim, o sistema das normas jurídicas, ou em todo caso esse conjunto de normas que pretende à sistematicidade, é autônomo em relação ao espaço das posições. A incoerência é uma das armas que podemos utilizar contra um sistema que pretenda a sistematicidade: pode-se voltar contra ele sua pretensão. É por meio dessas artimanhas que progride o universal. Poderíamos

29. Cf. Bourdieu (1996a), especialmente páginas 234 e 287. Título original: *Les règles de l'art*, publicado pela Seuil em 1992.

30. Durante toda esta passagem, P. Bourdieu tem em mente a "teoria dos sistemas" de Niklas Luhmann (1983, 2016). Ele o critica explicitamente em seu artigo (Bourdieu, 1989f, p. 211-212) por "não distinguir a ordem propriamente simbólica das normas e das doutrinas [...] e a ordem das relações objetivas entre os agentes e as instituições em concorrência pelo monopólio do direito de dizer o direito".

falar da artimanha da razão[31] (porque o que está em jogo é compreender como a razão nasce na História). A principal artimanha da razão nos universos sociais tais como aqueles que descrevo consiste em voltar contra um sistema as armas que ele mesmo fornece, voltar contra ele aquilo que ele pretende ser. Quando o universo pretende a coerência, a principal arma que podemos voltar contra ele é a crítica de sua incoerência, ou a utilização ultraconsequente da coerência, que permite, por exemplo, inferir conclusões que normalmente não se tiram das premissas.

Temos, portanto, um sistema, ou melhor, um quase-sistema. A noção de quase-sistema é relativamente importante. As religiões, por exemplo, são quase-sistemas, sistemas moles, vagos, que exercem efeitos ao mesmo tempo por sua incerteza e por sua sistematicidade: se elas fossem totalmente sistemáticas ou completamente incoerentes, não funcionariam. Eu acho que isso também vale para o direito. De fato, poderíamos sem dúvida estabelecer uma hierarquia dos quase-sistemas, dos mais vagos aos mais duros, e na minha opinião o direito se situaria no meio. Nas lutas, o argumento da incoerência será um dos principais e, entre os efeitos de ponto de honra (uma outra artimanha da razão) por meio dos quais um corpo de eruditos se prende a seu próprio jogo, existe a pretensão à dedução. No artigo que recomendo a vocês[32], também cito dois ou três textos que são exemplos de esplêndidas ideologias profissionais, da autopromoção de um corpo: os juristas com pretensão filosófica esforçam-se para demonstrar qual é o modo de raciocínio jurídico apropriado; eles tentam fundamentar a dedução jurídica como uma forma absolutamente rigorosa que permite subsumir os casos particulares que o magistrado encontra a regras universais. Em 90% dos casos, essa dedução jurídica é uma dedução *ex post* (primeiro decidimos, depois fazemos as deduções), mas esse é um exemplo de artimanha da razão: apresentar como o resultado de uma dedução aquilo que foi o produto de uma decisão da intuição,

31. O argumento da "artimanha da razão" está associado a Hegel: "O interesse particular da paixão é, portanto, inseparável da atuação do universal, pois este resulta do particular, do determinado e da sua negação. O particular tem o seu interesse próprio na história universal; é algo de finito e, como tal, deve desaparecer. O particular é o que entre si se guerreia, e uma parte sua sucumbe. Mas justamente na luta, na ruína do particular, é que se produz o universal. Este não perece. A ideia universal não se entrega à oposição e à luta, não se expõe ao perigo; permanece intangível e ilesa no fundo e envia para a luta o particular da paixão, a fim de ser fustigado. Pode chamar-se astúcia da razão ao seguinte: a razão faz que as paixões atuem por ela e que aquilo graças ao qual ela chega à existência se perca e sofra dano" (Hegel, 2013). Título original: *Die Vernunft in der Geschichte*, publicado em 1830. A tradução de Morão prefere "astúcia" a "artimanha" [N.T.].

32. "A força do direito" (Bourdieu, 1989f).

do *habitus*, é um fato extraordinariamente importante. No fundo, poderíamos explicar tudo isso que digo com o famoso provérbio: "A hipocrisia é uma homenagem que o vício presta à virtude"[33]. Durante o seminário, falando sobre a Corte de Cassação[34], Alain Bancaud mencionou - o que é uma tradição entre os próprios juristas[35] - o que chamam de "a hipocrisia piedosa". Com efeito, toda a minha reflexão consistirá em se perguntar se uma hipocrisia piedosa, enquanto homenagem que o vício presta à virtude, não seria uma contribuição ao progresso (mais uma vez, provisório e histórico) da virtude do jurídico.

Vou me deter um instante sobre esse ponto. Nós temos um quase-sistema de normas quase ou semicoerente, com reivindicação de coerência, e depois um universo regulamentado de pessoas que jogam com objetivos, lutas e relações de força sob o signo desse sistema, e a regra do jogo proíbe a recusa da hipocrisia piedosa, proíbe dizer: "Tudo isso não vale nada". Os áugures romanos não conseguiam se olhar sem rirem[36], mas (e essa qualificação é muito importante) [apenas quando estavam] entre eles. Essa visão cínica faz rir e ajuda a compreender, no entanto, ela também atrapalha [a compreensão] porque, para que isso funcione, é preciso que os áugures romanos acreditem e que sequer tenham a ideia de dizer: "Ora, mas todo esse corpo de regras não faz nenhum sentido". É preciso que, depois de tomarem uma decisão segundo leis que não são as da coerência, da regra, da lei, eles se esforcem, do fundo do coração, para revestir sua decisão com um raciocínio de tipo jurídico. É preciso de alguma forma que eles se refiram à lógica do sistema, à sua coerência. Ao fazer isso, fazem algo de extremamente importante: eu acho que, cada vez que realizamos um desses atos piedosos mas hipócritas, fazemos que o universal avance um pouquinho. Eu não compreendi imediatamente esse ponto. Na verdade, ele é difícil de compreender, porque no começo fazemos sociologia pelos prazeres nietzschianos da desmistificação semi-hábil; é com o tempo que chegamos

---

33. Trata-se de uma máxima de La Rochefoucauld (*Réflexions ou sentences et maximes morales*, 1678, § 218).

34. Suprema Corte para casos cíveis e criminais na França [N.T.].

35. Referência à intervenção, durante o seminário sobre a sociologia do direito mencionado acima (p. 15), de Alain Bancaud. Essa intervenção (cf. abaixo: p. 428, no anexo desta obra) sem dúvida aproximava-se de seu artigo (Bancaud, 1987).

36. Referência a uma passagem de Cícero: "Mas é muito conhecida aquela antiga frase de Catão, que dizia admirar-se que um harúspice não risse ao ver um outro harúspice" (Marco Túlio Cícero, *Sobre a adivinhação*, II, 51 *apud* Gratti, 2009, p. 122). Os harúspices liam o futuro nas entranhas de animais.

a um terceiro nível de iniciação. Os semi-hábeis se esquecem de que não podemos dar a representação do universal sem se prender ao jogo do universal.

Vou resumir. A construção de um campo jurídico autônomo é o produto de um trabalho coletivo extremamente longo, que não se coloca um fim. Esse último ponto é essencial para não cairmos na ilusão que chamo de o funcionalismo (ou o finalismo) do pior ("A classe dominante domina cada vez mais") ou do melhor ("Esse é o progresso da razão"). A sociologia leva a explicitar os efeitos, mas ela nunca diz que esses efeitos foram postulados como fins pelos agentes que os produziram. Os efeitos sociais mais poderosos muitas vezes são aqueles de que ninguém foi conscientemente sujeito e todos os efeitos que vou descrever têm como sujeito não os agentes, mas o campo. (Então vocês vão me dizer: "O que é esse campo? Isso é monstruoso". Hoje em dia, diremos: "Isso é totalitarismo". Deixo para aqueles que dizem esse tipo de coisa a responsabilidade pelo que dizem, quer dizer, a irresponsabilidade completa de sua proposta.) A história social rigorosa é muito difícil de escrever, quase fisicamente, porque os hábitos da linguagem levam a dizer: "Fulano fez isso por causa daquilo", mas seria preciso inventar uma língua completamente diferente, do tipo "Aconteceu isso que teve como efeito… e havia intenções que…". Foi Max Weber quem mais teve a intuição dessa lógica do processo histórico. Em algum lugar ele comparou a história com uma menininha distraída que acredita ir para algum lugar, mas vai para outro, que perde seu fim no caminho ou que chega a outros fins diferentes daqueles que acreditava seguir[37]. A metáfora dá uma ideia do que seria preciso fazer, mas na verdade as coisas são muito mais complicadas: é preciso ter em mente um monte de gente que faz um monte de coisas, que fazem outras coisas além do que fazem porque o espaço no qual elas fazem o que fazem, que contribuíram a fazer e que contribuem a fazer ao fazerem o que fazem, tem uma lógica que é transcendente ao que fazem e que ao mesmo tempo escapa constantemente ao que elas acreditam fazer. Isso não significa que as pessoas sejam idiotas, que elas não sabem o que fazem: elas têm

37. Essa referência não foi encontrada. Ela pode se referir a uma frase de Robert Musil (que P. Bourdieu poderia conhecer – nem que fosse por intermédio de Jacques Bouveresse, que a cita em vários textos): "O caminho da história não é pois o de uma bola de bilhar que, uma vez tocada, segue determinado curso, mas assemelha-se ao trajeto das nuvens, ao caminho de alguém que vagabundeia pelas ruelas, distraindo-se aqui com uma sombra, ali com um grupo de pessoas, ou o contorno diferente de uma fachada, por fim chegando a um ponto que não conhecia, nem queria atingir. No curso da história mundial há um certo 'perder-se por aí'" (Musil, 2015, p. 375). Título original: *Der Mann ohne Eigenschaften*, publicado em 1930.

intenções e, de vez em quando, têm visões quase sociológicas do universo. De vez em quando, as pessoas compreendem. Em todo caso, as pessoas que dominam campos tão complexos como esses têm um domínio prático daquilo que estou dizendo: por exemplo, Heidegger não seria capaz de fazer o que fez durante vinte anos se não tivesse um prodigioso domínio prático do campo filosófico cuja existência ele negou até a morte; ele teria sido um informante magnífico.

Eis então a lógica do que vou tentar descrever: nesses universos sociais acontecem um monte de coisas que são regulamentadas sem que as pessoas obedeçam a regras. Eles são locais de regularidades das quais ninguém é o sujeito; o que não quer dizer que não tenham sujeito porque isso não é estruturalismo: os agentes fazem coisas, eles não deixam de ter fins, projetos, intenções, não são autômatos. Entretanto, os sistemas de ações nos quais eles se movem são tão complicados que os efeitos são irredutíveis às intenções, à soma das intenções; é preciso levar em conta a estrutura dos universos dentro dos quais essas intenções se mobilizam. Por esse motivo, mesmo que seja simplista, a frase menos falsa ainda é aquela que utilizei há pouco: se existe um sujeito, ele é o campo.

Um texto canônico de D'Aguesseau

Volto à minha proposta (sou constantemente obrigado a fazer parênteses porque esse é o preço da comunicação). Um espaço relativamente autônomo que chamo de "campo jurídico" se constitui pouco a pouco. Ele é o local de lutas, em nome do direito, pelo direito, e a autonomia será uma conquista progressiva: o campo jurídico vai se tornar um campo fechado, pouco a pouco as portas vão se fechar, as fronteiras vão se fechar, o direito de entrada vai aumentar ("Que ninguém entre aqui se não for geômetra"[38]: você não entra se não souber matemática, é preciso pagar o preço para entrar; se você vier com um revólver para resolver um teorema, nós te jogamos para fora, se pudermos [*risos na sala*]...). O jurista vai erguer barreiras à entrada e também vai produzir uma representação que será o direito de entrada: você só entrará se acreditar que aquilo que dizemos ser a representação legítima do direito for verdade.

Eu havia previsto começar descrevendo a vocês muito rapidamente a evolução das regras sobre a profissão de jurista, mas acho que no fundo seria mais

---

38. Isso provavelmente é uma lenda, mas diz-se que essa frase (Ἀγεωμέτρητος μηδεὶς εἰσίτω) estava gravada na entrada da Academia, a escola fundada por Platão.

interessante começar com um exemplo de elaboração erudita do discurso jurídico e da representação da atividade jurídica. Não farei mistério: não sou um grande especialista de história do direito, mas fiquei chocado, nas pesquisas que faço há alguns anos, com o fato de que os magistrados e os juízes se referiam com muita frequência a um texto célebre de um magistrado, o Chanceler D'Aguesseau. Esse texto devia ter alguma coisa de muito especial para ser uma espécie de escrito canônico, de texto sagrado ao qual se refere. Fui vê-lo e fiquei muito surpreso com o que encontrei. Vou lhes dar a referência porque obviamente não poderia contar tudo em detalhes. O autor é o Chanceler D'Aguesseau. [*Escrevendo o nome na lousa, P. Bourdieu comenta:*] No começo escrevia-se "Daguesseau" com uma só palavra, depois escreveu-se com um "D'": isso faz parte da sociologia do personagem [*risos na sala*]. Seus primeiros nomes, Henri François, são igualmente importantes: ele pertence a uma família de juristas, os textos canônicos não eram confiados aos recém-chegados. O texto vem de uma obra em 12 volumes (D'Aguesseau, 1819). Não vou fingir que li tudo: li esse texto principal, e depois alguns outros que me pareceram interessantes pelo título. Esse texto é uma palestra inaugural na reabertura do Parlamento em 1693 e tem como tema a independência do advogado (D'Aguesseau, 1819a, v. 1, p. 1-13), o advogado sendo a subcategoria de uma categoria mais ampla, o parlamentar, o homem de toga. No fundo, é um texto sobre a autonomia do advogado.

Desde que os filósofos se meteram a fazer história, temos a tendência a considerar os textos fora de qualquer contexto: encontramos os textos sem saber muito bem como na Biblioteca Nacional, vemos a data do texto, depois os lemos e comentamos. Essa é tipicamente a leitura interna. Quanto a mim, faço um mínimo de pesquisa sobre o contexto: fui pelo menos ver quem era o personagem. Para estar perfeitamente conforme ao método que prego, seria preciso situá-lo no espaço jurídico que se constituía, voltar às fontes às quais ele se refere, ver o que significam as alusões que faz etc. Fiz o mínimo possível para dar uma indicação do que seria preciso fazer e para me sentir autorizado a me separar daqueles que fazem leituras desvairadas de textos fora do contexto. (Vocês podem adivinhar os lucros que existem em mergulhar num texto muito raro – ninguém conhece o Chanceler D'Aguesseau, exceto os juristas que não estão na sala; esta é a virtude da autonomia dos campos: esse é um texto muito banal numa disciplina, mas raro em outra. Se aplicarmos a ele a técnica tradicional da leitura filosófica, vamos tirar um monte de coisas do chapéu e propor assim um tipo de produção cultural que hoje em dia está muito difundida na França, mas que não admiro muito. Digo isso de passagem para vocês porque afinal de contas esta é a ocasião de dizer publicamente o que penso e porque outros dizem com muita frequência o que pensam do que digo e não posso me defender [*risos na sala*].)

Quem foi o Chanceler D'Aguesseau? Muito rapidamente, ele veio de uma família de toga com três gerações de magistrados e intendentes antes dele. Seu pai foi um intendente, conselheiro no Parlamento de Metz, depois conselheiro de Estado (isso é importante, vocês verão o motivo), e casou-se com uma mulher vinda de outra linhagem de magistrados, os Talon. O próprio chanceler casou-se com uma mulher vinda da nobreza de toga, os D'Ormesson. O fato de alguns desses nomes ainda serem correntes[39] não deixa de ter interesse. Com efeito, acho (antecipo um pouco o que direi) que esse discurso contribui para a constituição de uma teoria do bem público e do serviço público conforme (isso está implícito no meu discurso), em certos momentos, o interesse de certas categorias sociais, e que essas categorias sociais (que hoje em dia chamamos de "tecnocratas") têm interesse no interesse geral tal como elas o definem e, ao fazer isso, podem contribuir para dizer coisas que ultrapassam seus interesses. (Eu acho que, pelo menos quando falamos do mundo social, só dizemos coisas conforme o interesse geral se tivermos interesse – isso coloca a questão do interesse que tenho em dizer o que digo: eu já pensei nisso, agora digo para vocês [*risos na sala*]... Acho que eu poderia responder [a essa pergunta].)

Baseio-me na *História da magistratura francesa das origens aos nossos dias*, um livro canônico de Marcel Rousselet (1957, p. 270 ss.): o Chanceler D'Aguesseau é o mais célebre magistrado da França antiga. Ele escreveu "estudos brilhantes", como [Marcel Rousselet] diz no texto, sólidos estudos gregos e latinos, ele é muito precoce, o que também é uma propriedade importante para compreender seu discurso (eu poderia ter feito o contrário: ler o discurso para vocês e depois dar as propriedades do autor, mas é preciso escolher uma ordem...). Ele aprendeu todas as coisas canônicas e, além disso, coisas bizarras: hebraico e línguas estrangeiras que não se aprendiam na época. Recebeu de seu pai uma educação moral muito estrita, que [Marcel Rousselet] descreve muito longamente. Ele foi muito precoce:

39. No momento do curso, a família Lefèvre-d'Ormesson tinha um inspetor-geral das Finanças (Henry), um escritor-jornalista e acadêmico (Jean), um político (Olivier)...

com 17 anos, começa a estudar a civilização romana; foi com 22 ou 23 anos que pronunciou o discurso que comentarei; tornou-se advogado-geral e acabará como algo parecido com ministro da justiça. Ele considerava a justiça uma coisa sagrada. Ficou conhecido em 1696 por seu papel num processo muito célebre (isso é importante em relação ao texto que vou comentar) que opunha o Príncipe de Conti à Duquesa de Nemours. Tratava-se de um processo entre dois grandes aristocratas, ou seja, de uma situação em que a justiça se coloca sobre as grandezas temporais, em que a dignidade judiciária pode se afirmar como superior sendo obsequiosa e desde que seja obsequiosa. Nessa ocasião, ele presta homenagem ao brilho dos grandes nomes, mas diz: "Privados em sua presença dessas vantagens exteriores, eles vêm depor a seus pés [aos pés da Justiça – P.B.] o brilho de sua dignidade. Eles submetem toda sua grandeza ao império da lei, para esperar de seus oráculos a certeza de seu destino". Ele continua: "Deixemos então àqueles que têm a felicidade de poder ser simples espectadores de uma querela tão ilustre o prazer de observar que uma causa particular parece ter se tornado uma causa pública; que o interesse de um só é visto como o interesse de todos; e que se os julgamentos são partilhados, pelo menos os votos e os desejos se reúnem" (D'Aguesseau, 1819c, v. 3, p. 113). No fundo, é o triunfo do jurista que consagra a universalização dos interesses particulares, a transcendência do interesse jurídico em relação às dignidades temporais. Ele faz um longo discurso sobre o destino das famílias. Os comentadores retêm o que é mais conveniente e que estava ligado à sua formação: a grandeza e o declínio das famílias, que miséria termos que discutir os atos realizados pelo descendente de uma grande família que se tornou senil etc. Na verdade, o verdadeiro objetivo desse debate é afirmar a superioridade da justiça, a *dignitas* da justiça (cujo nascimento Kantorowicz descreveu) (Kantorowicz, 1998)[40], em relação às dignidades temporais representadas pela nobreza. Ele se torna guardião dos Selos[41], e depois chanceler, em posição de tecnocrata.

Foi um pouco por acaso, e procurando outra coisa, que encontrei esse texto de 1693 e é provável que exista um monte de outras contribuições ao trabalho de constituição da ideologia do bem público, do serviço público, que é autoevidente hoje em dia e que se ensina na Sciences Po [Instituto de Estudos Políticos] (seria preciso fazer uma história social da gênese do bem público). Vou tentar

40. Título original: *The king's two bodies*, publicado em 1957.

41. Até 1791, principal assistente do chanceler da França [N.T.].

descrever para vocês o caminho desse texto. Numa primeira leitura, uma retórica ciceroniana obscurece e leva a dizer que é um discurso pomposo, aborrecido, um discurso empolado que opõe o vício à virtude, as paixões ao interesse. Depois de lermos Hirschman (2002)[42], o texto parece muito típico do século XVII e vemos aparecer nele a noção de interesse no sentido moderno do termo. Ele opõe a paixão à virtude, mas [diz?] que só podemos combater uma paixão com outra paixão, que existem paixões da razão que é preciso empregar a serviço da razão para fazer a razão avançar (isso é um pouco o que eu tinha dito)…

Mas uma coisa chama a atenção quando lemos o texto com mais cuidado: a palavra "público" aparece nele umas dez vezes com um sentido muito moderno. Por causa disso, ela passa completamente despercebida apesar de na verdade ser muito estranha no contexto. É a armadilha do anacronismo para a análise sociológica: quando se trata de reconstituir a gênese de um campo, as palavras mais importantes são as mais modernas e, por causa disso, elas têm as maiores chances de passar despercebidas porque esquecemos que, no contexto [de origem], elas eram de raridade extraordinária. É a mesma coisa quando se trata de compreender Manet, que nem está tão longe de nós: aplicamos às pessoas que fizeram uma revolução simbólica as categorias de percepção que foram o produto dessa revolução[43]. Aqui, quando esse homem que lutava para dar uma fundamentação muito nova para a Justiça (ele não invoca nem Deus, nem o rei) diz "público", isso nos parece autoevidente; mas isso é em parte porque um monte de gente repetiu: "Como disse o Chanceler D'Aguesseau, a única fundamentação da Justiça é o público, a Justiça é para o público".

Se retomarmos a palavra "público" no contexto, seus usos são muito estranhos: "Ele não pode mais obter nenhum repouso que não seja fatal para o público" (D'Aguesseau, 1819a, p. 2). É uma fala sobre o tema da infelicidade dos poderosos que se reduzem à escravidão voluntária, que não têm mais nem um minuto para si (um tema que ouvimos o tempo todo hoje em dia [*risos na sala*]), sua vida não passa de uma longa servidão. Aqui, temos um primeiro sinal estranho. Os magistrados, que estão entre esses poderosos alienados que não têm mais tempo, sofrem por não terem mais tempo porque têm a sensação de roubar do público o tempo que tomam para se ocupar de si mesmos, de seus filhos etc.

---

42. Título original: *The passions and the interests*, publicado em 1977.

43. P. Bourdieu (2023a) desenvolverá esse ponto em 1998 no começo de seu curso sobre Manet.

Já temos aqui, por entre as linhas, a ideia de um serviço total, de uma dedicação total ao público. Hoje em dia, diríamos: "Eu dedico a minha pessoa, o meu tempo ao Estado"[44], mas, na época de D'Aguesseau, não se tratava do Estado mas sim do público, e era preciso constituir esse serviço público contra o Estado. "Ele não pode mais obter nenhum repouso que não seja fatal para o público: ele se repreende pelos prazeres mais inocentes, porque só pode degustá-los num tempo consagrado a seu dever". Ele é um escravo, "a glória faz carregar as correntes mais brilhantes"[45]. Essa frase traz mais uma vez uma oposição aparentemente retórica: "a glória", isso é bem Bénichou (1948), "moral do grande século", os poderosos pagam o acesso à glória com correntes. É contra a servidão brilhante dos poderosos ordinários, quer dizer, dos nobres (daí a importância do "D"")[46], que vai se constituir a verdadeira grandeza, aquela que sofre por não ter tempo para o público. Os poderosos ordinários estão numa servidão ilustre em relação aos valores mundanos, aos jogos mundanos. Isso foi antecipado por Norbert Elias que, em seu texto célebre "Cultura e civilização", descreve muito bem a inversão, nas pequenas cortes alemãs (com Kant etc.) dos valores mundanos, a descoberta do sério, do profundo, dos valores acadêmicos contra os valores de civilização (Elias, 1990, p. 21-64)[47] (eu não devia ter mencionado isso, é cedo demais, mas talvez vocês possam, graças a mim, ler Elias.)

[No espírito de D'Aguesseau], temos de um lado as correntes da servidão que levam à acumulação de capital social mediante um trabalho mundano porque é preciso manter as relações. Remeto vocês a um artigo recente de Monique de Saint Martin (2020)[48]: ainda hoje, um nobre como o Duque de Brissac deve fazer todo um trabalho para reproduzir seu capital de nobreza: é uma servidão, correntes; esse lustre, essa glória, esse brilho têm um preço e exigem que se gaste tempo. Por outro lado, há aqueles que acumulam capital econômico por meio do comércio e que estão numa servidão menos ilustre. E depois há uma outra personagem: "o filósofo", para quem o preço da liberdade é a obscuridade. Como resolver a quadratura do

44. Talvez se trate de uma alusão a uma frase célebre de Philippe Pétain depois da derrota militar diante do exército alemão em 1940: "Dedico minha pessoa à França para atenuar sua infelicidade" (discurso transmitido por rádio em 17 de junho de 1940).

45. D'Aguesseau (1819a, p. 2). A frase completa é: "A glória faz carregar as correntes mais brilhantes para aqueles que a buscam na profissão das armas".

46. Referência à ortografia do nome de D'Aguesseau mencionada acima (p. 33).

47. Título original: *Über den Prozess der Zivilisation*, publicado em 1939.

48. Artigo original: "Une grande famille", publicado no periódico *Actes de la recherche en sciences sociales*, n. 31, em 1980.

círculo? O magistrado deve ter o brilho de uma posição de representação, portanto, é absolutamente preciso que ele seja brilhante; ele não pode ter a liberdade pela obscuridade. Ele deve inventar sua liberdade, não mediante a obscuridade, mas mediante as funções públicas e vai obter essa independência pela recusa dupla do comércio mundano e do comércio dos negócios, por uma ascese dupla em relação às mundanidades e aos negócios. Essa oposição dupla terá como princípio aquilo que constantemente é chamado de virtude sem maiores qualificações, mas que se explicita quando olhamos o texto por meio da noção de desinteresse. Com efeito, a fundamentação coletiva, a norma do microcosmo jurídico, tal como D'Aguesseau a define, é o desinteresse. A lei fundamental é: "Vocês serão livres se forem coletivamente desinteressados". Isso não é uma virtude individual kantiana, mas uma virtude que poderíamos chamar de hegeliana: ela está em conformidade com a ordem dos juristas. A ordem dos juristas faz reinar a ordem do desinteresse no corpo dos juristas e sanciona as faltas de desinteresse, quer dizer, aqueles que sucumbem à tentação do dinheiro e do sexo, duas coisas ligadas com muita força, como são em todas as ordens de clérigos que pagam seu acesso à autonomia por meio da virtude nesses dois aspectos (o limite é o clérigo tonsurado).

Como os magistrados conseguem (eu queria citar o texto sem parar, mas demoraria demais) conquistar coletivamente sua independência? Por meio da virtude, quer dizer, tornando-se escravos da justiça. E eles estão predispostos a isso porque devem sua posição apenas a seu mérito. Há, portanto, uma ideologia, um elogio explícito do mérito que hoje em dia teria como ímpeto a invocação do mérito ou da consagração escolar. Aqui, [os magistrados propõem] uma combinação: "Nós somos pessoas sérias, trabalhamos muito, devemos nossa ascensão apenas a nosso trabalho, somos *self-made-men* [pessoas que venceram por seu próprio esforço] da virtude, do desinteresse, do sacrifício, dos estudos, e temos em comum com o filósofo termos pago com muita obscuridade, trabalho e erudição nossas exibições simbólicas da eloquência". De passagem, há um belíssimo texto onde D'Aguesseau opõe a eloquência à erudição[49]: ele diz que nem todo mundo tem o dom da eloquência (ele não utiliza a palavra "dom", mas podemos ler nas entrelinhas) que faz o grande magistrado ou o grande advogado, no entanto, a oposição entre o advogado-geral que, na época, preparava os dossiês e não aparecia no tribunal, e o advogado é artificial: a erudição representa uma

49. Talvez: D'Aguesseau (1819d, v. 1, p. 31-46).

virtude tanto quanto a eloquência, mesmo que esta exija gênio e aquela trabalho. "Portanto, somos o fruto de nossas obras e, por isso, encarnamos a virtude". Esta "pode tornar o homem sem nascimento, nobre; sem bens, rico; sem dignidades [as dignidades são as dignidades temporais, as do nobre - P.B.], elevado; sem o socorro da fortuna, feliz [...]. A virtude é o princípio de sua independência [é o axioma-chave – P.B.]. O mérito e a glória são inseparáveis [enquanto, para o nobre ordinário, a glória é uma glória sem mérito – P.B.]; [...] o homem, único autor de sua elevação, tem todos os outros homens na dependência de sua luz" (D'Aguesseau, 1819a, p. 3); aqui, já aparece o capital escolar ("sua luz").

> Essas distinções que são fundamentadas apenas pelo acaso do nascimento, esses grandes nomes dos quais o orgulho do mortal comum se gaba, e que ofusca os próprios sábios, tornam-se auxílios inúteis numa profissão em que a virtude faz toda a nobreza, e na qual todos os homens são estimados não pelo que seus pais fizeram, mas pelo que eles próprios fazem. Eles deixam, ao entrar nesse corpo célebre, a posição que os preconceitos lhes davam no mundo para assumir aquela que a razão lhes dá na ordem da natureza e da verdade (D'Aguesseau, 1819a, p. 3-4).

Aqui se desenrola um trabalho simbólico de constituição (essa palavra é importante): constitui-se um grupo ao se constituir a norma fundamental desse grupo e a constituição (no sentido jurídico) do grupo dos juristas é: "O princípio de seu valor é sua virtude". Continuo: "A justiça, que lhes abre a entrada da advocacia, apaga até a lembrança dessas diferenças injuriosas à virtude, e só distingue através do grau do mérito aqueles que ela chama igualmente para as funções de um mesmo ministério" (D'Aguesseau, 1819a, p. 4). Portanto, eles são iguais: é uma virtude coletiva e sancionada coletivamente cujas faltas são punidas coletivamente.

A invenção do público como novo soberano

> As riquezas podem ornar uma outra profissão [a transposição com a meritocracia escolar é evidente: não devemos cometer anacronismos, mas acho que esses são os ancestrais da ENA[50] – P.B.]; mas a nossa

50. Escola nacional de administração [N.T.].

> enrubesceria se devesse seu brilho a isso. [...] O trabalho vos dá o que a natureza vos recusou [...] Libertados do jugo da avareza, vós aspirais a bens que não estão submetidos à sua dominação [...] O mérito, que é seu único ornamento, é o único bem que não se pode comprar; e o público, sempre livre em seu sufrágio, concede a glória e jamais a vende (D'Aguesseau, 1819a, p. 4).

Essa passagem é muito densa e muito moderna. Para nós hoje em dia, o público evoca a "opinião pública" ou o público de um espetáculo, mas essas noções só surgem no século XVIII (um historiador americano demonstrou como se constituiu durante o século XVIII, com a imprensa e a tradição dos salões, uma espécie de opinião pública sobre a pintura, um juízo dos leigos em matéria de gosto)[51], por isso é preciso tomar cuidado [para não projetar isso sobre esse texto]. "O mérito, que é seu único ornamento, é o único bem que não se pode comprar; e o público, sempre livre em seu sufrágio, concede a glória e jamais a vende". Temos aqui o processo de constituição simbólica: inventa-se uma realidade transcendente que será a fundamentação objetiva de um juízo sobre o que somos; "Eu digo que uma instância indiscutível, o público, diz que sou aquilo que digo que sou". Essa é a operação de transmutação, de alquimia ("o público, sempre livre em seu sufrágio"). O que é importante são as virtudes que se designam ao público. Para começar, nesse texto, o público, como eu disse há pouco, substitui Deus e o rei. Ele será o centro de um passe de mágica (que só é um passe de mágica porque deu certo) que consiste em dizer que o público sempre tem razão, que o público enxerga bem porque, livre e virtuoso, sabe reconhecer livremente a virtude; por meio dele, nós [os magistrados] somos sustentados. Reencontramos o famoso Barão de Münchhausen: o público fornece esse ponto arquimediano que vai nos permitir erguer nosso microcosmo para fora das contingências históricas.

A palavra "fortuna" é igualmente muito interessante. Trata-se também aqui de uma palavra muito equívoca, vem da palavra latina[52] e é empregada de maneira retórica. Dito isso, quando ela funciona nas oposições, fica muito clara. Uma chave que utilizo constantemente é uma expressão muito engraçada utilizada

51. Sem dúvida, trata-se de Crow (1987).

52. *Fortuna*, em latim, significa "sorte", "acaso", "destino"...

pelo filósofo Austin, "conceitos-calças"[53]: algumas palavras ("real", "sério", "virtude" etc. – todas as palavras que usamos nas dissertações –)[54] só ganham seu sentido em relação a um outro conceito muito importante que não é nomeado, mas que veste as calças e que vai, por sua existência, determinar o sentido do conceito utilizado. A palavra "fortuna" é assim um conceito dominado que só ganha sentido em relação ao conceito-calça que o determina: "fortuna" se opõe, nesse caso, a "público", "mérito", "virtude". A fortuna é aquilo que cai do céu, que não é merecido, o que acontece com os nobres. Ela é distribuída sem levar em conta o mérito. Ela é venal, ela não recompensa a virtude. Assim, o público é uma antifortuna: ele vai celebrar aquele que merece ser celebrado; de modo que ao celebrá-lo nós celebramos uma instância justa e nos constituímos como justos, já que somos celebrados por essa instância justa que nos celebra. Compreendemos então o que significa o fato de dizer que respeitamos o bem público ou que nada é mais legítimo do que o serviço ao público… Já que o bem público – talvez eu volte a isso na aula que vem – é ao mesmo tempo aquilo que é bom *aos olhos* do público e o que é bom *para* o público, a ideia de serviço público remete à ideia platônica do filósofo-rei que sabe melhor do que o povo o que é bom para o povo[55]. Com efeito, os tecnocratas, os epistemocratas[56] dizem em nome desse novo soberano que é o público, a *vox populi* [voz do povo], aquilo que é bom para o público, e o público não pode contradizê-los porque são eles que o fazem falar. Isso é o que chamo de efeito de oráculo[57] que os funcionários exercem (sempre devemos desconfiar dos funcionários quando eles dizem "O povo pensa…"). Com esse efeito, voltamos ao nível da desconfiança de que falei há pouco e que é útil para a análise (mas,

53. "[...] 'real' constitui aquilo que podemos chamar de *palavra que veste calças* (*'trouser-word'*). Em geral se acredita, e, ouso dizer, com razão, que o que se pode chamar de uso afirmativo de um termo seja básico – que, para compreender *x*, precisamos saber o que é ser *x*, ou ser um *x*, e que esse conhecimento nos ensina o que é *não* ser *x*, não ser um *x*. Mas, no caso de 'real' [...], é o uso *negativo* que veste as calças. Quer dizer, a afirmação de que algo é real, de que um tal e tal é real, só possui sentido definido à luz de um modo específico pelo qual podia *não* ser, ou *não* ter sido, real. 'Um pato real' difere do simples 'um pato' somente porque é usado para excluir vários modos de não ser um pato real – mas uma imitação, um brinquedo, uma fotografia, um engodo etc." (Austin, 2021, p. 97). Título original: *Sense and Sensibilia*, publicado em 1962.

54. P. Bourdieu e Monique de Saint Martin estudaram os adjetivos utilizados pelos professores na avaliação de dissertações: Bourdieu e Saint Martin (2023, p. 313-368).

55. Cf.: Platão (2023, livro V).

56. Para explicações sobre o "epistemocratismo", cf. em particular Bourdieu (2023c, p. 68-72).

57. Sobre o "efeito de oráculo", cf. Bourdieu (2004, p. 196-197). Título original: *Choses dites*, publicado pela Minuit, em 1987.

para não parecer me contradizer, repito que, por meio desse efeito de oráculo, as próprias pítias se prendem ao jogo; elas são obrigadas a responder de tal maneira que se restringem em suas respostas).

Continuo mais um pouquinho. O público sabe distinguir entre os fundamentos verdadeiros e falsos da dignidade. Ele sabe distinguir as pessoas que, por deverem tudo à fortuna, absolutamente não têm mérito. "O público, que sabe qual é o preço de vosso tempo, dispensa-vos dos deveres que exige dos outros homens; e aqueles cuja fortuna sempre arrasta uma multidão de adoradores, depositam diante de vós o brilho de sua dignidade para submeterem-se a vossas decisões e receberem de vossos conselhos a paz e a tranquilidade de suas famílias" (D'Aguesseau, 1819a, p. 5-6). "Todos os vossos dias são marcados pelos serviços que prestais à sociedade [a sociedade é o público – P.B.]. Todas as vossas ocupações são exercícios de retidão e probidade [...]" (D'Aguesseau, 1819a, p. 5). Bancaud, em seus seminários[58], insistiu muito sobre a retidão dos juristas: para ter o direito de dizer o direito, é preciso ser direito. Eu poderia dar um monte de exemplos de sanções por falta de retidão.

Ainda assim, é possível se fazer a pergunta de saber como situar esse público, que é o novo soberano, em relação ao verdadeiro soberano. Um historiador bem constituído não pode deixar de pensar nisso. Dito isso, a força de um texto é cortar os contextos. Um texto bem construído torna-se autossuficiente, faz-se aparecer como autossuficiente e é preciso muita energia contestatória para conseguir ver aquilo que ele diz ao não dizer. Esse texto, por exemplo, não fala de Deus. Como isso é possível nessa época tão cristã? Na verdade, ele fala, mas de maneira tão bizarra que é ainda pior do que se não falasse. Não podemos não pensar que ele diz: "Enquanto corpo independente, sabemos que somos virtuosos, que devemos sê-lo, que estamos submetidos ao público, mas outros corpos poderiam se esquecer disso". Ele não diz isso dessa forma, mas de um modo constativo que na verdade é normativo, o que é uma outra artimanha do discurso ideológico: "O homem nunca é tão livre do que ao submeter suas paixões à razão, e sua razão à justiça" (D'Aguesseau, 1819a, p. 7). Dizemos: "Que retórica...!", mas em seguida ele

58. Cf. acima: nota 41. Sobre a retidão dos juristas. Cf. também Bourdieu (2022, p. 4-5): "[...] correndo o risco de reduzir as coisas a um slogan, seria possível dizer que a retidão de quem diz a lei é, ao mesmo tempo, um dos fundamentos do efeito que o direito exerce no exterior e um efeito que o direito exerce sobre aqueles que o exercem, e que, para ter o direito de dizer o direito, devem ser 'direitos'".

desenvolve um longo discurso sobre os nobres e os reis: "As mais nobres imagens da divindade, os reis, que as Escrituras chamam de deuses da terra, jamais são tão grandes do que ao submeter toda sua grandeza à justiça" (D'Aguesseau, 1819a). No momento em que aparecem os poderes que poderiam ser as fundamentações externas do corpo jurídico (poderíamos citar a delegação, por exemplo: recebo meu poder de Deus ou do rei, ou do rei de direito divino), o público chega para tapar os buracos: "Deus está morto, o rei está morto, viva o bem público!" Eu [*i.e.* D'Aguesseau] falo indiretamente do rei para dizer que ele mesmo está submetido à justiça e que sua maior grandeza é submeter-se à justiça e ao bem público. Se ele o fizer, é porque reconhece (aqui, poderíamos dizer isso no sentido hegeliano) a legitimidade daqueles que dizem o direito, porque reconhece sua virtude e é por meio de sua virtude, quer dizer, por meio da disciplina que eles se impõem, que eles impõem o reconhecimento da disciplina imposta. Vou parar aqui, mas seria bom se vocês pudessem ler o texto.

Aula de 17 de março de 1988

O senso comum e o senso do jogo num campo – A transfiguração do senso comum em sensos especializados (continuação) – A produção do amor pelo jogo – Duas outras perguntas – A historicização dupla – A influência jansenista e o problema do amor-próprio – A invenção do público: o efeito de oráculo – Produzir o universal com os interesses particulares

O senso comum e o senso do jogo num campo

Não responderei a todas as perguntas que recebi, primeiro porque nem sempre consegui lê-las (peço àqueles que me deixam essas palavrinhas que se esforcem para que sejam legíveis), e também porque, em alguns casos, minha sequência me parece tê-las respondido, ou vai respondê-las.

Uma primeira pergunta, longa demais para ler, trata do pertencimento dos agentes a vários campos e do problema das relações entre o pertencimento aos campos e o pertencimento ao mundo ordinário. A pergunta pode parecer muito técnica. Uma propriedade deste público [do Collège de France] é sua dispersão muito grande e evidentemente tendo a me interessar pelas perguntas que são, para mim, as mais interessantes porque se situam num universo de problemas próximo ao meu. Assim, a pergunta trata da relação entre uma análise do funcionamento dos campos e uma análise da vida cotidiana do tipo proposto pelos etnometodólogos quando eles se dão como projeto descrever a experiência da vida cotidiana. Essa pergunta mereceria várias horas, mas vou tentar respondê-la rapidamente: o pouco que direi será melhor do que nada, pelo menos para aquele que fez a pergunta e para aqueles que teriam o mesmo tipo de interrogação. A mesma pessoa me pergunta numa outra folha sobre o lugar concedido às emoções e às paixões na minha sociologia: estariam as paixões incluídas nas análises que realizei? Evidentemente, as duas perguntas têm alguma ligação. Elas partem de uma problemática um pouco diferente da minha e só podem ser feitas a partir daquilo que poderíamos chamar de um outro paradigma, como dizem certos epistemólogos hoje em dia[59].

[Começarei explicando que] aquilo que chamamos de "competência", esse conjunto de saberes que os agentes sociais importam para suas práticas cotidianas e que evita que eles sejam atropelados na rua ou permite que antecipem de maneira mais ou menos razoável (o que não quer dizer "racional") as condutas de outros agentes, foi muito bem descrito desde Aristóteles (às vezes a referência filosófica é útil para baixar um pouco a crista de certos falsos descobridores). No fundo, essa competência prática, que na minha linguagem chamarei de "senso prático", é aquilo que Aristóteles chamou de φρόνησις [*phronesis*][60] (termo que se traduz por "prudência", mas essa não é uma tradução muito boa). Isso é o domínio no estado prático de esquemas de percepção, ação e apreciação que, rapidamente, permitem que nos desembaracemos na vida. Podemos também chamar esse senso prático de "senso do jogo", mas então passamos para alguma coisa que se aplicaria mais a campos sociais especiais: o senso prático como senso do jogo permite antecipar o curso daquilo que se passa num universo social. Ele é uma espécie de ajuste ao desenrolar do mundo social, a suas tendências imanentes. Essa antecipação fundamentada num ajuste inconsciente (que a noção de "*habitus*" expressa) permite, por exemplo, estar no lugar onde se deve estar. Assim, podemos falar também de um "senso de posicionamento", insistindo no duplo sentido da palavra "posicionamento", o esportivo (a "posição" do jogador) e o sentido da palavra "posição" na linguagem da bolsa de valores.

(Esses jogos não são jogos de palavras heideggerianos. Eles são úteis porque uma dificuldade dessas noções se deve ao fato de que eles designam uma coisa que acontece tradicionalmente na língua filosófica. Não foi por acaso que fiz a

59. A noção de "paradigma" difundiu-se na epistemologia depois do livro de Kuhn (2017), cujo título original é: *The structure of scientific revolutions*, publicado em 1962.

60. P. Bourdieu voltará a essa comparação na aula de 17 de junho de 1993. A *phronesis* é "ser capaz de deliberar bem sobre o que é bom e vantajoso para si [mesmo], não em algum aspecto particular, como deliberar sobre o que é bom para sua saúde e força, mas o que é vantajoso para a vida boa em geral" (Aristóteles, *Ética a Nicômaco*, 2024, VI, capítulo 5, p. 134). Esta tradução citada traduz "*phronesis*" por "sabedoria" [N.T.].

referência muito antiga a Aristóteles: no fundo, a tradição filosófica deu muito pouco espaço à prática. Vou falar isso de modo um pouco precipitado e mais uma vez vou chocar alguns de vocês, mas mesmo a noção marxista de práxis, que aparentemente fala de prática, fala muito pouco dela. Quando meu tradutor alemão me perguntou, recusei que meu livro *O senso prático* fosse traduzido por *Praxis*[61], porque para mim a práxis, ou pelo menos aquilo que as pessoas que falam muito de práxis fazem, é quase o contrário daquilo que chamo de "prática". Esse foi um pequeno parêntese, mas acho que esses pequenos parênteses que expressam por meio de um metadiscurso as intenções profundas do meu trabalho podem interessar a algumas pessoas.)

Como a tradição filosófica constituiu-se contra aquilo que designamos quando falamos de "senso prático", é difícil nomeá-lo e até descrevê-lo. Poderíamos fazer uma genealogia, na história das ideias, da oposição entre teoria e prática, entre o filósofo e o homem da ágora. Toda uma tradição filosófica se baseia em oposições que se tornaram estruturas mentais e temas de dissertação, que são uma das mediações por meio das quais os tópicos se tornam estruturas mentais, esquemas mentais. A dificuldade de pensar a prática reside no fato de que é preciso ir além dessas categorias de percepção do mundo social. Essa é uma das coisas que penso ter em comum com as pessoas que chamamos de "etnometodólogas". Quase na mesma época, fiz o mesmo tipo de trabalho de Garfinkel num livro que se chama *O senso prático* (Bourdieu, 2012a)[62] e que é muito pouco lido (para aqueles que não sabem e que se interessam por esse aspecto do meu trabalho: é o livro no qual tentei explicitar um certo tipo de fundamentações teóricas de minhas pesquisas). Para pensar a prática, faltam recursos teóricos, e não sem motivo: a tradição teórica se constituiu contra ela. Felizmente, existem alguns companheiros de jornada. Heidegger, por razões complexas que contribuíram para fazer com que ele se tornasse nazista, interessou-se por coisas que haviam sido abandonadas pela tradição filosófica, em particular a relação prática com o mundo que o

61. *O senso prático* foi traduzido para o alemão em 1987 por Günter Seib com o título *Sozialer Sinn. Kritik der theoretischen Vernunft* (publicado pela Suhrkamp).

62. Cujo título original é: *Le sens pratique*, publicado pela Minuit. Esse livro foi publicado em 1980, mas fundamenta-se nas pesquisas realizadas por P. Bourdieu na Argélia no final da década de 1950 e sua elaboração começou na década de 1960, quando foi publicada uma das obras consideradas fundadoras da etnometodologia: Garfinkel (2018), cujo título original é: *Studies in ethnomethodology*, publicado pela Prentice-Hall em 1967.

discurso teórico deixa escapar[63]. Gente como Wittgenstein também refletiu sobre coisas fundamentais para um sociólogo ou etnólogo, e talvez ainda mais para um sociólogo do direito ou um jurista: o que é seguir uma regra ou obedecer a uma regra? Será que ter uma conduta regrada é necessariamente obedecer a regras? Será que todas as condutas regradas são o produto da obediência a regras[64]? A noção de senso prático busca responder a essas perguntas (Bourdieu, 2012a, p. 62-67 [64-68]) e lembrar que temos um domínio não teórico que não assume a forma de saberes explícitos e que torna o mundo social vivível para nós. Aliás, uma tarefa da sociologia e da antropologia consiste em ajudar os agentes nativos a explicitarem seu domínio prático das leis imanentes dos universos sociais nos quais eles se deslocam e onde têm condutas razoáveis (o que não quer dizer racionais) à medida que interiorizaram como possível a lógica desses universos. O exemplo por excelência é nosso domínio prático dos mecanismos linguísticos: sabemos dizer "aqui", "ali", empregar corretamente os dêiticos, e esse domínio é tão extraordinário que às vezes seria preciso várias horas para dar conta de uma utilização particular da palavra "aqui". Em outras palavras, nós empregamos em nossa prática, sem saber como, um imenso pré-saber, pré-reflexivo, não tético, como diriam os fenomenólogos, e acho, como os etnometodólogos, que uma das grandes tarefas das ciências sociais consiste em explicitar essas coisas.

Mas a pergunta feita remete a um problema no qual me separo muito claramente dos etnometodólogos (não se trata de uma busca de distinção porque eu nunca havia pensado nessa relação antes da pergunta ter sido feita – aliás, é por isso que ela me é útil). Qual é a relação entre o senso prático empregado pelos agentes que se deslocam harmoniosamente nos campos como o campo político, científico ou intelectual, e o senso prático que os mesmos agentes podem empregar na vida cotidiana para atravessar uma rua? A virtude da noção de campo e de uma sociologia que emprega essa noção consiste em lembrar que o mundo social no qual vivemos é diferenciado. As análises que publiquei em *O senso prático* eram essencialmente antropológicas e etnológicas, com base num material antropológico – trabalhos dedicados à sociedade cabila. Eu me baseei

63. P. Bourdieu fará outra análise sobre esse ponto e sobre o que se segue em seu curso de 1992-1993. Cf. Bourdieu (2017a, p. 263).

64. Cf. os desenvolvimentos de Wittgenstein sobre as "considerações sobre seguir regras" (Wittgenstein, 2014). Obra original: *Philosophische Untersuchungen*, publicada em 1953. Cf. também: Wittgenstein (1989) e Kripke (1984).

no domínio prático utilizado pelos agentes sociais num universo social quase indiferenciado onde não existe, por exemplo, um sistema ou campo jurídico, onde, como a principal divisão era uma divisão do trabalho entre os sexos, não há uma divisão do trabalho de dominação. Num universo desses, os esquemas práticos que orientam a prática não são constituídos como esquemas eruditos, não são transformados por essa espécie de alquimia que os diferentes campos realizam. Poderíamos então dizer, na linguagem da pergunta que foi feita, que, nessas sociedades, o senso prático é um senso comum[65]: aquilo que é preciso saber para viver nesse tipo de sociedade é, até certo ponto, distribuído igualmente. Na verdade, isso nunca é totalmente o caso porque já existe uma divisão do trabalho de produção simbólica. Eu subestimei esse ponto na época em que escrevi *O senso prático*. Descobri isso um pouco depois, em particular graças a minhas conversas com Mouloud Mammeri, poeta cabila de língua francesa que alguns de vocês conhecem e que trabalhou muito para que a poesia cabila supostamente popular fosse conhecida (Bourdieu, 2006). Ele descobriu uma poesia popular que tem todas as propriedades de uma poesia erudita: quando traduzida, ela se parece com a de Mallarmé, o que deveria representar um problema para aqueles que acreditam que "popular" quer dizer "simples". Assim, nessa ocasião descobri algo que pressentia vagamente, mas a que não dera espaço em minhas análises, em grande parte porque tinha interiorizado os modelos inconscientes que o etnólogo importa para seu objeto ("Eles são todos parecidos", "Esses são universos pouco diferenciados", "Não existem profissionais", "Não existe acumulação inicial do capital cultural", "A cultura é mais ou menos igualmente distribuída", "Todo mundo fala a mesma língua mais ou menos do mesmo jeito", "Todo mundo sabe mais ou menos assim" etc.). Nessas sociedades, já existe uma forma de acumulação primitiva do saber cultural e, por exemplo, uma divisão do trabalho religioso elementar entre os xamãs e as pessoas comuns. No caso da Cabila, ao lado das pessoas comuns, os poetas são capazes de "dar um sentido mais puro às palavras da tribo"[66]. Eles são capazes de jogar com as palavras, de dar uma de Heidegger com relação aos provérbios cabilas; eles fazem coisas muito sofisticadas, eruditas,

65. As utilizações que P. Bourdieu faz da noção de "senso comum" na análise que se segue remetem em parte ao *common sense* mencionado pela etnometodologia.

66. "Um sentido mais puro às palavras da tribo" é um verso de "A tumba de Edgar Poe", de Stéphane Mallarmé (2019).

refinadas. (Vou de parêntese em parêntese, mas isso não deixa de ter ligação com o que quero dizer.)

Acho que podemos dizer, apesar de tudo, que o senso prático é um senso comum nas sociedades desse tipo. Certamente existe, nessas sociedades, uma divisão do trabalho de produção simbólica, mas ela é pouco avançada e a diferença entre o poeta e o não poeta, entre o mais especialista e a pessoa comum, não é radical. Ela não tem nada a ver com a diferença que hoje separa um jurista profissional e um pleiteante ordinário que apresenta seu caso, ou uma pessoa comum e um cientista. Essas coisas triviais são importantes. Max Weber disse coisas notáveis sobre o fato de que, em nossas sociedades, só podemos dominar o mundo por meio da procuração dos cientistas; por exemplo, a ponto de morrer, nós nos entregamos aos cientistas[67].

Essas coisas triviais também são importantes para compreender o problema que me foi colocado: que relação existe entre uma ciência do senso comum como pode ser a etnometodologia e a ciência dos sensos comuns eruditos que implica uma teoria dos campos? (Esses são problemas complicados, mas agora que comecei, continuo...) Parece-me que existe algo em comum entre o senso prático que se emprega na vida ordinária e o senso prático que se emprega nos campos eruditos: só nos viramos realmente bem num campo erudito se dominarmos as leis imanentes do campo como dominamos as leis imanentes da vida cotidiana; é preciso saber elaborar uma estratégia de carreira como sabemos atravessar uma rua, no modo do isso-é-óbvio, sem que isso seja constituído como estratégia consciente, como projeto racional, calculado, intencional, interessado. Apesar disso, ainda há a impressão de que a etnometodologia trabalha com coisas mais universais [do que minha maneira de proceder]. Isso é porque, um pouco como a antropologia, ela lisonjeia o interesse filosófico. Se digo a vocês que vou descrever como funcionava o campo jurídico na época de D'Aguesseau, de quem falei na

67. Referências às análises feitas por Max Weber sobre a racionalização e o "desencantamento do mundo" (em que o papel crescente da ciência é frequentemente mencionado) e talvez particularmente às conferências sobre a ciência e a política de 1917. Nesses textos, voltando ao processo de "intelectualização e racionalização", Weber destaca que, nas sociedades modernas, estamos cercados de produtos da ciência cujo funcionamento não dominamos individualmente (ele dá o exemplo do bonde) e também menciona a assistência médica aos moribundos – e o fato de ela suspender a questão de saber "se vale a pena viver a vida e em quais casos" (Weber, 2003). Cf. também: *Política como vocação e ofício* (2021), publicado originalmente como: *Wissenschaft als Beruf; Politik als Beruf*, em 1917.

última aula, minha proposta vai parecer histórica, historicista etc. O projeto de explicitar as estruturas fundamentais da competência prática empregadas por todos os agentes para se comportarem razoavelmente no mundo ordinário parece, para dizer de maneira ingênua, mais filosófico: ele parece tratar de coisas mais universais, mais fundamentais, mais gerais, ele evoca uma tradição (Husserl etc.)... Eu acho que o charme particular desse modo de pensar deve-se em parte ao fato de ele ocultar as questões (igualmente antropológicas) das formas que esse senso prático assume nos vários universos.

Era aqui que eu queria chegar. Nossas sociedades são sociedades diferenciadas e um dos processos fundamentais dos quais elas resultam é o processo de diferenciação (que não se confunde com o processo de divisão em classes) por meio do qual se constituem os universos separados, as ordens (um objetivo do curso é exatamente dizer como se constituiu a *ordem* jurídica), os pequenos impérios dentro do império do mundo social, os subuniversos que têm leis próprias. A diferença principal entre as sociedades que os etnólogos estudam e as que os sociólogos estudam me parece ter a ver com esse processo de diferenciação. Mas registrar esse processo de diferenciação leva a fazer uma teoria da constituição desses universos, a estudar antes de mais nada o processo de autonomização e as lógicas específicas desses diferentes universos para depois postular a pergunta de saber se não existiriam leis invariantes através dos campos, entre o campo da matemática, o campo jurídico etc.

Resta o problema fundamental da relação entre as competências específicas empregadas para se mover nos campos e a competência empregada para se mover no mundo ordinário. Refleti muito sobre isso, mas a expressão "senso comum" não é nada clara para mim. Essa expressão banal, à qual não damos mais nenhum sentido, pode assumir seu sentido forte se lembrarmos que a experiência ordinária, a competência prática que empregamos na experiência ordinária, talvez não tenha exatamente o mesmo estatuto que as competências práticas que empregamos nos outros campos. A primeira tem uma espécie de prioridade, e daí o interesse nos trabalhos dos etnometodólogos: ela é a competência de base, à qual se referem, de maneira mais ou menos total dependendo do grau de separação dos campos, os diferentes campos especializados.

Explico. Muitas vezes digo que um certo tipo de construções eruditas deve ser relacionado aos campos eruditos em que elas são produzidas e insisto no fato de que essas construções eruditas, em particular em sua dimensão linguística, frequentemente se baseiam num corte falso. Não vou refazer a análise que desenvolvi sobre Heidegger (Bourdieu, 1989a) (sabendo que poderíamos dar outros exemplos), mas demonstrei que tínhamos nele um sistema de sentidos que se baseia em jogos fonológicos e semânticos muito complexos (os jogos sobre *Fürsorge*[68] etc.) e que esse jogo de sentido erudito se dá a aparência de autonomia: o discurso filosófico heideggeriano se apresenta como autossuficiente, como irredutível ao que se diz ordinariamente por meio do uso ordinário das mesmas palavras. Heidegger, que tinha um grande senso das estratégias sociais, disse muitas vezes: "Não me façam dizer o que não digo; quando digo *Fürsorge*, não digo 'assistência social'". Ele desmente, mas seu texto diz isso o tempo todo. Na verdade, ele constitui um sistema de discurso (a análise valeria exatamente nos mesmos termos para o sistema jurídico) semicortado, que tem suas próprias oposições e que opõe não o grande ao pequeno, mas o autêntico ao inautêntico. Esse tipo de sistema simbólico produzido pelos campos eruditos fundamentados num semicorte ou num corte falso conserva um laço orgânico com o senso comum: as oposições do senso comum permanecem presentes. Um filósofo do direito que cito em meu artigo sobre o direito[69] enxergou isso, e diz que não podemos compreender a linguagem jurídica se não tivermos o domínio da linguagem comum, assim como não podemos compreender uma linguagem xamânica numa sociedade tradicional se não tivermos o domínio da linguagem comum. Isso posto, a linguagem comum é transfigurada, "alquimizada", e passa do exotérico para o esotérico. Assim, os campos semiautônomos se enraízam na experiência ordinária e os efeitos "simbólicos" – melhor que "ideológicos" (essa palavra não quer dizer nada...) – que podemos produzir com uma linguagem poética, filosófica, política baseiam-se quase sempre numa espécie de jogo duplo entre o sentido esotérico e o exotérico, ou seja, entre o sentido dentro do campo e o fora do campo. Eu desenvolvi esse tema no caso da retórica religiosa. Num artigo chamado "O campo religioso"[70] [*a sala ri quando P. Bourdieu soletra a palavra "campo" para evitar a confusão com o "canto religioso"*], tento demonstrar que as oposições fundamentais que formam um quase-sistema religioso só podem

68. Palavra alemã que pode significar "preocupação" (no sentido de "cuidado"), "bem-estar" e "assistência social" [N.T.].

69. Sem dúvida, trata-se de: Hooft (1972).

70. P. Bourdieu, em *Gênese e estrutura do campo religioso*. Cf.: Bourdieu (2011).

funcionar completamente enquanto transmitem a ilusão de sua autonomia porque estão enraizadas nas oposições ordinárias como grande/pequeno, fraco/forte, dominante/dominado etc. Essa questão se coloca para os campos muito mais autônomos. Os sistemas simbólicos dentro dos campos científicos muito avançados, por exemplo, o espaço da matemática, parecem-me passíveis de uma análise sociológica ordinária ainda que não sejam redutíveis diretamente às oposições da vida ordinária. Não se trata mais de fazer a redução direta, de decidir entre duas teorias mesmo biológicas (isso acontecia há alguns anos...) em função de oposições em uso na vida ordinária (não posso desenvolver, mas precisava, como em outros casos, mencionar esse problema porque certamente algum de vocês pensará que não pensei nisso [*risadinhas na sala*]).

Volto ao meu problema, que acho que não abandonei. O problema postulado pela existência de campos é o da articulação entre o senso prático próprio a esse universo e a competência prática em vigor no espaço ordinário. A etnometodologia nem sequer formula esse problema porque, por não levar em conta a diferenciação, ela constitui a etnologia e a construção da experiência ordinária como o alfa e o ômega de uma ciência social. No fundo, isso a deixa muito primitiva apesar de seus ares bastante sofisticados. Digo aqui o que penso... (mesmo que eu pense também em muitas coisas boas dessa tradição que é importante e interessante). Aqueles a quem me endereço em particular certamente têm outras perguntas: eles podem fazê-las no intervalo e responderei em outra ocasião.

A transfiguração do senso comum em sensos especializados (continuação)

Passo agora ao outro conjunto de problemas que não deixa de ter ligação com o anterior e que nos aproxima mais diretamente do problema do desinteresse que sustenta este curso (como eu disse, um dos objetivos de uma pesquisa sobre a gênese de um campo jurídico autônomo é perguntar-se como se constitui um universo no qual temos interesse no desinteresse). O autor da questão me pergunta: "Como fazer uma sociologia das paixões, das emoções, da afetividade aceitando a análise do campo? Será que as emoções são a resultante da incorporação dos interesses no jogo e nos objetivos do jogo [*P. Bourdieu explica que talvez esteja cometendo erros, porque não consegue ler direito a pergunta*] para o nativo que as percebe sob forma de emoções?" A pergunta contém um pouco a resposta e talvez seja por isso que eu a considere boa [*algumas risadas na sala*]... Ela lembra o que há de ingênuo em denunciar no meu trabalho uma teoria do interesse ou um neoutilitarismo.

De passagem, explico que para mim essa crítica não tem pé nem cabeça. Entretanto, entendo por que se pode dizer coisas sem pé nem cabeça: tento superar a oposição entre interesse e paixão e coloca-se a pergunta em função da diferença entre interesse e paixão. Como sempre repito, esse é o destino dos esforços para superar as oposições do senso comum (tal como acabo de defini-lo), ser constantemente rebaixado para o nível do senso comum por "cientistas" que se fazem aplaudir pelo senso comum porque recomeçam do zero, como se diz. Foi uma estratégia desse tipo que descrevi a respeito de D'Aguesseau: eles se apoiam na consciência pública para questionar aquilo que acredito ser os resultados da ciência que só podem ser obtidos contra o senso comum. Essa é uma das grandes dificuldades específicas das ciências sociais. Hesito em dizer mais para não me afastar demais de meu programa, mas isso é relativamente importante. As ciências sociais estão numa situação muito particular que as expõem a serem sempre arrastadas para baixo. É assim que vejo as coisas: os especialistas esforçam-se para decolar em relação ao senso comum. Eles se esforçam, como a ciência sempre faz, para se elevar um pouquinho ao romperem as amarras com as ideias recebidas, as oposições ordinárias, os pressupostos, as pré-construções. Mas esse esforço, mencionado pela tradição epistemológica francesa para questionar o senso comum (Bachelard disse que "as primeiras verdades são os primeiros erros")[71], é especialmente difícil nas ciências sociais. O senso comum se defende desde os tempos de Galileu ("A Terra não gira, isso não é possível, nós saberíamos" etc.), no entanto, quando se trata do mundo social, ele tem muito mais força, primeiro porque os objetivos da investigação são vitais (trata-se de objetivos temporais, reais, de interesses em todos os sensos do termo; como disse Marx, os interesses da Igreja Anglicana estão em jogo)[72], depois porque existe a aliança permanente que acabo de mencionar muito rapidamente entre – digo francamente o que penso – os cientistas ruins e o senso comum: aqueles que não conseguem decolar sempre podem invocar o auxílio daqueles que estão no chão para dizer

71. "Seria inconcebível uma verdade *primeira*, há apenas erros *primeiros*" (Bachelard, 2000).

72. "No domínio da economia política, a livre investigação científica não só se defronta com o mesmo inimigo presente em todos os outros domínios, mas também a natureza peculiar do material com que ela lida convoca ao campo de batalha as paixões mais violentas, mesquinhas e execráveis do coração humano, as fúrias do interesse privado. A Alta Igreja da Inglaterra, por exemplo, perdoaria antes o ataque a 38 de seus 39 artigos de fé do que 1/39 de suas rendas em dinheiro" (Marx, 2013, p. 80).

que aqueles que decolam estão errados... e isso funciona [*risos na sala*]! Vocês encontrarão muitos exemplos a respeito da sociologia nos semanários e diários. (Eu poderia argumentar muito melhor, mas prefiro me expressar de maneira um pouco polêmica e agressiva para não parecer fazer uma defesa *pro domo* e para ser compreendido... Isso foi um parêntese.)

O senso comum é muito particular porque ele constitui o terreno comum. Aqui, encontraríamos os fenomenólogos, que, no fundo, sabiam disso muito melhor do que seus epígonos infelizes dos Estados Unidos (aqui também digo o que penso). Falar de um terreno comum, de um terreno natal, ordinário, tem conotações heideggerianas nem sempre muito simpáticas, mas isso é importante. O senso comum é o lugar onde se enraízam as experiências fundamentais, onde se constituem os esquemas de percepção originários (grande/pequeno, alto/baixo, masculino/feminino, quente/frio etc.) que continuam a funcionar, sob as formas transfiguradas pela alquimia específica de cada campo, nos universos particulares ou, para falar como Husserl, nos espaços regionais. É por isso que a análise do senso prático ordinário em sua forma de senso comum tem uma importância particular, desde que seja concebida não como um exercício de estilo para revolucionários do *campus*[73], mas como uma análise da *doxa*, quer dizer, da experiência política ordinária. O senso comum está cheio de política e a fenomenologia tal como a descrevo aqui é um dos fundamentos de uma ciência da política. É diante do pano de fundo da *doxa* como experiência dos valores e das crenças fundamentais que as operações de alquimia política acontecem. Basta pensar (não desenvolverei porque já fiz isso muitas vezes aqui)[74] na passagem da *doxa* à ortodoxia, que consiste em uma transformação das crenças no estado prático, não tético, não consciente, em crenças explícitas e direitas.

Acho que eu disse aquilo que penso desse senso comum e do que significa para mim a operação etnometodológica que deveria ter sido conhecida há vinte anos e que agora chega à França para causar danos[75]... Como sempre, a França é um dos países onde menos se lê as coisas que deveriam ser lidas quando é preciso lê-las. Terei que voltar a falar disso.

---

73. Para um desenvolvimento das relações entre a etnometodologia e a política e sobre o ponto que segue, cf. Bourdieu (2025).

74. Cf. em particular Bourdieu (2021b, p. 373-374; 2023b, p. 239-240; 2023c, p. 53; 2025).

75. A importação da etnometodologia (que foi desenvolvida nos Estados Unidos a partir da década de 1950 e sobretudo de 1960) só acontece na França na década de 1980.

A produção do amor pelo jogo

Não perdi o fio da meada. Como eu dizia, a pergunta sobre a sociologia da afetividade continha a resposta. Eu disse em outras ocasiões que ao invés de dizer "interesse", poderíamos também dizer *libido*, *illusio*, "paixão" ou ainda "investimento"[76], mas a palavra "interesse" tem uma função de ruptura. O Chanceler D'Aguesseau nos ensina que o amor-próprio pascaliano é ao mesmo tempo amor à pátria[77], que não existe função mais bela, mais admirável, do que a sua, que consiste em servir à justiça. Dizer que ele tem interesse em dizer isso é evidentemente um pouco redutor e mal-educado. Esse é o que chamei de nível semi-hábil da redução. Mas ainda assim ele é muito importante, porque senão ouvimos esse ronronar (e ainda mais se for um filósofo quem fala) e entramos no jogo do desconhecimento, ou seja, do reconhecimento e da legitimação. Digamos que existem casos em que há um interesse em dizer: "Existe interesse". Isso posto, a palavra "interesse" é perigosa porque damos a ela a significação muito restrita que surgiu com os utilitaristas no século XVIII, exatamente no período que evoco muito superficialmente por intermédio de D'Aguesseau, e que é uma invenção histórica associada a certas sociedades, certos momentos etc.

Por isso, é melhor utilizar um termo muito mais geral como *illusio*. A *illusio* é a relação que se institui entre um agente social que tem o senso do jogo e o jogo, que faz com que ele ache que o jogo vale a pena, o que o faz dar valor ao jogo pelo simples fato de ter nascido dentro do jogo e que ele queira que o jogo continue para continuar a jogar e, em geral, a dominar o jogo, por exemplo. Trata-se de uma forma de interesse, mas ela pode ser formidavelmente desinteressada. Esse tipo de análise permite, por exemplo, compreender que se possa "morrer pela pátria" (é um belíssimo título de um livro de Kantorowicz [2004]) ou, como no fundo diz D'Aguesseau, morrer pela justiça. Não existe ação mais desinteressada, mas existe um interesse em morrer pela pátria (isso é desolador, mas sou obrigado a dizer…). Entretanto, trata-se de um interesse de um tipo muito particular, que se vive como paixão, que pode ser sentido no modo da adesão incondicional, absoluta, nessa espécie de relação misteriosa, quase orgânica, entre um *habitus* e um campo. Aqui, poderíamos utilizar a linguagem heideggeriana: trata-se de uma relação de cumplicidade ontológica entre duas formas da mesma coisa, quer dizer,

---

76. Cf. em particular Bourdieu (2021b, p. 118-125; 2023b, p. 142-143; 2025).

77. Cf. abaixo: p. 69.

entre um campo e um *habitus* que é o produto da interiorização das regras desse campo. Quando um senso do jogo e um jogo se encontram, os jogadores fazem a cada momento exatamente aquilo que o jogo exige e ficam contentes em fazê-lo – e o fato de ficarem contentes faz parte de seu sucesso. É evidente que o amor pelo jogo faz parte das condições (a noção de *libido* diz isso) do sucesso do jogo. Espero que vocês enxerguem a ligação entre isso que digo: tenho muito medo que vocês pensem que "passo de pato para ganso", mas existem ligações...

Por exemplo, os procedimentos de cooptação por meio dos quais os dominantes num campo tendem a reproduzir a posição que ocupam e que são fundamentais para a reprodução dos corpos, no sentido social do termo, muitas vezes têm como critério o amor pelo jogo: aquilo que se exige do candidato, no concurso de agregação ou da ENA [Escola Nacional de Administração], é que ele ame o jogo no qual vai entrar. Uma maneira de produzir o amor pelo jogo consiste em selecionar os jogadores nascidos no jogo. Por exemplo, uma grande proporção daqueles que acabam como inspetores de Finanças são filhos de inspetores de Finanças[78]. As gracinhas ao estilo de Claudel que se contavam nos *khâgnes* da década de 1950 sobre o conhecimento [*connaissance*] como conascimento [*co-naissance*][79] poderiam, mais uma vez, funcionar aqui: conhece-se bem o jogo porque se nasce nele e, por ter nascido nele, o jogo é natural, inato, temos o dom, que não é apenas a competência específica, mas uma disposição. O amor pelo jogo se reconhece nas coisas imperceptíveis: o tom, o estilo, a maneira de falar, o sotaque etc. O amor pelo jogo é aquilo que os grupos exigem acima de tudo, porque alguém que ama o jogo não vai estragá-lo, será um ótimo reprodutor do jogo e contribuirá para sua continuação, já que toda sua conduta antecipará o futuro, ele se deleitará com esse futuro e irá na direção do futuro do jogo.

É preciso pensar que isso também vale para a paixão (mesmo que isso não seja mais a ideia que tenho de ordinário sobre a paixão). Em *Homo academicus*, apresento o livro de passagem como um "tratado das paixões acadêmicas"[80] [*risos*

78. P. Bourdieu estudou os grandes corpos do Estado nas pesquisas que seriam publicadas em 1989: Cf. Bourdieu (1989d).

79. Essas "gracinhas" remetem ao "Traité de la co-naissance au monde et de soi-même", segunda parte da obra de Claudel (1946). "Khâgne" é o nome informal dos cursos preparatórios para a entrada nas grandes *écoles* dedicadas à literatura e às humanidades, realizados depois da conclusão do ensino médio na França [N.T.].

80. "[...] mobilizando toda a aquisição científica disponível para tentar objetivar o mundo social, longe de exercer uma violência redutora ou um império totalitário – como às vezes se pretende,

na sala]. Isso é uma maneira de provocar meus colegas, assim como de fazer com que eles engulam a pílula (com uma referência nobre[81], é mais fácil de suportar), mas também acho que seja verdade. Uma sociologia do mundo universitário (Bourdieu, 2013a) estuda as trajetórias, as carreiras, os investimentos: por que se busca ser membro do CNU [Conselho Nacional das Universidades], do CNRS [Centro Nacional da Pesquisa Científica] ou do júri da agregação? Por que se aceita isso de modo resignado e forçado, dizendo que "não tenho outra escolha"? Os agentes sociais não assumem essas posições de força; eles estão tão *pré-dispostos* a certas posições que o mundo social os obriga a assumir que podem se dizer sinceramente desinteressados. Muitas vezes sou assimilado a uma sociologia finalista que me desagrada muito (do tipo: "Desde a sexta série, ele pensava no Collège de France" [*risos na sala*]... O exemplo não foi escolhido por acaso!). Essa disposição apaixonada me parece merecer o nome de "paixão". Seria preciso uma definição ampla da afetividade: existe uma afetividade acadêmica engendrada pela relação entre as disposições acadêmicas e um campo acadêmico, existe uma afetividade científica etc. Reencontraríamos o problema das relações entre os sensos comuns especializados e o senso comum erudito.

Será que uma sociologia geral das paixões não deveria ser uma sociologia dos mecanismos invariantes que se encontram nas diferentes nosologias das paixões que correspondem aos diferentes campos? Isso seria uma maneira de formular o problema das relações entre a sociologia tal como eu a concebo e a psicanálise (não sei o que me acontece, eu não havia previsto dizer tudo isso e estou surpreso). Se for verdade que existe uma *libido* originária, sobre a qual não me pronuncio porque não é meu trabalho, e que existem *libidines* regionais, quer dizer, formas transformadas por alquimia da *libido* originária, podemos compreender por que os esquemas de análises emprestados da psicanálise muitas vezes esclarecem muito bem o que se passa nos campos especializados sem que, entretanto, a análise psicanalítica seja suficiente e conveniente. Se tivermos em mente que a característica própria da lógica dos campos seja talvez trabalhar com um fundo

---

principalmente quando seu trabalho se aplica aos que entendem objetivar sem serem objetivados –, [o sociólogo] oferece a possibilidade [de uma] liberdade; e pode ao menos esperar que seu tratado das paixões acadêmicas seja para outros o que foi para si, o instrumento de uma socioanálise" (Bourdieu, 2013a, p. 26, tradução nossa).

81. O tratado é um gênero filosófico (e um dos títulos dados às *Paixões da alma* [1649], de René Descartes, é "Tratado das paixões").

comum de pulsões e das estratégias em uso nas condutas do senso comum, podemos compreender que sejamos levados a fazer sociologias diferenciais das estratégias pulsionais e libidinais dos diferentes campos e que ao mesmo tempo essas sociologias regionais remetam a uma espécie de sociologia geral das paixões que reencontraria um certo número de coisas que a psicanálise se dá imediatamente. Não sei se fui muito claro, nem para mim isso está completamente claro [*risos na sala*]... Dito isso, acho que talvez essa sociologia das afetividades também permita interrogar ao avesso: em vez de partir da sociologia da afetividade do senso comum, da *libido* originária para compreender a *libido sciendi*, do cientista, talvez fosse melhor partir das ciências das *libidines* regionais... Vocês vão me dizer que isso é maluquice, mas esse é o problema da luta contra o senso comum: é preciso fazer algumas inversões porque a empreitada normal é fácil demais e realmente fracassou. Meu jeito torto de abordar o problema talvez, em última instância, seja muito mais natural como programa de pesquisa. Ao mesmo tempo, seria preciso explicar melhor como a *libido* específica se constitui e através de qual alquimia os interesses se constituem como paixões para o próprio sujeito e para as outras pessoas. É um pouco isso que farei ao estudar o Chanceler D'Aguesseau: vou tentar demonstrar que, para que possa surgir uma experiência sincera do interesse particular como interesse geral (é disso que fala o texto de D'Aguesseau), é preciso que se constitua, por um lado, um jogo no qual tenhamos interesse pelo interesse geral porque o amor pelo interesse geral é recompensado positivamente nele pela glória e, pelo outro lado, um amor pelo jogo. O interesse pelo desinteresse vivido como paixão de desinteresse é o encontro entre esses dois processos que produzem, nesse caso em particular, uma *libido* jurídica e um universo no qual essa *libido juridica* (isso existe) é recompensada. Essa análise dupla poderia ser feita para todos os universos sociais. Voltarei a isso.

Duas outras perguntas

Então essa foi minha resposta para a primeira pergunta. Não me façam perguntas desse tipo todas as aulas...! Responderei às outras muito rapidamente antes de fazer uma pausa. Alguém me diz: "Por que não uma sociologia da sociologia"? Eu esperava eufemizar minha resposta, mas, como resta pouco tempo, direi que essa é uma pergunta típica de semi-hábil. Já dei mil indícios disso sem parar: isso que digo aplica-se a mim e aos universos dentro dos quais digo isso. Eu diria até que o principal interesse de estudar os universos homólogos ao universo no qual trabalhamos é que neles podemos fazer coisas que seriam mais difíceis em relação a um universo em que temos interesses demais, paixões demais. Ao estudar universos simultaneamente próximos o bastante para que a analogia funcione e distantes o bastante para que ela não cause muito mal, podemos esperar encontrar coisas que sem isso não encontraríamos. A pessoa que me fez a pergunta sobre "a sociologia da sociologia" pode se dirigir a meu livro *Homo academicus*.

Uma pergunta mais complicada: "Existe uma ciência do direito?" Na verdade, tudo o que vou dizer acabará fazendo com que, de certa maneira, não possamos mais fazer essa pergunta. Isso não quer dizer que ela não se coloque, mas que é preciso interrogar "a ciência do direito" como um fato social: quem acredita que existe uma ciência do direito, que interesse existe em acreditar nisso? O que faço é uma ciência do direito, mas não é de jeito nenhum a ciência jurídica do direito: a ciência do direito é um objetivo de luta dentro do direito e fora dele.

Uma outra pergunta trata da regressão ao infinito: quem será o juiz da legitimidade dos juízes e assim por diante? Isso é comum nos campos eruditos e é o problema do Barão de Münchhausen[82]: o que é que fundamenta a fundamentação? A questão da fundamentação última, da *Grundnorm* de Kelsen, se coloca com muita força em todos os campos, incluindo os campos científicos como a matemática. Por exemplo, sobre o problema da matemática, Wittgenstein chegou a uma solução muito próxima da que proponho ao dizer que a fundamentação da matemática é a norma fundamental do campo dos matemáticos (Wittgenstein, 1989). Eu acho que não existe outra fundamentação a não ser que sejamos platônicos e acreditemos em essências eternas. A sociologia não ignora esse problema, mas, por não poder tomar posição em relação a seu sujeito, não fala dele, mesmo que isso resulte na acusação de positivismo.

A historicização dupla

Volto a D'Aguesseau, de quem falava na última aula. Eu o encontrei um pouquinho por acaso e devo dizer que não sabia o que me esperava, que encontrei muitas coisas no caminho. Como todos vocês sabem, a tradição nesta casa não é aquela do ensino em que fazemos anotações com "a)", "b)", as estruturas do discurso

82. Cf.: a aula anterior: aula de 10 de março de 1988.

escolar. Aqui, estarei particularmente longe das tradições escolares e proporei um ensino, acho, próximo do que ele deveria ser em sua definição tradicional e histórica, ou seja, um ensino de pesquisa, no qual o professor não se contenta em contar o estado dos problemas ou as tomadas de posição estabelecidas, mas tenta apresentar o estado de sua pesquisa, com o que isso pode implicar de incerteza e às vezes de confusão. O exemplo de D'Aguesseau é típico: encontrei seu texto um pouco por acaso, como sempre acontece na pesquisa. Por ver uma citação desse personagem sobre o qual eu não sabia absolutamente nada, quis ler um texto e então descobri coisas relacionadas à orientação global da pesquisa que apresentei aqui há vários anos sobre a gênese das noções de bem público, de interesse geral[83]. Dentro dos limites de tempo que tive desde a última sessão, tentei compreender melhor quem foi D'Aguesseau e o universo no qual ele se situava. Isso posto, considerei inicialmente a análise desse texto como uma contribuição à gênese daquilo que poderíamos chamar de um espírito de profissão, um espírito jurídico que me parecia um elemento importante na gênese de um campo (muitas vezes, quando falamos de "espírito" – "espírito matemático", "espírito jurídico" etc. –, tocamos em coisas do tipo dessas que tento descrever [com relação à constituição dos campos]). A obra de D'Aguesseau me pareceu uma contribuição importante para a elaboração de um espírito jurídico e, de modo mais geral, para a elaboração de uma "ideologia" do serviço público.

Eu não achava que diria isso muito bem porque aquilo que consegui aprender sobre o personagem me fez descobrir um trabalho que a história das ideias infelizmente não explorou muito. Esse trabalho começou no Renascimento e mobilizou pessoas muito diferentes, de Montaigne a Rousseau, passando por Charron. Aliás, essas pessoas extremamente diferentes jamais são estudadas como tais, pelo menos na França, em grande parte devido à divisão entre disciplinas: alguns como Montaigne são estudados pela história literária, outros como Rousseau são comuns na história literária e na história da filosofia, autores como Charron não são estudados por ninguém, D'Aguesseau é estudado pela história do direito, Bodin na Sciences Po... Portanto, existe um universo de coisas que aos meus olhos estão formidável e fundamentalmente ligadas e um espaço de

83. Conforme as regras do Collège de France, as atividades letivas de P. Bourdieu eram compostas por um curso (que, para os anos anteriores às aulas transcritas aqui foram publicadas na série *Sociologia geral*) e por um seminário de pesquisa. Sem dúvida, aqui P. Bourdieu se refere a uma intervenção em seu seminário de pesquisa.

tomadas de posição jamais estudado enquanto tal. Isso acontece com frequência naquilo que chamamos de história das ideias. A inércia das tradições acadêmicas que continuam a aceitar os trabalhos do tipo "uma vida, uma obra" faz com que possamos ter tudo sobre as relações de um agente particular com um sistema sem que jamais tenhamos o sistema, o que significa não termos nada porque a característica das tomadas de posição é existirem num espaço de tomadas de posição e não suportarem serem tomadas no estado isolado. Isso não quer dizer que, por exemplo, a biografia de D'Aguesseau que consultei seja totalmente inútil. (Digo as coisas de maneira um pouco abrupta, para chocar, porque para mim um dos papéis do ensino é tentar mudar um pouquinho não apenas os costumes acadêmicos, mas também os científicos. Por exemplo, a bibliografia que achei útil está quase totalmente em língua inglesa; não há nenhum nacionalismo em minha decepção, é uma constatação...)

Quando reli o texto [de D'Aguesseau] uma segunda vez, um pouco mais informado, com um pouquinho mais de cultura histórica, descobri nele todo um campo. Na última aula, disse a vocês que D'Aguesseau falava dos "filósofos", mas acho que isso é um truque de retórica: esses "filósofos" tinham nomes próprios, mesmo que não sejam nomeados. D'Aguesseau fala sobre essas pessoas de maneira retórica sem dúvida por razões de eufemização, para que não saibamos demais em quem ele pensa, mas o resultado é que acabamos lendo esses textos [hoje em dia] como atemporais. Isso encoraja a leitura literária ou filosófica que se pensa como a-histórica e que é simplesmente anacrônica. Existe um anacronismo específico dos historiadores e acho que poucas ciências tendem ao anacronismo mais do que a ciência histórica (meus colegas historiadores me perdoarão...). Os textos que consideramos interessantes (seria preciso se interessar pela palavra "interessante" nesse caso), pelos quais nós nos apaixonamos, muitas vezes são os textos que falam para nós imediatamente, que nos dizem algo de interessante tendo em vista os problemas que nos colocamos hoje em dia. Isso já é uma fonte de anacronismo, porque as perguntas que fazemos a eles sem dúvida não são as perguntas que eles faziam. Isso que digo é trivial. Os etnólogos têm em mente o tempo todo esse tipo de pergunta, mas os historiadores muito menos, particularmente quando usam a etnologia, o que acontece muito hoje em dia. As intuições fundamentadas na projeção de perguntas são uma armadilha feita pelos textos antigos e acho que uma sociologia da leitura que se apoia na noção de campo permite compreender o princípio do interesse que se vive como universal, anacrônico, trans-histórico[84].

Darei um exemplo para esclarecer: antigamente (isso hoje em dia só acontece disfarçadamente), para uma dissertação dava-se uma frase de Pascal e outra de Voltaire e pedia-se para tomar partido, discutir, comentar etc. Podíamos responder com a *libido academica* mínima que é preciso ter para fazer uma dissertação, mas, se nos investíssemos na dissertação e tomássemos posição, isso muitas vezes acontecia, acho, com base numa homologia de posição: nós nos opúnhamos a alguém como Pascal se opunha a Voltaire. Posso especificar: o mais trans-histórico (isso se compreende caso a noção de campo for verdadeira) são as estruturas, ou seja, as oposições. O Chanceler D'Aguesseau e um aluno da ENA não têm nada em comum: este não tem mais peruca, não fala mais latim etc. Mas as diferenças de condição (o salário, modo de vida, estilo de vida, trajes, maneira de falar etc.) podem ter mudado formidavelmente sem que, entretanto, as propriedades de posição, isto é, as propriedades estruturais no espaço social, tenham mudado. Eu sempre dou este exemplo simples: quando Proust (2021) toma posição a favor de Balzac contra Sainte-Beuve, é com base numa homologia de posição. Ele se opõe [menos a Sainte-Beuve do que] ao crítico que não entende nada do que faz. O procedimento clássico da "reabilitação" é analisado nessa lógica. As operações que consistem em reabilitar a *Ilíada*, que fora desprezada por uma geração de professores, ou em fazer "restaurações" (o Museu d'Orsay[85] etc.) em todos os sentidos do termo, acontecem muitas vezes com base numa homologia de posição que resulta numa afinidade de interesses (entendo "interesses" no sentido muito amplo que utilizo o tempo todo).

Portanto, se podemos tomar posição ingenuamente quanto aos textos do passado, com frequência é porque as oposições que se expressam nesses textos ainda estão vivas para o leitor e o comentador desses textos. É aqui que a sociologia da sociologia é fundamental e que é preciso praticar aquilo que chamo de "historicização dupla". Não sou o primeiro a dizer isso, Gadamer (2015) também disse, mas num sentido muito diferente. Parece-me que, bizarramente, a única maneira de escapar do anacronismo é historicizar simultaneamente aquilo

---

84. Cf. em particular Bourdieu (1996a, 2001a, p. 103-112).

85. O Museu d'Orsay fora inaugurado em 1986 e fazia parte de uma reabilitação da *art pompier* mencionada em várias ocasiões por P. Bourdieu em seus seminários sobre o campo artístico no ano letivo 1984-1985 (Bourdieu, 2023c).

do que se trata (o texto, o autor do texto etc.) e o leitor do texto, em particular para se proteger dos efeitos que acabo de mencionar: a compreensão imediata com base numa relação descontrolada. (Como os exemplos desse tipo de erro são necessariamente muito polêmicos, prefiro não os dar[86], mas garanto a vocês que cientistas muito grandes podem sucumbir ao erro que acabo de descrever abstratamente.) Parece-me que isso que acabo de dizer merece ser realmente inculcado por aqueles que são pesquisadores ou aspirantes a pesquisador.

Vou explicar um pouco o tema da historicização dupla para que ele não se transforme numa espécie de *slogan*. Começo dizendo que, infelizmente, o programa metodológico contido nessas duas palavras é quase infinito: raramente temos a cultura suficiente para pôr esse conceito completamente em prática (o que significa que a história sempre poderá progredir...). O objeto permanece transcendente em relação àquele que o conhece, porque seria preciso saber tantas coisas para não cair na armadilha do anacronismo que muitas vezes acabamos capitulando antes de saber o bastante. No entanto, acho importante ter em mente que, idealmente, seria preciso saber uma enormidade de coisas para se compreender um texto, já que é realmente fácil ser espertinho... Isso que digo bate de frente com toda a tradição da explicação do texto que transforma em preceitos metodológicos os limites inerentes à condição professoral, graças à obrigação de comentar os textos segunda-feira de manhã. Não é verdade que "basta saber ler". Para D'Aguesseau, é todo um programa de pesquisa, todo um universo de pesquisas eruditas que se abriu para mim a partir do minúsculo conhecimento erudito que consegui adquirir em oito dias. É isso que vou tentar comunicar a vocês, que vou tentar fazer que vocês sintam: tudo aquilo que seria preciso saber para comentar adequadamente o texto. Voltarei a essa gênese da noção de bem público nas próximas aulas, e talvez serei capaz, depois de um ou dois anos, de apresentar melhor os estados sucessivos do campo no qual essas noções foram produzidas, os estados tanto do campo da tomada de posições quanto do campo das posições.

Também devo dizer a vocês que a historicização dupla pressupõe num primeiro momento a reconstituição a nível do texto (seria parecido para um monumento, um documento, uma estatística etc.) do espaço das tomadas de posição contemporâneas ("contemporâneas" quer dizer temporárias no sentido

86. Talvez P. Bourdieu pense em particular em Antoine Compagnon (1983). Esse livro foi discutido em sua aula de 17 de maio de 1984 (Bourdieu, 2023b, p. 377-378).

amplo, reais no momento em questão). A reconstituição do espaço das tomadas de posição contemporâneas, eficientes, efetivas, reais corresponde ao que a boa história das ideias tradicionalmente faz: é preciso saber o que fulano pensava, identificar aquele que D'Aguesseau chama de "o filósofo" etc. Depois de reconstituir o espaço dos discursos, seria preciso num segundo momento reconstituir o espaço dos agentes que se enfrentavam em relação a esses discursos, com esses discursos, produzindo esses discursos. Eu disse no começo que D'Aguesseau tinha interesse em elaborar essa noção de interesse no universal. Identificado a uma função pública, ele foi o ideólogo espontâneo da função pública. Mas seria preciso especificar isso muito mais. Existe uma gênese da posição? Será que o fato de D'Aguesseau ter sido influenciado pelos jansenistas indicaria, por exemplo, uma afinidade entre os discursos jansenistas e o interesse no serviço público? Seria preciso rever Goldmann (1956, 1957), que estudou um pedacinho desse universo imenso. Assim, vocês conseguem ver a cultura que isso exige, ainda mais porque os fragmentos de cultura que temos foram construídos de modos absolutamente diferentes e devem ser repensados completamente. Por exemplo, o Montaigne acadêmico não tem nenhum interesse para esse trabalho, é preciso repensar Montaigne a partir de frases secundárias (como "Eu, Montaigne, Prefeito de Bordeaux" que é uma coisa extraordinária: é privado/público etc.). Portanto, é preciso repensar toda a filosofia tradicional... Alguns de vocês devem achar isso trivial e se perguntar por que insisto tanto em coisas tão evidentes... Mas tenho a convicção ética de que isso é importante e queria transmiti-lo.

Portanto, a historicização dupla consiste primeiro em historicizar o objeto, o texto no espaço dos textos e o produtor no espaço dos produtores, e em seguida historicizar o leitor e o espaço das leituras: aquele que lê é o produto de um certo sistema, de uma certa cultura, ele está num espaço estruturado por divisões, por exemplo, divisões entre as disciplinas, que são fronteiras objetivas, mas também mentais (eu posso esquecer completamente do "Mestre Thomas" porque nunca ouvi falar dele ou, se ouvi falar, pensei que não tinha nenhum interesse...). Felizmente, as duas historicizações são feitas simultaneamente.

O que podemos fazer com isso que digo? Como sempre, os métodos não servem para muita coisa, eles não impedem que se cometam erros. Eles apenas assinalam problemas, como os avisos nos trens: "Cuidado para não abrir a porta". Isso é tudo, mas isso já é muito e, de vez em quando, isso pode gerar uma nova tradição intelectual. Por exemplo, eu disse que fiquei desolado ao constatar que a bibliografia francesa era nula quanto a essa questão. Não se trata de jeito nenhum de um defeito nacional antropológico. Isso se deve a condições sociológicas e acho que uma sociologia da historicização dos campos de produção e dos discursos deverá dar conta dos obstáculos particulares criados pela estrutura das faculdades, divisão em faculdades, representação das posições, divisão entre a Filosofia e as outras disciplinas, pretensão da filosofia em representar o papel de ciência da coroação, todas essas coisas que são rampantes nos sistemas universitários ocidentais e que têm uma força particularmente grande no sistema francês. Termino este tema convidando aqueles entre vocês que ainda são iniciantes na vida científica a terem consciência dos limites ligados à historicidade, ao fato de serem alunos do sistema escolar francês. Se há alguma coisa que posso comunicar, é este aviso: não se deixem fechar pela facticidade de seu destino nacional. Quando se trata de fazer ciência, nascer francês não é uma vantagem [*risos na sala*]. Penso nisso profundamente, e isso talvez seja a coisa mais útil que posso dizer para aqueles que a ouvirem.

A influência jansenista e o problema do amor-próprio

Volto a D'Aguesseau, primeiro recapitulando o que eu disse aula passada. D'Aguesseau, nesse texto cuja intenção é afirmar a independência dos juízes, dos magistrados, do Parlamento, esforça-se em estabelecer a transcendência da justiça em relação a todas as outras formas de dignidades: as dignidades hereditárias (a nobreza), o poder temporal (o rei), Deus (que só é mencionado como uma espécie de referência *a contrario*), o comércio (que é uma forma de escravidão). Assim, ele identifica diferentes formas de servidão ("servidão voluntária", isso remete a La Boétie (2022): há todo tipo de estereótipos, de tópicos de época) e também opõe a justiça à filosofia. Aqui, um pouquinho de olhar histórico me fez ver que a expressão "o filósofo" ainda não designa, nesse período, um personagem abstrato, mas algo muito concreto, a saber, "o libertino" (ainda assim, seria preciso verificar). Acho que esse filósofo que é livre quando os outros estão na servidão (a servidão comercial, a servidão nobre etc.) na verdade é libertino, quer dizer, indiferente ao mundo, às grandezas mundanas e sobretudo aos interesses coletivos; ele não dá ouvidos à sociedade. Há belíssimas passagens no resto da obra, que eu ainda não havia visto, em que D'Aguesseau diz que o filósofo é indiferente ao interesse público.

No texto ele diz que o filósofo paga sua liberdade com a obscuridade, ineficácia e impotência[87], enquanto o magistrado era livre de maneira brilhante, já que sua liberdade era autonomia. Se pensarmos nos libertinos, quer dizer, nas pessoas cuja profissão é a indiferença ao olhar dos políticos, entendemos muito melhor; encontraremos pessoas que, como Montaigne, dizem que no fundo a única maneira de sobreviver é separar bem os interesses privados dos interesses públicos. Um dos objetivos do trabalho ideológico que foi feito nessa época consiste em constituir as oposições segundo as quais nós vivemos: público/privado, individual/coletivo, interesse particular/interesse geral, bem privado/bem público, família/República etc. Assim, o filósofo não é o personagem alegórico que eu havia imaginado, mas alguém muito preciso que afirma sua indiferença ao interesse público.

Contra o filósofo, D'Aguesseau afirma a existência dessas profissões brilhantes e livres que se fundamentam no mérito, e não na fortuna financeira ou aristocrata (que têm em comum o fato de chegarem por acaso, de serem dons que caem do céu, obtidos sem mérito). O mérito faz uma "vocação" da servidão ilustre que é o serviço ao Estado (a palavra "vocação" não é utilizada, mas acho que aqui se inventa a vocação), um "chamado" (a palavra alemã *Beruf* [às vezes traduzida como "vocação"] designa alguma coisa à qual somos chamados)[88]. Uma autora americana que li diz que o texto está banhado de uma atmosfera jansenista e que, em última instância, toda a obra de D'Aguesseau é um comentário sobre [o jurista Jean] Domat[89]. Ora, Domat (é preciso ligar a história das ideias à história social dos produtores das ideias) foi um jansenista que partiu de uma filosofia pascaliana da condição humana (o ser humano é conduzido pelo amor-próprio e a busca da glória – aqueles de vocês que a leram podem se lembrar de *Morales du grand siècle* (1948), de Bénichou). Espontaneamente, ele tendia a ver o mundo como um lugar de perdição no qual o amor-próprio só pode agir como uma espécie de veneno, tornando-se, por exemplo, o interesse na glória. É o exemplo de Alexandre, que é de certa forma a encarnação do amor-próprio patológico, que só entra na história pela acumulação da glória pessoal. Aqui temos a denúncia da glória má, do amor pela glória. Se vocês se lembrarem mais uma vez [das *Morales du grand siècle*] de Bénichou, é o esquema [do dramaturgo Pierre] Corneille do amor-próprio

87. Cf. acima: p. 54.

88. Uma análise clássica da noção de *Beruf* foi proposta por Max Weber (Weber, 2020).

89. "A obra de D'Aguesseau foi descrita como 'um comentário extenso sobre Domat'" (Keohane, 1980). O autor menciona Church (1967, p. 24).

como gerador de uma busca vã, ou de divertimento, ou de acumulação de capital simbólico puramente egoísta.

Isso posto, Domat elabora esse problema, já que o consideramos como um dos representantes do constitucionalismo, corrente que se opõe tradicionalmente aos absolutistas, que fizeram as teorias do poder absoluto cuja encarnação foi Luís XIV. O constitucionalismo era muito forte no meio jansenista (típico dos meios de toga, como D'Aguesseau) e essas pessoas tinham um problema: como conciliar a teoria pascaliana pessimista da natureza humana fundamentada no amor-próprio com a devoção ao bem público? Como o amor-próprio podia conduzir a perversões, como a busca da glória por si mesma, eles desenvolveram uma casuística psicológica no estilo de La Rochefoucauld que está no mesmo universo ideológico e para quem uma das artimanhas do amor-próprio faz com que, em muitos casos, este conduza à caridade: existem maneiras de amar a si próprio em outra pessoa que engendram o altruísmo. À medida que compreendi (não tenho um domínio perfeito desses textos, mas espero que isso que digo seja melhor do que nada...), Domat parte da necessidade de criar, com base nessa artimanha da razão egoísta que engendra uma razão altruísta, corpos de funcionários cuja motivação seria essa espécie de amor-próprio reconvertido em caridade. Ele parte, como D'Aguesseau, de uma filosofia pessimista do interesse. Assim, o interesse no sentido utilitarista do termo, à medida que posso verificar dentro dos limites de minha competência histórica, constitui-se ao mesmo tempo que o problema do interesse geral; os dois não são antagônicos de maneira alguma.

O problema dessas pessoas é ético, e até teológico, mas trata-se de um problema sociológico. Sua maneira de formulá-lo não está muito distante da maneira que adotei para formular a gênese do desinteresse: elas se perguntam como criar o amor pela pátria, o amor pelo interesse geral, com o amor-próprio. Como transformar pessoas interessadas em funcionários do serviço público, em "funcionários da humanidade", como dizia Husserl[90], em agentes do universal? O problema se coloca com uma violência particular para os jansenistas, que tinham essa filosofia

90. "Mas *nós mesmos*, filósofos deste tempo presente, o que podem, o que precisam significar *para nós* estudos do tipo que acabamos de levar a cabo? [...] Também já percebemos, do modo mais geral, que o filosofar humano e os seus resultados para a existência humana no seu conjunto não têm de modo nenhum o significado de meros fins culturais privados ou, de qualquer outro modo, limitados. Somos, então, no *nosso* filosofar – como poderíamos ignorá-lo – *funcionários da humanidade*. A responsabilidade inteiramente pessoal pelo nosso verdadeiro ser próprio, enquanto filósofos na nossa íntima vocação pessoal, traz em si, ao mesmo tempo, a responsabilidade pelo verdadeiro ser da humanidade [...]" (Husserl, 2012, p. 12-13).

radicalmente pessimista da natureza humana. Vemos, portanto, a elaboração, por meio da reconversão do interesse na glória e no amor-próprio (é o exemplo famoso de La Rochefoucauld, o perdão de Augusto)[91], pela passagem de uma teoria do amor-próprio a uma teoria da caridade ou do serviço público, uma teoria constitucionalista na qual o próprio rei deve estar submetido a regras cujos portadores e garantidores são os funcionários. É o tema hegeliano (sobre o qual falarei) do príncipe que apenas põe os pingos nos "i"[92]: os funcionários preparam os dossiês, por assim dizer, e o príncipe adiciona sua assinatura, ele põe os pingos nos "i".

É aqui que começa a se elaborar uma classe universal[93]. Eu não sei o bastante sobre isso e hesito porque temo fazer interpretações desvairadas, mas creio intuitivamente que essa é uma classe ascendente que se afirma contra a nobreza, contra o nascimento. Essa classe ascendente que deve sua ascensão à acumulação de capital econômico e capital cultural tem interesse em universalizar seu próprio destino. Max Weber diz em sua sociologia do direito que as classes ascendentes estão sempre ao lado do direito natural[94], ou seja, dos direitos que reivindicam

---

91. Provável referência a *Cinna ou La Clémence d'Auguste*, de Corneille, e talvez a seu comentário por Paul Bénichou: "Certamente há um cálculo nessa clemência, mas um cálculo de glória e não de política; e seria ainda mais justo dizer que é um sobressalto de glória, que faz o desejo de vingança baixar bruscamente suas armas no próprio momento em que chega ao seu ápice diante das traições reveladas golpe a golpe. O anúncio imprevisto da infidelidade de Maxime provoca repentina e inesperadamente o brilho da generosidade, que surge como um desafio ao destino e à tentação de punir, e dedicado quase imediatamente aos séculos vindouros, como a um auditório grandioso" (Bénichou, 1948, p. 31).

92. "Quando frequentemente se alega contra o monarca que, devido a ele, os assuntos de Estado dependem da contingência, uma vez que ele pode ter sido educado mal, que ele talvez não seja digno de estar à sua frente e que é absurdo que tal situação deva existir como sendo racional, [esquece-se] que é nula precisamente a pressuposição dessa alegação, de que tudo depende da particularidade do caráter. Numa organização acabada, importa somente o ápice da decisão formal, e precisa-se para a função de um monarca somente de um homem que diga 'sim' e que ponha o pingo sobre o 'i'" (Hegel, 2022, adendo ao § 280, p. 605).

93. Alusão ao "estamento universal" (*der allgemeine Stand*) que "se dedica ao *serviço do governo* [e] tem de ter na sua destinação imediatamente o universal por fim de sua atividade essencial" (Hegel, 2022, § 303, p. 638) de que Hegel fala e sobre o qual P. Bourdieu voltará na aula de 14 de abril de 1988.

94. "'Direito natural' é o conjunto [...] das normas que não são legítimas em virtude de sua criação por um legislador legítimo, mas sim em virtude de qualidades puramente imanentes: a única forma consequente e específica da legitimidade de um direito que pode restar quando não há mais revelações religiosas, nem a santidade autoritária da tradição e de seus portadores. O direito natural é, por isso, a forma específica de legitimar as ordens *revolucionariamente* criadas. A invocação do 'direito natural' foi sempre de novo a forma em que as classes que se revoltavam contra a ordem existente conferiam legitimidade à sua reivindicação de criação de direito, desde que não se apoiassem em revelações e normas religiosas positivas" (Weber, 2012, p. 134).

a universalidade da natureza humana contra a particularidade das condições históricas. As classes ascendentes, em ascensão, têm interesse no universal, para começar porque têm interesse em universalizar sua ascensão e a legitimidade de sua ascensão. Para que vocês vejam o que está em jogo nessa frase de Max Weber, eu poderia dizer, de maneira simplista, que as classes em ascensão são mais frequentemente de esquerda, elas são antirracistas[95].

D'Aguesseau se inscreve nesse contexto, e há trabalhos que demonstram que coisas em sua obra evocam *Do espírito das leis*[96], livro do qual ele teria sido um precursor. Encontramos nele, em textos diferentes dos que comentei, termos jansenistas: a condenação do divertimento, das pessoas que não conseguem ficar paradas, o tema platônico da *pleonexia*[97] (elas jamais têm o bastante, querem sempre ter vantagens), o tema da inquietude, da agitação (que estava no texto que li para vocês e que não tinha percebido, culpa mais uma vez de minha percepção histórica), ele recomenda a severidade dos costumes etc. Em consequência, por meio de uma alquimia análoga à que Domat descreveu, ele demonstra, em "O amor pela pátria", um texto de 1715 posterior ao que comentei, como o amor pela pátria é quase natural ao ser humano: é um sentimento "que conhecemos pelo sentimento, louvamos pela razão, que deveremos seguir mesmo por interesse" (D'Aguesseau, 1819b, p. 229). Surge a noção muito moderna de interesse bem compreendido, de interesse da razão, de interesse na razão que é o verdadeiro interesse da razão, e há uma frase extraordinária sobre o amor pela pátria: "O amor pela pátria torna-se uma espécie de amor-próprio" (D'Aguesseau, 1819b, p. 230). Percebe-se que Domat estava por trás de tudo isso.

95. Alusão ao movimento antirracista que se desenvolve na esquerda na década de 1980 e que começa [na França] com a Marcha pela Igualdade e contra o Racismo, em 1983.

96. Essa observação parece muito comum. Até se menciona, às vezes, a hipótese de uma "influência" de D'Aguesseau em Montesquieu, ou mesmo de relações entre esses dois homens (nascidos com 21 anos de diferença).

97. A palavra grega *pleonexia* (πλεονεξία) designa "o fato de ter mais do que outra pessoa". Platão a utiliza principalmente numa passagem da *República*: "Por isso, os indivíduos desconhecedores da virtude e da sabedoria e dados a comezainas e a outros divertimentos do mesmo gênero, [...] vivendo como o gado, o olhar sempre para baixo, e inclinados para a terra e para a mesa, passam a vida no pasto, a engordar e a se sujarem mutuamente, empenhados, cada qual mais, em vantagens próprias [πλεονεξίας]: atracam-se, batem-se uns nos outros com cornos e cascos de ferro, por nunca estarem saciados, visto não encherem com o que tem realidade a parte deles mesmos que realmente existe e retém o que recebe" (Platão, 2023, IX, 586a-b, p. 422).

Vou estender muito rapidamente. O amor pela pátria é traído por aqueles que se ocupam com sua preguiça, seus divertimentos ou seus interesses, como pelos "filósofos" que não somente ignoram mas condenam o interesse pela pátria (realmente penso que se trata de libertinos). D'Aguesseau quer defender a ideia de que é preciso se devotar às tarefas do serviço público, que são exigentes, mas libertadoras, e que estão fundamentadas na esperança de alcançar o bem público. Aqui, acho que se perfila a teoria jansenista das obras e da graça. Uma das vias de liberdade e de salvação é essa forma de reconciliação terrestre entre o interesse egoísta e o interesse geral no bem público. D'Aguesseau é um grande defensor do Parlamento e da Constituição, já que a Constituição estava encarregada de uma espécie de coordenação dos amores-próprios (essa frase aparecia mais ou menos no texto que li para vocês aula passada). A frase não é de D'Aguesseau, mas poderia ser, isto é um tema maquiavélico-hegeliano: o papel do funcionário como funcionário do universal, como força do universal, não é manter sua bela alma[98], mas registrar os amores-próprios, os interesses egoístas e orquestrá-los sobre a base de um reconhecimento dos interesses particulares inspirado por um domínio do interesse geral possibilitado pela virtude. Encontramos todos os temas que D'Aguesseau introduziu.

A invenção do público: o efeito de oráculo

Nesse contexto, compreende-se o que eu disse na última aula: o funcionário (essa palavra nunca aparece, trata-se do magistrado, do parlamentar, do juiz) está a serviço do bem público e, devido a esse fato, recebe o reconhecimento do público. Ele é legítimo porque é plebiscitado pelo público, entendendo "público" no sentido do público das instituições públicas (o público de um museu ou, melhor, das instituições que servem ao público: o público dos correios, o público das finanças). O "público" designa um conjunto de agentes que precisam desses serviços de coordenação, que esperam alguma coisa dos magistrados, ao mesmo tempo que gera uma legitimidade particular, distinta da legitimidade teológica, teocrática ou autocrática. Ele é gerador de um juízo livre, independente dos

98. A expressão "bela alma" é utilizada por Hegel ao discutir as antinomias do Espírito, referindo-se a alguém que recusa qualquer ação para não conspurcar ou corromper sua alma e poder julgar negativamente os outros que agem (Hegel, 2014, parte VI, capítulo 3, item C, subitem c: "A boa consciência, a bela alma, o mal e o seu perdão" [*Phänomenologie des Geistes*, 1807]) [N.T.].

interesses particulares na medida em que é capaz de reconhecer o mérito dos servidores desinteressados do público. Por meio desse trabalho ideológico que mencionei, inventa-se a definição de uma nova profissão cujos interesses particulares são transcendentes aos interesses particulares das outras categorias. Ela é livre na medida em que escolhe deliberadamente a virtude, quer dizer, o desinteresse, a distância em relação às motivações ordinárias e egoístas do comércio e da mundanidade. Essa classe universal apoia sua legitimidade nessa espécie de fantasma social chamado "público", que ela inventa para se legitimar.

O "efeito de oráculo" de qual falei é extremamente importante: um grupo só pode se constituir como universal fazendo com que os outros grupos falem de modo a dizer que esse grupo é realmente o portador do universal. Essa é uma lei fundamental da alquimia ideológica: um grupo só pode se universalizar constituindo-se como porta-voz do universal. Aqui, "o público" é aquilo que se inventa para legitimar uma função e interesses. É um aliado abstrato, irreal e profano em oposição a Deus ou ao rei, e sua invenção legitima a função de serviço público. A noção pascaliana de amor-próprio faltava na minha análise, mas ela é importante para compreender o que está em jogo. No fundo, o que se inventa é uma espécie de altruísmo de Estado e, para inventar uma frase, eu poderia dizer que é o altruísmo de Estado que funda o estado de altruísmo, quer dizer, não se pode ser altruísta sozinho. Nesse sentido, essa teologia política (com efeito, isso ainda é uma teologia mesmo que as referências diretamente teológicas tenham sido apagadas do discurso) está muito próxima de uma sociologia política.

(Eis um exemplo de um caso em que eu poderia ter feito uma leitura [a-histórica] inspirada... Enfatizo isso porque uma maneira de fazer uma excelente história da filosofia consiste em descobrir sua própria filosofia numa filosofia do passado. Muitos ótimos historiadores da filosofia desse período de quem gosto muito[99] não conseguem responder por si mesmos a pergunta de saber se é Pascal, ou o historiador de Pascal, que diz o que eles dizem. Será que sou eu, por exemplo, que tira de Pascal uma teoria da "dominação simbólica"[100]? A pergunta é importante se vocês pensarem mais uma vez na historicização dupla. Eu poderia ter apresentado a vocês uma leitura do texto sugerindo que D'Aguesseau fazia o

99. P. Bourdieu talvez pense em autores publicados em sua coleção Le sens commun pela editora Minuit (Marin, 1975; Pariente, 1985).

100. P. Bourdieu às vezes se apoia em Pascal para desenvolver sua teoria do mundo social. Ele o fará explicitamente em Bourdieu (2001e).

que Bourdieu faz. Isso teria gerado nobreza. Essa é uma das grandes estratégias acadêmicas de restauração, uma maneira de mostrar como se é original: "Olhem só o que encontrei, e ao mesmo tempo isso é consagrado, canônico..." Mas isso é extremamente perigoso: essa lacuna mínima introduzida pelo meu começo de historicização – e ela permanece muito insuficiente, não tenho muita certeza sobre o que digo – cria um espaço, uma distância que lembra que essa visão da História, essa visão do Estado, essa visão do serviço público está situada historicamente e aquilo que é preciso compreender são as razões históricas que fazem com que ela talvez seja trans-histórica. Não sei se me faço entender...)

Produzir o universal com os interesses particulares

Parece-me que existem razões históricas particulares que fazem com que, em seu trabalho situado historicamente para universalizar seus interesses particulares (o que é uma estratégia de base segundo a frase de Marx, "universalizar um interesse particular")[101], essas pessoas produzam algo de universal que, como sociólogo que pretende descrever as lógicas universais, posso retomar hoje em dia por minha conta, não como uma teoria particular, mas como uma teoria verdadeira da relação interessado/desinteressado que está no princípio do serviço público. Digo "essas pessoas" porque se trata de um coletivo, de um grupo num certo momento.

Essa pessoa está numa fase inicial e lembrem-se de que faço um esboço provisório da história social da gênese do campo jurídico. Uma frase célebre de Lévi-Strauss fala da "grandeza inefável dos inícios"[102] e observo com frequência que, nos períodos em que se constitui um campo, os fundadores históricos têm

101. Essa ideia, ainda que não essas palavras exatas, encontra-se em passagens tais como: "Realmente, toda nova classe que toma o lugar de outra que dominava anteriormente é obrigada, para atingir seus fins, a apresentar seu interesse como o interesse comum de todos os membros da sociedade, quer dizer, expresso de forma ideal: é obrigada a dar às suas ideias a forma da universalidade, a apresentá-las como as únicas racionais, universalmente válidas" (Marx; Engels, 2007, p. 48).

102. "Ao comparar os primitivos com os mestres do Renascimento e os pintores de Siena com os de Florença, vinha-me uma sensação de decadência: o que, afinal, fizeram os últimos, senão exatamente tudo o que não deveria ser feito? E, no entanto, continuam a ser admiráveis. A grandeza que se prende aos inícios é tão certa que mesmo os erros, contanto que sejam novos, ainda nos extasiam com sua beleza" (Lévi-Strauss, 1996, p. 386).

dificuldades particulares[103] em formular aquilo que, mais tarde, será autoevidente, aquilo que se tornará o senso comum erudito do campo científico ou do campo artístico, aquilo que se tornará tão evidente que se tornará *doxa*. Nos períodos posteriores, será preciso um trabalho extraordinário para reencontrar esses pressupostos fundamentais sobre os quais o campo se sustenta, já que esses pressupostos constituem o direito de entrada e que, se não os tivermos assimilados, não estaremos nele. Nos momentos iniciais, eles são quase explícitos, teorizados. A historicização dupla e o olhar histórico não são um simples gracejo acadêmico chique, mas a condição para que a história seja interessante: os começos dão uma via de acesso excepcionalmente cômoda na direção dos pressupostos fundamentais de um campo. O método que busco empregar há vários anos me leva a estudar as leis fundamentais específicas de diferentes campos (o campo artístico, do serviço público etc.), mas também, nos limites de minha competência, tempo e possibilidades, a gênese social do campo. Por exemplo, como o campo artístico estava constituído até Manet? Os começos, com suas dificuldades e sua "grandeza inefável", têm essa virtude de que um monte de coisas que o tempo leva a se tornarem tácitas, implícitas, a serem autoevidentes, como dizem os etnometodólogos, ainda são conscientes porque as pessoas trabalham, porque elas sofrem, porque elas se enfrentam, porque elas têm contradições. Como resultado, compreende-se que sua ideologia seja uma quase sociologia. Se hoje eu pudesse entrevistar Manet, aprenderia infinitamente mais sobre o campo artístico do que se entrevistasse qualquer pintor de vanguarda (o que já fiz muito) ou, *a fortiori*, qualquer crítico de arte. De certa forma, Manet foi pago para saber o que significa fazer um campo artístico, as rupturas, os rasgos e os sofrimentos que isso implica, e devido a isso ele foi levado a uma certa lucidez.

Isso também valeria para a história das ciências. Assim, o relatório do Collège de France repetiu que não se pode estudar as ciências sem fazer uma história das ciências (Bourdieu, 2019c, p. 235-265). A abordagem genética tem uma virtude extraordinária: as coisas tornadas evidentes e, ao mesmo tempo, ocultadas pelo discurso professoral ainda estão conscientes nos fundadores. A historicização dupla permite lutar contra essa falsa eternidade, essa ilusão da eternidade, essa *philosophia perennis* (pode-se utilizar esse termo) segundo a qual um texto pode

103. P. Bourdieu analisou de maneira particularmente aprofundada os casos de Manet (Bourdieu, 2023c, p. 48; e, após esse curso: Bourdieu, 2023a) e Flaubert (Bourdieu, 1996a).

ser comentado como se contivesse coisas eternas, como o exemplo do professor de Filosofia que comenta os eventos políticos a partir do texto de Platão sobre a ágora. Uma vez denunciada essa ilusão da eternidade, não nos encontramos num vazio nem condenados ao historicismo puro. Por um lado, encontramo-nos diante da questão das condições históricas particulares que fazem com que um contexto histórico particular possa ser particularmente revelador de algo que não está situado historicamente (foi isso que acabei de fazer). Por outro lado, ao estudar a gênese de um universo social no qual uma norma do universal está sendo produzida, podemos nos dar os meios de compreender o que para mim é a única fonte do universal, isto é, a gênese histórica do trans-histórico, o que é um dos objetos de meu trabalho.

Direi apenas uma palavrinha porque mais uma vez andei muito mais devagar do que imaginava, para que vocês enxerguem um pouco o interesse de minha empreitada e o ponto a que quero chegar. Por que o texto de D'Aguesseau me interessa? Eu poderia ter feito, como aliás fiz em resposta à primeira pergunta, o discurso geral sobre a paixão do universal, o interesse no universal, o interesse particular no interesse universal. Mas isso, no fundo, seria apenas um discurso. Ao estudar, mesmo nos limites de minha competência histórica, alguém que está fazendo esse trabalho, compreende-se melhor a alquimia pela qual, num certo momento, os agentes (magistrados, parlamentares, uma linhagem de parlamentares etc.) vão, ao defender seus interesses particulares de casta hereditária, produzir as normas que ultrapassam seus interesses de casta hereditária e que podem até, num certo estado, se voltar contra seus interesses imediatos de casta hereditária. Seus descendentes poderão ser guilhotinados em nome do universal que eles engendraram. De qualquer forma, nas lutas cotidianas, sempre se poderá invocar contra eles o universal com o qual eles contarão para fazer avançar seus interesses particulares de classe com pretensão universal. Para mim, essa é a solução concreta para a antinomia do interesse particular e do interesse geral que constantemente opomos.

No fundo, D'Aguesseau e Pascal tinham o mesmo problema que a sociologia: como podemos sair do historicismo radical? No caso deles, a questão correspondia a um interesse prático, mas também a um problema teórico: sob quais condições históricas se estabelecem os jogos, leis objetivas, sistemas de sanção, de recompensa, de exclusão, que têm como lei oficial uma forma de universalidade (o direito)? Como se produzem os sistemas de disposições que levam a entrar nesse jogo com a aceitação antecipada das instituições e das recompensas implicadas nesse jogo? Os períodos de início mostram que os dois se constituem ao mesmo tempo: essas pessoas trabalham para explicitar seus interesses ao dar a eles formas normativas e, ao mesmo tempo, ao inventar instituições.

Na próxima aula, falarei de um tratado de advogados da década de 1880 que retoma os tratados anteriores até a época de D'Aguesseau, e contarei a vocês as regras do corpo da Ordem dos Advogados (não demorarei muito, ainda que essas leituras tenham me tomado muito tempo, mas se eu fizesse vocês sofrerem tudo o que sofri... [*alguns risos na sala*]). Para não ser abstrato demais, lerei uma citação de Mollot, um livro grande que me fez dormir muitas vezes:

> O desinteresse, exigido pela profissão, pede que o advogado seja moderado em seus honorários; pede até, se o cliente não estiver em posição de oferecê-los, que o advogado lhe conceda seu ministério gratuitamente com tanto cuidado e zelo quanto o faria para a pessoa mais rica. Aliás, nós provamos que o ministério do advogado não é considerado um mandado, muito menos uma oferta de trabalho, no sentido legal. Os honorários que o cliente lhe oferece são a recompensa do serviço prestado [é um presente – P.B.], um testemunho de reconhecimento. Portanto, não podem admitir nem taxa, nem restrição (Mollot, 2016, p. 29).

Uma outra frase: "A palavra *honorários* surge porque antigamente, em Roma, os advogados eram pagos por seu trabalho em *honras*, não em dinheiro" (Mollot, 2016, p. 30). Em seguida, ele lista todas as regras. Tentarei demonstrar nas próximas aulas como um sistema nomológico foi estabelecido e se tornou um *corpus* de doutrina, uma moral (uma "deontologia", diríamos hoje) e como, paralelamente, as regras profissionais de exclusão, sanção e revogação foram constituídas. Farei a comparação muito interessante com os Estados Unidos, que tomaram uma trajetória diferente e onde o mesmo problema foi tratado de modo diferente. Acho que conseguirei comunicar um pouquinho o que gostaria de comunicar...

Aula de 24 de março de 1988

O que é uma citação? – O efeito das ciências sociais no mundo social – As condições interessantes para o desinteresse – O princípio da razão suficiente e sua suspensão – Lógica lógica e lógicas práticas – As condições interessantes para o desinteresse – A submissão espontânea às regras do campo – A gênese das regras do campo jurídico – Direito comercial e direito puro – Os controles cruzados – A força do ideal – Sair do historicismo

O que é uma citação?

Há duas perguntas [feitas por ouvintes do curso] que gostaria de mencionar muito rapidamente porque elas prolongam diretamente o que eu disse aula passada. "Será que a incitação a tratar os textos a partir de uma historicização dupla não torna impossível qualquer citação? Senão, não seria preciso conceber e aceitar que existem duas estratégias de leitura que têm usos e funções diferentes, uma contextualizada e re-historicizada duplamente, a outra descontextualizada e cleptômana em que o autor em questão é extraído de seu meio de nascença?" Eu respondi parcialmente a essa pergunta, mas ela tem o mérito de chamar atenção ao problema importante da citação. A citação é o tipo característico de ato ritual e tradicional que realizamos no sistema escolar quase desde a infância sem saber muito o que fazemos. Na verdade, é um ato complexo e muito carregado de pressupostos, no qual engajamos sem saber uma filosofia da história, uma história da filosofia, uma filosofia da história da filosofia. Se, com minha reflexão sobre a noção de historicização dupla, eu pelo menos chamei a atenção de vocês para aquilo que está implicado nesse ato elementar da vida científica, então não perdi meu tempo, nem vocês perderam o seu me escutando. Isso não quer dizer que a citação se torne impossível, mas trata-se de saber o que fazemos quando fazemos uma citação, seja de um autor contemporâneo ou do passado (que já são casos diferentes).

Num trabalho de sociologia, a citação de um informante ou de alguém que responde a uma pesquisa (isso não é a mesma coisa) coloca exatamente o mesmo problema e não nos livramos dele pelo fato de respeitarmos as normas da cientificidade positivista: não basta dar as informações sobre o informante (idade, sexo, profissão etc.) – o que, aliás, muita gente não faz, mesmo no ofício – para estarmos quites. O respeito às regras positivistas muitas vezes é o álibi para não formular os problemas fundamentais: a citação do informante é uma prova? As proposições que faço sobre uma instituição, por exemplo, são confirmadas apenas pelo fato de alguém tê-las dito? Isso colocaria o problema do estatuto particular dos informantes particularmente informados, aqueles que o sociólogo considera informados porque dizem o que ele mesmo encontra. Essa é uma pergunta muito importante e difícil.

Eu a fiz na aula passada com relação ao caso particular de D'Aguesseau: como acontece desse homem dizer quase aquilo que eu tinha vontade de dizer, enquanto erudito, sobre o que digo? O que é esse encontro? Será que faço simplesmente uma citação? A pergunta vale também quando citamos o Sr. X, trabalhador agrícola. Estamos diante da alternativa entre a contextualização dupla e a cleptomania, termo que não é ruim: a citação é uma forma de apropriação, sobretudo quando não é declarada, o que é frequente quando é plagiada. Quanto a isso, seria preciso fazer uma análise das não citações, das citações falsas, das citações declaradas que ocultam não citações ocultas. Esse trabalho de sociologia da ciência escapa das análises que se multiplicam nesses últimos anos depois da criação dos *citations index* [índices de citações] nos quais se vê quantas vezes X ou Y foram citados e a partir dos quais estabelecem-se as listas de sucesso científico[104]. Essas análises produzem, mediante a combinação da documentação automática e do computador, coisas que parecem ciência, mas que se esquivam [do problema] do estatuto da citação. Há mil formas de citar: podemos citar positiva ou negativamente, mas as não citações muitas vezes são as mais importantes. Não desenvolverei isso, mas acho que isso poderá fazer refletir aqueles entre vocês que se interessam pelos problemas da sociologia da vida intelectual[105].

---

104. O *Science Citation Index* surgiu, impulsionado por Eugene Garfield, na década de 1960. A análise métrica da ciência segue-se a ele.

105. P. Bourdieu voltará em maiores detalhes às questões da citação e da análise métrica da ciência em seu curso sobre a ciência de 2000-2001 (Bourdieu, 2017b).

O efeito das ciências sociais sobre o mundo social

A segunda pergunta é a seguinte: "Será que a expressão de senso prático ou de senso prático ordinário não deve ser tomada no sentido ideal-típico? A partir do momento em que existe uma atividade reflexiva sobre o mundo social e sobretudo desde que as ciências sociais se constituíram e vulgarizaram, o que acontece com essa inocência social, com essa relação que é autoevidente com o mundo cotidiano, e o que acontece com o senso do jogo nos diversos campos?" Essa também é uma pergunta que considero importante e eu teria muito a dizer sobre isso, mas vou apenas lançar pistas. Efetivamente, acho que a existência dentro do mundo social de profissionais da ciência do mundo social introduz uma mudança social muito importante. Não digo isso para dar uma importância ao sociólogo que sou: os efeitos mais consideráveis, infelizmente, não são exercidos pelos sociólogos, mas sim pelas pessoas que reivindicam e usurpam esse título, como os vendedores de pesquisas ou os conselheiros de comunicação dos quais ouvimos falar tanto neste momento. Essas pessoas que o sociólogo tenderia a desconsiderar porque não são adversárias científicas, mesmo que o irritem um pouco, devem ser levadas a sério não como concorrentes, mas como objetos de ciência[106], na medida em que não se pode mais pensar o mundo social hoje em dia sem levar em conta as pessoas que fazem de sua profissão pensá-lo, que fazem crer (aos políticos, por exemplo), e com efeitos sociais consideráveis, que são capazes de pensá-lo. Por meio de sua própria existência, elas transformam o funcionamento do mundo social.

Por não poder responder extensamente a essa pergunta importante, eu os remeto ao último número da revista *Actes de la recherche en sciences sociales* (pela qual sou responsável; não escondo meu jogo, isso é publicidade, mas acho que é legítima), dedicado ao mundo político e à sociologia do mundo político[107]. Pelo menos um dos artigos (os outros também tocam indiretamente nessa pergunta), escrito por Patrick Champagne (1988), trata da análise dos efeitos sociais das pesquisas e, de modo mais amplo, de todo o espaço dos agentes que têm como profissão analisar ou manipular a opinião e cuja existência muda profundamente o funcionamento do campo político. O mundo político tal como nós o vemos

106. P. Bourdieu utilizou esses agentes como objeto no começo da década de 1970. Cf.: Bourdieu (1982, 2019a). Em 1990, ele publicará em sua coleção "Le sens commun" (Champagne, 1990a).

107. *Actes de la recherche en sciences sociales*, n. 71-72, março de 1988. O número 73, publicado depois do curso, será dedicado ao mesmo tema.

na televisão ou em outros meios é profundamente transformado pela existência de pessoas que, em nome da "ciência" (utilizo [a palavra] com muitas aspas), intervêm ativamente no mundo social.

As condições interessantes para o desinteresse

Agora vou retomar o fio de minha proposta tentando terminar hoje o que almejei dizer sobre o campo jurídico e que concebi como uma introdução para a primeira sessão. Se vocês se lembram, minha intenção era fazer uma espécie de resumo dos seminários nos quais se discutiu um certo número dos problemas que vou abordar, em particular o problema da relação entre as profissões jurídicas e o mundo dos negócios. Na última aula, explicitei um pouco os fundamentos sociais das estratégias que tenderam a instituir, no século XVIII, um universo autônomo e desinteressado que chamo de campo jurídico. Esbocei o começo de uma análise da posição de D'Aguesseau, que é uma espécie de herói epônimo da profissão jurídica: ele contribuiu muito com seus escritos, sua profecia exemplar como diz Weber, sua virtude, sua maneira exemplar de encarnar a profissão do magistrado, para a criação de um campo jurídico. Estou tentado a continuar a falar sobre D'Aguesseau (como sempre acontece quando fazemos pesquisa, isso se torna uma ideia fixa...) e contar a vocês o que aprendi agora, quer dizer, bem recentemente, em particular a corrente de situações que, por meio dos girondinos (que eram advogados) e depois todos os advogados da Terceira República que estavam entre os fundadores da ordem republicana, participou nessa luta de magistrados para constituir, contra a Igreja e o Estado, uma ordem jurídica autônoma e que levou a coisas como a separação entre a Igreja e o Estado, a existência de uma moral jurídico-política laica etc. Mas não me estenderei; disse o bastante para aqueles que se interessarem conseguirem ver em que sentido a análise poderia ser prolongada.

O que me parece merecer ser retido do que eu disse é a ideia de que, em certas conjunturas, as pessoas, ao fazerem avançar seus interesses individuais e coletivos (neste caso, os de uma corporação), podem fazer avançar algo que podemos chamar de o universal. Nesse caso, teríamos uma resposta à pergunta que hoje em dia alguns sociólogos fazem muito ingenuamente: existem condutas desinteressadas? As condutas desinteressadas seriam possíveis? Para descrever o debate tal como ele se apresenta hoje, tendemos a partir do surgimento entre os economistas, especialmente na Escola de Chicago, de pessoas que estenderam o modo de pensar econômico a terrenos que não eram tradicionalmente tratados pelos economistas. Por exemplo, um economista americano como Gary Becker analisou as trocas matrimoniais com uma bela ignorância (de Lévi-Strauss, dos antropólogos etc.), como se se tratasse de trocas econômicas[108]. Ele construiu modelos matemáticos que permitem dar conta – não tão mal assim, apesar de tudo (os modelos são sempre interessantes, sobretudo quando são um pouco brutais e selvagens porque pelo menos esclarecem os problemas) – das trocas matrimoniais. Outros de sua corrente tentaram analisar coisas muito distantes, como as doações para fundações e as doações de sangue. Essa irrupção de modelos matemáticos e sobretudo da filosofia solidária a eles (rapidamente, uma filosofia do cálculo racional e uma filosofia do agente social como calculista, como *homo œconomicus*) provocou reações, e um dos argumentos consiste em dizer que essa filosofia não consegue dar conta das condutas desinteressadas. Como uma conduta desinteressada é possível se todas as condutas têm por princípio o interesse?

Alguns críticos meio ingênuos insistem, contra todas as evidências (passo meu tempo dizendo o contrário), em classificar meu trabalho na categoria das sociologias do interesse[109], mas ele não se inscreve nessa lógica de jeito nenhum. A análise que fiz de D'Aguesseau e que poderia também se aplicar a Flaubert e Mallarmé[110], a um matemático ou um filósofo, mostra que, para que surjam representações, discursos, propostas favoráveis ao desinteresse e para que surjam *a fortiori* regras explícitas que tenham como princípio o dever de desinteresse (como as regras que regem a profissão de advogado que lembrarei daqui a pouco), é preciso dois conjuntos de condições. É preciso que sejam produzidas socialmente, e com muita frequência por meio da educação familiar, de maneira hereditária, disposições éticas de um certo tipo. Simultaneamente, pois os dois processos estão em geral numa relação dialética e se reforçam mutuamente, é preciso que sejam produzidos universos sociais nos quais, por assim dizer (isso terá aparência brutalmente materialista e vou parecer reintroduzir a filosofia do interesse pela janela depois de tê-la jogado pela porta), o desinteresse paga e é recompensado. Eu poderia generalizar a proposição: para

108. P. Bourdieu voltará a essas questões em muito mais detalhes em seu curso do ano letivo 1992-1993 (Bourdieu, 2017a).

109. P. Bourdieu talvez pense em particular nas leituras de seu trabalho propostas, a partir da década de 1980, pelo Movimento Anti-Utilitarista nas Ciências Sociais (MAUSS) e seu fundador, Alain Caillé. Cf. em particular Caillé (1994).

110. P. Bourdieu publicará análises dedicadas a Flaubert e Mallarmé em Bourdieu (1996b).

que condutas de pretensão universal e, por causa disso, tendencialmente universais, racionais e desinteressadas surjam, é preciso que essas duas condições sejam cumpridas. Consequentemente, é preciso que se desenvolva não somente uma disposição ética, uma regra moral, por exemplo, uma regra pura de tipo kantiano, que o sujeito singular encara na solidão de sua consciência, com sua boa vontade, mas também uma disposição ética permanente em fazer condutas percebidas como desinteressadas e, ao mesmo tempo, um espaço público no qual essas disposições são recompensadas, desde que se compreenda que elas podem ser recompensadas de maneira não econômica. Elas podem sê-las de maneira simbólica, por exemplo, unicamente por gratificações psicológicas.

O nobre, por exemplo, é *nobilis*, isto é, conhecido e reconhecido, e a recompensa consiste no reconhecimento concedido à sua nobreza. A nobreza é um dos modelos mais poderosos para compreender os universos do tipo que descrevo hoje, porque ela constitui uma das realizações desses universos da recompensa simbólica nos quais a ação encontra sua recompensa por sua própria realização, pelo fato de a realização ser socialmente conhecida e reconhecida. Nas sociedades de honra pré-capitalistas, o ponto de honra como defesa da honra encontra sua recompensa em si mesmo porque os outros agentes sociais o reconhecem. Já as sociedades de honorários (é a mesma palavra ["honra"]) são universos nos quais não se é pago apenas com dinheiro (a palavra "honorário" é interessante, é um eufemismo, e muitas vezes os eufemismos designam o inominável): o fato de receber não um salário mas um honorário faz parte das gratificações daqueles que são honráveis demais para serem honrados sob a forma de honorários (voltarei a isso), daqueles que são honráveis demais a ponto de só poderem ser pagos de maneira eufemística. Por exemplo, uma lei tácita nas trocas dentro da burguesia é que não se paga mutuamente em dinheiro. Assim, quando pedimos uma consulta para um amigo médico (isso são coisas baseadas não no senso comum, mas em pesquisas), uma regra quase explícita diz que não o pagaremos com dinheiro, mas lhe daremos um presente. Essa transmutação é extremamente importante porque faz parte dos fundamentos de uma outra economia, de uma economia do não econômico, de uma economia fundamentada na denegação do econômico. Como essas são coisas que já desenvolvi em várias outras ocasiões, não insistirei[111].

---

111. Cf. em particular Bourdieu (2012a); e o curso sobre economia que P. Bourdieu dará em 1992-1993 (Bourdieu, 2017a).

O princípio da razão suficiente e sua suspensão

Entretanto, lembro para aqueles que não enxergam onde quero chegar que, para mim, a tarefa da sociologia evidentemente não consiste de modo algum em reduzir as condutas sociais aos princípios fundamentais da economia (no sentido dado a essa palavra pela ciência atualmente constituída sob esse nome). A ambição da sociologia é propor uma espécie de economia geral das práticas, aceitando o equivalente daquilo que Leibniz e os filósofos clássicos chamavam de princípio da razão suficiente[112]: não existe ato social sem razão. Essa é a única coisa que somos obrigados a aceitar, porque me parece que não pode haver uma ciência de um ato absurdo... Mais exatamente, podemos fazer a ciência de um ato absurdo sob a condição de o enxergarmos como uma exceção a essa lei geral que pressupõe, para ser compreendida, que suspendamos os princípios gerais da ciência. Parece-me que, por exemplo, para compreender certos fenômenos de delinquência em certas sociedades modernas, é preciso saber abdicar dessa tentação científica inerente ao pensamento científico[113]. Eu seria capaz de estabelecer uma belíssima bibliografia sobre todas as explicações (em termos de frustração etc.) das formas de delinquência que existem em todas as sociedades modernas, mas acho que uma lição que podemos tirar dessa ambição de fazer uma ciência geral é que, às vezes, a ciência deve saber suspender as explicações: existem casos que são explicáveis a partir de uma teoria geral das condutas econômicas em que os agentes sociais podem agir sem razão, como os heróis de Beckett. Isso não desmente o princípio da razão suficiente, apenas o suspende, suspensão que responde a razões históricas muito particulares. Isso que acabo de dizer é um pouco complicado e tenho consciência de não ter aprofundado suficientemente, mas não queria deixar passar esse tema importante, que poderia ter ficado na cabeça de vocês como uma objeção.

Lógica lógica e lógicas práticas

Volto à minha proposta. A empreitada antropológica de ciência social se baseia no postulado (que muitas vezes os sociólogos aceitam inconscientemente,

112. Por exemplo: "Os nossos raciocínios fundam-se sobre *dois grandes princípios*: [... e] o da *Razão suficiente*, pelo qual entendemos não poder algum fato ser tomado como verdadeiro ou existente, nem algum enunciado ser considerado verídico, sem que haja uma razão suficiente para ser assim e não de outro modo, embora frequentemente tais razões não possam ser conhecidas por nós" (Leibniz, 1973, v. 19, §§ 31-32, p. 66).

113. Para desenvolvimentos sobre essa análise da delinquência, cf. em particular a aula de 19 de abril de 1984 (Bourdieu, 2023b, p. 228).

mas acho que nesse caso em particular, conscientemente) segundo o qual não existe nada que não tenha razão. "Razão" é uma palavra complexa. Ela não significa "razão racional" [*raison rationnelle*], "razão que raciocina" [*raison raisonnante*] nem "cálculo" (*ratio*). Ela significa que não há nada que não tenha um princípio inteligível. A ciência postula isso, mesmo que também deva, como acabo de fazer no parêntese anterior, aceitar a ideia de um limite. Existem casos em que esse princípio é suspenso e tudo que podemos fazer é nos perguntar por que nesses casos ele é suspenso. Esse princípio de razão suficiente que enuncio encontra sua encarnação nas lógicas práticas e a ciência social se dá como função descrever universos que têm lógicas. Essa palavra "lógica" também pode provocar caretas (tento explicar as palavras porque todas elas podem levar a mal-entendidos). O postulado segundo o qual a lógica não é o princípio das práticas (o que não quer dizer que ela não tenha lógica) é outro postulado fundamental da ciência social. Vocês o encontrarão em Freud, em Durkheim e em todas as pessoas que se meteram a compreender as condutas humanas. O sociólogo, como o psicanalista, aceita a ideia de que seu trabalho consiste em reconstruir as lógicas que não são a lógica sem que, no entanto, não sejam lógicas. As lógicas práticas formam uma grande classe de lógicas que são o apanágio, de alguma forma, das ciências sociais. É um pouco o que eu dizia na última aula: o princípio das lógicas práticas é precisamente que elas não têm a lógica como princípio. Elas não têm intenção lógica.

Por exemplo, um ritual que consistisse em girar um sapo sete vezes sobre a cabeça, da direita para a esquerda, para obter a esterilidade (esse é quase um exemplo real) pode parecer absurdo à primeira vista (essa é uma observação trivial, mas existem tamanhas regressões teóricas em certos debates atuais que somos obrigados a repetir coisas que gostaríamos de não precisar dizer mais – é a metáfora do balão que utilizei aula passada: gostaríamos de não ter que repeti-las porque existem outras coisas mais úteis para fazer a ciência avançar, mas às vezes somos obrigados porque, por razões complexas, elas se tornam problemáticas de novo). Portanto, vamos postular que essas práticas aparentemente sem pé nem cabeça que uma antropologia pré-científica ou semicientífica, contaminada pelo racismo, descreverá como absurdas, primitivas, arcaicas, selvagens têm uma coerência e podemos descobrir sua lógica.

O perigo desse postulado é que ele leva a buscar nas práticas uma lógica que é a da lógica, em parte porque o campo científico exige a lógica lógica, modelos matemáticos. Por exemplo, vamos formalizar, fazer analogias desvairadas com a álgebra moderna ou construir modelos matemáticos mais ou menos dominados. As ciências sociais, portanto, estão numa posição extremamente difícil. Espero que vocês vejam isso na minha maneira de falar: se eu conseguir comunicar pelo menos isso, terei comunicado o que me parece essencial. Jamais digo uma proposição sem imediatamente fazer uma correção porque um erro esconde outro. Se digo a vocês que "há uma lógica", vocês entenderão que poderemos modelizar, formalizar, que "finalmente as ciências humanas serão uma ciência", um monte de gente vai seguir essa linha. Não, as ciências humanas são científicas na medida em que sabem que existem lógicas que não são a lógica. Isso posto, o campo científico, por ter se construído (em particular) contra o senso comum, formalizando, matematizando, dizendo como Galileu: "O grande livro do mundo é escrito na linguagem matemática"[114], exige formalização, a tal da lógica "dura". Como essa lógica dura foi construída contra a lógica prática, a antropologia está numa situação de neurose experimental: as exigências sociais que lhe são feitas lhe impõem uma linguagem que destrói as lógicas que ela descobre [*P. Bourdieu hesita em continuar*]. (Agora que comecei, irei até o fim, azar [*risos na sala*]!) Digamos que seja fácil para ela obter as gratificações simbólicas mais eminentes ao fazer as coisas que são exigidas socialmente em nome de uma definição local e regional da ciência, mas às custas de uma destruição de seu objeto específico. Com um pouco de matemática e muita cara de pau, pode-se fazer uma antropologia que será muito recompensada socialmente. Gastamos tempo dizendo que existem obstáculos para o progresso científico das ciências sociais, mas um obstáculo que não é pequeno deve-se ao fato de que a moeda falsa é recompensada socialmente pelas razões que acabo de analisar (eu poderia aprofundar a análise, mas não quero demorar demais).

As ciências sociais se dão como projeto retomar universos como o campo jurídico ou o campo científico, sobre os quais postulam que contêm uma razão: eles têm uma razão imanente, neles não acontece qualquer coisa de qualquer forma, existe uma lógica, não é um vale-tudo. Isso suscita a fúria de alguns marxistas

114. Alusão à seguinte citação: "A filosofia encontra-se escrita neste grande livro que continuamente se abre perante nossos olhos (isto é, o universo), que não se pode compreender antes de entender a língua e conhecer os caracteres com os quais está escrito. Ele está escrito em língua matemática, os caracteres são triângulos, circunferências e outras figuras geométricas, sem cujos meios é impossível entender humanamente as palavras; sem eles nós vagamos perdidos dentro de um obscuro labirinto" (Galilei, 1973, v. 12, p. 119).

que invocam "a contradição" e apontam que dizer "lógica" é uma espécie de postulado político. A reação deles é legítima e merece existir, mas é extremamente ingênua, porque a lógica dos campos práticos, por exemplo, pode ser a lógica da contradição, do conflito, e o conflito pode ser gerador de lógica.

Um dos paradoxos que descrevo é a gênese no conflito, na concorrência, na competição, no interesse, de lógicas que ultrapassam em certa medida o conflito, a concorrência e a competição e que podem transcender os interesses particulares. Como acontece de os universos sociais obedecerem às leis gerais do mundo social, onde nada se faz sem razão, onde as pessoas não são loucas, onde elas agem, mesmo sem saber, de modo geral com boas razões de seu ponto de vista, já que o *habitus* e a posição delas as guiam? Para mim, as posições, os cargos e os *habitus*, que em geral estão ajustados aos cargos, são frequentemente muito mais inteligentes do que os próprios agentes; as posições e os *habitus* "calculam" (com muitas aspas) melhor do que os calculistas racionais. Eu sempre dou este exemplo notável: se pedirmos a todos os tecnocratas que foram alunos da Politécnica ou da ENA para se reunirem e calcularem um sistema de reprodução tão racional e perfeito quanto o sistema extremamente complexo das grandes écoles, eles jamais conseguiriam, inclusive porque tentariam imediatamente fazer reduções: se, desde o começo, só temos filhos de magistrados e de alunos da ENA [École nationale d'administration], porque não selecioná-los imediatamente e poupar todos aqueles que perdem tempo e dinheiro para o Estado ficando nos liceus até o último ano [*risos na sala*]? Não invento essa observação (jamais invento quando digo esse tipo de coisas), ela se encontra num livro (assinado por um politécnico, mas é um livro bom [*risos na sala*]...). Esse é um exemplo típico de inconsciência racional que esquece que se certamente há um custo quando as pessoas se perpetuam até a *première* quando seria realmente mais econômico incliná-las desde a *sixième* para sua destinação natural, ou seja, a *apprentissage*[115], o custo considerável dessa eliminação atrasada é acompanhado por lucros fantásticos de inconsciência, de desconhecimento, de reconhecimento para aqueles que têm sucesso (os que

115. Referências ao sistema educacional francês. A *première* é a segunda série do liceu, o curso preparatório para a universidade, enquanto a *sixième* corresponde aproximadamente ao primeiro ano do Ensino Médio no Brasil e a *apprentissage* equivale ao nosso ensino técnico. Portanto, P. Bourdieu se refere à ideia de que seria mais econômico direcionar a maioria dos estudantes para o ensino técnico em vez de permitir que eles tentem um acesso à universidade com poucas chances de sucesso [N.T.].

fracassam dizem: "Eles eram muito fortes, eu não era muito dotado..."). Essas coisas fazem parte das condições tácitas de funcionamento do sistema. Eu disse muita coisa em muito pouco tempo, procedendo de maneira elíptica e confusa, mas essas escapadas me parecem úteis para dar a fisionomia global da análise.

As condições interessantes para o desinteresse

As lógicas práticas não são difíceis de compreender apenas pelas razões que mencionei, mas também porque seus princípios não são racionais no sentido tradicional do termo: não são explícitos, não são metódicos. Os princípios de ação mais operantes nos universos práticos são, de certa maneira, os mais inconscientes. Num universo como o de D'Aguesseau, quanto mais os agentes sociais não sabem o que fazem e o fazem em plena inconsciência de causa, em plena ignorância dos determinantes e dos interesses, mais adaptados e adequados são. Com muita frequência, a análise sociológica tem algo de revoltante porque ela lembra aquilo que ninguém quer saber. Como eu disse na primeira aula, o prazer da desmistificação, que é dobrado (é preciso confessar) pela indignação que a explicitação provoca, constitui uma armadilha porque ele impede de compreender completamente que ao fazer coisas interessadas sem saberem, e ao ter razões desinteressadas como princípio consciente dessas condutas interessadas, os agentes sociais ainda assim fazem o desinteresse avançar. Eu acho que essa é a verdade completa desse gênero de processos que é extremamente complicado.

É verdade que existem pessoas de uma devoção admirável sem as quais, de certa maneira, a vida não mereceria ser vivida. O sociólogo sabe disso, mas não pode se contentar em admirá-las. As pessoas mais admiráveis não admiram a si mesmas (sempre nos esquecemos de que há um lucro ético em ser admirável), elas são naturalmente admiráveis ou se proíbem [de se admirar]. Os tratados de caridade da Idade Média refletiam sobre esses problemas: as pessoas totalmente admiráveis sabem que não devem se conceder essa forma de concupiscência que consiste em saber que somos muito bons... o que é estatisticamente muito, muito raro [*risos na sala*]! (Essas situações-limite são interessantes porque formulam o problema de todas as outras.) Hoje em dia, falo então das pessoas que fazem coisas admiráveis sem sequer se gratificarem por fazê-las. Com D'Aguesseau, isso é incrível: a biografia escrita pelo Sr. Frêche (Frêche; Sudreau, 1969) que li esta semana é um elogio extraordinário. Isso com frequência é o caso nas biografias, mas, nesse caso em particular, ficamos convencidos: é uma pessoa absolutamente surpreendente. Isso posto, acho que a verdade da análise consiste em dizer que essa pessoa tinha interesses específicos que encarnou de maneira tão completa que foi capaz de ser a iluminadora de seu grupo, capaz de poder lembrar aos outros a regra do grupo; ela foi de alguma forma uma norma viva e não é por acaso que seja sempre citada. Weber (2012) falou da profecia exemplar dando o exemplo de Sócrates: esses agentes sociais ensinam mais pelo que são do que pelo que dizem. Mas eles têm uma virtude dupla: D'Aguesseau é capaz (e isso não é pouca coisa) de teorizar, explicitar, formular, criar regras, construir um discurso desinteressado numa linguagem aprovada, admirada, empregando as oposições da época (razão *vs.* paixão etc.), citando autores, referindo-se ao latim; e ao mesmo tempo, diferente daqueles que criticamos por não fazerem o que dizem, ele faz o que diz e o diz ainda melhor com suas práticas do que com seus discursos. Os casos desse tipo constituem um desafio particularmente interessante para o sociólogo: trata-se, sem ser redutor, sem ser um estraga-prazeres espertinho, de compreender que esses casos não são sem razão; não podemos observá-los como uma espécie de milagre social que caiu do céu. Uma outra formulação do princípio da razão suficiente consiste em dizer que não existe milagre social. Todos os grandes filósofos racionalistas do século XVII (Descartes, Espinosa etc.) incomodaram-se com o problema do milagre: se existem milagres, será que existe ciência? Para mim, é o mesmo problema: se existisse um milagre social, se realmente existisse alguém que caiu do céu (acho que isso criaria problemas teológicos [*risos na sala*]...) e que fizesse coisas completamente sem razão, isso seria uma falência da ciência social. Talvez tais casos existam, mas a ciência nada pode fazer com eles. Se tenho uma teoria do interesse, é nesse sentido (mas não acho que isso seja uma teoria do interesse).

A submissão espontânea às regras do campo

Volto a meu caso particular. Para que um universo desinteressado funcione, é preciso simultaneamente que o desinteresse seja recompensado e que as pessoas tenham interesse no desinteresse. Mais precisamente, é preciso que se invente, por um lado, um espírito do serviço público (ou um espírito do serviço do Estado, um espírito do serviço das causas públicas – vocês se lembram de que a palavra "público" aparecia com muita frequência no discurso de D'Aguesseau) e, pelo outro, um serviço público, isto é, um universo no qual se faz carreira quando se tem um espírito de serviço público suficiente (ou, pelo menos, a aparência do espírito do serviço público) para ser reconhecido publicamente como o tendo, com as condecorações etc. (Poderíamos interpretar as condecorações como constituindo uma das recompensas interessantes concedidas ao desinteresse.) Na linguagem de D'Aguesseau, tudo isso é o "amor pela virtude". Então vocês enxergam a dificuldade da sociologia: é preciso aceitar que o amor pela virtude é, como o amor em geral, algo de real, que é uma força social, sem tomá-lo, no entanto, ao pé da letra, da forma ingênua pela qual ele é vivido.

Essa análise que propus e que acabo de lembrar situava-se numa empreitada global que tinha como objetivo descrever a gênese de um campo jurídico. Eu disse que tentaria descrever o processo de autonomização que constituiu no cosmos social um microcosmo dentro do qual se joga um jogo muito particular que obedece às regras de desinteresse. Indiquei que seguiria essa gênese no nível da produção do discurso e depois no nível da produção de práticas, de regras práticas. Agora que descrevi a gênese do discurso, passo ao nível da gênese das regras que concernem às práticas e aos sistemas de sanções.

Evidentemente, tratarei sobretudo das sanções negativas, pois um jogo sempre implica sanções imanentes: se você faz o que não se deve fazer segundo as regras do jogo, você é sancionado automaticamente. As sanções imanentes, as regularidades despencam na sua cabeça. Assim como se você transgredir as leis da física, você recebe golpes, também se você transgredir as regras da física social, as regras de um campo, receberá golpes automáticos, já que a sanção está inscrita no campo. Como diz Weber sobre o cosmos econômico, aquele que, como a pessoa pré-capitalista jogada numa economia capitalista, transgride as regras da economia é jogado na rua; perde seu emprego ou declara falência, respectivamente se for assalariado ou empresário[116]. No cosmos jurídico, aquele que transgride as regularidades, as leis imanentes ou (para voltar ao termo empregado há pouco) a lógica do campo recebe sanções automáticas. Num campo erudito como esse, além de fracassar e ser excluído do jogo, ele pode ser submetido a sanções explícitas de tipo jurídico. Essa

116. "Ao indivíduo, enquanto este esteja implicado no contexto do mercado, [a ordem econômica capitalista] impõe as normas do seu agir econômico. O fabricante que a todo tempo infringe essas normas será eliminado economicamente, isso de modo tão infalível como o trabalhador que não pode ou não quer se adaptar a elas há de ser posto à rua como desempregado" (Weber, 2020, p. 44).

distinção me parece importante: não se trata apenas de levar um chute no traseiro, fracassar, também há punições expressas que são o resultado da aplicação de regras.

Isso que descreverei superficialmente (ainda que tenha lido muito sobre essa questão – e não são coisas muito divertidas) é o processo que constitui uma ordem dos advogados. A palavra "ordem" é apaixonante e, se eu pudesse escolher, talvez dissesse mais "ordem" – no sentido pascaliano[117] – do que "campo". Uma ordem, como a Ordem dos Advogados, é um corpo que se reconhece num conselho da ordem: uma fração desse corpo designa mandatários, delegados que têm pleno poder de agir e falar em lugar do corpo e que, entre outras coisas, decretam as regras que todo o corpo deve respeitar e fazem com que elas sejam aplicadas por meio de sanções negativas, punições, ou de sanções positivas que são essencialmente a carreira. Uma lei tácita dos corpos é que só nos elevaremos dentro do corpo em proporção ao respeito às regularidades e regras.

O que um campo exige, e tomo a palavra de Espinosa, é o *obsequium*[118], o respeito à lei fundamental do corpo, do campo, quer dizer, às coisas muito frequentemente insignificantes. Um campo exige o respeito às coisas insignificantes por meio das quais o grupo expressa seus valores mais fundamentais, e as coisas mais insignificantes muitas vezes são o respeito ao corpo, isto é, o respeito àqueles que fazem respeitar o corpo: o respeito aos anciãos, o respeito aos dominantes do campo ou o respeito às formas de polidez, que é extremamente importante. Com efeito, os corpos se agarram à polidez e a polidez é política. Ela é uma submissão permanente em todos os instantes. Modificando a frase de Malraux, poderíamos dizer que são os "trocados do absoluto"[119] [*petite monnaie de l'absolu*]. Os pequenos atos de polidez cotidiana são os atos de reconhecimento dos próprios fundamentos da ordem, do corpo. Essa submissão permanente que é exigida por meio de rituais aparentemente insignificantes (ritos inaugurais, cerimônias, posturas, vestimentas

117. "Todo o brilho das grandezas não tem lustro para as pessoas que se entregam às pesquisas do espírito. A grandeza das pessoas de espírito é invisível aos reis, aos ricos, aos capitães, a todos esses grandes da carne. A grandeza da sabedoria, que não existe em nenhuma parte a não ser em Deus, é invisível aos carnais e às pessoas de espírito. São três ordens diferentes em gêneros" (Pascal, 1973, p. 248).

118. "[...] a obediência [*obsequium*], porém, é a vontade constante de cumprir aquilo que é bom segundo o direito e que, segundo o decreto comum, deve [ser posto em prática]" (Espinosa, 2009b, cap. 2, § 19, p. 21).

119. *A moeda do absoluto* é o título do terceiro volume da *Psychologie de l'art* [*Psicologia da arte*], de André Malraux (1949).

etc.) e que não parece ser nada é importante exatamente à medida que exige que a pessoa se incline por nada, ou seja, pelos nadas. Aliás, observa-se àqueles que não se inclinam: "No fundo, isso não te custaria nada". Do ponto de vista daquele que exige que se incline, "isso não custa nada", mas justamente, do ponto de vista daquele que não quer se submeter a esses nadas, isso custa porque, quando nos inclinamos por nada, inclinamo-nos para inclinarmo-nos. Fundamentalmente, é isso que os grupos sociais exigem. Vocês encontrarão coisas muito interessantes no belíssimo livro de Matheron sobre a filosofia de Espinosa[120] procurando a entrada "*obsequium*" no índice remissivo. A palavra *obsequium* é ótima porque ela diz muito.

Os corpos exigem essa espécie de submissão fundamental que, no fundo, é uma submissão corporal. Não é por acaso que as principais manifestações do *obsequium* sejam manifestações de polidez, isto é, dos gestos dos corpos: curvar-se, conformar-se etc. Os gestos de submissão são profundamente corporais. Enxergamos isso bem nas sociedades em que as pessoas se prostram. Em nossas sociedades, isso acontece menos, mas talvez seja ainda mais sutil porque, quando o movimento do corpo é reduzido a seu começo, quando ele é puramente incoativo, ele se torna mental. Talvez, quando nos prostramos, sejamos no fundo mais livres do que quando nos inclinamos… […]

Na gênese social de um corpo, há todo um trabalho de invenção de funcionamento automático: como se recruta, como se coopta, como se nomeia, como se faz carreira, como não se faz carreira, o que se deve ser e o que não se deve ser etc. Tudo isso é codificado. Ao mesmo tempo, existe o não codificado, que, obviamente, é mais importante. (É por isso que, de modo geral, os arrivistas não compreendem nada. O filho de alguém que não é magistrado que é jogado nesse universo tem relativamente poucas chances de sucesso, porque aprender esses pequenos nadas leva muito tempo. Ele corre o risco de não os enxergar ou, se enxergá-los, de achar que não têm nenhuma importância. Ele acreditará que o essencial é conhecer o Código Civil enquanto todo mundo sabe muito bem que o essencial não é o Código, mas a maneira certa de dizê-lo etc.) O corpo, ao mesmo tempo, inventa as regras do jogo. As regularidades são estabelecidas, assim como as disposições que estão ajustadas a essas regularidades e que levam a perceber essas regularidades como autoevidentes, como naturais. As pessoas ajustadas a essas regularidades são naturalmente obsequiosas sem sequer perceber. Elas são

120. Cf. Matheron (1969, especialmente p. 349).

obsequiosas livremente. Aqui, encontraríamos novamente a alternativa entre o desinteresse e o cinismo (isso que falo já foi muito discutido nos últimos anos; são coisas atualmente centrais na discussão das ciências sociais, e não coisas que saem prontas de minha cabeça). As pessoas são naturalmente obsequiosas, enquanto o cinismo na verdade não funciona. Julien Sorel é um ótimo exemplo: o cinismo pode levar à guilhotina[121] ou, simplesmente, à exclusão, à relegação, por todas as razões que acabei de mencionar. Se as coisas se passassem no nível da consciência e do cálculo, o cinismo poderia valer a pena, mas a característica desses universos é que eles valem a pena para aqueles que não buscam fazê-los valer a pena mas que são pagos a todo instante por saberem o que é preciso fazer para ser pago, que mamaram nas tetas dos princípios fundamentais da lógica do campo.

A gênese das regras do campo jurídico

Como essas regras serão enunciadas, e em quais contextos? Até onde sei, é por volta dos anos 1830 que surge o grande período de constituição de um corpo explícito dos advogados, ou seja, o momento em que o campo jurídico, que funcionava com base em princípios no estado prático, passa a elaborar regras explícitas. A reconstituição da ordem dos advogados que fora dissolvida sob a Revolução acontece sob Napoleão. Em 1812, o monopólio da defesa oral [*plaidoirie*] foi restabelecido. Depois da reelaboração da própria fundamentação de uma ordem dos advogados autônoma, o corpo sente a necessidade de explicitar as regras, de postular um direito daqueles que dizem e praticam o direito. Constitui-se assim um código jurídico do campo jurídico. Uma diferença importante entre os campos reside no fato de que alguns são dotados de um código explícito e outros não (ou muito pouco). No campo artístico, por exemplo, existem regularidades, existem coisas a fazer e a não fazer, galerias onde não se deve expor, pessoas com quem não se deve expor, maneiras inadmissíveis de receber o dinheiro. Portanto, há exatamente o mesmo tipo de regras do campo jurídico, só que elas não são explicitadas, são tácitas, o que as torna ainda mais formidáveis, porque quanto mais um campo fica no estado implícito, mais ele é difícil para os não nativos e para os que chegam atrasados. Com efeito, a codificação das regras da profissão, que pode aparecer como

121. Julien Sorel, o personagem principal de *O vermelho e o negro* [1830], de Stendhal, é condenado à guilhotina por uma justiça de classe que não perdoa os meios que ele empregou para escapar a seu destino de filho de carpinteiro.

um jugo, tem uma virtude (esse é o paradoxo das leis) que poderíamos chamar de "democrática" (se essa palavra tivesse algum sentido...): ela dá uma chance àqueles que não saberiam por instinto (obviamente, o "instinto" é constituído socialmente) que, por exemplo, não se deve pedir um adiantamento ao cliente.

O código dos detentores do código é elaborado, portanto, nas décadas de 1830-1840 e vamos encontrar nesse processo de constituição o princípio fundamental da razão suficiente: na conjuntura histórica particular em que ele se localizava, o corpo dos advogados teve coletivamente "interesse" (sempre é preciso usar muitas aspas) em impor a si mesmo regras para afirmar sua autonomia, essencialmente contra os magistrados. Parece-me que não se pode postular a hipótese do desinteresse [absoluto] que consistiria em considerar que essas pessoas se proibiam de tocar o dinheiro e se impunham regras sem razão. Isso equivaleria a pensar que elas são coletivamente masoquistas, o que, além do mais, parece ser contradito pelo fato de que, cinquenta anos depois, vão lutar para se livrar das regras que eles se deram. Para mim, se elas se impõem um conjunto de regras, é para não se exporem àqueles que poderiam ter vontade de lhes impor regras. De fato, uma maneira de se libertar das pessoas que querem impor regras consiste em impô-las a si mesmo: a autonomia é uma maneira de transformar a heteronomia em submissão eletiva a uma regra que nós mesmos escolhemos, o que é a definição kantiana da autonomia, e um corpo pode ter interesse na autonomia.

Darei um exemplo preciso. O juiz poderia controlar os honorários e sancionar os advogados que recebessem honorários altos demais em relação ao trabalho realizado ou à renda de seu cliente, mas o corpo prefere se impor uma regra da medida justa dos honorários e chega até a repensar completamente os honorários. Para começar, utilizam a palavra "honorários" que, como escreve Mollot, "surge porque antigamente, em Roma, os advogados eram pagos por seu trabalho em *honras*, não em dinheiro"[122]. Essa frase é muito interessante. Quando se tem um pouco de cultura etnológica, enxerga-se imediatamente que se trata de transformar uma troca "toma lá, dá cá", uma troca monetária explícita. Numa troca "toma lá, dá cá" ("eu te dou e você me dá"), juntamos num instante dois atos que a troca de dádivas separa. No caso da dádiva, eu te dou um presente desinteressado como se você jamais precisasse me retribuir e, dois anos depois, quando já me esqueci, você retribui: a dádiva e a contradádiva são separadas. O "toma lá, dá cá" tem

122. Essa frase já havia sido citada ao final da aula anterior: cf. acima: p. 75.

uma espécie de brutalidade pelo fato de sincronizar coisas que a troca de dádivas dissocia (aqui resumo muito mal uma análise longa que desenvolvi de maneira mais elaborada, especificando suas relações com as análises de Lévi-Strauss e Mauss, em *O senso prático*)[123]. A transformação de um salário em honorários é uma operação alquímica banal nas sociedades pré-capitalistas que têm uma economia da não economia fundamentada na denegação da economia no sentido estrito. Essa ação consiste em transformar duas ações interessadas simultâneas em duas ações desinteressadas separadas totalmente no tempo. As regras enunciadas por Mollot contêm, portanto, uma denúncia explícita de tudo aquilo que poderia transformar a relação do advogado com o cliente em relação comercial. Um jurista sempre citado, [Armand-Gaston] Camus diz, por exemplo, que "os honorários são uma dádiva espontânea do reconhecimento do cliente". Essa frase que faz dos honorários uma dádiva é o princípio de uma série de regras sobre as quais falarei mais tarde. O importante agora é que, ao se imporem essa moral econômica, os juízes se libertam do controle que os magistrados encarregados de fazer respeitar, como dizem os códigos, as regras de probidade, desinteresse e moderação, poderiam exercer sobre sua remuneração ou seu salário.

Para não esquecer, explicarei um pouco a aproximação que realizei entre esse tipo de economia e as economias pré-capitalistas, de troca de dádivas. A analogia se impõe, mas só é verdadeira até certo ponto porque, nas sociedades diferenciadas, como disse na última aula, nada funciona como nas sociedades pré-capitalistas indiferenciadas. A aproximação pode até ser perigosa porque esses honorários acontecem num universo em que existem outras formas de pagamento que não os honorários, em que sabemos que os honorários também são salários. Em outras palavras, ele acontece num universo em que o campo econômico está constituído enquanto tal (sob a *Grundnorm*[124] "negócios são negócios" e "nos negócios não há sentimentos"). Quando o campo econômico está constituído, o fato de se instaurar um subuniverso que obedece apenas às regras da troca de dádivas ganha um sentido particular e esse subuniverso se altera permanentemente devido à existência de um campo econômico constituído. Entre outras coisas, o universo da troca de dádivas se confronta com o universo dos negócios.

---

123. P. Bourdieu aprofundará novamente essas análises em seu curso de 1992-1993 sobre os fundamentos sociais da ação econômica (2017a).

124. Referência à noção de *Grundnorm* ("norma de base", "norma fundamental") introduzida por Hans Kelsen (2009) e mencionada por P. Bourdieu na aula anterior.

Direito comercial e direito puro

Um grande problema (esta é uma das coisas onde eu queria chegar), um espinho na consciência desinteressada do mundo jurídico, será portanto o direito comercial. No fundo, esse é o ponto de partida das reflexões que desenvolvi hoje e da exposição realizada pelo Sr. Dezalay sobre as contradições encontradas atualmente por certos setores do direito que se deparam com os negócios. [...] Por exemplo, um advogado não pode ser o executor de uma empresa. Lerei a vocês uma belíssima citação, o julgamento do Conselho da Ordem de Paris de 27 de maio de 1828: "O advogado deve evitar cuidadosamente tudo aquilo que possa comprometer sua dignidade ou delicadeza [essa é uma palavra ótima], particularmente aquilo que o faria sair dos limites de sua profissão para se tornar um proxeneta ou um agente de negócios". Isso na mesma época em que os artistas também se constituem num campo e que surge entre os escritores, por exemplo Flaubert e Baudelaire, o tema da identificação com a prostituta; a revolta se faz em torno do lema: "Nós somos tratados como prostitutas pela lei do mercado". Eu poderia desenvolver isso bastante, mas vou me conter[125]. Instaura-se uma distância em relação ao dinheiro e em relação a tudo que é corrupção: no fundo, isso se resumirá às questões de dinheiro e sexo (vou continuar, mas encontraríamos nos livros que citei inumeráveis exemplos de exclusões de advogados por pecados sexuais que hoje em dia consideraríamos venais).

Agora que mencionei esse código dos juristas, procederei muito rapidamente de maneira comparativa porque sempre há um perigo quando nos mantemos num caso nacional particular, sobretudo se esse é o país onde nascemos. Evidentemente, pareceu-me impor-se a comparação com os Estados Unidos, onde a gênese do campo jurídico assumiu uma forma muito diferente. Além disso, o Sr. Dezalay teve a gentileza de me comunicar um artigo que descreve os discursos sobre o desinteresse dos advogados comerciais nos Estados Unidos ao final do século XIX. Trata-se de uma tradição nacional realmente diferente: no momento em que os juristas franceses se fechavam em suas torres de marfim autônomas, reafirmando a autonomia da regra prescrita a si mesmos, os juristas dos Estados Unidos, para conquistar sua independência em relação ao controle dos magistrados, entravam mais ou menos completamente no mercado, nos negócios. Um livro clássico de

125. Cf. Bourdieu (1996a, 2023c, p. 214-215).

Hurst sobre o desenvolvimento do direito nos Estados Unidos demonstra, de certa forma, como o mundo jurídico entrou no mundo dos negócios, mas conservando uma certa autonomia[126]. Essa especificação é importante porque o jurista não seria mais um agente econômico interessante se fosse um agente econômico como os outros. Ele é um agente econômico interessante na medida em que continua a ser um agente jurídico e é dessa maneira que a autonomia sempre subsiste. Resumindo, no final do século XIX, os grandes advogados, sobretudo em Nova York, tornaram-se grandes colaboradores do mundo capitalista, e fortunas se acumularam com a venda de serviços jurídicos. Surge dentro de uma minoria que domina a profissão (uma pequena-burguesia puritana consagrada pelo capital cultural e jurídico) uma espécie de ideologia, de discurso coletivo por meio do qual o corpo defende aquilo que Marx teria chamado de "ponto de honra espiritualista"[127]. Essas pessoas que têm muito dinheiro, e às vezes também muita honra, querem se afirmar como servidoras do ideal jurídico. De certa maneira, elas inventam os interesses ideais que são interesses no ideal.

Os sociólogos críticos que se desenvolveram (aliás, muito recentemente) nos Estados Unidos no terreno do direito realizaram a primeira redução que mencionei aula passada, aquela que consiste em considerar que essas pessoas querem garantir lucros simbólicos que aumentem os lucros econômicos. Nesse quadro, a pretensão de purificar o direito é percebida como fictícia, como ocultando motivações interessadas. O esquema utilizado com frequência é o da hipocrisia vitoriana, essa espécie de jogo duplo que seria constitutivo da ideologia burguesa: aqueles que exigem a competência jurídica buscam eliminar a "gentalha" ["*racaille*"] (essa é a palavra que utilizam) dos pequenos advogados; isso é uma maneira de afirmar a distinção simbólica dos juristas e, de modo muito mais prático, o corte entre os grandes e os pequenos. Essa visão crítica não é falsa e poderíamos fazer uma aproximação com o que aconteceu com a constituição das grandes coleções (os americanos às vezes falam de "*guilty money*", o dinheiro da culpabilidade): essa ideologia tem um lado de "compensação da culpabilidade" que salta aos olhos. Mas ainda assim, essa imaginação coletiva que trabalha para adormecer essa culpabilidade, para valorizar esse ponto de honra

126. O livro a que P. Bourdieu se refere certamente é Hurst (1950).

127. Alusão à passagem em que Marx define a religião como "ópio do povo": "A religião é a teoria geral deste mundo, o seu resumo enciclopédico, a sua lógica em forma popular, o seu *point d'honneur* espiritualista, o seu entusiasmo, a sua sanção moral, o seu complemento solene, a sua base geral de consolação e de justificação" (Marx, 2005, p. 145).

espiritualista, tem efeitos sociais reais. Ela produz uma representação coletiva e coletivamente aprovada da maneira ideal de desempenhar a profissão jurídica que acaba constituindo uma definição universalista da profissão e tendo efeitos reais sobre os agentes que produzem esse corpo de doutrina. Tenho aqui a citação de um crítico que diz que essa ideologia é, em última instância, um *hobby* rico de advogado, como colecionar selos japoneses ou frequentar a ópera.

Isso posto, essas pessoas, para estarem à altura da imagem que querem ter de si mesmos, para se afirmarem como casta separada, passam, por exemplo, com uma espécie de artimanha da razão ideológica, a financiar escolas de direito. De certa maneira, elas se tornam as apoiadoras de uma formação jurídica pura e desinteressada, e graças a elas se desenvolvem, ao lado dos advogados comerciais e dos grandes tubarões, pequenas lagoas onde sobreviverão os juristas puros, que preparam muito mal seus alunos para o oceano dos negócios, mas ensinam-lhes o direito puro, o direito desinteressado e os valores de desinteresse que o acompanham. A dualidade entre os utilizadores práticos do direito e o ensino do direito, que se perpetua praticamente em todos os campos jurídicos, é em parte, nesse caso particular em que temos um sistema liberal, o produto dessa culpabilidade misturada com ponto de honra dos grandes advogados pegos em sua própria armadilha do desinteresse. Enxerga-se bem nesse caso que as representações que tachamos rápido demais de "ideologia" são eficientes e podem até produzir contrafinalidades: esses advogados, por intermédio de seus descendentes, podem ser vítimas das políticas desinteressadas que eles mesmos iniciaram e teremos, como vocês sabem, juristas críticos que talvez não seriam possíveis sem esse tipo de mecanismo. Essas pessoas desenvolvem uma espécie de imagem fantasmática do direito como ciência coerente, dedutível, semissagrada, pura, na qual se entra por uma vocação, uma espécie de chamado, e que se perpetua no estado de isolamento insular fora do campo social. Por meio disso, elas obtêm um estatuto de nobreza secular, o que não deixa de ter ligação com o fato de que, como D'Aguesseau, elas são pequeno-burgueses em ascensão. Elas de fato não fazem parte da grande aristocracia de Boston e, segundo uma lei geral, encontram no universal uma maneira de afirmar sua superioridade ética sobre os detentores da nobreza hereditária.

Acho que podemos considerar uma lei geral o fato de que as classes ascendentes têm interesse na moral. Eu disse isso com maldade em *A distinção*[128],

128. Cf. o capítulo "A boa vontade cultural" (Bourdieu, 2011a, p. 298-349).

mas é verdade. Eu fui inspirado por um belíssimo livro de Svend Ranulf (1914), *A indignação moral* (1938), que propõe uma história do tema da indignação moral desde a antiguidade grega até nossos dias. A noção de indignação moral é muito interessante e, desde que a sociologia surgiu, a indignação moral aparece como a especialidade dos pequeno-burgueses. Eu me expresso de maneira brutal e, como faz parte da luta entre as classes dizer tais coisas, sempre hesito em fazer publicamente esse tipo de observação sumária e simplista, por medo do que digo ser usado no modo de "você não passa de um pequeno-burguês, portanto você é moralmente indignado" [*risos na sala*]. Entretanto, a observação é importante para compreender os lucros específicos. A indignação moral contém em si mesma sua satisfação e é verdade que a desconfiança nietzschiana deve recair sobre os indignados moralmente. Sempre se pode desconfiar dos rigoristas (há uma análise célebre desse tipo em *A questão judaica*[129], de Sartre), mas os indignados moralmente podem apesar de tudo ser agentes históricos progressistas. Meu esquema absolutamente não é hegeliano, mas, se eu descrevesse numa lógica hegeliana a gênese de um campo, eu diria que existe não uma classe universal[130], mas campos que tendem à universalidade e dentro dos quais cada classe toca, mais ou menos bem, sua partitura, e a partitura pequeno-burguesa é a indignação. Devido a isso, o pequeno-burguês desmascara, desvela (é *Le Canard enchaîné*[131], se quiserem [*risos na sala*]), ele vê o que está por baixo, menciona os escândalos etc. As classes ascendentes muitas vezes são levadas a essa visão desencantada ou desmistificada, e nas sociedades democráticas, como nelas existem regras universais, conseguem dobrar a potência de sua indignação justificando-a por meio da invocação de regras universais. Elas não dizem simplesmente: "Isso é nojento", e sim: "Isso é ainda mais nojento porque eles dizem que não se deve fazer isso". Ou observam que "Na fachada dos templos públicos, está inscrito 'liberdade, igualdade, fraternidade'". Essa é a estratégia típica que faz o universal avançar: não se escreve "liberdade, igualdade, fraternidade" impunemente porque, a partir do

129. Cf.: Sartre (1995). P. Bourdieu talvez pense numa passagem em que Sartre explica que a defesa das "virtudes puras" e da "moralidade" "encobre uma profunda atração pelo Mal", "uma curiosidade fascinada pelo Mal", dando o exemplo de um protestante berlinense para quem "a visão de mulheres em maiô o deixava furioso; ia atrás dessa fúria e ficava o tempo todo nas piscinas" (Sartre, 1995, p. 31).

130. Cf. nota 99 da aula anterior.

131. Jornal satírico de Paris [N.T.].

momento em que isso está escrito, as pessoas que estão indignadas moralmente poderão, em favor de interesses específicos, servir-se dessa frase um pouco verbal para que ela se torne um pouco mais do que uma frase verbal.

Os advogados de Nova York estão nesta posição: eles não são de jeito nenhum a nobreza de Boston, eles têm muito dinheiro, têm a cultura, mas se além disso tiverem a moral, sobretudo num país de tradição puritana, darão realmente um grande passo para a nobreza. Por isso, eles são agentes históricos. Isso posto, com o passar do tempo, o peso desses advogados *freelance*, solitários, individuais, diminui em favor das corporações, das sociedades, dos escritórios de advogados. Na própria profissão, o peso relativo dos advogados de tribunal diminui em favor dos advogados comerciais. Cada vez mais, o ofício de advogado torna-se um ofício de negócios. Mas, por mais poderoso que seja esse processo na direção da perda de autonomia aparente, na direção da subordinação do campo jurídico ao campo econômico, o advogado só é advogado (aludi a isso agora há pouco) se não for completamente um homem de negócios. Ele não teria mais valor para seus clientes, e se anularia enquanto advogado, se estivesse completamente a serviço deles. Estamos sempre na lógica da hipocrisia piedosa ou da hipocrisia como homenagem que o vício presta à virtude. A partir do momento em que um campo jurídico existe, um advogado só serve se servir enquanto advogado e servir-se da competência específica que o distingue de um simples capanga jurídico. Para falar de um caso limite, ele só pode ser respeitado pelo mafioso que o financia se ainda assim afirmar sua independência, sua autonomia jurídica, e se conservar um valor mínimo no campo jurídico. O que pode prejudicá-lo é não apenas o cuidado do ponto de honra, mas também se, como se diz, "ele for longe demais", ele perder toda a eficácia no campo jurídico. Eis o tipo de mecanismo que é preciso ter em mente para compreender.

Os controles cruzados

Estou me encaminhando para aquilo que resume tudo o que eu disse até agora. O tópico do desinteresse jurídico (essa expressão resumiria tudo isso) não é *um* indivíduo, é o campo jurídico, é o conjunto das interações entre os agentes localizados em posições de concorrência que são elas próprias determinadas pelas relações de força específicas. Os determinantes e as gratificações de uma conduta de atração universal constituem-se dentro desse espaço. Um pequeno exemplo: "Sob pena de me desacreditar [a palavra 'crédito' é importante – P.B.] e portanto de perder minha eficácia especifica que se baseia na crença [meu cliente crê que eu seja eficiente e meus colegas não devem me excluir das listas de advogados – P.B.], devo fazer aquilo que é a fundamentação de meu crédito, isto é, respeitar as leis escritas e não escritas do corpo".

Na França, temos um processo bastante análogo, cuja diferença, de acordo com as fontes que utilizei, é que a evolução na direção dos negócios é mais tardia. A lacuna entre o ideal e a realidade cresce no fim do século XIX: as famosas regras que mencionei continuam em vigor, mas, por exemplo, em relação aos honorários, a prática dos adiantamentos que é formalmente proibida se encontra com frequência cada vez maior. Da mesma maneira, a ideia de que os salários tomam a forma de dádivas parece cada vez mais obsoleta, em particular aos olhos dos jovens advogados, que são mais sensíveis às realidades e menos socializados no sistema antigo... (De certa forma, esse é o fenômeno inverso daquele que sempre descrevo com o termo "histerese do *habitus*": ao envelhecer, continuamos a agir em função do mundo no qual fomos socializados mesmo se esse mundo não existir mais. Enquanto, nas sociedades que não mudam, os velhos são reis, o envelhecimento nas sociedades que mudam consiste em carregar consigo o fantasma de um mundo social que não existe mais, já que o *habitus* foi constituído num estado do mundo que não vale mais. Os velhos estão defasados como Dom Quixote: esperam um mundo que responda às suas expectativas, mas que não mais as responde)[132]. Nesse caso particular, os jovens dizem: "Isso não pode continuar, é preciso autorizar algumas coisas". A proibição da procuração, por exemplo, desaparece pouco a pouco e os advogados tornam-se cada vez mais os representantes de seus clientes diante dos tribunais de exceção. Esse processo não acontece sem lutas entre os defensores da tradição e das regras e os defensores da mudança que podem invocar, como sempre acontece nesses casos, as próprias regras em nome das quais os antigos não querem mudar para levá-los a mudar.

Essas estratégias complexas não enganam ninguém, porque uma outra propriedade dos campos deve-se ao fato de que na prática as pessoas sabem isso que digo, elas se servem disso (por exemplo, para expressar sua indignação), elas fazem sociologia espontânea, mas parcial. A diferença entre a sociologia que creio ser científica e a sociologia espontânea é que num campo a última só enxerga um

132. Sobre o envelhecimento, cf. Bourdieu (2011a, p. 104); sobre o "efeito Dom Quixote", cf. em particular Bourdieu (2021b, p. 172, 2023c, p. 39).

único ponto de vista enquanto o fato de constituir um campo nos faz enxergar todos os pontos de vista simultaneamente. Os jovens advogados, por exemplo, enxergam muito bem os limites dos velhos: eles veem que os velhos transgridem cotidianamente a moral e propõem "deixar as regras de acordo com os costumes". Eles enxergam a visão de seus adversários, assim como o ponto de vista a partir do qual essa visão é tomada, mas não enxergam o ponto de vista a partir do qual eles tomam essa vista sobre essa visão e esse ponto de vista, ou seja, seu próprio ponto de vista. Eles não enxergam que têm interesse em ver aquilo que os outros não veem, e não enxergam que os outros têm interesse em ver o que eles veem e que eles não veem aquilo que veem a não ser que tenham interesse em vê-lo [*risos na sala*]. Trata-se de uma lei muito importante. Vocês podem aplicá-la à vida política atual. O Sr. X enxerga muito bem o que o Sr. Y faz, porque ele se apresenta tarde [*risos na sala*][133], mas isso não é igual a constituir o espaço como tal e enxergar que todo mundo é ótimo sociólogo espontâneo dos outros e péssimo sociólogo de si mesmo. O sociólogo é aquele que, com a noção de campo, traça essa espécie de linha invisível dentro da qual aquilo que era um ponto de vista absoluto torna-se um ponto de vista particular. Não continuarei isso.

Assim, na França, os jovens, os recém-chegados, os dominados no campo jurídico contestam os dominantes e, bizarramente, tentam desfazer aquilo que a profissão fez para se constituir em sua autonomia. Seus predecessores lutaram para proibir a procuração; eles buscam torná-la novamente possível porque, como se diz, "os tempos mudaram". Na verdade foi o sistema objetivo dos interesses que se transformou. Para outros tempos, outra moral coletiva... Como nos Estados Unidos, aquilo que chamamos de "a justiça de tribunal", ou o que às vezes chamamos de "o judiciário", regride em favor do jurídico, ou seja, da justiça de negócios. Cada vez mais, os advogados garantem a conclusão de contratos, a criação de sociedades, acordos entre grupos, ocupam-se com o direito dos consumidores, resumindo, entram cada vez mais na vida econômica.

Chegamos assim ao estado muito interessante do campo jurídico que o Sr. Dezalay mencionou no seminário. Vou lembrá-lo muito rapidamente porque é preciso ver o que é o funcionamento de campo. O termo "censura cruzada" (na

133. Essas aulas aconteceram durante a campanha presidencial de 1988. O candidato que "se apresenta tarde" é sem dúvida o presidente de partida, François Mitterrand, que só se declara um mês antes do primeiro turno (e dois dias antes dessa aula).

verdade, um anglicismo) expressa, acho, muito bem o que acontece num campo: todo mundo olha todo mundo, e todo mundo olha... Polanyi, que é, entre outras coisas, um bom historiador da ciência, diz num texto belíssimo que, no campo científico, ninguém mais consegue controlar a totalidade da ciência (Polanyi, 2013)[134]. Como a ciência se torna uma espécie de avião sem piloto, ninguém mais enxerga o campo em seu conjunto (sobretudo os filósofos, mesmo que queiram muito [*risadinhas na sala*]!). Isso posto, cada cientista enxerga ao seu lado e existe uma espécie de controle, de proximidade imediata que faz com que, apesar de tudo, tudo esteja relativamente controlado. Essa é a tese de Polanyi. Nos campos como o campo jurídico, também descobrimos controles cruzados: os agentes mais próximos do mundo dos negócios exercem pressões no sentido de um comprometimento aceito, da transformação do direito e da adaptação às realidades, mas isso sem deixarem de estar submetidos ao controle dos detentores do direito puro, que muitas vezes são os professores e que lembrarão constantemente os limites da prática jurídica.

Teremos, portanto, uma estrutura em quiasma que encontramos, em minha opinião, em todos os campos de produção cultural. [*P. Bourdieu faz um desenho na lousa.*] Num primeiro polo, temos as pessoas que estão perto do mundo dos negócios. Elas ganham muito dinheiro e têm uma moral que poderíamos chamar de frouxa do ponto de vista das normas que indiquei há pouco. Esses são os advogados comerciais que podemos, portanto, notar economicamente (+) e do ponto de vista da autonomia (–). No outro polo, o direito puro será economicamente pobre (–) e eticamente puro (+). Portanto, deveremos ter *a priori* (digo isso com reserva porque não tenho uma pesquisa como base) uma estrutura em quiasma. Em muitos campos, essa estrutura em quiasma está no princípio dos controles cruzados porque as pontes jamais são derrubadas entre os dois polos. No campo jurídico, aqueles que ganham dinheiro são obrigados, devido ao próprio interesse de sua lógica do lucro, a fazer concessões àqueles que fazem o direito: escrever artigos em revistas científicas, revestir de considerações jurídicas decisões que não têm o direito como princípio etc. Esse me parece ser o quiasma que está no

134. Título original: *Personal Knowledge*, publicado pela Routledge & Kegan Paul, em 1958. Um extrato desse livro sobre "os controles cruzados e a transitividade da censura" fez parte, em 1968, de Bourdieu, Passeron e Chamboredon (2015, p. 296-297). Título original: *Le Métier de sociologue*, publicado em 1968. O autor é o irmão caçula do antropólogo Karl Polanyi, a quem P. Bourdieu se refere com frequência.

princípio da hipocrisia piedosa que, como eu disse no começo, não é redutível à hipocrisia: quanto mais sincera for a hipocrisia específica, mais eficaz será.

A força do ideal

Essa foi uma maneira de resumir o que eu queria dizer. Agora, muito rapidamente, chego à minha conclusão que já anunciei várias vezes. Aquilo que me parece característico desse tipo de universo (aliás, o campo jurídico é um dos menos autônomos em relação aos poderes políticos e econômicos) é que, por causa de sua autonomia relativa em relação ao Estado, aos negócios, eles tendem a funcionar como espaços de concorrência nos quais a referência à norma ideal, ao ideal, tem uma eficácia relativa e obtém lucros relativos. Mesmo nas circunstâncias em que, como nos Estados Unidos da década de 1980, a autonomia do campo jurídico parece reduzida a quase nada e a visão cínica e desencantada dos sociólogos reducionistas parece totalmente verdadeira, a autonomia afirmada sob o modo do simples ponto de honra ainda guarda uma eficácia e o direito do universo do direito constitui uma arma nas lutas dentro do universo do direito. Quanto a isso, podemos ter avanços na direção do universal em condições muito inesperadas. Em outras palavras, as normas do direito se impõem àqueles que fazem normas, não apenas pela simples força das sanções (com efeito, o Conselho da Ordem também segue o estado do campo: suas regras caem em desuso sem que ele precise dizer isso, já que ninguém mais pensaria em aplicá-las), não apenas pelo simples efeito de uma representação da consciência, mas com base na relação entre as disposições constituídas socialmente a reconhecer essas normas e um universo no qual essas normas permanecem respeitadas pelo menos verbalmente. Essa própria relação está na base de relações cruzadas entre os agentes que estão no campo.

Para que as normas que regem a prática jurídica se apliquem pelo menos um pouquinho, é preciso, portanto, primeiro que cada agente social engajado no jogo tenha sido socializado o bastante para reconhecer essas normas, pelo menos verbalmente ou, mais profundamente, com seu corpo ou seu *habitus* (sob a forma de coisas que não se pode fazer, que são escandalosas etc.). É preciso que ele as reconheça de um modo prático, e as conotações hegelianas da palavra "reconhecimento" que utilizo são pertinentes mesmo que eu ache que os campos se baseiam nas formas de reconhecimento prático muito corporais. É por isso que empreguei há pouco a noção de *obsequium* em relação à polidez: reconhecer não é necessariamente um ato consciente; a crença é a forma extrema de reconhecimento.

Aqui, é preciso ser pascaliano. Aquele que se ajoelha acaba reconhecendo porque seu corpo está dobrado. Ora, o que os campos fazem é dobrar as pessoas. Como se diz, "ele se dobrou" ["*il a pris le pli*"] (alguém me perguntou se existe uma personalidade correspondente a cada campo... isso que digo é uma resposta a essa pergunta). No campo jurídico, é preciso que as pessoas se dobrem ao jurídico. É o que chamamos de espírito jurídico ou espírito de serviço público, que é um espírito de corpo tornado corpo (mencionei Kantorowicz há alguns anos e o corpo no sentido de corporação que se torna corpo no sentido de disposições corporais)[135]. Segundo, é preciso um mínimo de regras do jogo, por meio, por exemplo, de sociedades eruditas cujos membros não têm nada em comum mas assim mesmo vão escutar um professor de direito privado sabendo que o que ele diz não tem nada a ver com nada... Mas fazem isso pelo ponto de honra da profissão. Eles o escutam falando palavras em latim e prestam homenagem porque é ele quem, na hierarquia oficial, ainda está mais alto. Isto é importante: esse polo ainda é espiritualmente dominante, mesmo que não seja comparável em termos de rendas; na verdade, quanto mais pobre for, mais dominante é. A virtude do desinteresse permite inverter as situações. No mundo normal, o valor de uma pessoa é medido pelo seu salário. Os valores de desinteresse permitem inverter essas hierarquias, transformar o destino em escolha e fazer virtude da pobreza. No campo artístico, esse mecanismo é fundamental[136].

Essas duas condições são necessárias, mas não suficientes. Minha definição de agora há pouco, segundo a qual um campo pressupõe disposições desinteressadas e um universo que recompensa o desinteresse era um pouco simplista. Na verdade, é preciso mais. Como sugeri na minha análise, também é preciso que esse universo funcione como um campo de concorrência e que subsista entre os polos mais distantes um mínimo de comunicação, que torne possível pelo menos o insulto. É por isso que não é contraditório falar de "conflito lógico" (eis mais uma velha história que sempre aparece nas dissertações: consenso/conflito): para mim, a característica dos campos sociais é serem unificados pelo conflito. Uma propriedade dos campos reside, com efeito, no fato de que estamos de acordo sobre os termos do desacordo. No fundo, pertencer a um campo, é estar de acordo

135. Cf. a aula de 9 de junho de 1982 (Bourdieu, 2021a, p. 139ff).

136. P. Bourdieu falará de "mundo invertido" no ano seguinte (cf. nota 250 abaixo) e de "mundo econômico às avessas" em Bourdieu (1996a, p. 100-105).

o bastante com as outras pessoas para criticá-las por não estarem de acordo com o que dizemos, enquanto uma maneira de excluir alguém de um campo consiste em se recusar a discutir com ele, em se recusar a reconhecê-lo como um interlocutor legítimo. Entre as posições mais distantes no campo jurídico, há pelo menos um consenso quanto à legitimidade e à necessidade do conflito, assim como sobre os valores últimos em nome dos quais se pode entrar em conflito. Mencionei agora há pouco os pequeno-burgueses que se servem das normas universais para contestar os dominantes que se servem delas para dominar. Da mesma maneira, num campo, uma estratégia clássica dos recém-chegados consiste em servir-se das normas universais para combater os dominantes em nome do fato de que estes as afirmam, mas não as respeitam.

Se tivermos essas três coisas (as disposições, um campo que recompensa e lutas cruzadas sob o signo da regra), temos um campo no qual algo como o universal se produz. Para triunfar num universo desse, os agentes sociais devem pelo menos universalizar seu interesse particular. Devem pelo menos vesti-lo como universal, porque essa vestimenta universal contribui para a força do universal.

Sair do historicismo

Acabarei em cinco minutos e, se for rápido demais, vocês me dirão com as perguntas. Queria mencionar um problema que hoje em dia se discute muito na filosofia. Habermas fez desse problema um tópico na moda, mas é um assunto sério: rapidamente, é possível sair do historicismo? As ciências sociais desenvolvem empreitadas desmistificadoras que se aplicam a tudo, incluindo a si mesmas. (Quanto a isso, os filósofos são francamente estúpidos quando dizem aos sociólogos: "Vocês historicizam tudo, menos vocês mesmos?" Se existe alguém que não pode se esquecer disso nem por um segundo, é o sociólogo... quando os filósofos vêm nos dar aulas de ensino médio [*terminale*], é um pouco irritante... Para não dizer outra coisa [*risos na sala*]...) Assim, os sociólogos e os historiadores destroem as fundamentações de um certo número de discursos universais e acho que minha análise, talvez particularmente perversa e violenta, irrita muito, por causa disso, os defensores do universal. Ao constituir a noção de campo, com efeito demonstro que os universos onde se produz o universal ou, pelo menos, a pretensão ao universal, estão eles mesmos sujeitos a leis e a lutas. Ao lembrar de que se trata de universo num sentido como os outros, eu incomodo particularmente os defensores do universal. Isso posto, não se deve esquecer que todo meu trabalho visa não a salvar o universal, mas a tentar compreender como, em certas circunstâncias, os universos [produzem o universal enquanto] permanecem como os outros: não tratamos nem de santos, nem de comunistas, como diz Merton[137] (o que é muito engraçado para aqueles que sabem quem ele é[138] [*algumas risadas na sala*]...), mas de pessoas que têm interesses específicos, que fazem jogadas, que têm estratégias, que constituem monopólios, que oprimem, que dominam etc. Esses universos são como os outros nesses aspectos, mas, sob certas condições, fazem uma coisa diferente que os outros universos, como o universo econômico, não fazem: eles criam as condições da produção de alguma coisa universal. Consequentemente, parece-me que o fato de a razão ter uma história, o fato de ela nascer em condições históricas tão repugnantes quanto as outras (a sociologia da ciência é tão sinistra quanto a sociologia do poder), o fato de que as coisas que pensamos serem racionais ou universais (religião universal, direito universal, ciência universal etc.) se produzem em universos que obedecem às leis do interesse não implica renunciar à ideia de razão universal.

Gostaria de tentar demonstrar muito rapidamente que não é necessário invocar uma transcendência da razão para salvar a razão. Habermas (2022) tem mais ou menos o mesmo problema. Aqueles que têm um pouco de cultura sabem que os durkheimianos se colocavam esse problema de modo muito normal (enquanto hoje em dia usam Habermas na França para destruir aquilo que os durkheimianos construíram há cinquenta ou cem anos). Lévy-Bruhl (1903), por exemplo, falava de "moral teórica" e de "ciências dos costumes" (isso era até ensinado no ensino médio): será que podemos, a partir de um conhecimento das leis de funcionamento do mundo social, do normal, passar às normas? Na época, todos os filósofos bem constituídos diziam: não se pode passar do "isto é" ao "é preciso"[139]. É exatamente a mesma empreitada que interessa a Habermas: ele

---

137. Sobre o "comunismo" na ciência, cf. "A ciência e a estrutura social democrática" (Merton, 2013, p. 190-194).

138. A análise de um mundo social "funcional" proposta pelo "funcionalismo estrutural" do qual Robert Merton fez parte tendia a justificar de maneira conservadora a sociedade americana. P. Bourdieu ironizava com frequência (cf. abaixo: aula de 9 de fevereiro de 1989) a "tríade capitolina" (Lazarsfeld, Merton, Parsons) que dominou a sociologia estadunidense nas décadas do pós-guerra (ele voltará a Merton em seu curso sobre a ciência. Cf. Bourdieu (2017b, especialmente p. 26-28).

139. Trata-se do argumento dos empiristas, às vezes chamado de "Lei de Hume", que P. Bourdieu menciona com frequência (ele voltará a isso na próxima aula).

quer tentar demonstrar que, mediante uma análise da comunicação puramente antropológica e positiva, sem a intervenção de nenhum passe de mágica metafísico, ontológico ou transcendental, podemos produzir um dever-ser.

Como não tenho muito tempo, vou dizer as coisas de maneira brutal e simplista. Os filósofos, pelo menos os alemães, muitas vezes dão uma embalagem filosófica, para falar como o *marketing*, às coisas que foram estabelecidas pelas ciências sociais. Habermas, nesse caso, me parece retomar um certo número de princípios que o filósofo e linguista Grice (1991) chama de "implicações conversacionais". O termo designa pressupostos universais envolvidos no fato de se dirigir a alguém; quando falo com alguém, pressuponho que ele vai conceder que digo esta ou aquela coisa com alguma razão, que ele vai tratar uma razão como uma razão e não como uma violência etc. Para mim, Habermas parte dessa análise de tipo griceano, que consiste portanto em retirar implicações universais de todo ato de comunicação entre as pessoas, para dizer: "Finalmente tenho o ponto de Arquimedes, arranco-me do historicismo no qual estamos mergulhados (ele pensa em Foucault etc.), e dou a vocês um princípio não teológico, não transcendental, não ontológico para fundamentar a própria razão; esse princípio está na comunicação, no momento em que vocês falam". Assim, ele dirá a Bourdieu: "A partir do momento em que você argumenta para me convencer, você aceita a razão, o que é contraditório a seu historicismo radical".

Sem entrar em detalhes, respondo que as condições de validade desse princípio de conversação são cumpridas muito raramente. São precisas condições muito especiais para que uma conversação entre Habermas e Bourdieu possa se instaurar. É preciso que não haja um soldado, que não haja alguém que possa cortar sua palavra com uma espada. Respondo de maneira provocativa e ridícula, mas na verdade é preciso tudo aquilo que falei antes: um jogo social no qual a razão tem um preço, no qual não se pode refutar um teorema com outro teorema, no qual "ninguém entra se não for geômetra". Ora, todas essas coisas levaram *séculos* para serem feitas: é um produto histórico e acho que podemos dizer que existem condições históricas muito particulares do nascimento de universos históricos nos quais alguma coisa como a razão universal, provisória, possa se constituir, se reproduzir, e fornecer aos agentes sociais que vivem com ela gratificações específicas suficientes para que eles continuem o trabalho. Direi isso melhor na próxima aula.

Aula de 14 de abril de 1988[140]

A pretensão ao universal – Existe um lugar fora das posições? – Duas posições canônicas – A metáfora organicista – Um ponto de vista quase divino – Os lapsos de Durkheim – A reinvenção da teoria hegeliana – O Estado, um movimento na direção da união – A burocracia – Durkheim, sociólogo do Estado

[...] O primeiro momento indispensável [de uma reflexão sobre o Estado] é uma espécie de questionamento o mais radical possível de todos os pressupostos que podemos utilizar ao pensar o Estado. Direi a vocês imediatamente a intenção central do que farei. Eu acho que toda uma tradição do pensamento do Estado pensa o Estado como uma entidade social que pensa. O grande representante dessa tradição é Hegel, mas encontraremos exatamente a mesma teoria num estado semiexplícito em alguém como Durkheim. Eu acho que, no inconsciente de muitos pensadores do mundo social, existe o pensamento estatal. Parece-me que é preciso levar a sério aquilo que Durkheim dizia: o Estado é uma entidade social que assombra aquele que pensa o mundo social, e talvez ainda mais quando essa pessoa está mais ligada ao Estado enquanto funcionária do Estado. O Estado pensa em nós e existe um pensamento estatal, alguma coisa estatal já pensada em nosso pensamento. [...] O Estado pode ser considerado uma entidade que pensa e é por isso que é preciso desconfiar particularmente dos pensamentos do Estado, sobretudo quando queremos pensar o Estado. Esse é o [ponto] central do que quero dizer. Formulado dessa maneira, isso pode parecer um pouco retórico, mas o que fiz nas aulas anteriores é, apesar de tudo, uma introdução ao que farei sobre o Estado.

140. Não foi possível estabelecer com certeza a data dessa sessão. A hipótese mais provável é que a aula tenha sido dada em 14 de abril de 1988, depois de uma pausa de duas semanas em razão das férias de Páscoa na região parisiense.

Antes de entrar na minha proposta, direi algumas palavras sobre uma pergunta que me foi feita. De modo geral tenho a sensação de ir devagar demais, mas é verdade que às vezes vou muito rápido e algumas perguntas confirmam que o tempo que gastei comentando certos temas não foi completamente inútil. Há perguntas que não responderei em detalhes porque elas já receberam uma resposta no que eu já disse ou porque a receberão no que vou dizer. A pergunta sobre a qual falarei um pouco é a seguinte: "Será que privilegiar um polo da contradição que forma o eixo do campo representa um ato de militantismo, e levar os dois em conta, um ato científico?" Essa pergunta sugere que não andei devagar demais. Direi muito rapidamente o que ela me traz à mente. Uma dificuldade do pensamento do mundo social é que, como acabei de dizer, estamos com a cabeça cheia do pré-pensado: estamos ocupados por hábitos de pensamento ou por preocupações já pensadas. Assim, parece-me que, nessa pergunta, existe tipicamente uma preocupação relacionada aos hábitos de pensar políticos. Nós pensamos o mundo social por meio de um esquema muito comum – basta pensar no que acontece atualmente[141] – que é o esquema direita/esquerda, a oposição entre o pensamento direito (ou de direita) e o pensamento estranho [*gauche*] (ou de esquerda), a ortodoxia e a heterodoxia, a heresia etc. Essa estrutura de pensamento é muito profunda. Podemos jogá-la pela janela, mas ela volta pela porta (ou o contrário). A pergunta opõe à análise que propus, talvez rápido e superficialmente demais, o fato de que as pessoas que se esforçam para pensar os universos sociais relativamente autônomos que chamo de campos (o campo jurídico, o científico etc.) em geral o fazem de maneira parcial. Sempre dou o exemplo da sociologia dos intelectuais porque é o mais típico. A sociologia dos intelectuais, que, é claro, é essencialmente praticada por intelectuais (certamente existem pequenas tentativas de populismo [*poujadisme*] anti-intelectual que tenta se revestir de sociologia, mas elas ainda são feitas por produtores intelectuais), assume pontos de vista sobre o mundo intelectual e, como essas análises do mundo intelectual são produzidas por intelectuais, esses pontos de vista são tomados a partir de um ponto dentro do campo intelectual. Para mim, é preciso ter em mente essa noção de campo intelectual para fazer, a respeito de qualquer

141. Provável alusão ao contexto eleitoral (a aula aconteceu dez dias antes do primeiro turno das eleições presidenciais).

tomada de posição sobre o campo intelectual, a pergunta da posição a partir da qual ela é tomada.

Penso num conjunto de artigos em *L'Événement du jeudi* sobre o caso Heidegger que li no trem há alguns dias[142]. Vocês encontram lado a lado uma série de juízos vindos de Emmanuel Levinas, Michel Polac, Luc Ferry e alguns outros. Cada um oferece um ponto de vista sobre o caso Heidegger e, por meio desse ponto de vista sobre o caso Heidegger, toma posição no campo intelectual. Com muita frequência, quando os agentes tomam posição sobre um problema, tratam desse problema como um pretexto para na realidade falarem do campo intelectual, da posição que ocupam nele, da que acreditam ocupar, da que gostariam de designar aos outros etc. Seria um belíssimo trabalho ler sociologicamente esse conjunto de opiniões sobre o caso Heidegger. Em si mesmas, elas quase não têm interesse, mas como objeto de pesquisa são muito interessantes: um conjunto de pessoas tomou posições que podemos relacionar às posições a partir das quais elas tomaram essas posições, pressupondo uma relação explicativa entre suas posições e suas tomadas de posição. Quando Michel Polac diz que o caso Heidegger é débil e que nunca entendemos nada sobre ele, ele tem interesses tão evidentes em dizer isso que a análise sociológica se faz sozinha. No quadro de uma polêmica, é fácil demais relacionar as tomadas de posição às posições, sobretudo quando ocupamos uma posição dominante e observamos alguém que ocupa uma posição dominada: é muito fácil ser sociólogo dos outros, sobretudo quando estamos acima deles.

É contra isso que invoquei a ideia de que a noção de campo obriga a um descentramento. A noção tem duas funções imediatas: ela obriga a relacionar uma tomada de posição a uma posição num campo, mas ao mesmo tempo obriga a recuperar a tomada de posição daquele que faz essa tomada de posição espontânea (quando digo que somos sociólogos espontâneos das outras pessoas, é porque estabelecemos espontaneamente a relação entre os interesses associados

---

142. O tópico do engajamento nazista de Martin Heidegger ganhou nova força na França no outono de 1987 com a publicação de um livro de Victor Farias, *Heidegger e o nazismo* (1988). O crítico literário e apresentador de televisão Michel Polac contribuiu para o desenvolvimento da "questão" na imprensa escrita dirigindo-se a um grande público interessado na cultura. Ele resenhou o livro em outubro de 1987 no semanário *L'Événement du jeudi* e foi criticado por alguns filósofos midiáticos (Alain Finkielkraut e Luc Ferry) que, portadores de títulos universitários que lhe faltam, denunciaram sua incompetência e algumas de suas formulações (tais como: "Será que as obscuridades de Heidegger esconderiam alguns lugares comuns de [Jean-Marie] Le Pen"?). P. Bourdieu republicará em 1988 sob a forma de livro o artigo que dedicara a Heidegger em 1975 (Bourdieu, 1989a).

a uma posição e a tomada de posição). A noção de campo obriga a relacionar essa tomada de posição interessada sobre uma tomada de posição ("digo que Michel Polac expressa o ressentimento de um intelectual marginal") à posição ocupada por aquele que faz essa tomada de posição sobre a tomada de posição. A noção de campo impõe esse recuo reflexivo ("você que fala do campo está em algum lugar do campo"), o que não implica necessariamente uma desvalorização nem uma relativização. Digamos que aquilo que você diz sobre o campo será menos relativizável quanto mais você tiver relativizado você mesmo com referência consciente à posição a partir da qual você produz essa tomada de posição. Por que essa pergunta implica, para mim, uma regressão em relação ao que digo? Parece-me que a pergunta comporta (posso me enganar) um subentendido: "Você tem uma posição científica e positivista, e denuncia implícita ou explicitamente como ingênuas as posições engajadas num ponto do campo". Se relermos a pergunta depois desse longo comentário ("Será que privilegiar um polo da contradição que forma o eixo do campo representa um ato de militantismo, e levar os dois em conta, um ato científico?"), percebemos bem que no fundo ela assimila a sociologia a uma terceira via: existe a direita, a esquerda, e conhecemos politicamente a posição daqueles que pretendem se situar além disso; é a terceira via. Ora, tento produzir um modo de pensar diferente que diz que toda tomada de posição é situada, datada, localizada. Esse trabalho que consiste em construir essas posições não leva necessariamente a um neutralismo nem a um objetivismo, acima das partes, a uma espécie de terceira via, mas pode conduzir a um engajamento ainda maior num militantismo, talvez de um tipo diferente. Seria preciso desenvolver esse ponto.

Insisti um pouco nessa pergunta porque, como digo muitas vezes mas sem conseguir ser realmente compreendido, a sociologia é uma ciência esotérica que tem uma aparência exotérica. É uma ciência extremamente difícil que parece fácil. Ela está, sem dúvida mais do que as outras ciências, ao alcance de todos, mas ao mesmo tempo é extremamente difícil pelas razões que mencionei no começo: como pensamos o mundo social com os instrumentos de pensar produzidos pelo mundo social, jamais nos livramos dos pressupostos sociais. Essa é uma contradição fundamental, estamos sempre numa espécie de *double bind* [vínculo duplo]. Quando pensamos, utilizamos instrumentos de pensar (comuns e populares ou científicos ou semicientíficos) e estamos expostos a ser pensados por nossos instrumentos de pensar. Uma possibilidade é fazer a tábula rasa:

"Não quero saber de nada, abdico de tudo", mas então o perigo é ser autodidata, ingênuo, grotesco, e se existe um domínio em que ser autodidata é imperdoável, é nas ciências sociais. Talvez seja pior do que na física ou na química. Como escapar à alternativa do autodidata débil e pretensioso e do pensamento pronto que adotamos sem saber? O exemplo que dei demonstra bem como coisas que parecem muito evidentes (tais como: "Só podemos pensar a partir de um ponto, é preciso pensar esse ponto e pensar o ponto a partir do qual pensamos o ponto") podem ser varridas por um retorno do já-pensado. Em outras palavras, tudo isso que vou dizer tem chance de ser refratado pelos óculos que todos usamos e que estão ligados à sua posição e, portanto, à sua classe social, à sua formação, a seus pressupostos, aos autores que lemos etc. Dizem que a sociologia é difícil porque estamos no terreno da política (tem a direita, a esquerda etc.), mas os vieses que chamamos de "políticos", no limite, são os menos perigosos. Se existissem apenas eles, as coisas seriam muito mais simples, muito mais fáceis, porque aquilo que está ligado à política é um pouco constituído, um pouco objetivado, é um estado do discurso já construído, enquanto para mim o mais difícil são os pensamentos reflexos, os pensamentos de autômato, e estamos cheios deles.

Daí a dificuldade de um ensino da sociologia. O ensino seria rápido se a questão fosse apenas transmitir os resultados do trabalho de pensamento dos profissionais, mas há um problema suplementar: é preciso transformar o pensamento. É por isso que digo que a sociologia é uma ciência esotérica, e até, em certos aspectos, iniciática: trata-se de transformar a maneira de ver as coisas. Para mim, pensar o Estado é, para empregar a linguagem da filosofia iniciática, dar novos olhos sobre o Estado, ou, para empregar a velha metáfora, dizer para as pessoas: "Seus olhos estão opacos, muitas coisas escondem sua visão". Antes de começar a pôr os olhos no Estado, o que os ofuscaria, é preciso pensar por dias e mais dias para remover os pré-saberes, os pré-conhecimentos, em grande parte inculcados pelo Estado que se pensa através de vocês quando vocês creem pensar o Estado. Quando digo "através de vocês" quero dizer Hegel ou Durkheim (e esses não são pensadorezinhos de domingo…). Não sei se tenho o direito de dizer as coisas assim, mas esse é um pouco o sentido daquilo que tento dizer e, se eu não dissesse isso, o essencial da minha maneira de ensinar poderia parecer bizarro. [Vocês se perguntariam] por que não conto para vocês as teorias do Estado? Eu diria que isso seria quase fácil demais. Existem cursos assim em outros lugares e eles acabam deixando o pensamento em férias: num curso sobre o Estado desse tipo, todo mundo, tanto quem fala quanto quem escuta, tem a impressão de pensar, mas na verdade não acontece nada, apenas se aprende que o senhor X disse tal coisa e o senhor Y outra.

A pretensão ao universal

Volto agora muito rapidamente às conclusões principais das minhas análises que podem servir de introdução às análises que posso esboçar sobre o Estado. No final da última aula, indiquei (de maneira um pouco acelerada porque eu queria chegar na conclusão de certos desenvolvimentos) que muitas vezes observamos no campo jurídico uma estrutura quiasmática. Desenhei um pequeno esquema na lousa com uma oposição entre o direito comercial e o direito puro. Disse que, num campo como o jurídico, o controle que se pode exercer no sentido da racionalidade e da universalidade me parecia muitas vezes ser um controle cruzado operando numa parte de conflito. Essa é a ideia que acredito ser importante, para a qual o universal ou o processo social de onde pode surgir alguma coisa como o universal ou algo que pretenda ao universal se realiza muitas vezes em espaços de conflito regrados. A racionalidade ou a normatividade de pretensão universal nasce de um conflito localizado sob o signo do universal. Uma segunda conclusão decorre do que acabei de dizer: contrário ao que se imagina, não existe uma antinomia entre a historicidade e a racionalidade.

Podemos considerar que existe uma história social da razão sem nos condenarmos ao relativismo, niilismo nem ao irracionalismo. Eu lembrei de passagem a tese de Habermas que, em particular por oposição aos filósofos da tradição francesa recente como Foucault, pretende separar a razão da história sem fazer um passe de mágica transcendental, sem nada evocar que não a história. Sem o dizer (como os filósofos fazem com frequência), ele se baseia no linguista Grice, que tentou demonstrar que toda troca conversacional está repleta de "implicações conversacionais", isto é, princípios lógicos engajados tacitamente por qualquer locutor: quando me dirijo a alguém, submeto-me a princípios muito gerais que pressuponho, enquanto locutor, que meu receptor também respeita. As "implicações conversacionais" de Grice são pressupostos tácitos porque não existe um contrato social de conversação (por exemplo, antes de falar não se diz: "Nós estamos de acordo quanto ao fato de que não suporemos que aquilo que dizemos é incoerente"). É por fora de qualquer contrato explícito que aceitamos as "implicações conversacionais" que não estão inscritas nas condições de utilização linguísticas, mas na própria situação de troca linguística.

Habermas retomou essas análises - que não desenvolverei - dando-lhes uma generalidade maior e tornando essas implicações conversacionais a fundamentação de uma teoria geral da racionalidade. A racionalidade não cai do céu toda pronta, ela é, para dizer as coisas de maneira muito simples, engajada a partir do momento em que duas pessoas falam. Portanto, é imanente à comunicação na medida em que toda linguagem contém uma pretensão de validade. Quando falo, afirmo tacitamente uma pretensão à validade imanente de minha intenção expressiva, que é reconhecida por meu interlocutor na medida em que ele me concede atenção. Em última instância, esse reconhecimento duplo de pressupostos racionais é de alguma forma a fundamentação da racionalidade. Tenho um pouco de dificuldade em reproduzir essa análise porque não consigo acreditar nela completamente... Habermas quer sair do historicismo e seu esforço de pensamento é muito respeitável (queria pelo menos comunicar isso apesar da falta de jeito do que digo). Sua tentativa de sair do historicismo sem subterfúgio é uma empreitada análoga à tentativa de Descartes de sair da dúvida radical sem ter que readmitir um *deus absconditus* [Deus escondido] pela janela depois de tê-lo expulsado pela porta. Seu esforço para resolver na imanência um problema postulado na imanência me parece interessante porque se baseia nas ciências humanas que fazem essa pergunta à filosofia. São as ciências humanas, em particular a sociologia e a história, que, ao historicizarem as categorias de pensar, ao dizerem o que eu disse no começo ("no seu cérebro está o histórico com o qual você tenta pensar o histórico"), fazem surgir esse problema que é dramático, antes de mais nada para si mesmos. Habermas tenta encontrar a solução do mal naquilo que causa o mal. Ele pede para as ciências humanas que lhe forneçam, sem qualquer transcendência, uma solução para o problema da fundamentação da razão e assim encontra esse ponto arquimediano a partir do qual poderemos construir toda a cadeia das razões. Daí a analogia com Descartes: uma vez que tivermos fixado um ponto seguro, estaremos tranquilos, poderemos pendurar tudo nele. Para Habermas, o ponto arquimediano são essas implicações conversacionais sem as quais o discurso, o *logos*, a troca não teriam nenhum sentido. Mesmo o discurso historicista que busca destruir a razão se destruiria enquanto discurso de pretensão racional porque contém a afirmação racional que invalida. Grosseiramente, esse é o raciocínio dele.

A solução que opus a essa análise responde exatamente ao mesmo problema. A formulação é a mesma, mas acho que a solução é muito diferente. Não se sai da historicidade mediante um ato singular, uma espécie de troca, nem da constituição de um implícito da troca social. Sai-se da historicidade provisoriamente e ao final de um processo histórico que é uma série de avanços insensíveis na direção dos espaços sociais nos quais algo como isso que chamamos de "razão" num certo momento tem uma validade social. Em outras palavras, e de passagem, recupero, por assim dizer, uma tradição de filosofia da ciência (Koyré, por exemplo), segundo a qual os princípios da razão podem ser históricos (assim, as formas de mensuração ou os critérios, em particular os critérios sobre os quais se está de acordo para dizer que estamos de acordo – esses critérios são históricos, eles podem ser desqualificados por um progresso da razão, da ciência), enquanto definem, num certo momento, as condições de validade do pensamento que chamamos de científico. Poderemos falar sobre essa empreitada de um racionalismo historicista ou de um historicismo racionalista. Aqui onde os empiristas dizem que é impossível passar a não ser por um "salto" do ser ao dever-ser, do "isto é" ao "isto deve ser", direi que só se passa do ser ao dever-ser, da descrição historicista às pretensões normativas, na medida em que surge um jogo de linguagem, como diria Wittgenstein, que vale dentro de um campo, quer dizer, um espaço social regrado e capaz de impor a todos que entram nesse espaço social uma regra transcendente às intenções individuais.

Existe um lugar fora das posições?

Eu queria resumir esse ponto porque vamos encontrar com relação ao Estado exatamente o mesmo problema que o universo jurídico colocava. Será que existe uma classe universal, como dizia Hegel? Será que existe, no mundo social, um ponto de alguma forma fora do jogo? Será que existe no mundo social um lugar livre, um lugar neutro, um lugar fora das posições? Será que existem pessoas que ocupam uma posição que tem como propriedade não ser uma posição, ser transcendente aos conflitos? Esse problema se coloca em relação ao Estado mas também em relação aos pensadores do Estado que sempre postulam implicitamente – isso daria razão a Habermas – situarem-se (às vezes, eles afirmam [explicitamente] situarem-se ali) num lugar a partir do qual podemos pensar o mundo independentemente das restrições sociais e históricas que se exercem sobre as outras posições. Este é o problema da cientificidade da sociologia e da história: um sociólogo que reivindica a ciência postula que existe um ponto do espaço social ou uma maneira de ocupar um certo ponto no espaço social no qual as restrições sociais que se exercem sobre todas as outras posições e sobre todas as outras maneiras de ocupar essas posições estão suspensas. A partir dessa pergunta fundamental se coloca a pergunta, da qual não podemos nos esquivar, da verdade nas ciências sociais: existe um lugar social ou uma maneira de ocupar uma posição social a partir da qual podemos pensar o mundo social sem ter um pensamento local e localizado?

Esse problema se coloca em relação ao Estado e me parece que existe uma ideologia profissional do alto funcionário, uma ideologia do universal cujas manifestações encontramos nos escritos de todos os burocratas de todos os países (da China do século X até o Estado federal americano, passando pelo Estado francês), segundo a qual o funcionário do Estado está de alguma forma fora do jogo e fora dos objetivos do jogo, ele não tem interesse, está acima dos interesses. Essa ideologia profissional cujas formulações exemplares darei a vocês – em Hegel, isso é relativamente conhecido, mas em Durkheim é mais surpreendente – coloca o problema subjacente a todas as interrogações que propus nas últimas aulas em torno do problema do desinteresse. Será que existe um lugar do mundo social cujos ocupantes podem reivindicar o desinteresse? Será que a burocracia do Estado não é de alguma forma a classe universal que, enquanto classe desinteressada, é capaz de enxergar os interesses dos governados melhor que os interessados[143]? Ela seria capaz de enxergar mais longe e de mais alto, e a metáfora quase sempre empregada no discurso burocrático é a do sobrevoo: o alto funcionário, a grande burocracia, está *acima* dos conflitos, das divisões partidárias, dos interesses particulares, dos interesses locais, e é capaz de enxergar mais e mais longe. Nesse tópico, eu poderia citar textos vindos de comissões de planejamento, de seus relatórios. A comissão é uma instância burocrática típica. Ela está investida de uma missão de interesse geral, portanto, de uma missão universal, e é composta de pessoas percebidas

143. Por exemplo, Hegel escreve: "A *firme manutenção* do *interesse universal do Estado* e do que é *legal* nesses direitos particulares e a recondução desses àquele exigem um cuidado da parte dos delegados do poder governamental, dos *funcionários* públicos executivos e das autoridades consultivas superiores", adicionando que os indivíduos e as autoridades inferiores "certamente [...] conhecem os seus assuntos e interesses próprios, porém, de maneira menos completa, a conexão das condições mais remotas e os pontos de vista universais" (Hegel, 2022, § 289, p. 615-616).

por aqueles que as designam como mais universais do que a média e que devem, mediante sua reunião, ou seja, pelos controles mútuos que exercerão umas sobre as outras, se universalizar ainda mais, de modo que o relatório de uma comissão será considerado como uma espécie de discurso universal que discute, por exemplo, o problema da habitação ou o problema da imigração[144]. É o que acontece numa Comissão dos Sábios[145] (essa palavra é interessante): os membros desse tipo de comitê são universalizados por essa tarefa. Aliás, esse é um dos motivos para eles aceitarem [se tornarem membros], porque um dos grandes lucros do pertencimento a essas comissões é ser universalizado pela designação e todo mundo adora ser universal. Essa também é uma coisa habermasiana: a aspiração à universalidade é universal e podemos ver nisso um argumento em favor da universalidade no fato de que todas as pessoas têm pelo menos a pretensão à universalidade.

Mas a pretensão da burocracia à universalidade pode ser contestada e podemos constituir, com relação ao problema do Estado, duas posições exemplares, ideal-típicas e análogas às que constituí sobre o problema do interesse e do desinteresse: àqueles que professam a existência, a acessibilidade e a possibilidade do desinteresse opõe-se à visão redutora, desencantada e desmistificadora, segundo a qual o desinteresse esconde um interesse particular. A posição mais sutil que desenvolverei consiste em dizer que existe um interesse no desinteresse, o que coloca uma dificuldade: eu acho, para ligar isso que direi ao que disse anteriormente, que dizer que existe um interesse no desinteresse é dizer que existe uma base social para o universal. Se não houvesse um interesse no desinteresse, se, para dizer as coisas brutalmente, o desinteresse não compensasse, se não houvesse o reconhecimento universal do universal que acabo de mencionar, não haveria lugar para esse lento caminho na direção do universal que os filósofos de tipo hegeliano canonizaram lentamente.

Duas posições canônicas

Isso posto, procederei de uma maneira que não me é habitual mas que acho ser útil, tendo em vista o assunto. Mencionarei rapidamente duas posições canônicas

144. Esses exemplos remetem às obras de Pierre Bourdieu sobre a política da habitação (2014a) e de Abdelmalek Sayad sobre a política da imigração (1992).

145. Provável alusão à "Comissão dos Sábios", instalada em 1987 pelo ministro da justiça, depois do governo ter que retirar um projeto de lei que previa uma reforma do Código da Nacionalidade.

sobre o Estado que me parecem balizar o espaço daquilo que podemos pensar: a posição hegeliana e a marxista. Farei uma história do pensamento apesar de ter dito no começo que é um pouco ridículo recontar o que outras pessoas já contaram, mas numa perspectiva que não é a da história antiquária, como Nietzsche teria dito[146]. Com efeito, acho importante (e esse é um princípio geral para todos aqueles que praticam as ciências sociais) tentar objetivar as formas de pensamento exemplares do objeto com o qual nos defrontamos de maneira a exorcizar o já-pensado que está num estado confuso no pensamento de quem pensa. Os grandes pensadores (em todo caso, é muito frequentemente nesse espírito que utilizo os grandes filósofos) permitem objetivar pensamentos que existem, mas de maneira menos radical, menos metódica, no estado pré-pensado, nos pensamentos de pessoas comuns. Por exemplo, para mim Hegel (eu poderia demonstrar isso para vocês, mas levaria muito tempo) totaliza de maneira muito extraordinária (ou seja, sistemática, metódica, o que confere a seu pensamento algo de fascinante – essa fascinação exerceu-se mesmo em alguém como Durkheim) um trabalho de pensar que se desenvolveu durante três séculos, a partir do século XVI, do Renascimento, para pensar a representação do Estado, e que fez parte da gênese do Estado. O Estado nasce em parte de um pensamento sobre o universal. Assim, D'Aguesseau é um pequeno elo numa longa corrente de pessoas que, enquanto altas funcionárias, estavam em posição universal e trouxeram sua contribuição à construção do Estado ao pensarem uma noção como essa de coisa pública e dizerem que o interesse público não é interesse privado. Milhares de formigas históricas realizaram esse trabalho de pensamento no qual os funcionários (isso seria fácil de demonstrar estatisticamente) desempenharam um papel muito particular. As grandes contribuições ao pensamento do Estado que emanaram com frequência de funcionários foram totalizadas de maneira magnífica por Hegel. Mas se Hegel enxergou sua teoria do Estado como o final de um processo de construção do Estado, não viu que seu pensamento do Estado era o resultado de um trabalho histórico de construção do pensamento do Estado que fez parte da construção do Estado. Aqui, sou bastante hegeliano, não sei se vocês enxergam o deslocamento (tenho vontade de repetir, mas vocês pensariam que estou divagando...), não é de maneira alguma a mesma coisa.

---

146. Sobre a distinção entre a história monumental, a história antiquária e a história crítica, cf. Nietzsche (2003).

Portanto, vou mencionar rapidamente essas duas grandes formas de pensamento do Estado. Peço desculpas àqueles para quem essas coisas são triviais, mas, para começar, acho que elas não o são para todo mundo. Em seguida, por não poder fazer completamente a gênese histórica da noção de Estado desinteressado, é econômico tomar o resultado dessa gênese histórica em sua sistematização hegeliana. Hegel e Marx me parecem representar dois polos de um espaço de posições, e uma das perguntas que farei é a de saber se é preciso realmente escolher entre esses dois pensamentos polares e se, por meio do antagonismo entre esses dois pensamentos, não se desenha a "verdade" do Estado que poderia ser fundamentalmente ambígua. Vocês podem se lembrar do que eu disse em relação ao direito, distinguindo entre os ingênuos, os semi-hábeis e os hábeis: a visão reducionista das pretensões ao universal é ao mesmo tempo uma etapa necessária e um momento a superar na medida em que a pretensão ao universal que a visão reducionista destrói deve estar incluída numa definição completa da universalidade. Em outras palavras, os três momentos devem ser integrados. É isso que tenho em mente ao opor o pensamento hegeliano ao marxista, não apenas como posições polares, mas como pontos de vista não exclusivos sobre o Estado. Para resumir em uma frase: se o Estado fosse o que Marx diz que é, ele não cumpriria as funções que Marx lhe concede; é porque o Estado é como Marx diz que é, e, ao mesmo tempo, como Hegel pretende que seja que ele cumpre as funções que Marx lhe concede. Se vocês seguiram o que eu disse anteriormente, é sempre o mesmo modo de pensar (fico envergonhado porque devo dar a alguns de vocês a sensação de sempre dizer a mesma coisa e porque ao mesmo tempo devo desconcertar outras pessoas...).

A metáfora organicista

Hegel me interessa por oferecer uma expressão sistemática, de certa forma até as últimas consequências, dessa ideia de que a burocracia é um grupo universal. Para Hegel, o Estado funciona como um organismo composto de partes interdependentes que são unidas por trocas de informação e de regulação. Sob a ideia hegeliana do Estado, há, portanto, uma metáfora organicista que na realidade foi constante ao longo do processo de construção do Estado que ocorre desde o século XVI: o Estado é pensado como um organismo. Ainda hoje falamos do *corpo* das Minas, do *corpo* das Pontes[147], o que remete à ideia de corpo social cuja gênese remonta ao Renascimento. O autor de um belíssimo artigo que li recentemente[148] mostra que o esquema de pensamento empregado em três quartos dos escritos sobre a política e o Estado é um esquema organicista, o que é uma ilustração do tema bachelardiano segundo o qual os cientistas e os pensadores empregam em seu pensar esquemas de pensamento impensados (Bachelard, 2007). Uma das lições que já podemos tirar do que acabo de dizer é que todo pensamento do Estado deve se precaver a todo momento contra o retorno de um modelo organicista que, como Canguilhem (1977) demonstrou em vários de seus escritos, quando são aplicados ao mundo político, ficam carregados de importações políticas. Não se pode pensar o mundo social como um organismo sem introduzir um conjunto de pressupostos fundamentais tais como o primado do todo sobre as partes, o fato de que a totalidade é uma totalidade orgânica e, portanto, coerente, ou o fato de que o consenso é fundamental e integrador.

Entretanto, já tenho vontade de corrigir: a concepção organicista pode ser mais ou menos sutil. Por exemplo, a teoria dos sistemas que volta com força na sociologia com Luhmann (2016) na Alemanha é uma forma enobrecida do pensamento conservador elementar, na medida em que os laços internos do corpo social são percebidos como laços de integração pela comunicação. A metáfora organicista ao lado de uma metáfora cibernética (as duas se juntam com muita facilidade) é uma das maneiras mais simples de fundamentar um pensamento conservador; é por isso que ela sempre renasce... É preciso distinguir desses organicismos primários um organicismo mais sutil que considera que as partes do corpo são integradas pelo conflito e que existem regulações (a noção de regulação ou de homeostase subjaz a vários pensamentos do mundo social), e o retorno ao equilíbrio pode ser um equilíbrio entre as tensões. Portanto, não devemos exagerar nas simplificações. Existem organicismo*s* e, numa teoria como a de Montesquieu, por exemplo, poderíamos inserir tudo isso que digo com a noção de campo. Montesquieu tem a intuição de que efetivamente o mundo social é um organismo, mas no qual as diferentes partes estão integradas, ele usa uma imagem. [...] Eu acho que, numa metáfora que ele usa em seus *Cadernos* (Montesquieu, 1941), o Estado seria o ponto

147. O *corps des Mines*, "corpo das Minas", é a associação que reúne os engenheiros de mineradoras estatais, e o *corps des Ponts*, "corpo das Pontes", reúne engenheiros civis e florestais [N.T.].

148. A referência desse artigo não foi encontrada.

central de uma balança, como uma espécie de ponto central móvel: se ele pende demais para um lado, corro rapidamente para o outro lado para reequilibrá-lo.

Essas metáforas são muito importantes e, tendo em vista essa espécie de lavagem cerebral que é a pré-condição de todo pensar adequado do mundo social, um trabalho fundamental consistiria em mencionar, como acabo de fazer, as grandes metáforas que sustentam o pensamento do Estado e do mundo social. Seria preciso recensear todas as metáforas que temos em mente e que empregamos simplesmente pelo recurso às palavras da linguagem ordinária (como "equilíbrio", por exemplo: a ideia de "equilíbrio dos poderes" - que se ensina na Sciences Po - invoca uma teoria do Estado que, como na metáfora de Montesquieu, implica, para dizer brevemente, o cavalheiro que tem por função fazer um contrapeso).

Fecho esse parêntese e volto ao organicismo, para o qual as partes estão unidas por trocas de informações e de regulações. Durkheim retoma isso quase textualmente: ele insiste bastante no papel de troca de informações dentro de um corpo social e considera que um dos papéis do Estado é favorecer essas trocas e comunicações. Para Hegel, as partes de um Estado são os elementos harmoniosos de uma totalidade individual (de passagem, é preciso mencionar uma dificuldade que se coloca a qualquer reflexão sobre o Estado: a anfibologia da palavra "Estado", que designa ao mesmo tempo uma parte entre outras do corpo social - o governo, esse lugar onde se tomam as decisões que podemos chamar, numa perspectiva hegeliana-durkheimiana, de "conscientes" ou "voluntárias" - ou então a totalidade do corpo social. Há momentos, por exemplo, na *Filosofia do direito* em que Hegel faz tal distinção). O Estado cumpre um certo número de funções, extrai recursos por meio de impostos e de pessoal, organiza as trocas com a sociedade civil, que é ao mesmo tempo regulamentada pelo Estado e reguladora dele, já que exerce controles de diferentes tipos sobre o Estado que a regula. Marx contestará esse postulado quando diz que a burocracia é surda. Ele não o diz nesses termos, mas considerará que ela escuta muito pouco - exceto num capítulo muito interessante de *O capital* em que, sobre o problema das leis na fábrica, observa apesar de tudo que o Estado escuta[149]; voltarei a isso. Mas, em Hegel, a burocracia está numa relação cibernética com os diferentes elementos: ela controla e é controlada. Ela desempenha um papel determinante no sentido em que fornece as orientações gerais para as diferentes partes.

---

149. P. Bourdieu talvez pense no capítulo sobre a jornada de trabalho e em particular na passagem sobre a "lei das dez horas" (Marx, 2013, p. 305-374).

Um ponto de vista quase divino

Na tradição estatal que o pensamento de Hegel simboliza, o Estado é sempre creditado com uma espécie de ponto de vista irredutível a um ponto de vista. É a metáfora leibniziana de Deus como lugar geométrico de todos os pontos de vista[150]: o Estado ocupa uma posição em relação ao mundo social que é a de Deus em algumas teologias do século XVII, ele é o lugar geométrico de todos os pontos de vista, ou seja, um lugar neutro em que os pontos de vista se anulam e se compensam, ou então um lugar iluminado a partir do qual enxergamos todos os pontos de vista sem reciprocidade.

Essa posição quase divina, hegeliana, obviamente é tentadora para os pensadores em ciências sociais[151]. No começo de um projeto para tornarmo-nos sociólogos, temos muitas vezes inconscientemente a ambição de ocupar esse ponto de vista sobre o qual não há ponto de vista, ou seja, de ser Deus. Aqui também, posso dar a impressão de enunciar proposições sem pé nem cabeça e um pouquinho irresponsáveis, mas eu seria capaz de demonstrar que um número considerável de erros *técnicos* na construção de um questionário, na elaboração de um programa de análise, têm, por assim dizer, como princípio a nostalgia de ser Deus. A ilusão de ser Deus se traduz, por exemplo, no fato de não objetivar o ponto de vista daquele que objetiva. Como tentarei demonstrar, uma das grandes diferenças entre a sociologia tal como tento praticá-la e a sociologia tal como era praticada na época dos grandes clássicos, Durkheim sendo o mais exemplar, é a vontade de introduzir o ponto de vista sobre o ponto de vista que objetiva. Assim, eu acho que a teoria durkheimiana do Estado é apaixonante como teste projetivo do inconsciente científico de Durkheim. Quando Durkheim fala do Estado,

150. Essa expressão é empregada, se não pelo próprio Leibniz, por Merleau-Ponty: "Nossa percepção chega a objetos, e o objeto, uma vez constituído, aparece como a razão de todas as experiências que dele tivemos ou que dele poderíamos ter. Por exemplo, vejo a casa vizinha sob um certo ângulo, ela seria vista de outra maneira da margem direita do Sena, de outra maneira do interior, de outra maneira ainda de um avião; a casa *ela mesma* não é nenhuma dessas aparições, ela é, como dizia Leibniz, o geometral dessas perspectivas e de todas as perspectivas possíveis, quer dizer, o termo sem perspectivas do qual se podem derivá-las todas, ela é a casa vista de lugar algum" (Merleau-Ponty, 2018, p. 103).

151. P. Bourdieu desenvolveu esses temas em várias oportunidades em seu Curso de Sociologia Geral, entre 1982 e 1986. Pode-se reportar à entrada "sociologia" no índice remissivo dos cinco volumes de *Sociologia geral*.

comete a gafe durkheimiana: "Eu sou funcionário do Estado, portanto sou um pensador universal" (antecipo o que vou dizer).

O que quero dizer é que, para essas teorias do Estado cujo paradigma é representado pela teoria hegeliana, o ponto de vista estatal e burocrático é um ponto de vista quase divino que é tomado de cima, a partir de uma [eminência?] (as metáforas espaciais e as noções de perspectiva são importantes), é um ponto de vista de sobrevoo e global. Como demonstrarei talvez ainda mais claramente em relação a Durkheim, os pensadores do Estado que, por meio do Estado, pensam o pensamento universal que os leva a identificarem-se com o Estado universal no fundo têm uma filosofia do erro individual, da sociologia espontânea (Durkheim não dizia "sociologia espontânea", e sim "pré-noção") que é a filosofia espinosista do erro. Quanto a isso, eu poderia citar textos como a introdução do livro de Samuelson sobre a economia[152], textos de Durkheim etc. O inconsciente desses pensadores do mundo social é essa ideia de que o erro é privação, quer dizer, que os indivíduos particulares (vocês, eu...) têm, em sua existência ordinária, pontos de vista parciais, portanto incompletos e enviesados[153]. Consequentemente, para eles, o pensador universal (ou seja, o Estado, mas também o sociólogo de Estado, no caso de Durkheim, e o filósofo de Estado, no caso de Hegel) escapa ao erro porque é capaz de tomar o ponto de vista do Todo em vez de ter essas visões parciais e mutiladas às quais os agentes sociais ordinários estão condenados. O problema da totalização nas ciências sociais e da especialização é central. A especialização, com efeito, pode ser percebida como uma abdicação da ambição do universal, da ambição da totalidade; a escolha prática numa vida científica de sociólogo ou historiador de se tornar especialista do particular ou especialista do universal tem um elo com a força, no inconsciente que está no princípio do projeto científico, dessa ambição de ser Deus Pai (isso que digo talvez não tenha grande lucidez, mas acho que tem, apesar de tudo, uma coerência).

---

152. Em outras ocasiões, P. Bourdieu citou esta passagem: "Por ter negociado com sucesso muitas convenções coletivas, o chefe sindical pode ter a impressão errônea de ser um perito em matéria de economia salarial. Um empresário que cumpriu a folha de pagamento pode achar que suas opiniões sobre controle de preços são definitivas. Um banqueiro que consegue equilibrar as contas pode concluir que sabe tudo que há para se saber sobre a criação de dinheiro [...] Quando compõe um tratado geral para fins de iniciação, o economista se preocupa com o funcionamento da economia em seu conjunto mais do que do ponto de vista deste ou daquele grupo ou unidade" (Samuelson, 1955, p. 6, 9).

153. Para desenvolvimentos, cf.: Bourdieu (2021b, p. 85; 2023c, p. 66-70).

Eu acho que a teoria de Hegel é como um caso para um psicanalista; é a expressão exemplar de uma forma de neurose estatal. Acho que é preciso saber que a visão hegeliana está presente em nossa mente. Enquanto sociólogo, devo corrigir imediatamente essa frase: a visão hegeliana está presente em graus diferentes dependendo de nossa posição no espaço social e no campo intelectual. Durante toda minha exposição, dei a entender que ela está particularmente presente nos sociólogos, e no sociólogo que fala aqui. A tentação do Estado hegeliano é muito forte porque é quase uma espécie de projeto profissional. Eu acho que o Estado hegeliano e aquilo que ele implica, ou seja, o papel de pensador quase divino, faz parte das pulsões e dos fantasmas sociais que contribuem para explicar como e por que alguém se torna sociólogo.

Os lapsos de Durkheim

Encontrarei uma prova do fato de que os sociólogos estão especialmente expostos a essa visão na teoria do Estado tal como ela aparece em Durkheim. Ao dizer isso imediatamente, assumo o risco de misturar as coisas do ponto de vista da ordem da exposição do que farei, mas acho que isso ao mesmo tempo é capaz de esclarecer minha proposta do ponto de vista da ordem da compreensão sobre a qual falei no começo. Durkheim é muito interessante porque ele disse, por um lado, as coisas mais profundas sobre o Estado (do meu ponto de vista), a saber, que não sabemos nada sobre ele. Cito dois textos que todo mundo leu, mas que são extraordinários. No começo de *Da divisão do trabalho social*, Durkheim utiliza distinções entre direito público e direito privado, direito repressivo e direito restitutivo, e observa que não saberíamos criar uma classificação fundamental para uma noção como o Estado: "Aliás, o que é o Estado? Onde começa e onde acaba? Sabe-se quão controvertida é essa questão; não é científico fazer uma classificação fundamental basear-se numa noção tão obscura e mal analisada" (Durkheim, 1995, p. 36). Quando lemos isso, dizemos para nós mesmos que aqui está o grande sociólogo que estamos acostumados a ver. Em *As regras do método sociológico*, ele diz: "No estado atual de nossos conhecimentos, [como] não sabemos com certeza o que é [...] o Estado, a soberania, a liberdade política, a democracia, o socialismo, o comunismo etc., o método pediria, portanto, que não fizéssemos qualquer uso desses conceitos enquanto não estiverem cientificamente constituídos" (Durkheim, 2019, p. 54, tradução nossa). Aqui também, temos o

Durkheim muito bom: ele sabe o que falar, quer dizer, desconfia das pré-noções e da linguagem, não quer ser capturado por elas.

Mas, por um outro lado, Durkheim desenvolve por entre as linhas uma teoria que no fundo é seu inconsciente sobre o Estado. Isso ilustra bem aquilo que quis dizer no começo: a sociologia é uma ciência muito difícil. Os maiores sociólogos têm seus lapsos, e a teoria do Estado de Durkheim é um lapso enorme. Ele se mostra muito vigilante em certos momentos ("Atenção, eu sei que não sei o que é o Estado e que ninguém sabe o que é o Estado"), e, de vez em quando, por exemplo quando deu sua opinião sobre uma greve dos funcionários (essa é uma das grandes tentações para os sociólogos: pergunta-se sua opinião sobre uma situação pública porque eles são cientistas e, como querem parecer cientistas, eles respondem) ao dizer que "os funcionários não devem fazer greve" (ele disse isso)[154]. Numa outra ocasião, quando lhe perguntam sobre a moral dos funcionários, ele diz que o direito de reserva se impõe até o professor de aldeia e que os funcionários devem dividir sua existência em duas partes, entre o funcionário e a pessoa privada[155]. Tudo isso está presente entre declarações explícitas sobre o Estado como "cérebro" do corpo social (ele diz isso, por exemplo, em *Da divisão do trabalho social*)[156], ou seja, que é o órgão que comanda o resto do corpo social e que conhece, ele diz que o Estado *pensa*. No fundo, ele adere à teoria hegeliana do Estado como agente racional.

A reinvenção da teoria hegeliana

Uma questão que me coloquei quando li esses textos era saber se Durkheim lera Hegel. Se os historiadores do pensamento fizessem seu trabalho, deveriam ter a resposta, mas para eles é muito mais fácil se contentar em comentar o texto. Tenho certeza de que Durkheim leu Espinosa e até de que o esquema espinosista que mencionei há pouco do erro como privação o ajudou a enunciar sua definição do papel de sociólogo do Estado como aquele que pensa o Todo, que escapa aos pontos de vista parciais. Quanto a Hegel, não sei. Durkheim não tinha como não

154. Cf.: Durkheim (1975, p. 202-217). Cf. em particular p. 205.

155. Cf.: Durkheim (1975, p. 180-202). Cf. em particular p. 192-193.

156. Cf.: Durkheim (1995, p. 215). Essa referência indicada por P. Bourdieu remete muito provavelmente à seguinte citação: "Se continuamos a tomar emprestado da biologia uma linguagem que, por ser metafórica, não é menos cômoda, diremos que elas [as regras do direito administrativo] regulamentam a maneira como funciona o sistema cérebro-espinhal do organismo social. É esse sistema que, na língua corrente, é designado pelo nome de Estado" (Durkheim, 1995, p. 207).

conhecer Hegel, mas não sei ao certo se conhecia a *Filosofia do direito*, que não havia sido traduzida. Resumindo, isso seria uma questão de história pura. Isso posto, no fundo eu preferiria que ele não o tenha lido. Isso reforçaria minha pretensão de tratar um certo número de filósofos mais como documentos do que como teses. Em muitos casos, com efeito, interpretamos na lógica da influência coisas que são reinvenções. Se é verdade que a visão hegeliana do Estado é a expressão sistemática e metódica, por um filósofo profissional, de uma espécie de fantasma relativamente universal, mas particularmente forte em alguns pensadores em certas situações, podemos visualizar a hipótese de invenções simultâneas: pessoas diferentes podem reinventar a mesma teoria. Assim como em maio de 1968 todos os estudantes eram marcusianos sem ter lido Marcuse (bastou fazer uma pesquisa: a pergunta "Você leu Marcuse?" teve 80% de respostas negativas). Certas invenções simultâneas não passam do produto do trabalho de explicitação de pensamentos impostos a certas posições em certos momentos. Portanto, seria divertido, para mim, pensar que Durkheim refez Hegel sem pensar nisso. Eu me digo que, honesto como era, ele teria colocado "cf. Hegel"; ora, isso nunca aconteceu. Acho que eu não gostaria de pensar que ele era hegeliano, e creio que, se foi hegeliano, isso foi mais forte do que ele. Digo aqui uma dessas coisas muito ingênuas que não se escrevem, mas um curso não é um texto: nele podemos comunicar coisas que não escreveríamos por nada nesse mundo, mas que creio ser, em última instância, mais importantes [que as que se escrevem]; se vocês tiverem me compreendido, lerão de maneira diferente um certo número dos meus textos. Quanto a mim, levei muitos anos para conseguir me libertar da autoridade filosófica e ler Hegel como leria um artigo de um alto funcionário ou um livro sobre o Estado. Não se ensina Hegel na Sciences Po, por razões sociológicas que entendo muito bem, mas isso deveria acontecer, porque lá eles fazem Hegel continuamente. Se as pessoas da Sciences Po soubessem, ensinariam Hegel [*algumas risadas na sala*]... Toda uma literatura de altos funcionários sobre o serviço público e o Estado que tentei resumir num momento de minha vida[157] é hegeliano-durkheimiana da cabeça aos pés. Na verdade, eles o reinventam completamente, com a diferença constituída pela parte profissional que os filósofos mantêm por privilégio e que obviamente escamoteei.

157. Alusão ao trabalho, realizado na década de 1970, com Luc Boltanski sobre a "ideologia dominante" (Bourdieu; Boltanski, 1976).

Direi em duas palavras: um obstáculo à leitura dos textos filosóficos como documentos deve-se à arte que os filósofos têm, enquanto profissionais (essa arte faz parte do ofício), de desenvolver uma arquitetônica aparente que eles expõem. Por exemplo, Guillermit demonstrou num belíssimo artigo que o plano da *Crítica da faculdade de julgar* de Kant é obtido por transposição da estrutura da *Crítica da razão pura*[158]. Uma estrutura formal e visível se reproduz sob a forma de títulos, capítulos, parágrafos, e o comentador profissional que se sente obrigado a estar à altura daquilo que estuda, portanto a tomá-lo em seu melhor, não vai olhar as pulsões inconscientes; ele vai tomar a arquitetônica aparente e vai dizer: "Na sociologia burguesa, a Ideia ainda não atingira o para-si, a ideia de si mesma; o Estado é o acesso da sociedade burguesa à consciência de si etc.". Essa retórica é muito importante, ela é a transposição da lógica hegeliana no terreno da política… Eu acho que esse conjunto de instrumentos permitiu a Hegel dar uma forma exemplar a seus fantasmas do Estado. Isso posto, agarrando-nos à estrutura fenomenal patente, acabamos não enxergando essa estrutura latente que encontra, em benefício dos instrumentos da estrutura patente, sua expressão exemplar. Uma das funções dos instrumentos de pensar canônicos é permitir ao pensador ousar dizer até o fim coisas que, ditas ingenuamente, seriam um pouco ridículas, não poderiam ser ditas. Isso que digo deve parecer monstruoso para alguns de vocês, mas, se eu choco, não é por prazer; vinte anos atrás eu teria ficado revoltado se ouvisse alguém dizer isso. As estruturas formais, as estruturas eruditas permitem o retorno do reprimido. Elas permitem que ele ganhe forma, que seja dito mais sistematicamente em vez de ter uma visão ingênua de burocrata sobre o Estado. Por exemplo, Poniatowski[159] (vocês certamente não o leram, eu li…) tem uma filosofia do Estado que os filósofos deviam ler porque perceberiam que ele diz a mesma coisa, o que seria um problema [*risos na sala*], cria uma colisão mental. Um filósofo profissional *per definitionem* não pode falar como Poniatowski, mesmo diante de uma classe de ensino médio [*risos na sala*], isso seria suicídio… Portanto, a forma, o aparelho profissional, os instrumentos de pensar têm uma função dupla: eles são aquilo que permite dizer até o fim (pois, como todos sabemos, quando não temos

158. Talvez se trate de Guillermit (2000).

159. Político de direita e ministro na década de 1970, Michel Poniatowski foi um dos autores dos ensaios que compuseram o corpo a partir do qual Pierre Bourdieu e Luc Boltanski conceberam uma "Enciclopédia das ideias recebidas e dos lugares-comuns em uso nos locais neutros" (Bourdieu; Boltanski, 1976).

as palavras, não temos as ideias correspondentes), mas também aquilo que permite dizer de modo apresentável e confessável. (Imagino que um monte de gente faz cursos sobre Hegel sem se dar conta do que dizem e ficariam revoltados se isso lhes fosse dito no modo trivial utilizado pelo Sr. Poniatowski. Eu acabo de fazer um parêntese um pouco indecente, mas ele me permite explicar o que faço porque falo de Hegel de uma maneira que não é ortodoxa.)

O Estado, um movimento na direção da união

Posso tentar resumir o pensamento de Hegel sobre o Estado, tal como o li na *Filosofia do direito*: o Estado é um organismo que pensa e que se pensa, que pensa porque se pensa. Numa forma mais próxima da ortodoxia, diríamos que, na sociedade burguesa, a Ideia ainda não está no para-si, ela não é a união consciente de si; ela é uma união inconsciente que se realiza por meio de uma espécie de artimanha na interação entre os indivíduos. Minha análise se baseia nos usos que Hegel faz (destacados pelos historiadores do pensamento) da metáfora de Mandeville da mão invisível[160]: a sociedade burguesa que realiza uma espécie de equilíbrio pela concorrência, pela competição e pela "artimanha da razão" é uma expressão da ideia mandevilliana da mão invisível. A razão se realiza por meio dos interesses individuais e particulares que buscam fazer algo completamente diferente do interesse universal. Essa marcha para a união, para a razão, não tem consciência de si mesma. Os interesses particulares fazem a razão, mas sem saber disso; eles não sabem o que fazem. Essa luta de todos contra todos que transcende a si mesma numa reconciliação na direção da união atinge a consciência de si por intermédio do Estado que, ele sim, se dá explicitamente como projeto para unificação e para comunicação. Portanto, as lutas individuais encontram sua verdadeira razão de ser na união do Estado. A artimanha da razão encontra sua razão de ser na consciência de si proposta pelo Estado.

Um outro desenvolvimento [hegeliano] numa exposição que poderíamos chamar de ortodoxa (vocês encontrarão isso em todos os comentadores): diferente do Estado antigo, o Estado moderno é poderoso o bastante para se dar ao luxo de permitir a luta dos egoísmos que produzem a razão sem o saber, é poderoso o bastante para deixar o princípio da subjetividade, do egoísmo, atuar

---

160. Esse é o caso, para citar um livro que Bourdieu cita com muita frequência, de Hirschman (2002).

até o fim. Ele solta as rédeas dos egoísmos, das pulsões, das paixões; enquanto no Estado antigo, segundo Hegel, as pessoas se identificavam imediatamente com a ordem estabelecida (não era preciso dizer "liberdade, igualdade, fraternidade" porque todas as pessoas sentiam-se livres, iguais e fraternas; a ordem era realizada desde o começo). O Estado moderno pode se permitir libertar o individualismo porque é capaz de orquestrar os individualismos[161] (essa reconciliação hegeliana é uma solução para os problemas que formulei sobre o desinteresse e para a questão de saber como fabricar o interesse geral com interesses particulares). A ideia de Hegel é muito moderna (quando digo que é importante ler os grandes autores nesse espírito, é para evitar enrolação: o problema está muito mais bem formulado em Hegel do que nos debates contemporâneos sobre a alternativa "mais Estado"/"menos Estado", porque é disso que se trata): ele diz que não existe diferença entre o liberalismo e o socialismo, já que o Estado moderno pode ir até o fim do liberalismo por ter os meios de orquestrar as pulsões individuais e conseguir que os interesses antagônicos encontrem-se reconciliados na união do Todo. De passagem, uma ideia sem dúvida importante de ter em mente se tivermos o motivo oculto de contribuir a uma teoria do Estado é que a união não exclui o antagonismo; existe uma união que pode ser engendrada no conflito.

Essa é a exposição que poderíamos chamar de filosófica da teoria hegeliana do Estado. Poderíamos resumir essa construção filosófica dizendo que o Estado é um organismo que se pensa. Ele é uma espécie de união que se ignora como tal e que atinge a consciência de si. Ele é um movimento na direção da união que atinge a ideia de si mesmo. Concretamente, qual descrição empírica do Estado sustenta essa projeção de esquemas teóricos que Hegel aplicou a outros objetos? Marx, que desenvolve uma leitura de Hegel muito próxima dessa que proponho, considera que Hegel mistura dois níveis. É nessa ocasião que ele escreve a famosa frase que costumo citar sobre a confusão entre as coisas da lógica e a lógica das coisas[162]: Hegel faz um passe de mágica, de mistificação, que consiste em combinar uma lógica filosófica e uma descrição empírica do Estado histórico. Marx sugere que Hegel tem em mente a burocracia prussiana (o príncipe, o Estado, os corpos

161. P. Bourdieu talvez pense nas passagens em que Hegel escreve que "[os] pontos de vista superiores [...] do Estado" se opõem à "sociedade civil [burguesa que] é o campo de batalha do interesse privado individual de todos contra todos", ao mesmo tempo que "efetiva [...] o universal que está contido na particularidade da sociedade civil" (Hegel, 2022, § 249 e § 289, p. 521 e 615).

162. "O momento filosófico não é a lógica da coisa, mas a coisa da lógica" (Marx, 2005, p. 39).

representativos etc.) e finge deduzir de sua teoria geral das relações entre o em-si e o para-si uma justificação empírica de um estado de coisas que sempre esteve em sua mente. Se vocês se lembram, já havíamos encontrado esse passe de mágica nos juristas que legitimam *ex post* um veredito apresentando uma constatação como uma dedução.

A burocracia

Para Hegel, a chave dessa reconciliação é o corpo dos burocratas, que se caracteriza pelo fato de possuírem a intuição e a vontade do interesse universal. Eu disse a vocês no começo que Hegel totalizou todo um trabalho histórico e é evidente que ele leu Rousseau. Aqui, ele tem em mente a oposição entre vontade geral e vontade de todos, e seu burocrata é o herdeiro do legislador rousseauniano: o burocrata escapa da agregação das vontades individuais e atinge uma visão imediata da vontade geral que, contrariamente ao voto, é irredutível à agregação ou à soma estatística das vontades individuais[163]. A burocracia é uma classe universal porque tem essa visão do universal. Essa visão do universal não é uma visão negativa do universal no sentido do escravo na *Fenomenologia do espírito* ou do proletariado em Marx. É uma visão positiva na medida em que o próprio Estado é universal. Quando ele vê o universal, vê a si mesmo. Aqui, a filosofia volta muito... A intuição e a vontade universal não são o produto (eu não quero dar a impressão de avaliar, mas aqui, Hegel torna-se sociólogo novamente) dos burocratas como pessoas, mas da burocracia como sistema de relações[164] definidas por duas propriedades essenciais: a hierarquia e a especialização. Durkheim utilizará exatamente as mesmas palavras e também dirá que as características da burocracia são a hierarquia e a especialização, o que o deixará muito satisfeito, já que assim a divisão do trabalho aparece como um indício de racionalidade.

A burocracia, além de ser hierárquica e especializada, opera a coordenação. Marx também demolirá essa ideia (eu devia ter apresentado as duas posições simultaneamente desde o começo, em vez de sucessivamente, mas agora já foi...)

---

163. Para desenvolvimentos sobre esse ponto, cf. um texto posterior ao curso: Bourdieu (2001a).

164. P. Bourdieu talvez se baseie na seguinte passagem: "As tarefas e as atuações particulares do Estado, enquanto momentos essenciais do mesmo, lhe são próprias e estão ligadas aos *indivíduos* pelos quais elas são conduzidas e executadas, não em virtude de sua personalidade imediata, mas somente em virtude das suas qualidades universais e objetivas e, por isso, estão unidas de maneira exterior e contingente à sua personalidade particular como tal" (Hegel, 2022, § 277, p. 592).

ao enfatizar que é preciso distinguir, dentro dos burocratas, entre a alta função pública, que está em situação dominante e que pensa, e a baixa função pública, que executa (de modo que ninguém jamais faz nada: a pequena burocracia executa sem compreender o Todo e a grande burocracia pensa sem conhecer o detalhe [*risos na sala*]...). Hegel não enxerga as coisas dessa forma: a grande burocracia, na medida em que é ao mesmo tempo hierarquizada e especializada, está, para ele, em condições de coordenar. Com efeito, ela pensa simultaneamente a união e a diferença. Ela está simultaneamente unificada (já que hierárquica – se existe hierarquia, há um centro) e diversificada (já que especializada). Ela é assim uma e múltipla. Por ser ao mesmo tempo uma e múltipla, ela produz a unificação e a coordenação e resolve o problema dos interesses particulares e do interesse geral. Aqui eu também poderia citar textos: por exemplo, na *Enciclopédia*, ele chama a burocracia de "a classe pensante" (*der denkende Stand*) e diz que ela tem como interesse particular os interesses universais da sociedade[165]. Em outro lugar, e contrariamente ao que Marx criticará, ele diz que a burocracia não é cega: uma vez em marcha, está sujeita constantemente a controles externos. Além de ter essa espécie de reflexividade que mencionei, ela está, longe de qualquer solipsismo, constantemente em diálogo com o exterior. A burocracia está submetida a ensinos permanentes pelo fato de se tornar objeto de controles do príncipe, das corporações, da imprensa, da opinião, de demandas e petições (seria preciso dizer algo sobre esse ponto...).

Além do mais, ela está submetida a coerções internas. Aqui, estamos muito perto da ideia de que ela poderia ter interesses, mas esses interesses seriam caracterizados desde o começo como universais. Ela desenvolve um *ethos* burocrático (isso seria equivalente a dizer "um *habitus* burocrático") que resulta dos hábitos burocráticos. Remeto vocês à *Filosofia do direito*, § 270. Esse *habitus* está ligado a uma espécie de tendência da burocracia a perseverar no ser. A crítica ordinária da burocracia enfatiza as consequências negativas dessa própria tendência a se perpetuar. A inércia burocrática é um lugar comum... Mas, se

---

165. *"Der dritte, denkende Stand hat die allgemeinen Interessen zu seinem Geschäfte; wie der zweite hat er eine durch die eigene Geschicklichkeit vermittelte und wie der erste eine aber durch das Ganze der Gesellschaft gesicherte Subsistenz"* ["O *terceiro* estamento, o [que é] *pensante*, tem por tarefa sua os interesses universais; como o segundo estado, tem uma subsistência mediatizada pela habilidade própria, e como o primeiro, porém, uma substância garantida pelo todo da sociedade"] (Hegel, 1995, § 528, p. 299).

é verdade que a burocracia se pensa como a classe universal, a tendência a se perpetuar no ser também pode ter efeitos positivos: a preocupação de estar à altura de sua própria definição pode levar o burocrata singular a transcender a historicidade do caso particular e a fazer coisas que estão acima do que ordenaria o interesse imediato.

Insisto nessa ambiguidade porque penso profundamente que, se existe uma proposição nesse estado (estou apenas começando a pesquisa) que eu poderia propor a respeito do Estado, é a ideia de ambiguidade. Se fosse preciso dizer isso em uma palavra: com relação ao direito, falamos do direito [*droit*] e do privilégio especial [*passe-droit*][166]. Para que exista um privilégio especial, é preciso que exista direito, não se pode ter um privilégio especial sem o direito. Eu acho que o privilégio especial está incluído no direito e que existe uma forma específica de acumulação capitalista em que aquele que possui um direito pode lucrar com o exercício do direito, mas também com a suspensão do direito, ou seja, o privilégio especial. Se vocês refletirem sobre isso, universos de coisas vão se abrir diante de vocês... Uma parte enorme do poder burocrático é o poder de dar autorizações (por exemplo, permissões de construção) que são pagas em contrapartida por meio de subornos (é a forma mais evidente), mas também do reconhecimento da nobreza ou da inteligência burocrática. A expressão direito/privilégio especial resume bem essa ambiguidade que, para mim, é inerente ao direito e ao Estado. O que torna o Estado aberto à racionalidade, tudo aquilo que Hegel lhe designa, também é o que o deixa vulnerável ao ataque. É o direito e o avesso de uma mesma coisa, não se pode tomar um sem tomar o outro. Se as visões ingenuamente otimistas de tipo hegeliano causam problemas, é porque cada progresso para ampliar o direito também é um progresso para ampliar os privilégios especiais. Se vocês tiverem esse esquema em mente, as reflexões sobre "Estado demais" ou "menos Estado" deverão se esclarecer: não se pode ter um sem o outro... Eu me expresso muito mal porque, como pretendo desenvolver isso longamente nas próximas aulas, contento-me com uma espécie de apotegma. É como se eu dissesse: "'Não existe direito sem privilégio especial'... assinado, La Rochefoucauld" [*risos na sala*], mas um sociólogo precisa explicitar, o que é ao mesmo tempo mais simples e mais complicado.

---

166. Sobre a noção de *passe-droit* (e o exemplo abaixo), cf. um artigo posterior ao curso: Bourdieu (1990). O termo *passe-droit* literalmente significa "passe direto", no sentido de furar a fila, e conota privilégios especiais previstos por lei para certos indivíduos ou grupos [N.T.].

Voltemos ao que interessa. A burocracia está submetida a regulamentações. Ela é o local por excelência de uma divisão racional do trabalho: ela é racional em sua estrutura e sua estrutura produz o racional. De passagem, faço uma pequena observação sobre a oposição historicamente fundamental em todas as lutas do século XVIII sobre o Estado, entre o burocrata e o nobre. Os filósofos[167] são sociólogos muito bons, eles dizem coisas muito interessantes, mas de passagem (a arquitetônica mascara o essencial...). O burocrata superou o conflito entre o interesse particular e o interesse geral (ou o serviço público), enquanto o nobre quer se sacrificar mas continuar a ser quem é. Ele também quer sacrificar ao Estado sua particularidade, sua glória (como diz D'Aguesseau), sua pessoa, sua unicidade, mas sem abdicar de sua independência em relação ao Estado. Essa oposição é muito esclarecedora. Do século XVI até Rousseau, as teorias do Estado mobilizam permanentemente essa oposição. Os burgueses que escrevem sobre o Estado e que muitas vezes são funcionários, jansenistas ou protestantes, fazem teorias do serviço público como sacrifício do indivíduo ao universal. D'Aguesseau é típico dessa categoria. Esqueci de dizer isso aula passada, mas D'Aguesseau foi um dos primeiros a fazer estatística, e a palavra "estatística" vem do Estado[168]. A estatística é um instrumento de conhecimento apropriado pelos Estados modernos. Assim, Vauban, que conhecemos por suas fortificações, mas que também é um grande teórico do Estado moderno, disse: "os chineses fazem estatística há muito tempo; é preciso fazer como eles, não se pode governar um Estado sem estatísticas"[169]. Quando se diz "O Estado pensa", isso quer dizer alguma coisa...

De passagem (especifico isso porque está na minha cabeça o tempo todo): os primeiros desenvolvimentos sobre a noção de interesse individual foram feitos em relação ao Estado. Aqueles que atualmente fazem a genealogia das noções modernas de "interesse" descobrem a relação entre as primeiras utilizações da noção de interesse privado e as interrogações sobre o interesse privado (será que os governos têm um interesse privado que coincide com o interesse universal?). Um

167. P. Bourdieu tem em mente uma frase de Hegel que citará um pouco adiante.

168. Alusão à origem da palavra "estatística", forjada no século XVIII a partir da palavra italiana *statista*, "estadista". P. Bourdieu voltará a discutir a relação entre o desenvolvimento da estatística e a formação do Estado em mais profundidade no seu curso do ano letivo 1990-1991; cf. Bourdieu (2014b).

169. Cf. Vauban (2012), em particular: p. 158: "Os chineses, segundo o relato do padre jesuíta Le Comte, e de outros autores que escreveram, observam um método para facilitar muito a contagem de seu povo, e que parece muito bem ordenado; poderíamos nos servir dele, corrigindo ou adicionando o que considerássemos necessário".

dos teóricos do Estado absoluto considera, por exemplo, que o rei não tem mais interesse privado. Ele tem como interesse o universal e seu interesse particular é o interesse de seus sujeitos. Ele não tem mais nada a ganhar e a única coisa que pode acontecer com ele é perder, se fizer seus súditos perderem. Foi nesse contexto que surgiram muitos desenvolvimentos sobre a noção de interesse. A autora de uma obra recente (Keohane, 1980) distingue correntes diferentes. Uma corrente que chamarei de individualista passa por Montaigne e Charron. Em seguida, há uma corrente pessimista a respeito do Estado: "retire-se para sua tenda[170] e deixe o mundo público como ele é". D'Aguesseau estaria situado na corrente humanista política, que foi criada por funcionários para os quais o homem bem-nascido deve se sacrificar ao Estado, identificar-se com ele. Ele deve servir-se ao servir ao Estado e não deve se retirar da política. Assim, D'Aguesseau critica os filósofos da tendência individualista, que se retiram do mundo. A ideia de que o verdadeiro filósofo deve viver na cidade é uma visão de funcionário de Estado. Resta a categoria bizarra dos grandes aristocratas pessimistas que, de Saint-Simon ao cardeal de Retz (passando por gente menos conhecida), fala uma linguagem muito próxima da linguagem dos jansenistas. Eles me parecem ilustrar a frase de Hegel: "Eles de fato querem dar sua voz ao Estado, mas resguardando sua singularidade". Eles não aceitam essa oblação total que o funcionário pequeno-burguês e jansenista reivindica e busca universalizar. (Isso que digo é muito confuso, é para ajudá-los a situar um pouquinho melhor...) O funcionário ideal é o pequeno-burguês que deve tudo ao Estado. É isso que chamo de "oblato", aquele que, segundo um outro grande princípio das organizações, dá tudo ao Estado, à Igreja ou ao Partido porque deve tudo ao Estado, à Igreja ou ao Partido[171]. A dedicação absoluta só pode ser obtida daqueles que devem tudo. Isso ajuda a compreender o que vou dizer na sequência

170. Expressão idiomática francesa que remete à *Ilíada*, quando o herói Aquiles, furioso devido ao tratamento que recebeu do líder grego Agamemnon, abandona as batalhas e retira-se para sua tenda [N.T.].

171. Sobre a noção de "oblato", cf. em particular P. Bourdieu em: *O poder simbólico* (2001a, p. 75-106): "Quanto mais nos afastamos do funcionamento normal dos campos como campos de lutas para passar a estados-limites, sem dúvida jamais atingidos, nos quais [...] o campo se torna rígido, reduzindo-se a uma 'instituição totalitária' [...] ou [...] a um *aparelho*, que está à altura de tudo exigir sem condições nem concessões e que, nas suas formas extremas – quartel, prisão ou campo de concentração –, dispõe dos meios para aniquilar simbolicamente e praticamente o 'velho homem', tanto mais a instituição tende a consagrar agentes que dão tudo à instituição (ao 'Partido' ou à 'Igreja', por exemplo) e que realizam essa *oblação* de maneira tanto mais fácil quanto menos capital possuírem fora da instituição, logo, quanto menos *liberdade* tiverem em relação a ela e em relação ao capital e aos ganhos específicos que ela oferece".

sobre Durkheim, que foi tipicamente um oblato: ele devia tudo à República e lhe dava tudo. Decididamente, estou misturando tudo agora... [*risos na sala*]!

Os burocratas não separam mais seu interesse particular do interesse geral, mas no que consiste seu interesse particular que existe, apesar de tudo, e que coincide automaticamente com o interesse geral? Ele está sempre ligado à perpetuação da burocracia. É o famoso *conatus* espinosista. Existe um *conatus* burocrático, quer dizer, uma tendência a perseverar no ser. Para perseverar no ser, o burocrata deve fazer perseverar a burocracia e fazer perseverar sua posição. Esse ponto é muito importante. Trabalho neste momento sobre as lutas que cercaram as reformas implementadas por volta de 1975 sobre a habitação na França[172]. Essa pesquisa está a cem léguas de Hegel. Ela trata de coisas triviais e aparentemente sem relação com o que acabo de contar. Entretanto, ela demonstra que não se pode compreender essas lutas, seu resultado e as formas que elas tomaram se não fizermos a hipótese de que, para além dos interesses mais evidentes, os funcionários jogam em alguns casos com um interesse vital, que consiste, para dizer as coisas de modo um pouco besta, em perpetuar seu serviço: se tal forma de auxílio for suprimida, o serviço que a presta vai desaparecer. Eu certamente me expresso de maneira um pouco brutal (um serviço não some em três dias), mas o interesse burocrático tem dois níveis (e Hegel enxergou isso): existe o interesse geral na perpetuação da burocracia (se não há mais burocracia, não há mais burocratas), e depois um interesse geral na perpetuação deste ou daquele setor da burocracia. Por exemplo, quando se trata da maneira de construir as estradas na França, os engenheiros das Minas têm chance de serem contra reformas que poderiam fazê-los desaparecer enquanto corpos. As estratégias de defesa do corpo (voltamos à analogia organicista) aparecem quando a reprodução de um corpo está ameaçada. Pensem no que aconteceu no sistema universitário francês: quando a existência de uma disciplina é ameaçada, também aqueles que a ensinam estão ameaçados (se você suprimir o latim, suprimirá os latinistas) e há reações que chamamos de "corporativistas". Utiliza-se a palavra "corporativismo", mas é interessante se

---

Na década de 1980, a noção de "oblato" foi utilizada por P. Bourdieu e pelos pesquisadores que trabalharam ao seu redor, por exemplo, na análise do Partido Comunista (Verdès-Leroux, 1981), da Igreja Católica (Bourdieu; Saint Martin, 1982) e da instituição universitária (Bourdieu, 2013a). Cf. também Bourdieu (2021d, p. 214; 2023b, p. 349; 2023c, p. 278, 2025).

172. Essa pesquisa será publicada em 1990 no número "A economia doméstica" da revista dirigida por P. Bourdieu. Cf. Bourdieu e Christin (1990), republicado em Bourdieu (2014a).

voltarmos ao nível de Hegel: ao defender seu corpo, os agentes defendem sua existência burocrática, sua existência enquanto burocratas. Portanto, o interesse burocrático é um interesse específico ligado à existência da burocracia.

Hegel permanece muito próximo da sociologia espontânea e só enxerga o aspecto negativo dessa burocracia (ela conserva para se conservar), mas, se pensarmos nisso, poderíamos colocar na conta de Hegel (ou fazer com que ele diga) que, quando o corpo que se trata de conservar se define pela pretensão ao universal, é possível que ao se conservar ele conserve o universal. As lutas entre corpos que têm como objetivo a perpetuação do corpo se realizam, com efeito, em nome do universal – um corpo burocrático não pode matar outro invocando apenas os bônus (ninguém nunca fala dos bônus; quando se faz uma pesquisa, é difícil saber os bônus dos altos funcionários...) O fato de que, para triunfar nessas lutas, é preciso ter o universal consigo é importante do ponto de vista do futuro do universal. É exatamente a mesma coisa com os juristas: um burocrata só pode ganhar com as armas da burocracia, mesmo que todo mundo, começando dentro da burocracia, saiba que as armas burocráticas com muita frequência dissimulam tanto interesses burocráticos quanto interesses não burocráticos. Marx lembrou brutalmente a existência de interesses não burocráticos contra Hegel que, vocês notaram, pressupõe a autonomia da burocracia. Quando Weber fala das "tendências características do corpo sacerdotal", ele é em parte hegeliano[173]: para compreender a evolução da Igreja, para compreender o sacerdote (que é o burocrata da religião), é preciso compreender que existem tendências próprias do corpo sacerdotal, em primeiro lugar, a tendência da Igreja a se reproduzir. Mas, para se reproduzir, a Igreja produzirá pessoas que têm vontade de reproduzi-la, portanto, oblatos. Ela recrutará seus bispos mais entre as pessoas do povo do que entre os aristocratas porque, como diz Hegel, os aristocratas jamais querem sacrificar completamente sua glória. Um bispo pequeno-burguês é muito mais seguro do que um aristocrata, que pode se tornar um bispo de Saint-Denis, ser esquerdista[174] ou ser romano numa época em que todo mundo é galicano. Aqueles que não devem tudo a uma instituição podem tomar liberdades com ela. (Eu me

173. P. Bourdieu talvez pense numa passagem como: "As três forças atuantes no círculo dos leigos são: 1) a profecia; 2) o tradicionalismo leigo; e 3) o intelectualismo leigo. Perante essas forças atuam as necessidades e tendências do 'exercício' sacerdotal, puramente como tal, como outra força, também essencialmente decisiva" (Weber, 2012, v. 1, p. 313).

174. Esses exemplos são desenvolvidos em Bourdieu e Saint Martin (1982).

afasto constantemente do burocrata hegeliano, mas é difícil falar dele… eu sinto pena daqueles que precisam falar do burocrata hegeliano [*risos na sala*]!)

Resumindo, para Hegel, a burocracia tem como função controlar, censurar e ordenar de cima para baixo a sociedade civil, sobretudo – isso não é um detalhe – em tempos de guerra, quando a sociedade se torna particularmente coordenada, particularmente ordenada[175]. Segundo Hegel, a burocracia se revela em período de guerra, isto é, quando suas funções, estruturas hierárquicas e especialização se revelam. Mesmo que eu já tenha dito isso, gostaria de sublinhar, para terminar, aquilo que podemos guardar do fantasma hegeliano. Eu disse há pouco que o sociólogo deve objetivar os fantasmas para exorcizá-los, mas os fantasmas, que são pontos de vista enviesados, podem conter a realidade. A crítica hegeliana da moral kantiana (não se pode exigir de uma vontade individual guiada pela única moral que ela se torne a defensora permanente do universal) tem a vantagem de enfatizar o fato de que o princípio do acesso ao interesse universal não reside na moral individual, mas numa estrutura organizacional. O sujeito do universal, para Hegel (isso foi chocante), não é uma vontade individual, mas a estrutura organizacional burocrática com sua hierarquização. Nesse sentido, ele está muito perto da filosofia política de tradição realista, ou seja, quase sociológica, de Maquiavel, para quem não é a virtude que funda a República, mas a República que funda a virtude. É uma certa ordem organizacional que faz com que os indivíduos, quaisquer que sejam suas pulsões ou seus interesses particulares, sejam de alguma forma convocados a universalizar suas ações.

Durkheim, sociólogo do Estado

Para não parar brutalmente aqui, vou dizer uma última palavra sobre Durkheim. Como eu já disse o essencial, isso será muito rápido. Eu acho que vocês ficarão surpresos, como fiquei, eu que vivi muito tempo com a ideia de que, como disse há pouco, Durkheim teve a prudência magnífica de dizer que não sabia o que era o Estado. Eu achava Durkheim ainda mais inteligente e satisfatório porque, durante anos, disse para mim mesmo: “Eu jamais falo sobre o Estado porque não sei o que ele é e, nesse sentido, sou muito mais científico do que os outros que não sabem nem sequer isso”.

175. Referência sem dúvida ao § 324 da *Filosofia do direito* (Hegel, 2022).

Portanto, eu achava Durkheim muito bom porque ele dizia aquilo que eu imaginava crer, até descobrir que, apesar de tudo, existia, dispersa nos seus textos, uma teoria subterrânea do Estado. Por exemplo, num texto extraordinário das *Lições de sociologia*, ele diz que o Estado "é o órgão do pensamento social" (Durkheim, 2019b) antes de falar sobre a massa, que tem pensamentos confusos. Estabelece-se a oposição entre a massa que é o conhecimento do primeiro gênero e o burocrata que é o conhecimento do terceiro gênero[176]. A massa tem pensamentos "confusos", crenças coletivas, "difusas", dispersas, contraditórias. A linguagem que ele utiliza para falar da massa é a da espontaneidade, do primitivo, da falta de reflexão (a palavra "pré-juízo", assim como o termo muito interessante "subconsciente" são utilizados). O esquema que sustenta tudo isso é o mesmo esquema de pensadores como Le Bon: a visão da massa reproduz os estereótipos socialmente constituídos da masculinidade pensando a feminilidade; a massa é feminina, ou seja, passional, "irrefletida", espontânea. Durkheim obviamente não diz isso, mas o Estado, ao contrário, é masculino. Ele é o local da deliberação e da reflexão ("ele é verdadeiramente um órgão de reflexão"). Ele é a consciência clara que se arranca das crenças e dos preconceitos e tem garantida, em relação às massas, uma independência que é a fundamentação de sua racionalidade.

Em outros textos, ele diz que "o povo" é aquele que, num Estado, não faz parte do governo. Os dirigentes não são os detentores de um poder, mas dos instrumentos da razão. Em *Da divisão do trabalho social*[177], o Estado é o "cérebro" que controla e pensa o corpo social. Ele diz em *Lições de sociologia* que "a função essencial [do Estado] é pensar" (Durkheim, 2019b, p. 72). Em outras palavras, o Estado é um instrumento racional autônomo encarregado de realizar o interesse geral. Aqui, ainda que existam diferenças, estamos muito perto de Weber, para quem a estatização é um progresso de racionalidade (não desenvolverei isso. Como já é difícil mencionar Marx, Hegel e Durkheim, não quero juntar Weber, que é um sociólogo mais complicado de manipular, mais complexo, mais sutil). Num texto intitulado "O Estado", que faz parte de uma coletânea de textos reunidos por

---

176. Espinosa opunha à percepção sensível e às convicções adquiridas por "ouvir dizer" (primeiro gênero) o saber objetivo obtido do uso da razão (segundo gênero) e um "conhecimento de terceiro gênero", intuitivo e acessível apenas ao filósofo, que procede "da ideia adequada de certos atributos de Deus para o conhecimento adequado da essência das coisas" (Espinosa, 2009a, parte V, proposição XXV [1677]).

177. Cf. acima: nota 156.

Victor Karady sob o título *Funções sociais e instituições*, publicada pela Éditions de Minuit, o Estado está acima das forças diversas, é "uma força mais elevada"[178]. Foi isso que eu disse há pouco sobre a ideia da visão espacial, do ponto de vista dos pontos de vista, do ponto de vista sem ponto de vista.

Eu dei alguns elementos dispersos, mas a ideia global que se retira desses textos no fundo é aquela que está no centro da visão hegeliana do Estado, a saber, que o Estado é um grupo de funcionários *sui generis* (para utilizar uma expressão de Durkheim) que está, de alguma forma, fora da classe. Se quiséssemos defini-lo em uma palavra, poderíamos dizer que o funcionário está fora da classe. Ele está acima da luta das classes, está fora do espaço social, sem interesse social específico. Durkheim, ao contrário de Hegel, nem sequer menciona a existência de interesses internos de reprodução. Para não falar dos interesses externos que Marx lembrará... No limite, o Estado torna-se uma espécie de objeto absoluto com o qual o sociólogo não tem que se ocupar: dizer que o Estado está fora do jogo, fora do espaço social, é dizer que ele pensa o mundo social, mas que não pode ser objeto de pensamento.

Eu imputava a ausência de uma sociologia do Estado em Durkheim à prudência legítima da dúvida radical, mas, se formos totalmente consequentes, é preciso visualizar algo diferente. Não pode haver em Durkheim uma sociologia de um corpo que pensa o mundo social, uma sociologia do funcionário. Quando sabemos que o sociólogo que escreve é um funcionário de Estado (é o sociólogo funcionário), podemos supor que o princípio da isenção, do privilégio especial, de alguma forma, que ele concede ao Estado é seu estatuto de funcionário do Estado. Eu acho que, para Durkheim, não existe sociologia do funcionário, assim como não existe sociologia do sociólogo, e minha ideia é que inconscientemente ele isenta o Estado de sociologia para isentar a si mesmo de sociologia. Durkheim é a encarnação do oblato do Estado republicano. Ele é, por mil razões (sua origem judaica, pequeno-burguesa, provinciana...) o tipo exato do oblato de escola, do bolsista que é feito pelo Estado, que é público. O bolsista deve tudo ao Estado: desde sua origem, ele tem uma espécie de consciência identificada ao Estado e

178. "Para manter sob controle todas essas desigualdades, todas as injustiças que resultam necessariamente disso, é preciso, portanto, que exista acima de todos esses grupos secundários, de todas essas forças sociais particulares, uma força igual (soberana) mais elevada que todas as outras e que, consequentemente, seja capaz de contê-las e prevenir seus excessos. Essa força é a força do Estado" (Durkheim, 1975, p. 177).

concede ao Estado aquilo que ele se concede e exige que o Estado lhe conceda, ou seja, a autonomia em relação à política, em relação às classes, em relação aos interesses. Parece-me que, se o Estado é impensável para Durkheim, é porque pensar o Estado o obrigaria a se pensar e a pensar o que há de pensamento do Estado em seu próprio pensamento. Aliás, ele concede um papel extraordinário ao professor universitário enquanto funcionário do Estado... Se, para Hegel, o exemplo do alto funcionário era o alto funcionário prussiano, em Durkheim é o professor universitário dreyfusista. Trata-se de um processo muito clássico: as pessoas universalizam não seu interesse particular (as coisas são muito mais sutis...), mas seu fantasma, seu caso particular. Durkheim propõe uma filosofia de funcionário da Universidade sob a Terceira República, e essa filosofia tem boas chances de passar por universal para aqueles que têm o mesmo caso particular a universalizar. Eu escrevi maldosamente que a estética kantiana é uma estética de professores e que, como só é lida por professores, é sempre percebida como universal[179]. Isso é muito maldoso, mas... é verdade [*risos na sala*]! Da mesma maneira, a teoria hegeliana do Estado é no fundo a teoria que os filósofos teriam se ousassem formulá-la. Mas eles não ousam porque sabem que Marx existe... Falarei disso na próxima aula. Marx continua muito útil, mas não quero ser simples, nem um pouco simplista. Não se trata de dizer que "essas pessoas universalizam seus interesses particulares", o que todo mundo entende rápido demais, e parar aí... O que eu gostaria (fiz isso muito mal hoje) é de tentar criar uma consciência rasgada do Estado. Isso seria pelo menos um resultado, agir de modo a não ser possível se abandonar às reflexões unilaterais, nem mesmo fazer considerações para a terceira parte de uma dissertação[180]. Eu quero deixar vocês num estado de consciência infeliz sobre o Estado [*risos na sala*]...

179. "Nada no conteúdo dessa estética tipicamente professoral poderia opor-se ao fato de que a universalidade lhe seja reconhecida por seus [únicos] leitores comuns, ou seja, os professores de filosofia, ocupados demais em rechaçar o historicismo e o sociologismo para se aperceberem da *coincidência* histórica e social que, neste caso entre tantos outros, encontra-se na origem de sua ilusão em relação à universalidade. E o trabalho de dar forma, necessário para permitir a expressão das pulsões e dos interesses sociais nos limites das censuras de uma forma particular de [cortesia] social, só pode contribuir para facilitar tal ilusão ao fazer, assim, que um discurso – que constitui a arte enquanto certificação da distinção ética e estética como diferença social [desconhecida] e reconhecida – possa ser lido como uma expressão universal da universalidade da arte e da experiência estética" (Bourdieu, 2011a, p. 454-455, tradução nossa).

180. A "síntese" [N.T.].

Aula de 21 de abril de 1988

Uma leitura caridosa da teoria do Estado em Marx – Visão encantada e visão desencantada do Estado – O corporativismo inconsciente dos sociólogos – Uma crítica sociológica das ciências sociais – Primeiro falso problema: sociologia libertadora ou manipuladora? – Segundo falso problema: continuidade ou ruptura? – Para uma história social das ciências sociais – A "pré-história das ciências sociais" – O nascimento das ciências sociais numa posição instável – A sociologia científica e a particularidade da França – A separação das tradições nacionais durante o entreguerras – O desenvolvimento triunfante do pós-guerra

Uma leitura caridosa da teoria do Estado em Marx

[...] A crítica de Hegel [por Marx] é quase uma crítica parágrafo por parágrafo, que me faz pensar na crítica que Leibniz fez de Descartes, uma espécie de anotação nas margens que ele chamou de *Animadversiones in Cartesium* (Leibniz, 1844)[181]. As pessoas têm vergonha da teoria do Estado de Marx porque sua formulação mais sistemática se encontra nesse texto em que Marx [está subordinado a Hegel?], já que no fundo ele comenta situando-se no terreno de Hegel (Marx, 2005). É contra Hegel que ele é levado a dizer coisas que não são reunidas numa teoria sistemática do Estado. Por exemplo, ele ataca a pretensão à universalidade do burocrata hegeliano, mas diz, de passagem, que existem interesses de corpo. Rejeitando a representação hegeliana da unidade da burocracia como consciência de si mesma, do Estado, da sociedade, ele também diz que existem conflitos internos e que esses conflitos

181. Em 1953, quando era estudante, P. Bourdieu empreendeu uma tradução comentada e prefaciada desse texto sob a orientação de Henri Gouhier.

entre frações rivais são conflitos pela apropriação dos recursos administrativos. Isso não é uma ideia central [de sua crítica], mas as ideias secundárias me parecem interessantes porque evitam que Marx seja reduzido a *slogans*. (É uma infelicidade, mas o uso político e o uso acadêmico em geral convergem para "sloganizar" os autores, para reduzi-los a *slogans*. Como eu mesmo sou vítima disso, tenho um interesse particular em defender os autores contra a "sloganização"...) A visão simplista, que não é falsa, para a qual em Marx o Estado é um instrumento de dominação a serviço dos interesses dos dominantes, deve ser suavizada a partir do que eu disse. Marx não contesta a existência de uma autonomia da burocracia e insiste no fato de que os burocratas, diferente do que diz Hegel, realizam uma espécie de apropriação privada do público. Eu acho que no auge de sua forma Marx teria feito melhor. Ele poderia ter dito, em particular, que essa apropriação privada do público tem uma eficácia política, o que é importante. A apropriação privada do universal é um dos fundamentos daquilo que chamo de "violência simbólica", essa violência que se exerce com o consentimento ou a cumplicidade dos dominados, que não aceitariam a dominação da mesma maneira se ela se apresentasse em sua verdade arbitrária de apropriação do privado, de privatização do público ou, como se diz às vezes, de patrimonialização do Estado. Se o poder fosse puramente privado, uma parte dos efeitos de dominação, de desconhecimento e de reconhecimento não poderia ocorrer. Portanto, o Estado serve aos interesses dos dominantes, mas consegue dissimular isso muito bem. (Correndo o risco de me tornar advogado do diabo, aplico a Marx aquilo que os historiadores da filosofia anglo-saxões chamam de "princípio da caridade" (Quine, 2010, § 13; Wilson, 1959), que consiste em tratar um autor da melhor maneira que pudermos, dando-lhe toda a coerência possível. Esse é um princípio elementar da teoria dos jogos: para ganhar, não se deve supor que seu adversário seja um idiota. Ora, com muita frequência, nas lutas científicas, reduzimos o adversário à estupidez mais total, de modo que não temos dificuldade em triunfar. Quando só temos como árbitros 30 alunos um pouco desprovidos [de conhecimento], ficamos tranquilos [*risos na sala*], mas isso não faz a ciência avançar.) Parece-me que ao utilizar o "princípio da caridade", poderíamos prolongar as linhas pontilhadas do pensamento de Marx e construir uma teoria muito sutil que não estaria longe de integrar a teoria hegeliana com a teoria marxista redutora tradicional. Essa teoria estaria próxima da solução provisória que vou propor. Na verdade, acho que, na pesquisa (no meu caso, isso é de qualquer forma uma coisa que faço prontamente), somos constantemente levados a emprestar aos autores coisas que demos a eles. Ao lê-los de maneira caridosa, enxergamos neles coisas (que em seguida vão parecer que as emprestamos para eles...).

A privatização do Estado é uma maneira da burocracia se servir ao servir, de servir aos interesses dominantes de maneira dissimulada. Sem propor um longo comentário, remeto vocês a um capítulo muito interessante de *O capital*, o capítulo X do livro 1, que me parece ser utilizado muito raramente quando tratamos do problema do Estado em Marx[182]. Nesse capítulo, Marx fala das *factory laws*, das leis industriais, e desenvolve em relação aos *health inspectors*, inspetores sanitários[183], coisas muito interessantes sobre a neutralidade do Estado (ainda que elas aparentemente não tenham relação com o Estado). Ele diz que os inspetores sanitários desempenham um papel muito importante a longo prazo para os interesses dos dominantes porque garantem a realização de um mínimo de moral humanista. Eles protegem, de alguma forma (aqui extrapolo um pouco – é sempre o princípio de caridade...), o capitalismo contra a tentação do capitalismo selvagem. Mas seu trabalho é muito ambíguo porque, ao mesmo tempo em que protegem o capitalista contra si mesmo, levando-o a fazer concessões mínimas às exigências dos trabalhadores, eles contribuem (em particular, junto aos filantropos – que, aliás, Marx critica muito violentamente) para tornar o Estado um pouco menos surdo às demandas externas dos trabalhadores[184]. Marx também faz uma alusão à imprensa[185], concedendo-lhe um papel análogo: ele não deixou de

182. Na aula anterior, P. Bourdieu já havia feito uma rápida alusão ao capítulo "A jornada de trabalho" (Marx, 2013) (na edição brasileira, trata-se do capítulo 8) [N.T.].

183. Trata-se de inspetores instituídos pela lei sobre as fábricas de 1850: "São nomeados os guardiões dessa lei, os inspetores de fábrica, diretamente subordinados ao Ministério do Interior e cujos relatórios são publicados semestralmente por ordem do Parlamento. Tais relatórios fornecem uma estatística contínua e oficial da avidez capitalista" (Marx, 2013, p. 314).

184. P. Bourdieu sem dúvida tira essas conclusões (que não parecem explícitas no texto de Marx) da descrição detalhada, proposta na sexta seção do capítulo (Marx, 2013, p. 349-369) sobre a evolução da "legislação fabril inglesa de 1833 a 1864", baseando-se em observações gerais que Karl Marx formula em outras seções, como esta: "*Après moi, le déluge*! [Depois de mim, o dilúvio] é o lema de todo capitalista e toda nação capitalista. O capital não tem, por isso, a mínima consideração pela saúde e duração da vida do trabalhador, a menos que seja forçado pela sociedade a ter essa consideração" (Marx, 2013, p. 342. Uma nota de rodapé reproduz trechos do jornal *Times* e de um relatório do *Registrar-General* de 1861).

185. P. Bourdieu talvez pense na passagem citada na nota anterior e numa passagem mais longa em que Karl Marx menciona os diários londrinos que, em junho de 1863, destacam a "Morte por simples sobretrabalho [...] [de uma] empregada [de 20 anos de idade] numa manufatura de modas deveras respeitável, fornecedora da Corte e explorada por uma senhora com o agradável nome de Elise" (Marx, 2013, p. 327).

dizer que a imprensa está a serviço do capital, mas como aqui ele trabalha [nesse capítulo] com as realidades, toma a realidade em sua complexidade e mostra que a burocracia permanece relativamente aberta às pressões. Essas pessoas [os inspetores sanitários, a imprensa] na verdade são estruturalmente ambíguas: elas servem à burguesia ao fazê-la evitar as grandes besteiras e os choques resultantes, mas contribuem ao mesmo tempo para reforçar a imagem da burocracia do Estado como neutra, sensível a imperativos morais, situada acima das classes. Marx toca aqui em algo muito importante, em particular para a reflexão sobre as relações entre a ciência social e o Estado que vou tentar propor a vocês hoje.

Aqueles que se esforçam em tratar praticamente dos problemas sociais e que podemos chamar, para utilizar um termo geral, de "assistentes sociais", podem ser descritos de duas maneiras absolutamente contraditórias. Numa lógica marxista (a lógica da "luta final"), eles são os cúmplices do capital e seu humanismo é uma maneira sutil e delinquente de servir aos interesses dos dominantes. Mas eles também permitem que os trabalhadores obtenham um mínimo de dignidade e contribuem assim (há uma anotação de Marx; se vocês lerem o texto, encontrarão tudo isso) para lhes dar uma consciência mínima para revoltarem-se contra suas condições. Portanto, trata-se de algo muito ambíguo.

Insisto nesse ponto porque me parece que o assistente social e o sociólogo são irmãos. O sociólogo, que, em sua natureza social, sobretudo na origem, é no fundo percebido como um assistente social, como um colaborador da filantropia, entra no campo científico com uma identidade objetiva extremamente ambígua. Essa identidade objetiva bastaria para induzir uma imagem ambígua da vocação, mas a isso se junta o fato de que, muitas vezes, por razões subjetivas relacionadas particularmente à sua trajetória social, o sociólogo entra [na sociologia] com uma imagem ambígua de filantropo: ele quer servir, ser útil, em particular aos dominados nos períodos de crise. Essa ambiguidade da definição objetiva e da vocação subjetiva sustenta, portanto, a identidade do sociólogo e remete com muita força ao problema da ambiguidade do Estado e dos agentes de Estado. Para enxergar melhor essa ligação, vocês podem pensar naquilo que eu disse sobre Durkheim e sua relação com o Estado[186].

Volto um instante a Marx: podemos reduzir sua teoria [do Estado] a uma simples antítese da teoria de Hegel, mas me parece mais interessante dizer que,

186. Cf. a aula anterior.

sem ter feito a teoria claramente, Marx girava ao redor da ideia da autonomia relativa do Estado e da ideia de neutralidade. De alguma maneira, ele poderia ter integrado em sua teoria do Estado a visão hegeliana, que não é antagônica à sua. Poderíamos dizer que o burocrata, tal como Marx pôde pensá-lo, está inscrito num corpo organizado e orgânico (Marx consente com a visão organicista do Estado de Hegel) dotado de interesses específicos enquanto corpo e dividido por lutas, tensões e conflitos que, em último recurso, estão subordinados aos interesses coletivos da corporação. Trata-se aqui de um axioma implícito das ciências sociais, segundo o qual um corpo ou um grupo não se suicida. Sem dizê-lo explicitamente, sempre designamos ao corpo uma tendência a perseverar no ser, uma tendência a curar seus ferimentos (como um corpo que se cicatriza). Essa tendência do corpo burocrático a perseverar limita as agressões contra o corpo que as lutas internas ao corpo poderiam engendrar. Longe de excluir a existência de lutas dentro do corpo, Marx as descreve de maneira extraordinária. Como ele estava muito irritado com Hegel (criticar gera inteligência), diz, por exemplo, que a retenção de informações é um instrumento na luta burocrática[187]. Eu disse que a teoria hegeliana dedica um grande espaço à circulação da informação[188] e Marx compreendeu que a moeda cotidiana da luta burocrática consiste em atrasar os dossiês, em se recusar a dar informações etc. Ele indica, de passagem, que a manipulação de informações e de outros recursos é posta a serviço do carreirismo e da competição entre cliques burocráticas rivais (é o corpo das Minas que corta o ramo do corpo de inspeção das Finanças).

Portanto, ele destacou a existência dessas lutas internas e compreendeu que elas encontravam seus limites no interesse coletivo da burocracia: em último recurso, nos momentos críticos, os burocratas sabem [se controlar]. Como eu sugeri, podemos, além disso, se basear no que ele disse sobre os assistentes sociais para emprestar-lhe a intuição de que o desinteresse e a submissão ao universal, essa representação

187. Aqui P. Bourdieu provavelmente se refere à seguinte passagem: "A burocracia tem a posse da essência do Estado, da essência espiritual da sociedade; esta é sua *propriedade privada*. O espírito universal da burocracia é o *segredo*, o mistério; guardado em seu interior por meio da hierarquia e, em relação ao exterior, como corporação fechada. Por isso o espírito público do Estado, assim como a disposição política aparecem para a burocracia como uma *traição* de seu mistério. A autoridade é, portanto, o princípio de seu saber e o culto à autoridade é sua *disposição* [...] Quanto ao burocrata tomado individualmente, o fim do Estado se torna seu fim privado, uma *corrida por postos mais altos*, um *carreirismo*" (Marx, 2005, p. 66).

188. Cf. acima, nas páginas iniciais do subtítulo "A burocracia", da aula de 14 de abril de 1988.

ideológica que a burocracia tem de si mesma, fazem parte das condições do funcionamento bem-sucedido da burocracia. Esta, acreditando-se universal, consegue fazer com que se acredite nisso e essa universalidade de representação contribui para a eficácia simbólica da representação se aceitarmos minha definição da violência simbólica como violência que é desconhecida como arbitrária nos interesses particulares que a determinam e que, por esse fato (sem sequer que exista um ato de reconhecimento, como na lógica hegeliana), é reconhecida como legítima. O desconhecimento do arbitrário fundamenta o reconhecimento. Numa lógica marxista ampliada e caridosa, podemos assim emprestar a Marx uma teoria da neutralidade do Estado e fazer perceber que o desinteresse, as representações da burocracia como universal, contribui para a realização das funções da burocracia, e uma dessas funções consiste em enunciar vereditos universais.

Com efeito, os vereditos burocráticos (resumo em uma frase um desenvolvimento sobre o poder de nomeação que fiz de modo muito extenso nos anos anteriores)[189] são o equivalente, neste mundo mundo, aos vereditos divinos; a burocracia é a última instância, aquela que em último recurso tem a última palavra e que é detentora do monopólio de definição da identidade. Dediquei uma análise longa a esse ato burocrático por excelência que é o certificado[190] (o certificado de invalidez, o certificado de doença, o certificado de ex-combatente, o certificado de aptidão ao ensino, o certificado de estudos etc.). Quando falamos de "certificado", nunca sabemos quem é o sujeito desse verbo latino[191]. Num sentido, é o Estado (essa instância última para além da qual só existe Deus...) que certifica que você é digno de ensinar (ou que você está verdadeiramente doente e tem direito a uma pensão) e não há mais contestação possível; o Estado certifica em nome de todos. O ato burocrático do certificado dá a sanção do universal a um ato de categorização particular e está quase sempre acompanhado da atribuição de um estigma (no caso de um certificado de infâmia) ou de lucros simbólicos e materiais (pensões, recursos etc.). Esse ato de atribuição, de distribuição legítima, é universal e incontestável. Ninguém pode se opor a ele (ou então é preciso abrir um processo, o que leva a recorrer ao Estado – para contestar o veredito do Estado).

---

189. P. Bourdieu tratou com frequência da "nomeação" em seu curso de sociologia geral; pode-se referir à entrada "nomeação" no índice remissivo dos cinco volumes de *Sociologia geral*.

190. Cf. a aula de 9 de maio de 1985 (Bourdieu, 2023c, p. 217-235).

191. O verbo "certificar" vem do latim *certifico* e P. Bourdieu lembra que ele se decompõe em *certus-facio* (Bourdieu, 2023c, p. 218).

O certificado como ato burocrático pressupõe tacitamente o desconhecimento e o reconhecimento do arbitrário.

Mesmo que suponhamos que o Estado esteja, como disse Marx, a serviço dos dominantes, ele não é percebido como tal na realidade prática de seu funcionamento e não funcionaria se fosse percebido como tal. No fundo, aquilo que podemos muitas vezes criticar em Marx é que se o mundo social fosse como ele diz (essa leitura de Marx é a menos caridosa, mas apesar de tudo corresponde à expressão de seu pensamento), nem o Estado nem sequer o trabalho funcionariam. (Faço um curto parêntese: se o trabalho fosse realmente alienação de todos os instantes (Bourdieu, 2001c, p. 247-252), isso não funcionaria – nem vale a pena mencionar o modelo japonês[192]...) Digo coisas muito esquemáticas e meto os pés pelas mãos. Quero simplesmente fazer sentir que existe, por trás dessa análise particular do pensamento de Marx, algo muito mais geral. Posso fazer a ligação com um tema que mencionei aula passada: o pensamento de Marx deve sua difusão vulgar e vulgarizada ao fato de ele deliciar o semi-hábil que, com sua visão redutora de primeiro grau ("o desinteresse não existe, ele esconde o interesse") não enxerga que se o interesse fosse realmente aquilo que mobiliza exclusivamente as condutas que se pretendem desinteressadas, o efeito de desinteresse não se exerceria.

Visão encantada e visão desencantada do Estado

Para fechar esta série de reflexões, quero chegar às relações entre a ciência social e o Estado e colocar para a ciência social as questões que ela coloca para o Estado. Direi as coisas de maneira muito simples. Para começar, esbocei um questionamento crítico da representação que o Estado apresenta de si mesmo, por meio da teoria do desinteresse e do serviço público que propõe D'Aguesseau, um dos primeiros grandes ideólogos do Estado. D'Aguesseau elabora uma moral humanista que se realiza não no retiro e na vida privada como em Montaigne, Charron e os libertinos; mas na oblação da pessoa individual ao público, no serviço público. Essa representação foi construída ao mesmo tempo em que se construiu o Estado. Em seguida, propus visões críticas contra essa representação. Por meio da oposição entre Hegel e Marx, repeti a oposição entre o desinteresse e o interesse, entre a visão encantada (ou, se quisermos, mistificada) do Estado que

192. O crescimento econômico do Japão ainda é grande na década de 1980 e o "modelo japonês" suscita muitos comentários e análises.

aceita como moeda corrente a representação que o Estado oferece de si mesmo (a palavra "representação" deve ser compreendida em seus diferentes sentidos, especialmente em seu sentido teatral) e a visão desencantada que, por exemplo com Pascal, diz que o arminho e a toga são teatro[193]. De alguma forma, a visão desencantada, crítica e redutora, encarnada habitualmente por Marx, demole a teatralização. Ela faz descobrir o "recanto pessoal" ["*arrière-boutique*" – "fundos da loja"], como diria Montaigne[194], ou o "avesso do decoro", como diria Goffman[195] (que é muito típico dessa tradição... O fato de Goffman ser filho de um quitandeiro[196] não é anedótico: ele sabia que, por trás dos magníficos arranjos nos estandes dos quitandeiros, há o que se diz nos fundos da loja ("Você o enrola..." [*risos na sala*]. Não estou inventando, ele descreve muito bem em seus livros o diretor de hotel que chega a toda velocidade e muda de atitude ao passar das portas batentes [*risos na sala*][197]... A visão do Estado também está aí...). Opostos [a essa tradição] estão aqueles que aceitam o teatro, as cerimônias ou a "religião cívica", como diz Bellah (1992), que retoma o teatro estatal sem a menor hesitação. A "religião cívica" é importante nos Estados Unidos: é o *show* que o Estado apresenta de si mesmo, as grandes cerimônias cívicas, a teatralização da política...

O corporativismo inconsciente dos sociólogos

A visão espontânea do sociólogo ("tudo isso é teatro") é a do adolescente que, para ser espertinho, diz: "Comigo isso não funciona, eu sei que isso é só teatro, é só representação". Essa visão esquece que a representação tem eficácia e que não

193. Alusão aos pensamentos sobre "a razão dos efeitos" (Pascal, 1973).

194. "É preciso ter, se possível, mulher, filhos, fortuna e principalmente saúde, mas não se prender a isso a ponto de prejudicar nossa felicidade. É preciso ter como reserva um recanto pessoal, independente, em que sejamos livres em toda a acepção da palavra, que seja nosso principal retiro e onde estejamos absolutamente sozinhos. Aí nos entreteremos de nós com nós mesmos, e a essa conversa, que não versará nenhum outro assunto, ninguém será admitido. Aí nos abandonaremos a nossos pensamentos sérios ou divertidos, como se não tivéssemos mulher nem filhos, nem bens, nem casa, nem criadagem, de maneira que se um dia eles nos faltarem não nos custe demasiado a carência" (Montaigne, 1972, I, XXXIX, p. 120 [*Essais*, 1580]).

195. Cf. as noções de "bastidores" e de "região de fundo" em Goffman (2014, p. 101-131).

196. De origem ucraniana e judia, os pais de Erving Goffman instalaram-se como comerciantes numa cidade de Manitoba. Yves Winkin, que trabalhou com P. Bourdieu, publicara (algumas semanas antes desta aula) um texto estabelecendo os laços entre a biografia e a sociologia de Goffman, cf.: Winkin (1988, p. 11-92).

197. Cf., por exemplo, a passagem sobre o Hotel Shetland: Goffman (2014, p. 109-112).

ficaríamos tão irritados com a representação se não a tivéssemos em grande parte em nossa cabeça. Ela também esquece que a pergunta feita ao Estado ("Em nome de que, de que direito você se pretende universal? Sua pretensão ao universal pode se reduzir à particularidade dos interesses que você universaliza ao identificá-los com o universal") é reversível e que ela deveria ser feita imediatamente para o sociólogo. A arma de defesa elementar do não sociólogo consiste em devolver a pergunta para o sociólogo: "Você relativiza tudo, mas o ponto de vista a partir do qual você relativiza é relativizável". Essa réplica de baixíssimo nível é a discussão ordinária sobre a ciência social. O que normalmente acontece é que o sociólogo se defende dessa relativização blindando-se, mitridatizando-se, acostumando-se com essa objeção, dizendo que ela é ridícula ou que não faz sentido.

Às vezes, ele pode ser levado a pura e simplesmente se esquecer disso. Assim, para Durkheim – nós já vimos –, existe uma autonomia do Estado e o funcionário do Estado, incluindo o caso particular do sociólogo, partilha dessa autonomia. Não estou exagerando, acho que a solução durkheimiana foi esta: a República (dos professores) é universal, já que está conforme à visão professoral do universal. A Nova Sorbonne[198] é ao mesmo tempo uma tentativa de constituir uma ciência social autônoma mediante a ruptura com as pré-noções e o senso comum e uma contribuição para a construção de um Estado neutro, universal, esclarecido pela ciência e capaz, graças à reflexividade que a ciência lhe dá, ou seja, os professores, de fazer a sociedade atingir a consciência de si mesma e conduzi-la racionalmente. Durkheim não explicita a solução de maneira metódica mas ela me parece subjacente a toda sua obra: não faz sentido formular ao sociólogo a pergunta da universalidade, interrogar o seu desinteresse, o interesse que ele pode ter em ver o interesse das outras pessoas (aliás, acho que Nietzsche é muito mais sofisticado)[199], o interesse particular dos sociólogos redutores das posições universais em fazer essa redução. Para Durkheim, o sociólogo é justificado para existir, é sociólogo de função, é sociólogo funcional.

198. A expressão "Nova Sorbonne" remete às reformas que, no começo da Terceira República, reforçaram as ciências em detrimento da cultura literária tradicional e da influência religiosa. Por volta de 1910, os defensores da cultura letrada tradicional agarravam-se a Émile Durkheim, Gustave Lanson e Charles Seignobos, que personificavam, para eles, "o espírito da Nova Sorbonne" (Agathon, 1911).

199. P. Bourdieu referiu-se a Nietzsche na aula anterior.

Aqui se coloca a questão da história das relações entre as ciências sociais e o Estado, que vou responder com uma espécie de sobrevoo a passadas largas (não sei se é possível voar a passadas largas [*algumas risadas na sala*], mas não importa). Será que as ciências sociais podem se esquivar da questão do desinteresse? Será que os sociólogos que não falam do problema não estão abaixo do Chanceler D'Aguesseau? Não devemos esquecer que D'Aguesseau foi um dos primeiros tecnocratas esclarecidos a tentar, entre outras coisas, fazer estatísticas, especialmente para compreender as fomes, as colheitas ruins de trigo. Ele tinha pelo menos o mérito de ter um discurso explícito para tentar justificar seu desinteresse, o que é melhor do que nada. Durkheim e a maioria dos sociólogos absolutamente não levam em conta o problema. Historicamente, pouquíssimos sociólogos realmente se colocaram o problema que colocarei hoje.

Para mim, a única maneira das ciências sociais escaparem o mínimo que seja da particularidade, da singularidade, dos determinismos sociais, ou seja, de serem um pouquinho... não desinteressadas, mas sim libertadas dos interesses particulares, dos vieses seletivos, das parcialidades, é tentar levar a sério essa pergunta, tentar compreender suas particularidades. Entre essas particularidades, algumas têm a ver com a gênese histórica da posição do sociólogo e, rapidamente, com o fato de que a posição de sociólogo nasce como uma posição de assistente social. O sociólogo corre grande perigo de entrar no objeto ou, para dizer as coisas brutalmente, cair na panela, quando estuda os colegas ou os assistentes sociais. Ele pode acreditar que está objetivando quando tenta ser esperto. Ele está igualmente em perigo quando estuda o Estado, que muitas vezes está no princípio de sua possibilidade (ele deve ao Estado – isso é importante – um salário permanente etc.) e de sua propensão a ser espertinho. (Não levarei essa análise reflexiva até o fim porque, como as pessoas não estão acostumadas a essa espécie de socioanálise pública[200], isso poderia ser percebido como narcisismo. Devido às expectativas sociais relacionadas a elas, algumas coisas não podem ser ditas porque seriam percebidas como exatamente o oposto do que são, pelo menos subjetivamente. Menciono isso para explicar minhas hesitações em dizer algumas coisas que creio importantes, ou a escolha de dizê-las de maneira eufemizada. Quando as condições de recepção não são adequadas, é preciso se censurar pelo menos parcialmente porque poderíamos parecer dizer o contrário – ou seríamos entendidos como

---

200. Sobre a noção de socioanálise, cf. em particular Bourdieu e Wacquant (1992, p. 45-70).

dizendo o contrário – daquilo que poderíamos dizer. Esse parêntese é importante para que eu possa dizer o que vou dizer.)

Agora que dei o contexto no qual me situarei, tento recapitular. Por que não podemos, para mim, abordar o problema do Estado de maneira inocente? Por que esse problema obriga, mais do que os outros, o sociólogo à reflexividade? A sociologia está tão submetida ao efeito bumerangue, ela pode tão raramente fazer uma pergunta sem que as pessoas tenham vontade de devolvê-la a ela, que tenho dificuldade em compreender que os sociólogos não sejam sempre reflexivos. Eles deveriam estar sempre em alerta, mas a blindagem metodológica, teórica, a moral coletiva, o moral coletivo são tão fortes que os sociólogos se protegem contra os ataques. Aliás, poderíamos demonstrar que as expectativas antagônicas alimentadas a seu respeito, incluindo aqui [pela plateia do Collège de France], contribuem para isso. Por um lado, endeusamos o sociólogo, perguntamos tudo para ele (posso confirmar isso: tenho uma lista dos assuntos que me perguntam constantemente)[201]. Hoje em dia, bem mais do que o filósofo e o psicólogo, ele é uma das pessoas das quais tudo se espera, uma resposta sobre o "Buraco de Halles"[202] ou sobre a "opinião pública". Por outro lado, e com justiça, a ele não se concede nada: "Os sociólogos não sabem nada, isso não é uma ciência". Essa expectativa dupla que faz parte do horizonte de recepção do discurso sociológico contribui para encorajar o sociólogo a se fechar e recusar a reflexividade: a ele se pede tanto e se concede tão pouco que pensa que, se começar a mencionar as dificuldades fantásticas a que está submetido enquanto especialista dessa coisa bizarra que é o mundo social, a ele nada mais será concedido. Existe uma espécie de corporativismo inconsciente e sem dúvida corro um risco considerável de decepcionar quando dou com a língua nos dentes ao dizer que apenas a dúvida radical que pratico pode dar uma pequena chance de fundamentar a possibilidade do começo de um discurso científico sobre o mundo social. Muitas pessoas se arriscam a dizer: "Bourdieu, que está situado estatutariamente num alto lugar da ciência social, disse que a sociologia..." Essa disciplina sempre iniciante, sempre ameaçada, sempre tem um revólver político na sua têmpora... Sabemos de todas

---

201. Na década de 1980, P. Bourdieu já recebia um grande número de solicitações jornalísticas. A obtenção da cátedra de sociologia do Collège de France aumentou o interesse dos jornalistas nele.

202. Longos debates surgiram depois da decisão, em 1960, de destruir [o mercado] de Halles Baltard, situado no centro de Paris, para construir em seu local (chamado, durante a fase de obras na década de 1970, de o "Buraco de Halles") o centro comercial do Fórum de Halles, inaugurado em 1979.

essas coisas, mas, como esquecemos de dizê-las, acabamos as esquecendo e os sociólogos se agarram a uma espécie de moral provisória[203], a uma epistemologia provisória, a um consenso mole dos doutores: "Existimos, portanto, merecemos existir". Eu acho que não é tão simples... Perdoem [essa maneira de falar], mas isso é realmente o que eu queria dizer.

Repetirei em termos mais acadêmicos. Se não podemos abordar, enquanto sociólogo, historiador ou economista, o problema do Estado sem sofrer o efeito bumerangue, é porque não podemos questionar (o que é a atividade normal do sociólogo) a representação oficial que a instituição estatal oferece de si mesma sem sermos levados, por reverberação, a questionar a representação oficial que a disciplina sociológica oferece de si mesma, em parte com base num mandato ou numa delegação de Estado, com base no fato de que existem cátedras, que professores certificados certificam nessas cátedras, que a sociologia tem a *licentia docendi*[204]. Eu acho que é essa coisa que é preciso arriscar, o que consiste em formular a pergunta na base daquele texto extraordinário de Kant (2021) que é *O conflito das faculdades*. Kant distingue dois grandes tipos de faculdades: de um lado, as faculdades temporais (teologia, medicina, direito) que recebem mandato do Estado e que não devem se interrogar sobre suas fundamentações porque o Estado lhes diz que elas têm fundamentação em existir, que têm uma missão social, que cumprem um função; do outro lado, as ciências que podemos chamar de puras e que não têm delegação do Estado. Essas últimas ciências colocam às faculdades temporais a questão de sua fundamentação científica: "Vocês, juristas, médicos e teólogos, estão fundamentados temporalmente, mas nós colocamos para vocês a pergunta de sua fundamentação, nós colocamos a vocês a pergunta da religião nos limites da simples razão (Kant, 2024), nós perguntamos não sobre sua fundamentação social (não somos revolucionários) mas sobre sua fundamentação científica". As faculdades que não são mais fundamentadas socialmente se levam a formular a pergunta de suas fundamentações científicas, e acho que a questão da fundamentação que obceca os filósofos é um efeito de reverberação [...]. Será que a sociologia está do lado das faculdades temporais ou das faculdades puras? Historicamente, a faculdade de sociologia (se existisse...) está do lado

203. Alusão à "moral provisória" que Descartes se dá no *Discurso sobre o método* (terceira parte).

204. A *licentia docendi* foi um dos primeiros graus concedidos pela universidade medieval. Ela dava uma autorização de ensino.

do temporal. Ela nasce, como uma faculdade de teologia, medicina ou direito, de uma necessidade, de uma demanda, de um mandato social de assistência teórica aos reformadores sociais. É preciso saber disso para não jogar um jogo duplo. No fundo, quando a sociologia se esquiva da pergunta da fundamentação e quer se livrar dos filósofos, por assim dizer, é porque ela tem a sensação de estar fundamentada socialmente ou de estar fundamentada sobre teorias que, como o marxismo, são sua própria fundamentação social (mas isso nem sequer é preciso: podemos ser reformistas durkheimianos – quando dizemos que somos "durkheimianos", muitas vezes é isso que, inconscientemente, queremos dizer).

Uma crítica sociológica das ciências sociais

Vou agora formular a questão do estatuto das ciências sociais e tentar dar o programa (o trabalho a fazer é enorme) de uma crítica sociológica das ciências sociais. A palavra "crítica" deve ser entendida no sentido kantiano: quais são as condições sociais de possibilidade da ciência social tal como ela existe hoje nos diferentes países em que se fala de sociologia (Kant, 2024)? Formulo a pergunta clássica do kantismo especificando-a sociologicamente: quais são as condições sociais de possibilidade e, ao mesmo tempo, os limites inerentes a essas condições sociais de possibilidade? Trata-se de se perguntar como essas ciências podem existir, como é possível que elas sejam legitimadas a existir. A questão de saber se existe uma necessidade das ciências sociais é formulada periodicamente e os sociólogos a rejeitam imediatamente como ingênua: "Nós existimos enquanto ciência, estamos justificados por um fim puro de conhecimento". A ideia central que vou desenvolver é que no fundo esse fim puro de conhecimento não passa de um apêndice, de um desenvolvimento marginal obtido por meio de uma espécie de desvio. Para falar de maneira muito peremptória, a demanda social não é uma demanda de cientificidade pura, mas uma demanda de *serviço,* e é em favor [de certas conjunturas e] segundo certas lógicas que vou tentar mencionar muito rapidamente que uma fração das pessoas com um mandato social para estudar o mundo social podem desviar o mandato social que lhes é concedido para fins puros e puramente internos, ou em todo caso para fins que se acreditam puros e puramente internos. É por meio de uma espécie de artimanha e de desvio da energia social que é possível desenvolver essa lógica pura. Isso vale para todas as ciências, mas particularmente para as ciências sociais, e eu afirmaria prontamente a tese segundo a qual, no fundo, ninguém quer uma ciência social verdadeira. Não existe uma demanda social para uma ciência social verdadeira porque a ciência social desvela coisas que não queremos saber. Não desenvolverei isso[205]...

Primeiro falso problema: sociologia libertadora ou manipuladora?

O problema que acabo de formular da gênese social das ciências sociais ou das fundamentações sociais da existência das ciências sociais me parece, de modo geral, ser colocado de maneira muito superficial. Eu gostaria de listar duas ou três perguntas ao redor das quais os debates parecem girar.

Mencionarei o primeiro problema por meio de um artigo de Daniel Lerner[206] que é um texto exemplar. Para começar, ele data de uma época em que as ciências sociais estavam triunfantes (enquanto atualmente estamos – voltarei logo a isso – num período de regressão em que elas são questionadas, seus créditos são cortados). A ciência social era literalmente carregada por uma demanda e por uma espécie de neokeynesianismo ambiente[207]. Em seguida, como o texto foi publicado nos Estados Unidos, Lerner era uma ótima encarnação do *establishment* da época. Nessa perspectiva, as ciências sociais são essencialmente um instrumento de transformação esclarecida, de governo racional, que deve fornecer a base de uma organização racional dos negócios sociais. Lerner tem frases extraordinárias sobre isso: o progresso das ciências sociais [...] é a marcha da razão na história, é o sal da terra[208], é absolutamente o que Durkheim dizia, é "*self-observation under democratic government*" (Lerner, 1959, p. 29), ou seja, a auto-observação sob um governo democrático (não se inventa uma frase dessas...). É a ideia de consciência de si: os sociólogos recebem do governo democrático um mandato para estudar cientificamente o mundo social e contribuir para esclarecer o governo democrático para ter mais democracia. O sociólogo não é de forma alguma o sociólogo crítico em ruptura. Ele tem uma maleta, um computador, vai todos os dias para seu escritório, bem penteado e bem-vestido, está bem integrado,

205. Cf., em particular, textos de P. Bourdieu do início da década de 1980: por exemplo, "Uma ciência que incomoda" e "O sociólogo em questão" (Bourdieu, 2019c, p. 22-60).

206. Trata-se sem dúvida do seguinte artigo: Lerner (1959, p. 13-39).

207. Michael Pollak, que escreveu sua tese sob orientação de P. Bourdieu, trabalhou sobre esse período. Cf., em particular, Pollak (1976).

208. Talvez se trate de citações de Daniel Lerner, mas elas não se encontram no artigo ao qual P. Bourdieu parece se referir.

participa de congressos nacionais e internacionais, escreve comunicações etc. Ele se caracteriza por um certo estilo de ser. Ele sabe fazer protocolos, distingue imediatamente um artigo bom de um ruim porque existe um consenso científico ("Não, [esse artigo] não funciona, isso é crítica, onde estão os dados?"), ele tem uma coletividade certa de si mesma, que decide.

Para dar um exemplo, Lerner escreveu um livro, *O fim da sociedade tradicional* (Lerner, 1958), que estava muito ligado a essa velha história da sociologia americana que é a ideia de modernização: existe um progresso do tradicional para o moderno, uma via de mão única, e sabemos como ajudar as sociedades nesse processo. Direi duas palavras sobre esse livro extraordinário que foi publicado na mesma época e dá uma ideia do contexto. Ele se baseia num questionário que foi aplicado em cinco países do Oriente Médio (no Egito etc.) e tinha cerca de 80 perguntas, das quais, acho, 65 estavam relacionadas à mídia, à televisão, ao rádio [*algumas risadas na sala*] etc. No meio de várias perguntas do tipo "Quando você vê um filme, você se identifica [com os personagens]?", havia, realmente por acaso, uma pergunta sobre o nível de educação e outra sobre o nível de renda (quase não exagero). A partir disso, as civilizações em questão foram classificadas numa escala de progresso na direção da modernidade, e um dos critérios era sua capacidade de se projetar em coisas diferentes. Em relação a essa visão encantada, lembro-me de que citei na crítica desse texto[209] uma frase terrível de Nietzsche sobre a felicidade inglesa: em última instância, a felicidade inglesa é uma vaga no Parlamento [*algumas risadas na sala*]! Lerner construiu um barômetro do grau de desenvolvimento da barbárie à civilização em nome da ideia de que nossa sociedade desenvolvida e democrática tem os meios de conhecimento mais desenvolvidos, questionários, computadores e pode educar quem quer que seja. Essa visão nem sequer se percebe como racista ou etnocêntrica, e sim como humanista. Estou caricaturando, mas essa corrente sempre está presente no mundo social. No fundo, essas pessoas são os filhos de Durkheim. Elas reconciliam tudo: a cientificidade acadêmica, a consagração interna por uma universidade reconhecida pelo Estado e a consagração política. Com muita frequência, elas têm grandes carreiras acadêmicas e obtêm altos lucros econômicos. Aqueles que

209. Cf.: Bourdieu (1975c). A epígrafe do artigo é: "Esforçam-se por demonstrar que o aspirar à felicidade inglesa, quer dizer, ao *comfort* e à *fashion* (e no mais alto expoente, uma cadeira do Parlamento), é o verdadeiro caminho para a virtude, e que todas as virtudes até hoje conhecidas no mundo consistiram em tal desejo" (Nietzsche, 2014, p. 149).

chamávamos de *jet sociologists*[210] muitas vezes estavam nessa categoria (há toda uma lista de sociólogos americanos *e franceses* [*risos na sala*]...).

A posição oposta consiste em ver na sociologia um instrumento de manipulação a serviço dos dominantes. Estamos tratando, como se pode ver, da mesma alternativa em relação ao Estado (será que o burocrata é o servidor do universal que ajuda a atingir o progresso ou um instrumento de manipulação a serviço dos dominantes?) e aquilo que eu disse há pouco sobre a ambiguidade dos assistentes sociais tais como Marx os enxergava em seu capítulo de *O capital* ganha aqui toda sua força. Para resumir, será que a sociologia é um instrumento de libertação ou de manipulação? Em 1968, houve debates sobre a repressão e o sociólogo-policial [*sociologue-flic*]. Dependendo de sua posição no campo sociológico, os sociólogos obviamente têm interesses muito desiguais em se colocar num ou noutro lado da alternativa. Poderíamos dizer que quanto menos profissionais são, mais têm interesse em dizer que a sociologia é um instrumento de repressão. Digo isso de maneira simples para fazer os sociólogos presentes aqui refletirem, para incitá-los a se perguntarem: "Onde estou no espaço da profissão, onde está o espaço da profissão no Estado, onde está o Estado? Em que minha posição explica minha propensão a estar mais de um lado ou do outro?" Para mim, a alternativa "instrumento de libertação/de manipulação" é uma pergunta muito falsa, mas ela é socialmente muito forte. Estamos tipicamente diante de um problema social que se converteu em problema sociológico e é dramático quando uma ciência toma, para se interrogar, as questões brutas que lhe são feitas. Eu disse no começo que a sociologia não deve ser surda à questão de sua existência, mas ela tem o direito de agir de modo a ser o sujeito de suas próprias interrogações, o que pressupõe, para começar, que ela as escute e em seguida que as filtre, que ela as examine e que, no fundo, faça o que acabo de dizer para vocês. Não se pode responder a essa pergunta sem formulá-la completamente, não podemos aceitá-la da forma pela qual é elaborada por um jornalista (se amanhã um semanário parisiense perguntar: "a sociologia, manipuladora ou libertadora?", todos os sociólogos responderão – haverá algumas exceções, eu asseguro, garanto para vocês [*risos na sala*], mas muitos responderão). Não se trata de evitar a questão, mas é preciso ter sistemas de defesa contra essas questões.

---

210. [Sociólogos a jato]. P. Bourdieu às vezes utiliza esse termo irônico para designar aquilo que algumas tipologias elaboradas por pesquisadores americanos chamavam de universitários "cosmopolitas". Cf. Gouldner (1957) e Bourdieu (2013a).

Segundo falso problema: continuidade ou ruptura?

Segundo problema, um pouco mais sofisticado (para cada um desses problemas haveria bibliografias imensas): existe continuidade ou ruptura? Pergunta-se, para ir rápido, se a ciência social surgiu na segunda metade do século XIX ligada às lutas sociais e às grandes lutas políticas desse século ou se ela sempre existiu, e poderíamos fazê-la voltar até Platão, Maquiavel, Condorcet etc. Isso não é apenas uma questão acadêmica. Ela é porque permite escrever teses e muitos problemas sociológicos só existem porque há teses e porque a tese enquanto instituição existe. Um monte de problemas sociológicos só existe porque as revistas sociológicas aceitam publicá-los. Como eu disse há pouco, o sociólogo está protegido contra os questionamentos radicais pelo fato de não estar exposto a que cortem seu salário (ou então seu salário simbólico). Existem lugares de publicação em que não se pergunta se vale a pena escrever o 405º artigo sobre o Estado em Durkheim: se existe uma demanda social, estou justificado [em fazer o que faço]. Se esse tipo de demanda social desaparecesse, muitos sociólogos teriam que se fazer muitas perguntas...

Em relação ao problema "continuidade ou ruptura?", há um livro interessante (sei que há pessoas na sala que se interessam por esse tipo de problemas) de Hans Maier (1969). Ele trata da gênese da *Politische Wissenschaft* (a ciência do político) nos principados alemães dos séculos XVII e XVIII. Maier analisa esses conselheiros de pequenos príncipes alemães (um caso célebre é Leibniz) que sempre mencionamos sem saber bem o que disseram e que produziam uma espécie de conselhos políticos para as autoridades governamentais. Nessa categoria, há o que poderíamos chamar de "personagens de instituição" ambíguos que seriam interessantes de estudar (na verdade, alguns aqui [na plateia do curso] os estudam)[211]: Vauban, por exemplo, foi um teórico do Estado, mas também estatístico – ou, pelo menos, definiu um programa. D'Aguesseau ou, mais tarde, Condorcet são igualmente interessantes. Eu falaria da "pré-história da ciência social" para designar essas pessoas passeando entre a tradição da filosofia política e da filosofia social encarnada pela grande tradição de Platão e Aristóteles e a ciência social moderna. Elas estão a meio caminho entre uma filosofia política

---

211. A referência pode se dirigir, por exemplo, a Johan Heilbron, que nessa época trabalhava sobre a "pré-história" da sociologia (Heilbron, 1991) e Éric Brian, que defenderia em 1990 uma tese intitulada *La mesure de l'État, recherches sur la Division sociale du travail: statistique au XVIIIe et XIXe siècles.*

normativa de conselheiro do príncipe e uma ciência teórica e empírica dos mecanismos sociais e estatais. Aliás, com frequência, essas teorias de transição interessam-se muito mais pelos problemas de gestão social do que pelos gestores. Encontra-se muito pouca ciência reflexiva das instâncias governamentais.

Sobre esse problema, ainda há uma oposição clara. A tese dominante, mais frequente, que aparece em todo lugar, consiste em dizer que a ciência social está ligada à vida moderna, à modernidade, à transformação da sociedade, que ela é parte integrante dos processos de transformação social e da construção de um Estado que se concede funções de *welfare* [bem-estar], cumprindo funções de gestão dos problemas sociais. (As três alternativas que coloco não são completamente independentes – quando respondemos "sim" à primeira, temos mais chances de responder "sim" à segunda. Se eu as separo, é porque a maioria dos autores as embaralham). Portanto, haveria ruptura: à nova situação do século XIX, com o surgimento de uma sociedade moderna caracterizada pela mudança social e pelas lutas sociais, corresponde uma ciência moderna. As ciências sociais, que são parte integrante do processo de transformação, são, de certa maneira, um serviço público e parte do aparelho do Estado.

A tese oposta é reacional e um pouco conservadora. (Muitas vezes é um exercício divertido ver como as tomadas de posição políticas no campo social em seu todo se reformulam num espaço mais restrito, sob a forma de um problema acadêmico como continuidade/ruptura. Existe uma direita e uma esquerda nos dois casos, mas não é exatamente a mesma coisa: quando somos de esquerda no espaço global, temos chances de tomar uma posição de esquerda no espaço restrito, mas há uma transformação. Não sei se me faço compreender, não consigo explicar isso rapidamente, mas espero que aqueles que tenham em mente a ideia de campo entendam um pouco do que quero dizer. Fecho o parêntese.) A posição reacional, segundo a qual as ciências sociais não são tão novas, é mais uma posição de filósofo, ou de historiador da filosofia, e não é por acaso que citei um alemão [Hans Maier] completamente oposto a Lerner. Essa tradição diz: "Nós somos cultos, não somos tolos, as coisas não nasceram em Chicago na década de 1930, tudo isso existe desde os principados alemães do século XVII". (Eis um exemplo de "interesse específico" – mencionei essa noção outro dia[212]: existe um

212. No final da aula anterior, P. Bourdieu mencionou um "interesse específico ligado à existência da burocracia" (cf. acima o subtítulo desta obra: A burocracia).

interesse específico de historiador em sempre encontrar um precedente. Sempre cito o exemplo da tese que consiste em dizer que Montaigne inventou as memórias e contra a qual podemos dizer que, nos gregos, havia fulano ou sicrano. Entre os historiadores, podemos nos lançar numa *regressio ad infinitum* em direção ao passado – para outras pessoas, é a vanguarda, é para o futuro. Esse interesse específico parece insignificante, mas é vital: podemos estar dispostos a morrer para provar que Grócio precedeu...) Portanto, segundo a tese reacional, existe, desde o final do século XVII e começo do XVIII, uma ciência política orientada para os interesses do príncipe. A tradição marxista olha para isso de nariz empinado e fala de bobagens que se diziam para os principezinhos alemães. Ela enxerga nisso um sinal típico do atraso da Alemanha, onde ainda se colocavam os pequenos problemas de corte, de maquiavelismo, de subprefeituras provincianas alemãs enquanto no Ocidente já se colocavam os problemas sociais. Essa é a redução marxista tradicional, mas isso não é falso.

Na verdade, é a oposição que é artificial. Se tiver tempo, demonstrarei isso em mais detalhes daqui a pouco: os partidários da continuidade exumam, como ciência política, uma filosofia política centrada no príncipe e no governo ([Shils?] desenvolveu esse tema num livro)[213]. Serei muito rápido: passa-se de uma filosofia social para as ciências sociais, mas, apesar de tudo, há uma continuidade na medida em que, em todos os casos, trata-se de problemas que se colocam a uma burocracia de Estado e que as teorias propostas são respostas que devem sua particularidade à natureza do Estado em questão e à posição das pessoas em questão em relação a esse Estado. Sempre se trata das mesmas coisas, mas as condições mudaram. Como consequência, o diagnóstico da continuidade ou da ruptura depende da definição adotada. Se adotamos uma definição estrita conforme um estado do Estado e da relação entre os produtores do discurso sobre o Estado e o Estado, diremos que há um corte e que as ciências sociais empíricas, fundamentadas na estatística, surgem com a assistência social no século XIX. Se,

---

213. O nome está inaudível. É possível que se trate de Edward Shils. Nesse caso, o livro poderia ser sua coletânea de ensaios sobre os intelectuais, as universidades e a história da sociologia. Cf. Shils (1980, p. 3), que começa com a seguinte afirmação: "Os interesses dos conselheiros em príncipes, dos filósofos que gostariam de ser reis, dos moralistas desencantados e otimistas, dos críticos pesarosos da conquista e da revolução, e dos reformistas alarmados com o estado de suas sociedades forneceram os rudimentos da perspectiva sociológica". Pode também se tratar da antologia que Shils ajudou a organizar (Parsons *et al.*, 1961) e que começa com trechos de Nicolau Maquiavel, Thomas Hobbes, John Locke e Adam Smith.

ao contrário, tomarmos uma visão mais ampla, [diremos que há continuidade]. (Os problemas de continuidade e ruptura voltam à moda periodicamente porque permitem criar efeitos de ruptura, de distinção, mas acho que em muitos casos eles podem ser resolvidos de maneira tão trivial quanto a que acabo de fazer.)

Terceiro problema: a ciência social é pura ou aplicada? E ela deve ser pura ou aplicada? Os problemas são constantemente sobredeterminados: problemas positivos ganham aparência normativa e vice-versa (isso também vale para a pergunta de saber se a ciência social é "serviço ou manipulação?", "contemplativa ou ativa?"). Para cada um desses três problemas, eu poderia listar uma bibliografia, mas sigo adiante.

Para uma história social das ciências sociais

Esses problemas são socialmente dominantes, mas escondem uma problemática que vou tentar formular do modo mais rápido possível e que permite fazer uma verdadeira história social da gênese da ciência social. A primeira pergunta consiste em interrogar a relação entre as ciências sociais e o Estado. Trata-se de formular a pergunta da autonomia maior ou menor do Estado em relação às forças dominantes, os poderes econômicos, por exemplo. Não existe uma resposta geral: um princípio de variação fundamental é o grau de autonomia do Estado. Vocês poderão verificar isso quando eu propuser, a partir dessa problemática, uma espécie de sobrevoo da história social das ciências sociais. Um segundo ponto, que tem alguma ligação com o que acabo de dizer, está relacionado à filosofia global do Estado, à representação do "Estado", de sua função, de sua missão, de sua ação. Poderíamos opor, de modo grosseiro, intervencionismo e liberalismo. Quanto mais o Estado se volta para o liberalismo, mais oposição ele manifesta ao intervencionismo e, simultaneamente, à sociologia encarregada de esclarecê-lo. Ao contrário, o intervencionismo, o *welfare state* [Estado de bem-estar] e o keynesianismo se caracterizam por uma demanda muito forte de assistência do Estado.

Um segundo conjunto de perguntas a fazer está relacionado à tradição do sistema de ensino. Qual é o grau de autonomia do sistema de ensino em relação às forças exteriores, às pressões externas? Essa pergunta que já fazíamos para o Estado precisa ser refeita para o sistema de ensino, que será uma das bases possíveis para a ciência. Quando se trata da autonomia do sistema do ensino, temos novamente dois polos: será que o ensino é autônomo e capaz de definir seus próprios fins, ou será que está numa posição de serviço puro e simples a uma demanda social dos dominantes? A autonomia do sistema de ensino pode se definir sob duas relações: com as demandas dominantes ou com o Estado. Isso não é exatamente a mesma coisa se aceitarmos a ideia de que o Estado tem uma autonomia relativa.

Nós reencontraremos aquilo que chamarei de a antinomia das ciências sociais. Antecipo um pouco o que direi daqui a pouco e corro o risco de me expressar mal (como esse é um ponto difícil, eu o escrevi, mas me perdi nas minhas notas...). A salvação para uma ciência social que busca autonomia em relação às forças dominantes é, em certa medida, o Estado. Por exemplo (já aludi a isso várias vezes), o fato de ter um salário permanente, protegido pelas leis do serviço público, dá ao sociólogo uma liberdade considerável, incluindo contra o Estado e *a fortiori* contra as forças externas. Portanto, o Estado é uma das fontes profundas da autonomia científica, a garantia e a fundamentação dessa autonomia. Entretanto, o preço dessa autonomia em relação às forças externas é uma dependência das restrições de tipo estatal. Elas não são necessariamente restrições econômicas. Por exemplo, podem estar ligadas ao fato de que, como sugeri há pouco, existem revistas do Estado, revistas oficiais que têm o rótulo nacional ("Revista francesa de...", "*American Journal...*"...), que não são marginais, não são *underground*[214]. Esta é a antinomia do sociólogo de Estado: o preço de sua autonomia em relação às forças externas é uma dependência em relação ao Estado. Voltarei a isso.

Até o momento eu falei de "Estado", de "sistema de ensino", mas, na minha linguagem, seria preciso dizer "campo burocrático" e "campo universitário" para lembrar que o "Estado" e o "sistema de ensino" não são universos unívocos, orientados para um fim e uma função únicas, mas locais de conflito, de concorrência, de luta (esse é o problema que mencionei [no começo da aula] a propósito de Marx). Por exemplo, seria preciso estudar concretamente as relações entre os sociólogos e o Estado por meio de coisas muito simples: quem recebeu subvenções por 30 anos, e de quais organismos? Como funcionam os laboratórios? Quais são os laboratórios que têm créditos e quais são os que não têm? Quais são aqueles que trabalham com lápis e caneta e aqueles que têm instrumentos e

214. A criação, em 1975, por P. Bourdieu e os pesquisadores de seu grupo, da revista *Actes de la recherche en sciences sociales* engajou na prática uma tal reflexão sobre as revistas de ciências sociais. Cf., em particular, Bourdieu (2005b, p. 325-341).

computadores[215]? Para estudar isso, não bastaria dizer "os sociólogos do Estado", seria preciso obter os meios de estudar concretamente as relações entre dois campos que são eles mesmos campos de luta com concorrências. No campo da alta função pública, há dominantes e dominados, conservadores e progressistas, liberais e intervencionistas. O campo da sociologia é igualmente diferenciado, o que gera todo tipo de alianças. (A análise sociológica não é mecânica. As pessoas que pensam no Estado muitas vezes têm em mente a metáfora althusseriana do Estado como aparelho (Althusser, 2022): elas enxergam o Estado como uma espécie de máquina que assumimos e comandamos como um barco; apertamos e *clac!* ela faz isso ou aquilo. Na verdade, nada no mundo social – e certamente nem o Estado, nem a universidade – são "aparelhos" [...], tudo é "campo" e é apenas em situações muito anormais como os regimes totalitários que os campos são reduzidos ao estado de aparelho. Digo de maneira muito simples: um aparelho é muito fácil de controlar – se você tem o botão certo no lugar certo, se o aparelho for bem feito, estiver bem azeitado; entretanto, isso pressupõe, e não é pouca coisa, que não tenha nenhum grão de areia – enquanto um campo é praticamente incontrolável. Nos universos modernos que são diferenciados e complicados, sempre há alguém que tem interesse em fazer algo diferente do que deveria fazer. Tudo isso é importante em relação ao que quero dizer.) Se vocês tiverem que estudar concretamente as relações entre a sociologia e o Estado, é preciso, portanto, pensar um campo burocrático (com os inspetores das Finanças, os inspetores das Pontes – que vão estar em crise com os das Minas etc.) e, do outro lado, um campo da sociologia (com os dominantes, os dominados etc.). Resumiremos a relação entre os dois campos, cuja resultante é extremamente complexa, falando dos "sociólogos e o Estado", mas essa estenografia é simplificadora.

No fundo, reencontro a antinomia que mencionei há pouco: tudo se passa como se as ciências sociais só pudessem ganhar autonomia em relação às forças sociais externas apoiando-se no Estado, isto é, perdendo autonomia em relação ao Estado. Isso não tem nada a ver com a oposição direita/esquerda e, para "perplexificar", eu diria que um Estado de esquerda favorável às ciências sociais é de certa maneira mais perigoso para a autonomia das ciências sociais... isso é apenas para fazer vocês refletirem [*risos na sala*]. O exercício de reflexão

215. Essa aula ocorreu no período que precede a difusão massiva da informática e dos computadores nos laboratórios e, de modo mais geral, na vida de escritório.

é perigoso, mas, em certa medida, um Estado de esquerda que exige tudo, que espera tudo das ciências sociais, que exige perícia e está aparentemente disposto a escutar, é muito mais perigoso para a autonomia das ciências sociais do que um Estado que deixa as ciências sociais em estado de infâmia e de fome.

Recapitulo: comecei mencionando as perguntas que normalmente fazemos em relação às ciências sociais ("elas servem para alguma coisa ou são manipuladoras?" etc.). Em seguida, expliquei como o problema deveria ser formulado. Agora, tendo esse problema em mente, gostaria de tentar esboçar uma história comparada das relações entre o campo das ciências sociais e o campo burocrático desde sua origem. Vocês verão que isso é muito ambicioso, e tenho meia hora… (Felizmente, poderei esconder as lacunas de minha análise, que são inevitáveis…)

A "pré-história das ciências sociais"

Mencionei agora há pouco a pré-história dessas relações por meio do conselheiro erudito do príncipe. Essa pré-história é conveniente para burocratas. D'Aguesseau, sobre quem falei muito este ano, é típico dessa categoria cuja visão do mundo social e o uso da análise do mundo social têm como objetivo justificar e orientar a política do príncipe. É uma visão de príncipe e, no fundo, nessa pré-história (eu acho que isso vai até Condorcet… em certa medida, vai até Lênin, mas essa é mais uma coisa que digo para irritar vocês [*risos na sala*]!), a ciência é feita pelas pessoas que querem se servir dela para governar. Trata-se de uma ciência de governo para as pessoas que querem governar pessoalmente ou por procuração. […] É uma ciência de conservação. Ela se define como assistência à reprodução. Maquiavel, o único a quem eu daria o título de pré-sociólogo, teve a virtude de se dar explicitamente esse fim enquanto tal, e, portanto, de realizar um ato de constituição quase científico.

Digo coisas gerais. Para que vocês entendam, seria preciso dar exemplos históricos e estudá-los de perto. Vou sugerir um (para aqueles que conhecem, será esclarecedor, os outros terão que confiar em mim): o nascimento do conservadorismo alemão[216]. Sou capaz de desenvolver esse exemplo porque muitos historiadores, especialmente americanos, trabalharam nisso[217]. Por razões

216. Para outros desenvolvimentos sobre esse ponto, cf.: Bourdieu (2021b, 2025).

217. Cf.: Bourdieu (2021b, nota 445).

históricas, perguntou-se, depois da Segunda Guerra Mundial, o que poderia ter de particular essa maldita Alemanha que desenvolveu essa ideologia extraordinária que é o nazismo. Pesquisaram-se as fontes (eis um exemplo de problema social que se torna um problema científico) e descobriu-se uma categoria de pessoas dos anos 1815-1830 cujo representante ideal chamava-se Adam Müller. Esse intelectual me parece ser um dos primeiros ideólogos de direita. Ele teorizou os discursos conservadores que outras pessoas no mesmo momento, os *junkers*, tomavam ao pé da letra. Com efeito, havia uma diferença entre os conservadores. Hegel chamava Tucídides de "historiador original"[218]. Os "historiadores originais" são pessoas interessantes porque, como viveram o período, eles nos transmitem o que é evidente, o que é óbvio. Eles são os historiadores de primeiro grau. Da mesma forma, há ideólogos do Estado original, por exemplo, o Duque de Rohan. Essas pessoas de poder refletiam pelo poder, para o poder, eram conservadores que poderíamos chamar de "primários".

Depois dos choques da Revolução [Francesa] e das Guerras Napoleônicas, surgiram os conservadores de segundo grau (Adam Müller é um dos mais típicos), que se situam não apenas na ordem do Estado, mas em relação a um campo científico nascente. São pessoas que dissimulam[219]. Enquanto o aristocrata, os *junkers* normais, diziam ao pé da letra: "É preciso conservar", "O Estado é o Estado" e "A disciplina está na base do Estado" (ainda existem tais filósofos originais; por exemplo, Poniatowski, que mencionei outro dia[220] é um filósofo original do Estado), esse Adam Müller tem uma referência dupla. Ele se situa em relação ao Estado, mas também no campo científico e universitário. Em relação aos democratas, à esquerda, ele diz: "É preciso justificar o Estado, a democracia". Seu discurso marca o começo de uma linhagem de ideólogos que poderíamos chamar de "intelectuais de direita" (Schumpeter etc.) e que têm uma espécie de olhar duplo: eles não se contentam em dizer que "é assim e isso é bom", eles dizem: "É assim e isso é bom, *ainda que outras pessoas digam que não é*". Por exemplo, eles exaltam a modernidade enquanto existe um valor da tradição. Quando estamos na tradição, não dizemos que existe uma tradição. Assim, segundo um provérbio árabe, "para a sobrevivência

---

218. Cf. Hegel (2013) sobre a distinção entre "três modos diversos de historiografia: a História original [a tradução de Morão prefere "primitiva"], a História reflexiva, a História filosófica".

219. Cf. o desenvolvimento sobre os "discursos suspeitos" ou "bífidos" em Bourdieu (2021b, p. 200ff).

220. Cf. acima: p. 127.

do tradicionalismo, ele tem que se ignorar enquanto tal"[221]. A partir do momento em que uma tradição se percebe como tradição, ela sabe que existem outras tradições e está arruinada. O tradicionalista diz: "As coisas são assim e isso é bom", enquanto aquele senhor [Müller] começa a dizer: "A tradição constituída como discurso merece ser constituída, merece ser defendida". O movimento prossegue por meio de muitos intelectuais, até Heidegger e Gadamer, que faz um elogio da tradição (Gadamer, 2015). Isso basta para esse exemplo (infelizmente, ou eu disse demais ou disse pouco...) Nessa pré-história, os filósofos políticos, portanto, estão no primeiro grau. Um início de profissionalização começa com os conservadores profissionais ou os profissionais do conservadorismo que fecundaram muito, subterrânea e dissimuladamente, a ciência social que nascia.

O nascimento das ciências sociais numa posição instável

Chego aos filantropos mais atentos aos problemas sociais e a um tipo de investigação social cujo caso típico é Le Play. Uma direita esclarecida (emprego esse vocabulário com hesitação, não gostaria de simplificar demais) e uma aristocracia conservadora utilizam a denúncia do pauperismo contra a burguesia e, por causa disso, prestam atenção a problemas sociais que a burguesia recusa. Adam Müller e as pessoas que mencionei são, até onde sabemos, os inventores do par de oposições que está na base do inconsciente da sociologia alemã: a oposição boa se estabeleceu entre o aristocrata e o camponês (as pessoas do campo harmonizadas com relações paternalistas encantadas); e a ruim, entre o burguês e o operário (e o burguês se torna, em Heidegger e os pré-nazistas, o judeu). Essa oposição permite compreender que uma forma de populismo de direita possa ser reivindicada hoje como precursora da sociologia. Aqueles que hoje em dia estudam Le Play[222] dizendo: "Vejam, ele fez monografias de famílias etc." deveriam pensar nisso (isso em nada diminui suas monografias – Le Play foi o único a pesquisar os camponeses do Béarn e eu lhe agradeço muito[223] –, mas acho que ele

221. Sobre esse ponto (e o provérbio árabe citado), cf.: Bourdieu (2025).

222. Nas décadas de 1970 e 1980, restaura-se um interesse em Frédéric Le Play por historiadores e sociólogos. Aliás, nos anos seguintes a este curso, foram reeditados Le Play (1989, 1994).

223. P. Bourdieu alude a seus trabalhos sobre o campesinato no Béarn (Bourdieu, 2021a). Nesse livro, ele se refere a Le Play (1875).

tinha razões interessadas devido a sua posição no espaço dominante e nas lutas internas da burguesia, no campo do poder).

Portanto, as ciências sociais surgem nessa conjuntura marcada pelos problemas sociais, com os reformistas e a esquerda burguesa muito frequentemente ligados ao Estado (não tenho como argumentar – tenho cada vez menos tempo... –, mas não é por acaso que os protestantes e os judeus, que são tipicamente oblatos que devem sua salvação ao Estado e que têm presença instável na classe dominante, estejam nessa posição de direita esclarecida, de reformista). De passagem, vemos que a sociologia está historicamente ligada ao socialismo em suas origens, por um elo muito bizarro que faz pensar no filme *Acorrentados*[224], em que um negro e um branco estão acorrentados. O elo entre a sociologia e o socialismo me parece ser deste tipo: é uma espécie de corrente histórica, uma solidariedade forçada e conflitiva, muito complicada.

O movimento operário e o movimento sindical criam, ou fornecem, problemas aos filantropos, que exigem que os sociólogos tratem disso. Os sociólogos, por sua vez, ao tratarem desses problemas, fazem com que eles atinjam o estatuto de problemas científicos, mas os dissolvem enquanto problemas políticos. Portanto, eles desempenham um papel extremamente ambíguo e são percebidos como reformistas. É por isso, por exemplo, que a pergunta de saber se Durkheim era ou não conservador gasta tanta tinta. Se vocês tiverem em mente o que acabo de dizer, verão que a pergunta não faz nenhum sentido. Durkheim era, com efeito, estruturalmente ambíguo. Ele é progressista na medida em que fez problemas sociais chegarem ao universo científico que jamais se ocuparia deles (ele se ocuparia somente da Babilônia, de manuscritos gregos etc.). Porém, ao mesmo tempo, ele dissolveu esses problemas sociais ao constituí-los como problemas científicos e ao dar as armas para seu gerenciamento a seus professores e colegas que estavam no poder[225]. Essa é uma ambiguidade fundamental do Estado.

O *impetus* da ciência social está quase sempre ligado ao grupo modernizador, reformista. Sugiro a vocês um artigo publicado em *Actes de la recherche* [*en sciences*

---

224. *Acorrentados* (*The Defiant Ones*, 1958) é um filme americano [dirigido por Stanley Kramer] sobre a fuga de dois prisioneiros, um negro e o outro branco, acorrentados um ao outro.

225. A expressão de P. Bourdieu ("seus professores e colegas") pode ser compreendida em relação ao contexto da "República dos professores", a não ser que designe os altos funcionários do sistema educacional francês, que eram muito receptivos ao caráter "operacional" da sociologia que Durkheim propunha.

sociales], assinado por Dominique Damamme, sobre o nascimento da Sciences Po (Damamme, 1987), que é tipicamente uma instituição de conservadorismo esclarecido. Não faz sentido dizer que a Sciences Po é "a direita da esquerda" ou "a esquerda da direita". Encontramos, como se por acaso, entre seus fundadores uma proporção muito grande de pessoas que, como os judeus e os protestantes, ocupam posições marginais na burguesia. Na lógica simplificadora da denúncia, diremos que é a mão do capital, uma artimanha diabólica. Mas também poderemos dizer que é uma abertura por meio da qual uma burguesia esclarecida pode, apesar de tudo, dar ouvidos. Na verdade, é uma posição estrutural instável [*de porte-à-faux*].

Era esta a palavra que eu queria dizer: a ciência social nasce de modo instável a partir de uma visão social extremamente ambígua. Ela responde a uma demanda que vem da burguesia, mas de uma fração dominada dela. Essa fração dos dominantes quer modernizar a sociedade, quer modernizar a classe dominante e pede para a sociologia contribuir com a modernização da sociedade[226]. É a Sciences Po. A ideia é que uma classe dominante deve, para conseguir se conservar, saber soltar o lastro e, assim, saber se transformar para se conservar. Isso que digo parece não ter nada a ver com nada, mas vocês verificarão o que disse em algumas frases que podem parecer um pouco políticas, um pouco excessivas, se analisarem o papel dos sociólogos nas Comissões do Planejamento[227] (em quais momentos se interroga os sociólogos, quais sociólogos são interrogados, sobre quais problemas, e o que eles respondem?). Essa vanguarda esclarecida anda de mãos dadas com uma representação racional de seu papel e do Estado. A noção de planejamento é fundamental e não é por acaso que, depois da Segunda Guerra Mundial, a sociologia conhecerá seu desenvolvimento máximo no momento dos grandes períodos de planejamento[228].

A sociologia científica e a particularidade da França

Retomo muito rapidamente o que disse em termos gerais dando alguns exemplos históricos de países diferentes. Na Grã-Bretanha, a ciência social surge

226. Cf. a discussão sobre a "burguesia modernizadora" da França do pós-guerra em Bourdieu e Boltanski (1976); cf. também Bourdieu (2011a).

227. Órgão que tinha a função de aconselhar o governo francês [N.T.].

228. Na França, foi particularmente na década de 1960 que o Comissariado Geral de Planejamento passou a convocar sociólogos. Cf.: Pollak (1976).

em torno de pequenas sociedades privadas que eram equivalentes a nossos clubes de reflexão (clube Jean Moulin[229] etc.). No Período Vitoriano, havia uma atmosfera de inquietude favorável aos grandes problemas sociais, com gente como Dickens, Ruskin, [William] Morris e até Carlyle. Havia movimentos sindicais e clubes de elite que se colocavam problemas de vanguarda. A *Fabian Society* era extremamente importante. Ela esteve, por exemplo, na origem da London School [of Economics], uma das instituições científicas mais prestigiosas das ciências sociais e que tem como origem uma sociedade de militantismo reformista esclarecido. Na Alemanha, há o grupo ao qual Weber estava ligado, a *Verein für Socialpolitik*[230]. A palavra *Socialpolitik* (a "política social") é interessante. Os fundadores do grupo são economistas voltados para a história e a empiria como Gustav von Schmoller. Eles têm uma preocupação empírica na medida em que têm uma preocupação prática. O elo entre empiria e prática é muito importante: não podemos mais nos contentar com uma filosofia social vaga quando buscamos acompanhar medidas políticas racionais. Nos Estados Unidos (passo rápido porque sou condenado pelo tempo), a primeira associação profissional, a *American Social Science Association*, é fundada em 1865. Em seguida surge uma nova associação praticamente a cada cinco anos, de economia, demografia etc. É sempre o modelo cívico que encontramos nos estatutos dessas associações, no prolongamento do humanismo cívico de D'Aguesseau: não é o modelo do acadêmico desinteressado, mas do cidadão dedicado que põe a ciência a serviço do Estado.

O caso da França é extremamente bizarro e não se trata de uma ilusão ligada à particularidade nacional: para mencionar isso rapidamente, li muitos trabalhos de história social das ciências sociais e praticamente todos os pesquisadores que se preocuparam o mínimo que fosse com a análise comparativa observaram a singularidade da França e o fato de que a sociologia científica se afirmou pela primeira vez na França. Não é por acaso que Durkheim é considerado o pai fundador. Isso se deve sem dúvida às características históricas que mencionarei de maneira rápida e ultrassumária. Podemos dizer, grosseiramente, que, de todos os países modernos, a França foi o país em que os problemas sociais (no sentido de grupos causando problemas) se colocou com maior violência; é a Síndrome

229. Entre 1958 e 1970, o clube Jean Moulin reuniu altos funcionários, empresários, sindicalistas, acadêmicos...

230. Max Weber se juntou à *Verein für Socialpolitik* em 1888. A pesquisa sobre os trabalhadores agrícolas, que P. Bourdieu publicou na França, está ligada a essa associação: Weber (1892).

da Comuna [de Paris]. Por isso, o campo do poder ficou particularmente assombrado pela ansiedade das massas, o pauperismo etc. Paralelamente, o sistema universitário francês oferece possibilidades para a construção de uma ciência autônoma mais independente com base na Universidade do Estado, no funcionário do Estado, na República dos professores. A "nova Sorbonne", na qual os sociólogos desempenharam um papel determinante e de onde saiu a universidade que conhecemos hoje, acumula de certa forma todas as ambiguidades. Muito esquematicamente, ela não é pensável sem uma preocupação de restauração de uma ordem política republicana, depois da Comuna (ver os problemas que Durkheim se coloca em relação à anomia). Portanto, ela é feita contra a Comuna, mas também com a Comuna. É com a energia de ansiedade social carregada pela população dos dominantes que os durkheimianos conseguem fundar, de alguma forma, uma disciplina como as outras (essa era a ansiedade de Durkheim). Eles podem se servir da autonomia da universidade, das liberdades que a universidade adquiriu e que os reformistas da nova Sorbonne afirmam ainda mais, para fundar uma ciência ao mesmo tempo científica e capaz de resolver os problemas sociais porque científica (Durkheim entrega a ideologia dessa ciência de Estado quando diz que o Estado é a consciência) (Durkheim, 2019b). É importante notar que, nessa universidade, a dominação pertence aos filósofos. Se fosse preciso tomar um indicador da autonomia universitária [...], o estatuto da filosofia seria muito importante. Na luta das ciências sociais por sua autonomia em relação às forças sociais, por um lado; e ao Estado, pelo outro, a existência de uma filosofia forte gerou ambições teóricas puras fortes (com ou sem razão, já que essa filosofia também estava muito subjugada às forças externas e às forças internas da academia). Isso mereceria um ano de curso, mas acho que se fala demais de Durkheim (certamente, não dessa maneira...).

A separação das tradições nacionais durante o entreguerras

Uma terceira parte seria o período de desenvolvimento de 1920 a 1940. Ela é muito confusa e muito mal estudada, mas a grande tendência me parece ser uma espécie de deriva dos continentes: a América se separa da Europa e as duas tradições de ciências sociais divergem com muita força. Aqueles que conhecem bem o tópico devem pensar que ao me expressar assim exagero um pouco, mas acho que seria capaz de elaborar isso sob a forma de hipóteses construídas que seriam falseáveis a partir de estudos empíricos ou até de uma análise secundária dos estudos empíricos existentes. Para mim, o símbolo desse período é a Escola de Chicago, que se constitui na década de 1920 e que talvez tenha compreendido mais completamente o projeto durkheimiano, ou seja, a afirmação de métodos específicos (estatística, observação, investigação etc.). Essa escola reforça sua especificidade científica com um capital de técnicas específicas emprestadas das ciências dominantes, como a geologia e a física. Ao mesmo tempo, a Escola de Chicago encarna essa forma de interação sem submissão aos poderes governamentais. Com uma ambiguidade: para escapar da submissão, ela opõe o rigor dos métodos, mas isso pode ser um serviço eufemizado superiormente se os métodos que são o ponto de honra da autonomia são empregados a serviço de problemas não autonomizados. Com efeito, pode-se autonomizar o método sem autonomizar os problemas e aplicar métodos autonomizados a problemas que não o são, e isso é cumprir no maior grau o serviço de legitimação racional das demandas de Estado. Haveria muito a contar (o surgimento das associações etc.), mas, para ir rápido, creio que para compreender a evolução comparada do sistema europeu e do americano, é preciso levar em conta com muita atenção a diferença das tradições universitárias. Isso parece óbvio, mas colocar em perspectiva os três fatores que distingui no começo quase nunca é feito nos trabalhos de história social: os externalistas que levam em conta a intensidade dos problemas sociais esquecem os problemas universitários, e os internalistas que levam em conta os problemas universitários esquecem os problemas sociais. Especialmente com Roosevelt, as ciências sociais estão de alguma forma no poder e, no mesmo momento, a estrutura característica do sistema americano, da universidade autônoma competitiva associada a um certo número de associações profissionais muito fortes, garante uma independência particular às ciências sociais.

Seria preciso entrar em detalhes, mas me parece que, na Europa do entre-guerras, as ciências sociais permanecem mais fechadas no quadro teórico e sob controle da filosofia. Elas dedicam suas reflexões a problemas sociológicos como a neutralidade axiológica. Por exemplo, é muito significativo que a herança para um sociólogo francês que entrasse na sociologia na década de 1950[231] se dividia entre a reflexão epistemológica pós-kantiana (Gurvitch, Weber e Raymond Aron), a sociologia empírica que vinha dos Estados Unidos e a herança durkheimiana.

231. P. Bourdieu sem dúvida tem em mente sua própria experiência. Cf.: Bourdieu (2005a).

Seria preciso falar das diferenças na Europa. Por exemplo, a situação da Suécia seria muito interessante de estudar, porque lá o Estado se voltou para os problemas sociais (essa foi uma das variáveis que examinei).

O desenvolvimento triunfante do pós-guerra

Vou muito rápido, mas o quarto período é o período keynesiano depois da guerra: demanda de Estado muito forte e política de contratos (Pollak, 1976). A intensificação considerável da demanda social e da dependência das ciências sociais em relação à demanda burocrática de tipo estatal é observada na prática em todos os países. Seria preciso analisar uma empreitada típica como a observação da mudança social. Os sociólogos franceses inventaram a OCS[232] (não é acaso que seja uma sigla burocrática): é o sonho de ter os pontos de observação, os termômetros dos conflitos sociais, observatórios da mudança social (a palavra "observação" é interessante: como com os terremotos, saberemos que em Toulouse teremos problemas). Esse tipo de coisas se vê em todo lugar. Desenvolve-se uma demanda muito forte. Falando rapidamente, os sociólogos jamais foram tão justificados em existir do que nesse momento, mesmo que jamais tenham sido tão dependentes em relação à demanda.

Aqui também, seria preciso examinar o caso particular da França (eu tinha em mente dar a vocês elementos para compreender a sociologia da sociologia, mas não tenho tempo...), com a criação de instituições especiais como o CNRS e a École des hautes études [en sciences sociales], que é uma tentativa muito estranha de cruzar duas necessidades e criar uma liberdade[233]. Rapidamente, aquilo que Braudel e sua equipe tentaram fazer com a EHESS era se servir da autoridade acadêmica (a tradição durkheimiana etc.) por um lado, e das fundações americanas pelo outro, para fazer uma ciência ao mesmo tempo crítica e acadêmica, resumindo. Eu tinha um ponto sensacional [*risos na sala*] que consistia em comparar a tentativa de Horkheimer em Frankfurt[234] com a tentativa de Braudel em Paris. Eles tinham

232. Referência à "Observação contínua da mudança social e cultural", um grupo do CNRS criado em particular devido à iniciativa do sociólogo Henri Mendras, e que atuou de 1977 a 1981.

233. Sobre a EHESS, cf. em particular Bourdieu (2013a); e também Mazon (1988); e o prefácio de P. Bourdieu a esse livro.

234. Trata-se do Instituto de Pesquisa Social de Frankfurt, que Horkheimer recria ao retornar à Alemanha depois da Segunda Guerra Mundial.

praticamente o mesmo projeto, se olharmos os detalhes. Horkheimer queria fazer alguma coisa interdisciplinar, politicamente engajada, crítica. Já Braudel não dizia isso (ele não queria dizer), mas todas as suas escolhas (os primeiros professores etc.) demonstram que ele tinha uma visão engajada (não no sentido ingênuo da palavra). Ele também queria a autonomia e universalidade da ciência (*Aufklärung* etc.). Eu acho que essas pessoas se deram como projeto explícito o que há de mais próximo daquilo que uma ciência social das ciências sociais poderia designar como projeto a alguém que quisesse fundar uma ciência social autônoma (ao falar dessa maneira, pareço fazer uma celebração *ex post*...). Quanto à diferença entre Horkheimer e Braudel, ela se devia às pessoas que faziam isso e aos contextos (dito dessa maneira é monstruoso, talvez eu seja obrigado a retomar isso no ano que vem).

Depois, seria preciso mencionar o período pós-1980 (Thatcher, Reagan): a sociologia cujos créditos são cortados e que deixa de ter sua existência justificada, de justificar sua existência. Pelo menos na França isso teve, até certo ponto, uma virtude salutar: obrigou a revisões dolorosas de pressupostos que a reprodução automática dos contratos permitia empurrar a um horizonte sempre distante.

Termino com duas palavras para que vocês enxerguem onde eu queria chegar. A história social das ciências sociais é feita de um jogo de três personagens: o campo burocrático, o campo universitário e o campo dentro do qual se situa o próprio campo das ciências sociais e dentro do qual se situa o campo da sociologia. Esses campos, dependendo das tradições nacionais, têm estruturas e relações de força diferentes e acho que podemos, de certa maneira, compreender as diferenças na produção sociológica. Para mim, é preciso agir assim, porque, como eu disse outro dia numa série de frases um pouco elípticas, os problemas que os sociólogos e os historiadores têm de tratar (há pouco, dei o exemplo do conservadorismo) são produzidos nesse espaço. O essencial dos problemas que os sociólogos tratam é produzido nos campos burocráticos em resposta aos grupos que colocam os problemas. São esses problemas sociais que são transformados em problemas universitários, temas de dissertação, assuntos de pesquisa, assuntos de pesquisa que são, em seguida, transformados em temas de dissertação. Em outras palavras, há todo um trabalho coletivo de constituição dos problemas sem sujeito. Acho que a única maneira de constituir um sujeito científico é objetivar esse trabalho coletivo de produção de assuntos de pesquisa, de modo a evitar a entrada clandestina de problemas sociais sob a forma de problemas sociológicos[235]. Podemos demonstrar isso para os problemas sociais, mas também para as categorias de análise, ou seja, os sistemas de classificação, as categorias do Insee [Instituto Nacional Francês de Estatística e Estudos Econômicos], e se eu tivesse tempo, teria feito uma análise da relação entre um sociólogo independente que acredita sê-lo e uma sociologia burocrática do Estado como o Insee[236]. Em outras palavras, hoje esbocei (muito mal, mas creio que vocês serão capazes de estender a análise sozinhos) aquilo que constitui, para mim, a única maneira de não ser o objeto [dos problemas?] que acreditamos escolher livremente.

235. Um pesquisador do centro de P. Bourdieu publicará no ano seguinte um texto sobre essa questão: Lenoir (1989, p. 53-100).

236. P. Bourdieu desenvolveu em várias ocasiões esse ponto durante seu Curso de sociologia geral. Cf. em particular Bourdieu (2023c, p. 224, 273, 2025).

Aula de 19 de janeiro de 1989

Os ensaios sobre o Estado – O desinteresse é suspeito – Um mundo às avessas e sua gênese – O fantasma da realidade econômica – Compreender os oblatos – Duas constatações universais

Vou anunciar o programa destas aulas. Neste ano eu penso em dedicar as cinco aulas que darei em Paris (dei parte de minhas aulas na Universidade de Lyon [Bourdieu, 1989b, 1996c]) ao problema da burocracia do Estado e, mais precisamente, ao que constitui a especificidade do espaço burocrático quando o comparamos a outros campos sociais.

Mas, para começar e para seguir com a proposta que iniciei aqui ano passado, gostaria de lembrar muito brevemente o ponto em que havíamos chegado. Eu indiquei que, antes de embarcar de alguma forma numa reflexão sobre o Estado, um problema incrivelmente difícil, era importante fazer uma crítica radical, a mais radical possível, do pensamento do Estado sobre o Estado. Nessa lógica, examinei duas coisas, primeiro um certo número de grandes teorias do Estado (as de Hegel, Marx e Durkheim – no momento deixei Weber de lado, mas ele será o objeto, de passagem, das análises deste ano). Examinei essas teorias considerando-as muito mais como documentos antropológicos do que como construções filosóficas, obviamente sem ignorar o papel da construção propriamente filosófica. A partir disso, tentei retirar um certo número de posições em relação ao Estado que me pareciam balizar o espaço das tomadas de posição possíveis sobre o Estado. Por um lado, a posição hegeliana e durkheimiana concebe a burocracia como um grupo universal dotado simultaneamente da intuição, do conhecimento do universal e da vontade de organizar o universal. Pelo contrário, a posição marxista concebe os burocratas como usurpadores do universal, ou seja, agentes sociais que, de alguma forma, usurpam o universal e se apropriam de recursos públicos para fins particulares, para fins privados. Mais precisamente, eles se comportam como proprietários privados dos recursos públicos: é o que às vezes chamamos de "patrimonialismo".

Além disso, esbocei – mas aqui seria preciso vários volumes para tratar a questão corretamente – uma história social das relações entre o Estado e as ciências sociais, tendo em mente a ideia de que essa espécie de genealogia histórica do pensamento social sobre o Estado é um meio de lavar um pouco o cérebro do sociólogo que tenta pensar o Estado. Por exemplo, observei que, nessa espécie de grande afresco histórico (um pouquinho malfeito, confesso – mas num caso desses tendo a pensar que é melhor pouco do que nada e o que indiquei poderia ser concebido como um programa de trabalho), a ciência social encontra com maior frequência seus defensores na vanguarda dos dominantes, ou seja, nas categorias que trabalham na construção do Estado. Insisti no caso particular, mas, acho, particularmente significativo (quanto mais aprendo sobre ele, mais abençoo o acaso que me fez dar com ele) de D'Aguesseau, que faz parte desses agentes históricos que, enquanto satisfazem seus interesses particulares (de corpo – em intenção – pretendendo o poder legítimo), contribuem para produzir essa realidade particular que chamamos de Estado.

Agora que lembrei muito brevemente desses resultados, parece-me que se colocam duas perguntas centrais. São elas que tentarei abordar. A primeira é a questão da neutralidade do Estado ou, em outros termos, do desinteresse da burocracia. Essa questão, destacada tanto por Hegel quanto Marx e retomada, em outra linguagem, por Durkheim, me parece formular uma pergunta muito mais geral, uma pergunta antropológica fundamental que abordarei rapidamente referindo-me a coisas que disse há muito tempo, nas primeiras aulas que dei aqui.

Vou tentar formular muito rapidamente a questão de saber como é possível uma ação desinteressada. Essa pergunta, que pode parecer filosófica no sentido pejorativo do termo, é extremamente importante. Ela apoia e sustenta a maioria das reflexões sobre o Estado, trata-se de reflexões com pretensão teórica ou de reflexões que se expressam na vida cotidiana nos debates cotidianos sobre o Estado.

Os ensaios sobre o Estado

De passagem: eu tentei apresentar para vocês um quadro das teorias na moda sobre o Estado [e dou a vocês os elementos] para compreender por que não fui até o fim do trabalho que comecei. Devo dizer que minha virtude científica sucumbiu porque essa literatura, como se diz, me pôs para dormir. Mas esse trabalho ainda precisa ser feito e seria muito importante. Haveria, nesse trabalho preliminar de crítica radical, de certa forma uma maneira de voltar a sociologia contra si mesma, de utilizá-la como instrumento para conhecer os instrumentos de conhecimento, e sobretudo os instrumentos de conhecimento inconscientes, por exemplo, para compreender os problemas que parecem ser óbvios: "mais Estado/menos Estado", "tudo Estado/nem tudo Estado", todas essas discussões que ocupam os jornais. Uma maneira de objetivar essas estruturas a partir das quais construímos, com muita frequência inconscientemente, nossos objetos seria estudar muito seriamente esse objeto. Talvez eu faça alusões. Uma outra razão que me deteve é que vocês teriam pensado que dou importância excessiva à polêmica. Na verdade, aquilo que Bachelard chamava de "a polêmica da razão científica", ou seja, a crítica legítima dos instrumentos de conhecimento, ganha nas ciências sociais aparências polêmicas. Muitas vezes o cientista que quer fazer seu trabalho deve começar abatendo seus colegas – e ele mesmo, na medida em que participa do pensamento coletivo do consenso confuso com o qual se concorda: existe uma sociologia do Estado, por isso devemos saber o que é o Estado; existe uma sociologia do trabalho, portanto devemos saber o que é o trabalho etc.

Essa espécie de questionamento radical é, para mim, o que existe de mais fundamental e mais indispensável no trabalho científico. Essa crítica também é o que existe de mais difícil, e sobretudo de mais doloroso, porque ela aparentemente se dirige a adversários exteriores, mas na verdade são adversários que só são interessantes porque participamos disso. Essa polêmica é frequentemente muito mal percebida e faz aquele que a pratica parecer uma espécie de desmancha-prazeres, um personagem diabólico que joga o jogo do massacre. Essa é uma das razões pelas quais parei, mas vocês são capazes de fazer o exercício.

Vocês têm toda uma literatura, que vai de Pierre Rosanvallon a Minc[237], passando por muitos outros, que muitas vezes é produzida pelos funcionários de Estado, e uma das propriedades interessantes da burocracia moderna (talvez

237. Na década de 1980, esses dois autores de ensaios aparecem muitas vezes nas páginas políticas da imprensa cotidiana nacional e em alguns programas de rádio e televisão. Diretor de estudos na École des hautes études en sciences sociales, Pierre Rosanvallon criou, em 1982, a Fondation Saint-Simon (da qual vários membros são altos funcionários). Cf. Rosanvallon (1993). Alain Minc é um inspetor das Finanças que trabalhou na empresa Saint-Gobain.

eu volte a isso) é contribuir cada vez mais para a produção do discurso sobre si mesma e o mundo social. Se, por exemplo, os sociólogos como Durkheim tinham como principal adversário os juristas, hoje teríamos os "enarcas"[238], ou seja, pessoas que concebem como parte constitutiva de sua atividade profissional definir normativa e positivamente sua profissão e o mundo social. É nesse quadro que muitos desses livros são escritos. Frequentemente são livros de tecnocratas, jornalistas, jornalistas tecnocratas, cujo estatuto sociológico também seria preciso caracterizar, o que não é fácil de definir: eles são muitas vezes pasquins eruditos, ou ensaios de pretensão científica nos quais uma retórica do ensaio, ou seja, do "nem mesmo errado", se mascara sob todas as aparências da ciência. Temos referências a trabalhos científicos, a estatísticas – obviamente, sempre de segunda mão –, a autoridades científicas. Para falar disso, seria preciso retomar a linguagem que Platão usava para falar dos sofistas. São pessoas absolutamente intangíveis e, em certa medida, impossíveis de combater cientificamente, porque têm a seu favor toda a ordem social. Muitas vezes sinto o desespero socrático diante dos sofistas: o trabalho científico já é muito difícil e é um pouco cansativo ter que enfrentar essa espécie de *doxa* semierudita tanto mais formidável por ter a seu favor a ordem social e a aparência da ordem científica. Darei um único exemplo: o debate incansável, insubmersível, sobre o inato e o adquirido. Por que esse debate funciona tão bem? Funciona porque, em parte, não existe. Para ser capaz de perceber que ele não existe, já seria preciso um grau de iniciação ausente na maioria das pessoas que falam disso.

Eis mais ou menos o que eu queria ter feito. Indico isso a vocês como um programa. Darei um pouco o método que eu teria utilizado para fazer isso e que utilizo para estudar os críticos do tempo de Manet[239]: pressuponho que existe um espaço de discursos, que as pessoas que produzem esses diferentes discursos sobre o Estado hoje em dia não se situam ao acaso no espaço. Primeiro, é preciso situá-las no espaço burocrático, intelectual, jornalístico e na interseção desses diferentes espaços. Uma vez situados, é preciso buscar a relação entre a

238. "Énarques", ex-alunos da ENA [N.T.].

239. Um aspecto da pesquisa que P. Bourdieu começa na década de 1980 sobre a revolução impressionista trata da recepção da pintura de Manet entre os críticos de seu tempo. Ele apresentou um primeiro estado de seu trabalho durante suas aulas no Collège de France em 1984-1985 (Bourdieu, 2023c). Essa pesquisa, num estado mais avançado, será o único objeto de suas aulas de 1998-1999 e 1999-2000 (Bourdieu, 2023a).

posição que ocupam nesses espaços e suas tomadas de posição, já que esses espaços podem ser relacionados de maneira muito grosseira à oposição direita/esquerda e, com frequência, podemos, *grosso modo*, classificá-los da extrema direita para a extrema esquerda. Mas essas caracterizações políticas com as quais começamos frequentemente são muito secundárias. A caracterização pelas posições e trajetórias nos espaços específicos (espaço burocrático etc.) é muito mais importante. Eis o programa de trabalho que seria preciso fazer. Não se deve estudar apenas um desses ensaístas, e sim tomá-los como um conjunto e colocar em primeiro plano as relações objetivas que se estabelecem entre eles e que estão no princípio de sua existência, de sua diferença, de sua identidade. Eu não fiz isso, mas disse que seria preciso fazê-lo e, portanto, me sinto melhor [*algumas risadas na sala*].

O desinteresse é suspeito

Chego ao problema que quero formular sobre a neutralidade do Estado e do desinteresse burocrático. Será que o desinteresse burocrático é uma ideologia pura, uma espécie de ponto de honra espiritual (como Marx teria dito)[240] da categoria dos burocratas ou, para dizer as coisas de modo brutal, uma espécie de mistificação? Ou, pelo contrário, será que ele tem uma fundamentação na realidade social, pelo menos enquanto programa normativo da conduta das pessoas que ocupam essas posições no campo burocrático? De modo mais geral, como eu disse há pouco, será que as condutas desinteressadas existem, e como podemos compreendê-las? Esse problema, que considero central, às vezes é discutido num modo que não me agrada muito. Ele me parece um pouco dissertativo, acadêmico. Esse assunto que formulo está muitas vezes por trás das dissertações: "interesse e desinteresse", "o presente desinteressado", "será que uma ação moral é possível?" etc. Eu tentarei demonstrar que, quando caímos num café com leite desses, [é preciso] destruir as ideias recebidas para reformular o problema do zero.

Para que vocês sintam como o problema é difícil e que está ligado à reflexão sobre a burocracia e o Estado, vou me referir a um artigo de um professor de direito, Laurent Richer, chamado "A ação administrativa benévola". Ele vem de uma coletânea coletiva resultante de um congresso e que é muito desigual, como costuma ser o caso, mas contém textos interessantes (a coletânea foi publicada sob

240. Cf. acima: nota 133.

organização de Laurent Richer e chama-se *A atividade desinteressada, realidade ou ficção jurídica?*, publicada pela editora Economica em 1983)[241]. O artigo inteiro é interessante, mas lerei a vocês apenas as primeiras páginas (porque acho que elas formulam muito bem o problema) que estão no fim (p. 123 e seguintes) desse livro que ele editou[242]:

> Na concepção clássica vinda das ideias liberais, o serviço público tem um caráter desinteressado por hipótese e por essência. O reitor Hauriou insistia que não fosse esquecido 'esse ponto fixo segundo o qual o Estado deve permanecer uma atividade desinteressada' [isso está no *Tratado de direito administrativo* de Hauriou (2002)]. Achille Mestre lembrava que existe 'entre os dois pontos de vista – lucro e serviço público – uma diferença irredutível'.
>
> Concebida nessa forma estrita, a oposição entre lucratividade e serviço público não corresponde ao Direito positivo há muito tempo [na realidade do direito, isso não existe mais]. A busca de um interesse financeiro pela administração é admitida em vários domínios [o autor se refere a Teitgen-Colly (1981)]. Entretanto, ainda é possível considerar que a administração jamais busca o lucro pelo lucro. Devido a esse fato, o caráter desinteressado da atividade administrativa não se altera, se definirmos a atividade desinteressada em oposição à atividade de busca do lucro [temos portanto uma definição clara do interesse: 'desinteressado' significa 'que não busca o lucro econômico'].
>
> [Mas é aqui que fica um pouco mais complicado:] Mas o Direito administrativo demonstra exatamente que o desinteresse não é necessariamente definido pela ausência de objetivo lucrativo. Com efeito, *no interior* da categoria geral 'atividade administrativa', considerada como subconjunto da categoria 'atividade desinteressada', encontramos uma categoria 'atividade desinteressada' [isso é muito

241. Cf.: Richer (1983). O livro é resultado de um colóquio organizado pela Faculdade de Direito, Economia e Ciências Sociais da Universidade de Angers, realizado em 15 e 16 de outubro de 1981 em Fontevraud.

242. A passagem citada corresponde ao início do artigo (p. 123). Os comentários de P. Bourdieu estão em colchetes.

> interessante, porque é muito importante]. O que faz a unidade dessa categoria não é a relação com a noção de lucratividade, mas a relação com a noção de interesse geral.
>
> Com efeito, em alguns casos – marginais, é preciso dizer –, a ação administrativa beneficia de maneira tão individualizada uma pessoa privada que ela pode parecer ter um objetivo de interesse privado. Se esse objetivo for realmente predominante, a ação administrativa certamente é ilícita (Richer, 1983, p. 123ss.).

O que é que o autor quer dizer? Ele quer dizer que, nesse universo particular que é o mundo administrativo, o desinteresse tem chances de ser interessado [*risadinhas na sala*], que o desinteresse é suspeito. Se você der uma volta na frente da casa de um conselheiro geral que, além do mais, é membro do gabinete do primeiro-ministro, há boas chances de nesse mato ter coelho, de que na verdade essa ação desinteressada que podemos considerar como de interesse geral dissimule um interesse. Voltarei a isso, aqui quero apenas que vocês comecem a perceber. Existe uma frase formidável, "a administração não dá benefícios" ["*l'administration ne fait pas de bienfait*"]: o benefício tem grandes chances de ser um privilégio especial. Também voltarei a essa noção de privilégio especial [*passe-droit*] sobre a qual, estranhamente, ninguém refletiu antes de mim (Bourdieu, 1990a) (fiquei muito surpreso de perceber que jamais se refletiu sobre a relação entre o direito e o privilégio especial). O benefício é uma ação suspeita. É preciso opô-lo à caridade [*bienfaisance*]: o benefício é uma ação caridosa que se aplica a particulares, enquanto a ação de caridade deve ser universal.

Se o direito administrativo, isto é, o direito desse universo particular, desse campo que chamo de campo burocrático, desconfia dos benefícios particulares, é porque sua regra é universal. Resumindo, a particularização só pode ser inspirada por interesses particulares em contradição com a regra do universal. Voltarei depois a isso. Aliás, eu me diverti bastante lendo esse artigo, que é muito interessante e, além disso, me parece bastante atual. Eu acho que ele ajuda a compreender a fundamentação, digamos, teórica e filosófica daquilo que se passa no mundo político e administrativo.

Assim, do ponto de vista do direito – é o que mantenho, por enquanto, dessa análise –, o desinteresse é de alguma forma anormal. Estou forçando um pouco, mas, nesse universo que tem como lei o desinteresse, um certo tipo de ações desinteressadas privadas, o benefício, o presente, a dádiva, é suspeito. Em outras palavras – essa é uma indicação importante –, pelo menos no direito, o universo administrativo é um universo à parte, um espaço autônomo que é o local de uma legalidade específica.

Um mundo às avessas e sua gênese

Aqui é uma discussão praticamente no nível do campo: um campo é um universo submetido a leis de funcionamento prático, muitas vezes acompanhadas de normas de funcionamento, que são diferentes das leis de funcionamento prático e das normas de funcionamento ideal em outros universos. O mundo da administração é um desses microcosmos que chamo de "campos" em que as coisas acontecem de modo diferente de outros lugares. Aquilo que num lugar é bom, noutro é ruim. Aquilo que num lugar é desinteresse, noutro se torna interessado. É um pouco um mundo às avessas.

É daqui que vou partir para analisar sociologicamente o problema em questão. Será que o mundo burocrático não é, em última instância, um mundo às avessas? E o que acontece nele? Será que ele não é um mundo às avessas nesse sentido de não ser um mundo no qual [se aplicam] as leis ordinárias da vida ordinária nas sociedades como a nossa – é preciso, sobretudo, prestarmos atenção para não universalizarmos cedo demais – em que o mundo econômico se constitui enquanto tal sobre a base – como eu já disse cem vezes para vocês – da tautologia "negócios são negócios"? Será que o mundo administrativo não se baseia numa exceção às leis gerais da economia, colocando entre parênteses a lei "negócios são negócios"? Essa é a primeira pergunta. E será que esse *nomos*, essa lei fundamental, é uma lei ideal sem nenhuma base na realidade positiva – para retomar a distinção dos juristas – ou será que é uma lei pelo menos um pouquinho real, pelo menos na medida em que as pessoas que participam desse jogo devem prestar uma homenagem verbal à lei ideal? Eis a pergunta fundamental que eu queria formular. Isso me levará à questão da possibilidade em geral da conduta desinteressada.

Há uma segunda pergunta, extremamente difícil e que também exigiria muito trabalho histórico (mas, obviamente, sempre transformamos a necessidade em virtude. Num caso desses, dizemos que só formular a pergunta já é alguma coisa, mesmo se não pudermos responder completamente ao programa de pesquisa que definimos pelo fato de formular essa pergunta. Eu mesmo desconfio de mim quando...). A pergunta que quero formular é a seguinte: se for verdade que existem universos sociais tais como o campo administrativo, ou seja, universos que são um pouco, para retomar a frase de Hegel (2014), mundos invertidos[243], que são um pouco o mundo econômico às avessas, se existirem tais universos, como eles passam a existir, como eles foram possíveis? Isso que proponho é um deslocamento teórico. Ordinariamente, formulamos a pergunta de saber se uma ação desinteressada é possível. É a pergunta kantiana: "Será que já houve uma ação moral?" (Kant, 2010, 2016). Formula-se a pergunta em termos individuais: será que já existiu uma ação realmente virtuosa, uma ação que não pudéssemos reduzir às formas de desconfiança que, aliás, o próprio Kant listou (em matéria de [restrições?] puritanas, ele conhecia um monte). Mas será que ao invés de formular a pergunta nesses termos, não podemos formulá-la em termos sociológicos, quer dizer, de maneira realista? Minha hipótese é que se uma ação moral já existiu em algum lugar, é porque existiram universos em que se tinha interesse na ação moral [*algumas risadas na sala*]. Daí a pergunta: será que podemos fazer a genealogia histórica, quer dizer, a gênese, de um universo particular (também há o mundo da ciência, o mundo da arte e o mundo da literatura: eles são baseados em outras leis fundamentais, mas têm em comum com o mundo administrativo serem mundos econômicos invertidos)? Como podemos descrever a gênese desses universos? E, antes de descrever sua gênese, é preciso se perguntar se esses universos são possíveis ou se são puras ficções, tipos de mistificação, como a tese marxista em sua forma mais dura teria dito. Será que são simples mistificações, poeira nos olhos dos pobres dominados que se deixam tomar por essa espécie de teatro do desinteresse, teatro do serviço público, teatralização da virtude cívica? Será isso, portanto, uma simples mistificação ou será que universos sociais cuja lei fundamental é o desinteresse, o serviço público, têm uma possibilidade de existir e, se sim, como e por que existiram? Não se trata somente de dizer que, já que alguma coisa existe, é preciso encontrar suas razões de ser, é preciso se perguntar quais mecanismos sociais puderam estar no princípio da criação desse jogo muito particular no qual é preciso ser desinteressado. É essa a pergunta que vou formular, e neste ano, no prolongamento do que esbocei nos outros anos, gostaria

243. A noção de "mundo invertido" é utilizada por Hegel no capítulo III, "Força e entendimento; fenômeno e mundo suprassensível" (Hegel, 2014, p. 111-114).

de retomar o fio para começar a tramar uma análise. [*Devido a uma interrupção da gravação, faltam o fim deste desenvolvimento e também o começo do seguinte.*]

O fantasma da realidade econômica

Em todas as sociedades, há uma base de materialismo inescapável, e as sociedades que reprimem o interesse e os princípios dos universos de senso comum têm problemas. Como fazer essas coisas que não se pode fazer? Como pode um brâmane, sem se rebaixar, receber até mesmo sua alimentação? Para fazer um contrato de honra, um homem cabila diz: "Você me retribuirá", deixando o prazo aberto, mas existe ao lado uma economia que, ela sim, tem prazos, que conta, que dá cifras. Essa economia tem um nome: ela é chamada de "economia das mulheres". Ela se opõe à economia oficial (encontramos aqui a oposição absolutamente fundamental entre o oficial e o oficioso; essa é uma das oposições antropológicas mais centrais do ponto de vista do que faço hoje). A economia oficial recusa o cálculo, a contabilidade, o interesse, os prazos, as taxas, os equivalentes, os "eu te dei isso, você me devolverá isso na data tal", o *toma lá, dá cá* [*donnant-donnant*].

Como eu demonstrei há muito tempo, o *toma lá, dá cá* é a negação da dádiva e da contradádiva, ele explode a verdade da dádiva e da contradádiva (Bourdieu, 2012a). A troca da dádiva – apresento a análise em duas palavras porque ela é central para compreender isso – é um *toma lá, dá cá* denegado. No *toma lá, dá cá*, você me dá isso e eu te dou aquilo, e podemos fazer a troca instantaneamente. Na troca de dádivas, pelo contrário, o imperativo (essa regra foi destacada por todos os antropólogos em todas as sociedades) é que é preciso dar algo diferente daquilo que se recebeu. Se retribuímos a mesma coisa e/ou se a retribuímos no momento seguinte, isso volta a ser *toma lá, dá cá*. Porque retribuir imediatamente é recusar: "você me dá, eu retribuo", portanto eu recuso. Consequentemente, é preciso haver um tempo interposto. Destaco esta coisa que os outros não observaram: o tempo é extremamente importante, ele muda tudo. É verdade que, depois, podemos chegar como sociólogos e fazer uma contabilidade de partidas dobradas, traçando duas colunas e tomando duas famílias (foi isso que eu fiz enquanto etnólogo, e é isso que as outras pessoas fazem, a saber, a economia das práticas não econômicas, das práticas desinteressadas): "a família X, na ocasião do casamento de sua filha, deu para a família Y: 40 litros de mel, 25 carneiros etc., e a família Y deu..." e checamos se a contabilidade é justa. Na verdade, essas trocas que colocamos no papel, preto no branco, que tornamos patentes e visíveis, são mascaradas para os próprios olhos daqueles que as realizam, mesmo que, confusamente, no modo reprimido; essas pessoas contêm nos períodos de crise, incluindo na economia doméstica, que é o local dessa economia, daquilo que Aristóteles chama de a *philia* [e que se caracteriza pela] recusa de contar (na família, não se conta).

Num período de crise ou, sem chegar a esse ponto, nos períodos em que as coisas vão mal, passamos a contar aquilo que nos recusávamos a contar (aqui haveria toda uma análise a fazer). O universo da *philia*, da troca de dádivas, se baseia numa economia não negada, mas denegada: ela existe, mas agimos como se ela não existisse, o que pressupõe um trabalho coletivo... A denegação individual é sempre muito difícil. Se você é o único que diz: "Isso não existe", é duro, é difícil. Mas se o trabalho de denegação é coletivo, se todo um grupo diz: "Isso não existe", isso pode acabar não existindo. Mas isso pressupõe uma vigilância permanente do grupo, que incessantemente corrige os desajustados que não são bem socializados e que passam a fazer o *toma lá, dá cá*, os malvados que, conscientemente, não respeitam a regra, os cínicos que a transgridem conscientemente...

Para terminar isso: para que um universo de desinteresse funcione, é preciso pessoas designadas à conduta denegada. [Na economia tradicional?], essas pessoas são os criados... Seria preciso analisar o termo "criado" ["*domestique*"]. A sociologia dos criados é uma das mais difíceis de fazer... Encoraja-se os criados (e os jovens, é parecido...) a santificarem a família, a terem filhos, eles são tratados como membros da família para que tratem a família como uma família e portanto para que façam a *philia*, para que não exijam prendas demais etc. Resumindo, temos sempre a mesma lógica. Irei muito rápido, não tenho certeza de ser claro. O que é importante na análise que tento fazer é que a realidade econômica das práticas está sempre lá, como um fantasma, na máquina social. Ela está sempre lá, ela empurra, ela tem vontade de voltar como uma repressão, como uma *libido*. Na verdade, é preciso administrar essa realidade reprimida. Com muita frequência, a divisão do trabalho entre os sexos, por exemplo, a divisão do trabalho na política, estão lá para resolver essa contradição, para permitir que a ordem social minta a si mesma. Num caso desses, eu sempre cito a frase magnífica de Mauss: "a sociedade sempre se paga com a falsa moeda de seu sonho"[244]. Isso que conto é uma ilustração dessa frase.

Temos os jovens, as mulheres, os criados e, em nossas sociedades, temos aquilo que chamo muitas vezes de oblatos. Os oblatos, na tradição religiosa, eram as pessoas entregues por sua família à Igreja. Desde a infância, as famílias pobres ofereciam um filho para a Igreja. Essas crianças tornavam-se, de certa forma, os filhos não mais de sua família, mas da Igreja, e com frequência tinham carreiras extraordinárias na Igreja: como deviam tudo à Igreja, davam tudo à Igreja. Eu acho que, de maneira muito geral, os corpos, no sentido de corpos constituídos, gostam muito dos oblatos. É parecido com o corpo político: os partidos políticos gostam muito dos oblatos, essas pessoas que não são nada fora do partido e que, por isso, dão tudo ao partido[245]. Essa é a única maneira de compreender algumas devoções ao partido.

Compreender os oblatos

Volto à burocracia. Será que a burocracia vai encontrar seus oblatos? Para fazer uma sociologia realista de um universo burocrático que tem como lei fundamental o desinteresse, que professa o desinteresse, que coloca o desinteresse na fachada de seu templo, é preciso se perguntar no que ele pode se apoiar para que isso funcione. Nesse caso, não se pode apelar às mulheres, aos criados nem aos jovens. Eu acho que existem duas categorias.

Parece-me que a partir de uma análise de aparência antropológica desse tipo somos capazes de quase deduzir *a priori* aquilo que a estatística permite verificar depois, ou seja, as propriedades das pessoas que seriam boas funcionárias. Digo coisas um pouco excessivas, mas é para vocês enxergarem o interesse de uma análise desse tipo: ela pode parecer gratuita e no ar, mas permite, em seguida, compreender coisas que consideramos evidentes. Por exemplo, consideramos evidentes que os pequenos funcionários sejam pequeno-burgueses e que os altos funcionários sejam grandes burgueses vindos de grandes funcionários. Quando

---

244. "Em última instância, é sempre a sociedade que se paga, ela própria, com a moeda falsa de seu sonho" (Mauss, 2017, p. 159).

245. P. Bourdieu certamente pensa em primeiro lugar no Partido Comunista Francês (PCF). Para artigos publicados na revista que ele fundou e que utilizam a noção de "oblato" em relação ao PCF, cf.: Pudal (1988) e Verdès-Leroux (1981a, 1981b).

vocês leem meus livros e eu conto isso, vocês se dizem: "É sério? Vale a pena fazer estatísticas para descobrir isso? É óbvio..." Isso posto, trata-se de compreender o que acabo de dizer, ou seja, por que, por exemplo, o filho de executivo cursa mais a HEC [École des hautes études commerciales] enquanto o filho de magistrado cursa mais a ENA [...], é preciso ter em mente coisas desse tipo que digo. Para compreender que uma certa fração da população dos altos funcionários pareça realizar o ideal da classe universal, o que é uma exceção a todas as leis sociais fundamentais que tentei lembrar, é preciso refazer as análises tais como eu as fiz.

Volto aos oblatos. O conceito pode ser ilustrado de maneira formidável no caso do sistema de ensino, com tudo aquilo que se diz sobre a dedicação pedagógica dos hussardos da República[246]. O professor republicano efetivamente fazia horas-extra (pelo menos estatisticamente; também não devemos idealizar retrospectivamente), ele fazia muitas vezes tudo aquilo que estava inscrito na definição burocrática do cargo e muitas vezes um pouco mais, ou seja, muito mais frequentemente um pouco mais do que acreditaríamos se tivermos uma visão cínica. Devemos considerar que nesse caso se trata realmente de pessoas desinteressadas? O problema seria o mesmo para compreender as enfermeiras nos hospitais (aqui, além disso, teríamos em particular a variável sexo...). Para compreender a dedicação do pequeno funcionário que não é recompensado, que em geral recebe muito mal, que não tem muita estima social, é preciso ter sistemas explicativos mais sutis. O modelo que propus consiste em dizer que teremos condutas percebidas como desinteressadas, quer dizer, não redutíveis aos determinantes estritamente econômicos das práticas, todas as vezes que tivermos o encontro entre um sistema que recompensa formalmente o respeito das regras formais de desinteresse e os agentes sociais constituídos socialmente de maneira a serem sensíveis a essas recompensas formais. Parece-me que os oblatos, ou seja, o pequeno-burguês em ascensão que engendra o pequeno funcionário dedicado, o fiscal de impostos incorruptível (ele tem muita virtude, ora, isso existe, não preciso desenvolver), só são possíveis por meio do encontro entre, no fundo, às vezes, o homem do ressentimento [...] e um posto no qual é preciso dizer: "Regras são regras", "Se acabou o expediente, acabou o expediente".

246. Os "hussardos negros da República", expressão cunhada pelo escritor Charles Péguy, eram os professores de ensino secundário, que vestiam capotes pretos, encarregados da universalização do ensino básico na França da Terceira República [N.T.].

Em outras palavras, é preciso pessoas que tenham espontaneamente um interesse na realização da regra burocrática.

Eu acho que, nessa lógica, devemos poder explicar sem reduzir. Uma coisa importante, com efeito, é que a análise sociológica assume facilmente colorações cínicas. Ela parece redutora ou... como dizer isso? Ela parece invocar os determinantes sociais que, sem serem as motivações econômicas, são totalmente inconfessáveis – e às vezes mais ridículas. Todas as formas de oblação, religiosa, caridosa, aqueles que Goffman chamava de *do-gooders*[247], os "bons samaritanos", todas essas ações têm... Por exemplo, na ideia de *do-gooder*, há a ideia de que a pessoa faz o bem para que as outras saibam disso. Há, portanto, um lucro simbólico no fato de realizar o bem e essas são ações autorrecompensadas. Do ponto de vista kantiano, isso é muito ruim, não é de jeito nenhum uma ação pura, não é o respeito da regra por ela mesma, e sim a busca de um lucro simbólico de moralidade. Eu acho que existem categorias sociais que acumulam um capital de moralidade. Existe um capital, o capital de moralidade[248], que é uma dimensão importante do capital simbólico. Pode-se dizer, por exemplo, que o desinteresse oblativo dos oblatos é vivido como respeito puro da regra enquanto é subterraneamente assombrado por uma busca de lucros de moralidade: "Eu quero poder me olhar no espelho", "Quero ter orgulho de mim mesmo" etc. Existem categorias sociais cuja especialidade é a moral. É o caso da pequena burguesia, são classes éticas porque essa é a única forma de capital que elas conseguem acumular[249]. Será que essas análises são desencantadas e redutoras? Isso é sempre bastante embaraçoso, e fico envergonhado de fazê-las publicamente [porque vão me dizer:] "Isso é terrível, é maquiavelismo, você não deixa nada sobreviver, tudo

---

247. Robert Park, que fora um dos fundadores da "Escola de Chicago" e além do mais participara da formação de um dos professores de Goffman, Everett C. Hughes, disparava com frequência contra os "*damned do-gooders*" ["malditos bons samaritanos"] (Raushenbush, 1979, p. 96). P. Bourdieu talvez tenha encontrado a palavra lendo ou ouvindo Goffman, mas também pode ter prestado atenção numa frase de Yves Winkin num texto sobre Goffman publicado em 1988: "Robert Park tinha horror dos '*do-gooders*', dessas boas almas que invadiam a sociologia através da filantropia e das missões" (Winkin, 1988, p. 46).

248. Salvo engano, P. Bourdieu jamais elaborou essa noção, que está apenas subjacente em certas passagens de *A distinção* (Cf. nota seguinte).

249. Em Bourdieu (2011a, p. 310-333), P. Bourdieu explica que, à imagem dos puritanos do início do capitalismo, a pequena burguesia em ascensão "compensa a ausência de capital" por meio de "um excedente de recursos 'morais'", de "garantias morais", de uma moral "estrita e rigorosa". O ascetismo é uma condição de sua ascensão. A "moral" é o "ponto forte", o "terreno de eleição" dessa classe que tem "interesse na moral".

é horrível". Na verdade, é que a análise é muito difícil de fazer. Seria preciso ter uma linguagem que sempre repetisse as análises precedentes. Como eu dizia há pouco (não desejava desenvolver este tema, mas vou fazê-lo), a *illusio* nasce de uma relação de adesão imediata do *habitus* ao campo. Na verdade, aquele que faz o que se deve vive o que há a fazer como a única coisa a fazer. Ele nem sequer se coloca a pergunta de agir de outra forma. Volto ao nobre, mas poderíamos fazer isso também para o pequeno-burguês (é só porque o nobre é o exemplo mais fácil, e não sem motivo: os nobres são mais fáceis de enobrecer...).

Dizemos "*noblesse oblige*" ["a nobreza obriga"], mas isso é muito complicado. Levei anos para compreender isso. O que é um nobre? Como funciona a nobreza? O que é que faz com que um nobre se sinta obrigado a agir nobremente? Isso é muito complicado. É preciso tomar a expressão "*noblesse oblige*" ao pé da letra. Ela remete à nobreza no sentido de ser nobre ("ele tem nobreza", "esse é um comportamento cheio de nobreza"), à nobreza no sentido de maneira nobre de existir tornada corpo, tornada inconsciente, tornada reflexo. A nobreza, nesse sentido, obriga o nobre, ela o coage. É mais forte do que ele, não temos que lhe dizer: "jogue sua bolsa!"[250], ele não pode agir diferente. Mesmo que tenha que arriscar a vida. Aqui, vemos bem que seu corpo lhe desobedece. Ele tem vontade de fugir, mas não, ele está montado de tal maneira que deve permanecer e arriscar sua vida, "tu tremes, Carcasse"[251] etc. Ele incorporou aquilo que chamamos de valores da nobreza que se tornaram princípios práticos das práticas antes de qualquer cálculo. Podemos refazer a análise para o pequeno-burguês. O oblato republicano faz parte das pessoas admiráveis (eu acho que a análise não diminui nada a admiração que podemos ter por elas), mas ele não pode agir de outra forma, é mais forte que ele. Assim como ele escrevia suas letras [bem redondas?], ele impunha, em todo o universo da escola, da aldeia, uma norma que se impunha

250. Muito provável referência a uma anedota relatada por Norbert Elias que P. Bourdieu às vezes citava: "Essa obrigação de gastar de acordo com o nível social requer uma disciplina no uso do dinheiro que é diferente da burguesa. Uma expressão paradigmática desse *ethos* social encontra-se numa atitude do duque de Richelieu [...]. Ele dá a seu filho uma bolsa com dinheiro para ensiná-lo a gastar como um *grand seigneur*; como o jovem traz de volta [todo] o dinheiro, o pai atira a bolsa pela janela diante dos olhos de seu filho. Trata-se de socialização ditada por uma tradição social que marca o indivíduo com a ideia de que seu nível social lhe impõe uma obrigação de prodigalidade" (Elias, 2001, p. 86).

251. Alusão à frase: "Tu tremes, Carcasse, mas tremerias muito mais se soubesses para onde vou te levar", que o Visconde de Turenne (vindo da velha casa de La Tour d'Auvergne) teria pronunciado para seu jumento Carcasse em 1675, logo antes da batalha onde encontraria a morte.

a ele, uma norma mais forte do que ele, que estava inscrita no *habitus* e numa relação entre esse *habitus* e a escola libertadora, essa coisa extraordinária que lhe aparecia como uma espécie de ideal absoluto, porque ela o havia libertado. Não se deve esquecer disto: o oblato republicano é alguém que a escola libertadora libertou. Como resultado, ele se dedica completamente à escola libertadora e quer universalizar sua própria libertação.

Posso levar a análise um pouco mais longe para mostrar que podemos defender o indefensável pequeno-burguês[252]. O professor republicano, sobretudo quando estava nas pequenas comunidades rurais, ou então o contramestre, o pai de Nizan (1978), o pequeno engenheiro, o pequeno empregado, é um trânsfuga. Ele é cortado pela cultura para a cultura em nome da cultura. O que poderia ele fazer diferente, o que poderia fazer de melhor para se reconciliar consigo mesmo, para acalmar sua culpabilidade, sua miséria, sua infelicidade de ser excluído (seria preciso desenvolver, mas, com efeito, ele não é simplesmente alguém que conseguiu sair e que admiramos, ele também é alguém que é excluído, que traiu e que é renegado)? Para acalmar isso, não há outra salvação que não universalizar seu proselitismo. E o proselitismo cultural culmina – fiz muitas pesquisas sobre isso, sobre a frequentação dos museus[253] etc. – na pequena burguesia de primeira geração, que atingiu muito recentemente a cultura, o museu. É aqui que encontramos os maiores proselitistas, fanáticos da cultura, que querem que todo mundo vá ao museu. Não se trata de modo algum de vontade ou de projeto, mas de coisas inscritas numa relação entre um *habitus* – que resume um monte de coisas: uma trajetória, uma relação com os pais etc. – e uma posição. Quando temos esse encontro milagroso (a palavra "milagroso" está no sentido estatístico, significa "improvável", "pouco comum"), as pessoas fazem coisas extraordinárias, mas sem que estejam teticamente colocadas como extraordinárias. Um título célebre de Kantorowicz (2004), *Pro Patria Mori* [*Morrer pela pátria*][254], formula o problema de saber como conseguir que alguém morra pela pátria. Na verdade, não sabemos como conseguimos isso porque jamais sabemos se aqueles que morrem pela pátria realmente morreram pela pátria, mas

252. Sobre um trabalho comparável, e quase contemporâneo desse curso, para compreender uma "pequena-burguesia [que] não inspira espontaneamente a simpatia, a piedade nem a indignação que suscitam os grandes rigores da condição proletária ou subproletária", cf. Bourdieu (1990b).

253. Cf. em particular Bourdieu e Darbel (2016).

254. P. Bourdieu já havia desenvolvido esse ponto um pouco mais extensamente no ano anterior (cf. acima: p. 71).

pouco importa… Acontece [das pessoas morrerem pela pátria] e acho que são análises desse tipo que é preciso fazer, que estão além da ética.

No fundo, o que gostaríamos é que não houvesse um bem que fosse desejado como tal. Tenhamos ou não lido Kant, todos nós temos uma espécie de moral kantiana e aplicamos às ações a máxima kantiana: "Será que essa ação realmente foi desejada como moral?" Em outras palavras, fazemos a ação racional: para considerar uma ação como moral, queremos que ela tenha sido o objeto de um projeto ético que postule essa ação como um fim explícito, consciente etc. Na verdade (Hegel já disse isso há muito tempo[255], mas podemos retomar), se realmente uma ação moral for desse tipo, jamais houve uma ação moral (aliás, o próprio Kant já havia dito isso)[256]. Em outras palavras, para que ações que possam ser consideradas como morais e desinteressadas (a devoção ao serviço público, à cultura, aos valores…) sejam possíveis, é preciso que existam mecanismos do tipo desses que descrevo. Em última instância, aquilo que Hegel disse sobre Kant – sem falar do que Nietzsche disse, exagerando no mesmo sentido[257] – se aplica completamente às teorias ordinárias da ação racional: existe uma espécie de definição fanática de… Hegel falava de fanatismo em relação aos jacobinos[258], da regra pura, e há alguma coisa de fanática na reação à análise sociológica que é percebida como desencantada, determinista, desesperando Billancourt – e sobretudo *La Coupole*[259] – quando na verdade o problema é saber se uma ação

---

255. Cf. em particular Hegel (2022), segunda parte.

256. Por exemplo, Kant escreve que "basta ser um observador de sangue frio, que não tome de imediato o desejo ardente do bem por sua efetiva realidade, para se apanhar duvidando em certos momentos [...] se também haveria efetivamente no mundo qualquer verdadeira virtude". Ele menciona a possibilidade de "jamais [ter] havido ações originadas de fontes tão puras [...] das quais o mundo talvez ainda não tenha dado até aqui qualquer exemplo" (Kant, 2010, p. 166-167).

257. Por exemplo: "Em primeiro lugar, um ser que fosse capaz apenas de ações altruístas é mais fabuloso do que o pássaro Fênix; não seria sequer imaginável, porque num exame rigoroso o conceito de 'ação altruísta' se pulveriza no ar. Jamais um homem fez algo apenas para outros e sem qualquer motivo pessoal; e como *poderia* mesmo fazer algo que fosse sem referência a ele, ou seja, sem uma necessidade interna (que sempre teria seu fundamento numa necessidade pessoal)? Como poderia o *ego* agir sem ego?" (Nietzsche, 2005, § 133).

258. Provável referência à análise do Terror em Hegel (2014, v. 2, VI, B, 3), "A liberdade absoluta e o terror". Hegel não utiliza o termo "fanatismo", mas o fará posteriormente (cf. em particular Hegel, 2022, adendo ao § 5, p. 173).

259. Alusão à clientela do restaurante parisiense *La Coupole*, muito distante socialmente dos operários que trabalhavam nas fábricas Renault implantadas em Billancourt (local que invoca a frase – frequentemente invertida – de Jean-Paul Sartre, "Desesperemos Billancourt" [Sartre, 1980]).

que pode ser sancionada como universal é realmente possível. No fundo, toda minha análise resulta em dizer que, para ter o universal, é preciso ter um interesse particular no universal.

Duas constatações universais

Vou estender um pouquinho porque eu queria dizer duas coisas que ainda não disse, e aprofundarei na próxima aula. Em relação à antropologia das condutas universais que tentei esboçar hoje, creio que podemos propor duas constatações universais. A primeira constatação é que não existe sociedade – essa proposição é muito arriscada, mas acho que, com um mínimo de base antropológica, podemos enunciá-la – que não tenha visões desconfiadas sobre as condutas desinteressadas. Em todas as sociedades, no fundo, encontramos uma filosofia da desconfiança em relação às condutas que se pretendem desinteressadas, puras, éticas etc. No fundo, a visão jansenista, a visão [como a de] La Rochefoucauld da ação humana é bastante universal. O princípio da desconfiança universal quanto às condutas de pretensão universal é a desconfiança da universalização do interesse particular: sempre desconfiamos de alguém que faz o universal universalizando seus interesses particulares. Ele diz "nós" ("nós pensamos que...") quando na verdade é "eu". Em outras palavras, ele passa do "ser" ao "dever-ser" por meio de um deslizamento manipulador do "eu" para "nós", do interesse particular para o interesse geral. Acho que essa lógica de universalização é quase universalmente percebida e denunciada. Não desenvolverei isso.

Segunda constatação universal: acho que podemos dizer que existe um reconhecimento universal do universal. Em todas as sociedades (eu sempre digo "todas as sociedades"... em todo caso, isso vale para a maioria das sociedades que pude observar ou sobre as quais pude ler trabalhos), existe um reconhecimento universal da submissão ao universal: o que um universo social sempre exige, mesmo daqueles que transgridem a regra, é se pôr em regra com a regra. Refleti muito sobre essa expressão "se pôr em regra" quando trabalhei sobre os cabilas, e darei um exemplo muito rápido. Na tradição cabila, exalta-se como o casamento ideal o casamento com a prima paralela, quer dizer, a filha do irmão do pai. Mas quando fazemos estatísticas, observamos que esse casamento ideal representa 3% da população normal e 5% das famílias de marabutos, que são as mais inclinadas ao oficial, já que são as guardiãs do oficial (Bourdieu, 2000). Portanto, percebemos bem que há uma lacuna entre a regra ou o ideal professado e a prática. Isso posto, aquele que tem (eu ia dizer "bastante malícia", mas isso não é malícia) um *habitus* de honra muito bom, capaz de transformar um casamento com a prima paralela, que pode ser um casamento catastrófico, forçado (era uma garota horrorosa que ninguém quis e alguém se sacrificou por ela... estou resumindo, mas era o caso...), em casamento ideal, recebe os lucros simbólicos do universal. As pessoas vão dizer que ele se casou com a garota abandonada, que ele a aceitou para salvar a honra, pela face da família, que ele é o "véu das vergonhas" porque uma garota não pode ser abandonada a si mesma etc.

Existem os lucros simbólicos do universal, de modo que toda uma parte das condutas humanas tem como princípio não a obediência à regra, como acreditaria o etnólogo ingênuo e um pouco apressado (é preciso ser esperto o bastante para observar isso numa sociedade, não basta simplesmente ouvir o que as pessoas te dizem, pensem nisso...), mas o respeito formal à regra, ou seja, a preocupação em se pôr em regra. Com muita frequência, os grupos não exigem mais do que isso. Dizem: "Ele fez pelo menos isso". Mas aquele que não faz nem isso, é terrível. A verdadeira transgressão é desafiar a regra abertamente. É isso que Espinosa – eu o cito nesse caso – chamava de *obsequium*, a saber, essa espécie de respeito fundamental que concedemos ao grupo enquanto grupo[260]. Os grupos exigem isso e essa exigência de universalização, ainda que *public service*[261], ainda que da boca para fora, é uma forma de reconhecimento do universal. Um outro exemplo: os anglo-saxões chamam as grandes coleções de arte particulares de *guilt money* [dinheiro de culpa]; é a mesma ideia que seria preciso desenvolver...

Portanto, há reconhecimento universal nos fatos do universal e ao mesmo tempo uma tentação permanente de desacreditar a submissão artificial ao universal. Poderíamos, aliás, dizer que aqui existem lucros do descrédito. Aliás, uma das tentações às quais o sociólogo deve resistir é a tentação de obter lucros de descrédito, e considerar os lucros de descrédito como lucros científicos. Darei um exemplo bem rápido e depois terminarei. Seria preciso fazer uma análise nessa lógica do boato, do "o que os outros vão dizer", da difamação, do rumor, de todas essas estratégias da existência cotidiana que são a síntese de tudo que acabei

260. Cf. acima: p. 123.

261. Literalmente "serviço público", aqui com a conotação de algo que se diz em público, mas em que, privadamente, não se acredita [N.T.].

de dizer. Por exemplo, aquele que desacredita a virtude ruim de outra pessoa recebe dois lucros. Há o lucro do descrédito, da difamação, da qualificação, do se tornar pelo menos igual ("isso não é melhor que eu"), que é um lucro subjetivo importante. E, além disso, há um lucro quase objetivo de moralidade. Isso se sabe. Aqui também, o senso comum dirá que não há nada pior do que as mulheres de pouca virtude que se tornam virtuosas quando não têm mais os meios de transgredir a virtude. É o senso comum que diz isso, eu não [ratifico] essa proposição, apenas a menciono como um exemplo dessa lucidez universal sobre as estratégias universais de universalização. Isso posto, essas estratégias universais de universalização (ou seja, o fato de que os agentes sociais são sempre convocados a encorajar, a homenagear…) são, de qualquer forma, algo muito importante. [*A gravação termina nesse ponto, sem dúvida um pouco antes do final da aula.*]

Aula de 26 de janeiro de 1989

Um plano de pesquisa sobre o Caso Pechiney – Uma sociologia trans-histórica das disposições éticas – O habitus e a moral kantiana

Hoje farei referências muito diretas à atualidade mais quente, porque acontece do mundo social, ou da história viva, tornarem-se trabalhos práticos para nós. Temos diante de nossos olhos funcionamentos sociais que ilustram tão perfeitamente as análises que propus semana passada – efetivamente fazendo alusão a essa realidade, ainda que não tenham sido de forma alguma inspiradas por essa realidade – que não posso deixar de aproveitar a ocasião, não para causar um efeito (que eu não saberia nomear...), mas para demonstrar que as análises mais teóricas muitas vezes são as mais próximas da prática e que, para compreender com uma certa distância e com aquilo que chamamos de uma certa objetividade o que há de mais quente no mundo social, muitas vezes é preciso ter modelos que podem parecer muito abstratos e um pouquinho irreais. Portanto, isso também é uma maneira de demonstrar que a análise sociológica pode reivindicar com algumas chances de sucesso, como diria Max Weber, o direito a uma forma de objetividade que não é de modo algum aquilo que tradicionalmente dizemos. Essa objetividade não tem nada a ver com aquilo que, por exemplo, Max Weber (2015, p. 559-610) chamava de neutralidade ética, não tem nada a ver com a indiferença ou com uma suposta distância em relação ao que se passa. É uma neutralidade que nasce da própria construção da realidade social. É claro que, num público como este [o público do Collège de France], há pessoas "de todas as opiniões", como se diz, e acho que podemos falar das coisas mais quentes, exatamente as que dividem a opinião com muita força, sem chocar nenhuma das opiniões, respeitando absolutamente essa laicidade – estamos mais uma vez no desinteresse – que é a norma do ensino público.

Portanto, vou tentar fazer uma análise daquilo que chamam de Caso Pechiney[262]. Não o farei detalhadamente. Talvez eu estenda esse trabalho - por enquanto junto documentos - para tentar retomá-lo mais seriamente, mas eu queria simplesmente mostrar para vocês que os funcionamentos e as coisas que vocês leem todos os dias mais ou menos soltas nos jornais podem ser submetidos a uma análise rigorosa.

Se vocês se lembram, eu havia dito, para resumir as coisas de maneira muito simples, que a virtude podia, de alguma forma, nascer de uma relação entre, por um lado, disposições éticas que podiam ser percebidas como viciosas e; por outro, da lógica de certos campos e espaços sociais. Em outras palavras, eu havia sugerido que, se existe no mundo social algo como o desinteresse, a virtude e o universal, e se acontece do universal avançar, não é porque as propriedades éticas obedecem a leis interiores absolutas ou a regras puras, mas porque existem conjunções históricas de disposições e de mecanismos sociais que fazem com que, por meio das próprias disposições diretamente interessadas, engendrem-se práticas que transcendem esse desinteresse.

Um plano de pesquisa sobre o Caso Pechiney

Mencionarei muito rapidamente os principais agentes desse caso. Para começar, há as duas instâncias de controle das operações bancárias, a SEC [*Securities and Exchange Commission*], a instância americana, que parece ser quem desencadeia isso que chamamos de o Caso[263]. Essa instância evidentemente está ligada a instâncias políticas e podemos supor – obviamente pronuncio apenas hipóteses, um historiador do presente ou do futuro deverá fazer o trabalho – que essa instância não é indiferente ao fato do governo que pode ser questionado ser um governo socialista[264]. Não desenvolverei isso, não tenho nenhuma prova, mas

262. No momento em que o curso acontece, o "Caso Pechiney" ocupava há algumas semanas um lugar importante na mídia. Os fatos foram produzidos dois meses antes: ações do grupo Triangle foram compradas em grande quantidade (e fizeram o valor da ação subir muito) logo antes de uma empresa pública, Pechiney, anunciar que compraria uma filial desse grupo (American National Can). Rapidamente, pessoas no círculo do presidente e do governo tornaram-se suspeitas de terem informações privilegiadas sobre a venda.

263. Depois de detectar operações anormais nas ações da American National Can antes do anúncio de Pechiney, a SEC lançou dia 9 de dezembro uma investigação junto à COB.

264. A Pechiney é uma empresa pública e as suspeitas se dirigiram, em particular, ao chefe do gabinete do ministro socialista da economia, Pierre Bérégovoy, e a várias pessoas próximas a ele e/ou ao presidente da República, François Mitterrand (como Roger-Patrice Pelat).

podemos supor que essa ação não está totalmente desprovida de motivos ocultos, como se diz, ou de considerações interessadas. Por exemplo, há as questões ligadas ao desenvolvimento de um centro financeiro importante em Paris. Um tal centro se situa num campo de centros financeiros que estão em concorrência com ele e que podem ter interesse em enfraquecê-lo. Tenho consciência de estar me aventurando aqui. Essa é a parte mais aventureira de minha análise, mas é uma hipótese que podemos propor.

Por outro lado, há a instância francesa correspondente, que chamamos de COB [*Commission des opérations de Bourse*] e que está um pouco na posição dessas diferentes instâncias burocráticas que tentaram criar para introduzir a virtude no espaço da televisão[265]. Elas são instâncias muito vulneráveis, cuja fraqueza se deve em parte ao fato de que sempre se pode desconfiar de que os vereditos aparentemente universais sejam inspirados pelo interesse (houve todo tipo de casos muito precisos sobre isso). Portanto, essas instâncias são frágeis e estão submetidas, muito mais do que as instâncias jurídicas (que, no fundo, estão na mesma situação, mas como estamos mais acostumados com elas, percebemos menos), à interrogação sobre sua universalidade.

O interessante é que, com frequência, o mundo social trabalha para compreender a si mesmo e, às vezes, o campo dos produtores de discursos sobre o mundo social quase faz análises científicas. Obviamente ninguém totaliza, mas podemos, *ex post*, uma vez que a análise esteja feita, reler as diferentes tomadas de posição dos diferentes jornalistas e, ao recompô-las, por exemplo, mediante um sistema de citações, agir como se a análise tivesse sido feita no campo. É claro que ela não foi feita, ninguém totalizou, a característica do trabalho científico é dar, por exemplo, com uma noção como a de campo, a possibilidade de totalizar.

(Faço um parêntese. A análise que proponho a vocês coloca a questão do lugar do sociólogo no espaço social. Onde ele está? Agora vou fazer rapidamente um jogo de palavras, porque tenho certeza de que alguém na sala vai fazer: poderíamos dizer que o sociólogo é "meta" [*méta*] e eu poderia dizer: "'Meta' sou eu!" [*risos na sala*]. É isso, alguém teria feito esse jogo de palavras e é melhor que seja eu! Senão a observação será polêmica e dirão: "Mas quem ele pensa que é? Ele se coloca em

265. O Conselho Superior do Audiovisual foi criado em 17 de janeiro de 1989. Ele se seguiu à Alta Autoridade da Comunicação Audiovisual (1982-1986) e à Comissão Nacional da Comunicação e das Liberdades (1986-1989). O papel dessa instância de regulação foi muito discutido na década de 1980, período em que acabou o monopólio da televisão pública.

posição soberana, em posição divina, e constitui o conjunto dos campos sociais como jogos que ele observa e constitui a regra e os objetivos. Com que direito ele pode dizer o que acaba de dizer, a saber, que o Sr. Fontaine, Sr. fulano, Sr. X, Sr. Y, Sr. Jean Daniel[266] mexem os peões cuidadosamente, elaboram mais ou menos sem saber uma verdade que ele expressa?" Como acontece com frequência na história que as pessoas em posição teórica – de Hegel a Marx, passando por muitas outras – tenham feito o que estou fazendo, é importante que eu diga: "'Meta' sou eu!" para que vocês saibam que estou consciente do que faço, o que pode me permitir controlar os efeitos dessa tentação de assumir o ponto de vista divino que é inerente à atividade científica nas ciências sociais e que sem dúvida está entre as motivações mais profundas da vocação de sociólogo[267] [*algumas risadas na sala*].

Digo isso porque sou particularmente visado por essa acusação. Seria preciso desenvolver o que acabo de dizer, mas não o farei porque senão, de "meta" em "meta", eu faria vocês perderem o caminho [*algumas risadas na sala*]. Quero apenas dizer que tenho consciência dessa posição e dessa tentação que nos expõem a um certo número de erros teóricos e empíricos. Se isso interessar a vocês, recomendo a introdução de *Homo academicus* (Bourdieu, 2000, p. 21-62), em que tentei formular esse problema detalhadamente como preâmbulo da análise do mundo acadêmico do qual faço parte – e que, apesar disso, acho que posso analisar como se não fizesse parte com todos os lucros – e o conhecimento – gerados pelo fato de fazer parte dele.

Depois de formular essa posição particular, volto a esse espaço com a SEC e a COB. Eu li ontem ou anteontem no *Le Monde*[268] que a COB está numa posição de *challenger* [desafiante], de caçula, de recém-chegada que deve reagir ao desafio e estar à sua altura. Essa é uma lei muito clássica num campo: o pequeno, o recém-chegado, o *challenger* deve jogar o jogo. Nos campos sociais, o atrasado, o recém-chegado, o

---

266. Alusão a dois jornalistas, André Fontaine, diretor do *Le Monde* entre 1985 e 1991, e Jean Daniel, cofundador e diretor (até 2008) de *Le Nouvel Observateur*.

267. Tema abordado com frequência por P. Bourdieu, especialmente durante seu curso de "sociologia geral" dado entre 1982 e 1986 (Cf. *Sociologia geral*, 5 v., *passim*).

268. Provável referência à edição de 25 de janeiro de 1989 do *Le Monde*, onde encontra-se um artigo chamado "A COB desafiada": "Será que os investigadores da COB estarão submetidos a pressões políticas? Na questão do Caso Pechiney, isso parece, paradoxalmente, impossível. Com efeito, a instituição francesa, mobilizada para essa investigação por sua homóloga americana, a SEC – que, aliás, dispõe de meios consideráveis –, encontra-se colocada na situação formidável de pequena desafiante continental".

pretendente deve em geral exagerar na virtude e na conformidade em relação às normas oficiais do campo, para poder de alguma forma enfrentar o dominante em seu próprio terreno. Aqui estamos no terreno da ética e, se a COB agisse em toda liberdade (se sua autonomia fosse total... dito isso, a autonomia também deve ser conquistada, esse é um problema muito clássico), poderíamos esperar que ela fizesse um exagero ético para afirmar sua autonomia, em particular em relação ao poder. Esse efeito de *challenge* se realiza num espaço subordinado à existência de uma norma. Num campo como o campo econômico ou o campo da televisão, as instâncias neutras de controle, como as instâncias jurídicas e as instâncias de vigilância, são instituídas como quem garante uma norma universal, a norma universal do campo. E, para se afirmarem, para existirem e se darem importância (muitas vezes, num campo, existir é se dar importância), para serem interessantes, para terem as recompensas associadas à existência no campo, elas devem afirmar a norma, porque são elas que garantem essa norma. Nesse caso, entre os lucros e prejuízos aos quais estão expostos os agentes em questão, temos, de um lado, o perigo de descrédito, de perda de crédito ou de capital simbólico (esse muitas vezes é um dos objetivos das lutas nos campos de produção cultural) e, do outro lado, a esperança de crédito: estar à altura das normas da instituição é dar altura à instituição e, ao mesmo tempo, se dar essa altura e ganhar os lucros associados à altura ética. Eu acho que existem lucros éticos que podem se retraduzir [na medalha] Legião de Honra ou em avanço de carreira, ou, simplesmente, em lucros de honorabilidade. Todas essas coisas estão em jogo... Seria preciso desenvolver, mas não sei o bastante sobre isso. Isso que ofereço são esquemas. Seria preciso, em seguida, realizar entrevistas. Ofereço mais um plano de pesquisa do que uma verdadeira análise.

Podemos continuar. Obviamente temos políticos de oposição[269], de direita, que têm um interesse evidente em se apropriar do caso e denunciá-lo. Eles são tentados pelos lucros de denúncia a que aludi aula passada (mencionei os lucros de fofoca). Como demonstrei, esses lucros de denúncia são duplos. Primeiro há um lucro em professar a regra e o reconhecimento da regra ("sou bom, já que

269. Durante janeiro de 1989, vários grandes nomes da direita da época utilizaram os fatos do Caso Pechiney contra o governo: Raymond Barre denunciou a "negociata política", Charles Pasqua, "a mistura entre a negociata e o socialismo", Philippe Séguin, "um perfume de Louis-Philippe" (rei francês forçado a abdicar em 1848 [N.T.]), Alain Juppé aprovou que a oposição tivesse "erguido sua voz" etc.

digo que é preciso fazer o bem"): a denúncia dá crédito àquele que a formula. Ao mesmo tempo, ela gera um lucro suplementar, que é o descrédito que tomba sobre quem é denunciado e com quem estamos concorrendo. Eles [a oposição política] têm, assim, um interesse direto em denunciar, mas todo mundo sabe disso, porque eles estão num jogo político absolutamente claro (seria preciso refletir sobre a diferença entre o campo político e o campo burocrático). No jogo político, a lei é a da vitória e da derrota, o princípio, o *nomos* fundamental, é amigo/inimigo. De certa maneira, estamos na lógica da guerra total (mesmo que uma questão que se coloque seja saber se no campo político a guerra é realmente uma guerra total – eu acho que não, porque senão isso não seria mais um campo). Portanto, os adversários políticos têm um interesse evidente em denunciar, mas com o risco de parecerem interessados em suas afirmações de desinteresse e de serem pegos em flagrante delito de transgressão das normas que estão afirmando: estão expostos ao efeito de *feedback* [retroalimentação], de bumerangue. Ao aumentarem o nível de exigência, eles podem transgredir a lei do meio, que exige que não exijamos tudo e que não peçamos contas demais sob o risco de estarmos expostos a prestar contas. Estamos mais uma vez numa lógica muito sutil. [*Infelizmente, o final desta análise não consta da gravação utilizada.*]

Uma sociologia trans-histórica das disposições éticas

Este ano eu me esqueci de fazer aquele pedido de perguntas que faço todos os anos: vocês estão convidados, se tiverem vontade, a me entregar, durante o intervalo ou ao final da sessão, perguntas, objeções e observações às quais responderei eventualmente, ou no momento ou um pouco depois. Isso é particularmente importante nos casos em que, como hoje, tento, sem transgredir demais os limites da polidez acadêmica, ir o mais longe possível na realização do pensamento sociológico. No fundo, tento fazer algo que toda pedagogia deveria fazer, isto é, neutralizar o máximo aquilo que chamo de efeito de *skholè*. Jamais se leva a sério a etimologia da palavra "escola": ela vem da palavra *skholè* (σχολή), que quer dizer "lazer"[270], e o mundo da escola é um mundo "desrealizado", de modo que tudo que se diz e que acontece nela perde estruturalmente sua realidade. Desde que as escolas foram criadas, as pessoas dizem que é preciso aproximar a escola da vida. Esse é um corte estrutural e, no caso da

270. A palavra grega *skholè* (σχολή) significa "lazer", e o local de lazer que é, em oposição a uma ocupação prática, a "escola" (*schola* em latim).

sociologia, esse corte é particularmente funesto, porque, enquanto permanecermos numa compreensão formal da sociologia, podemos entender tudo e não entender nada, e não podemos fazer nada com essa compreensão. Eu acho que, exatamente, uma parte importante do ensino da sociologia está inconscientemente destinada a transmitir coisas com as quais não podemos realmente fazer nada no mundo social. Não detalharei esse tema. Ele seria muito importante, mas aqui eu talvez abusaria da autoridade pedagógica que esta cátedra me concede.

Portanto, volto à minha proposta. Vou tentar esquematizar e resumir o que acabo de dizer de modo que vocês guardem, apesar de tudo, um certo número de princípios claros. Eu quis demonstrar, com essa análise um pouquinho sumária, que em certas situações históricas, ações universalizadas, universalizantes, em via de universalização ou contribuindo para o progresso do universal podem ser engendradas no encontro entre pulsões individuais constituídas socialmente (a palavra *libido* diz isso)[271] e os estados de certos campos. Em outras palavras, há estados do campo que dão às pulsões éticas positivas a ocasião de se expressarem, ou estados do campo que dão às pulsões eticamente negativas a ocasião e a obrigação de se expressarem de tal maneira a lucrar com a ética. No fundo, era isso que eu queria dizer.

Na realidade, as coisas estão muito mais misturadas, mas podemos opor de maneira muito esquemática duas classes de disposições num determinado campo. Para começar, temos as disposições eticamente positivas do ponto de vista da relação com o interesse (por exemplo, o interesse econômico – como referente universal, volto ao que disse aula passada), por exemplo, as disposições à generosidade que podem ser disposições aristocráticas. Se eu tivesse tempo e se esse fosse o centro de minha proposta, poderia retomar, por exemplo, a análise de Bénichou (1948), esse grande autor um pouco utilizado nos cursos de *hypokhâgne*[272] terrivelmente "dessociologizantes". Um Bénichou um pouco reativado seria muito útil para compreender o que digo. Por exemplo, as disposições aristocráticas de generosidade, constituídas socialmente, que o teatro de Corneille exalta… Há, por exemplo, páginas belíssimas em *A princesa de Cleves* sobre a recusa do ciúme, a generosidade nas relações entre os sexos. Essas disposições éticas são constituídas

271. Sobre a noção de *libido*, cf. Bourdieu (2021c, p. 118ff; 2023b, p. 145-146; 2023c, p. 116; 2025).

272. "*Hypokhâgne*" é a gíria que designa o primeiro ano de estudos de preparação para a École normale supérieure, após a conclusão do ensino médio [N.T.].

socialmente por meio de um trabalho de socialização – a parábola da bolsa[273] dá uma ideia. Essas disposições constituídas socialmente podem, nas circunstâncias que lhes dão a ocasião de se manifestar, levar a atos heroicos de sacrifício. [Elas também podem se manifestar] na existência cotidiana.

Para demonstrar a vocês que uma sociologia trans-histórica das disposições éticas é possível: acho que as disposições aristocráticas, ainda hoje, se constituem em oposição às disposições burguesas, à submissão ao dinheiro, às conveniências. As disposições aristocráticas podem se expressar no jornalismo numa forma de esquerdismo anarquista… Elas também podem se expressar nas disposições de eminentes dignatários da Igreja que, por não desejarem sucumbir à corrente pequeno-burguesa da Igreja atual, serão bispos de Saint-Denis, darão assistência aos imigrantes[274]. Minha análise é muito sumária, seria bem preciso [ou seja, de maneira aprofundada] analisar essas disposições aristocráticas, e fazer isso em sua gênese autônoma e relacional. Este último ponto é muito importante: as disposições éticas, numa sociedade diferenciada, são sempre simultaneamente substanciais e relacionais. Assim, um aristocrata é moldado para as disposições aristocráticas independentemente de qualquer outra coisa, mas também para as disposições que são não burguesas e que, levando tudo em conta, se for preciso escolher, serão mais populares do que burguesas. Bem… será que vocês estão entendendo? Eu fui rápido demais porque esse não é o centro de minha proposta e, como queria passar muito rápido por isso, gostaria que vocês tivessem compreendido antes mesmo de eu falar [*risos na sala*]…

O par, descrito por Bénichou, do aristocrata corneliano e do burguês jansenista, raciniano, pascaliano, larochefoucauldiano, me parece ser uma oposição relativamente trans-histórica em termos de disposições éticas. Podemos vê-la funcionando em contextos diferentes. Na minha análise, essas disposições éticas estão no princípio de pulsões éticas, de uma *libido ethica* (a disposição à indignação moral do pequeno-burguês em ascensão[275], a disposição

273. Cf., na aula anterior, nota 243.

274. P. Bourdieu muito provavelmente pensa nas trajetórias do artigo que escreveu com Monique de Saint Martin sobre o episcopado. Por exemplo, o caso do Monsenhor Robert de Provenchères, bispo de Créteil, inspirou a seguinte observação: "a aceitação de um cargo simultaneamente arriscado e exposto talvez represente o único resultado aceitável para alguém que, vindo de uma família aristocrática, chega ao episcopado relativamente tarde" (Bourdieu; Saint Martin, 1982, p. 16).

275. P. Bourdieu mencionara esse tema especificamente em aulas do Collège de France (por exemplo, aulas de 9 de novembro e 14 de dezembro de 1982: Bourdieu, 2021c, p. 165, 316). Cf. também: Bourdieu (2011a, p. 345, 408-409).

à generosidade...) que poderá se realizar, se efetivar, se a ocasião lhe for dada (no fundo, o campo é a causa ocasional).

Portanto, teremos ações desinteressadas que serão o produto, para uns, de disposições ao desinteresse constituídas socialmente e, para os outros, de disposições interessadas do ponto de vista da relação com o interesse (econômico, por exemplo), mas obrigadas a se transmutar pela lei do campo. Em outras palavras, temos dois princípios de engendramento de ações percebidas como desinteressadas: umas simples e diretas, outras invertidas. Bom, eu me expresso muito mal...

Farei a descrição rápida do caso em que as disposições éticas estão de alguma forma sintonizadas com um campo que exige o desinteresse... É preciso achar um exemplo para que vocês compreendam... É o aristocrata criado na [*palavra inaudível*], que arrisca sua vida nos campos de batalha contra qualquer razão, e acaba morto pelos arqueiros ingleses. Obras históricas me permitiriam dar fundamentos muito precisos ao que acabo de dizer. Esse tipo de disposição está no princípio de condutas éticas que, como acabei de dizer muito rapidamente, não são passíveis de avaliação em termos de mérito. No limite, aquele que realiza uma ação virtuosa nessa lógica não tem nenhum mérito em realizá-la, já que, em certa medida, ele não poderia agir de outra forma sem se renegar. É um caso parecido quando se diz: "Melhor morrer do que fazer o contrário". Em outras palavras, essas disposições estão além do interesse.

Vou me deter aqui um segundo antes de desenvolver esse tema para dizer que, no fundo, toda a análise que fiz, do *habitus*, da relação entre o *habitus* e o campo[276], me parece fundamentar uma descrição das condutas éticas que se situa numa tradição filosófica muito antiga, que vai de Aristóteles a Hegel, e segundo a qual as condutas morais não têm como princípio uma intenção consciente de submissão a uma regra conscientemente imposta, mas uma *hexis*, como dizia Aristóteles (é a mesma palavra que *habitus*)[277], um *ethos*, como dizia Hegel, quer dizer, disposições permanentes incorporadas que engendram ações objetivamente conformes a regras que não têm por princípios. Em outras palavras, a virtude aristotélica ou hegeliana é uma virtude que não se dá como projeto a virtude. É uma ação virtuosa que é

---

276. Cf. os volumes de *Sociologia geral*.

277. *Habitus* é a palavra latina que, na Idade Média, os filósofos escolásticos usaram para traduzir a palavra grega *hexis* de Aristóteles. As duas palavras têm origem no verbo "ter" (ἔχω/*ékho* em grego, *habere* em latim).

virtuosa por excedente. Existe um velho tópico filosófico, o comentário sobre o *eu prattein* platônico[278]. Como todos os professores de filosofia já fizeram essa exposição, hesito em fazê-la, mas vou renová-la um pouquinho. A expressão grega *eu prattein* – hesito em dizê-la porque é usada tanto... – significa ao mesmo tempo "ter sucesso" e "fazer bem", e isso leva a dizer: "Que encontro extraordinário: aquele que age bem (*eu prattein*, é "agir bem") é feliz e ao mesmo tempo tem sucesso". Na verdade, a teoria do *habitus* que proponho permite descrever atos de virtude e de generosidade que, de fora, parecem ser o produto de uma vontade consciente, de um fim, da obediência ou conformidade a uma regra e que, na verdade, são da ordem disso que digo: são tais que aquele que os realiza não tem mérito algum em realizá-los, já que, constituído como é, não pode agir de outra maneira que não ser generoso. Eu não sei... [*P. Bourdieu busca um exemplo*]... é aquele que sabe que se deve pagar a rodada. Evidentemente, se ele estiver, devido à ascensão social [*ele se diverte levemente com o que se segue*], num universo pequeno-burguês em que cada um finge abrir a carteira pelo maior tempo possível de modo que alguém acabe pagando antes dele [*risos na sala*], ele parece ser formidavelmente generoso. Isso posto, a escolha não se coloca. Estou simplificando, isso é um pouco caricatural, mas vocês encontrarão exemplos na realidade social.

O habitus e a moral kantiana

Para que vocês compreendam por que essa ética fundamentada numa teoria do *habitus* não tem nada a ver com a ética kantiana que, como mencionei há pouco, todos nós temos em mente, é preciso se referir a um texto de Kant que talvez alguns de vocês conheçam. O título exato é mais complicado, mas eu o lembro dessa maneira: *O ensaio sobre as grandezas negativas* (Kant, 1763). É um texto em que Kant formula um certo número de problemas éticos tipicamente filosóficos.

Hoje em dia, um debate central nas ciências sociais[279] é o debate entre aquilo que os estudiosos americanos chamam com bastante humor os *RATs* e os *CATs* [as abreviações formam as palavras "ratos" e "gatos" em inglês]. Os *RATs* defendem a "*rational action theory*" (a teoria da ação racional), e os *CATs*, a "*collective*

278. *Eu prattein* (εὖ πράττειν) é a frase de saudação utilizada no começo das cartas atribuídas a Platão (2012).

279. P. Bourdieu voltará a esse debate em seu curso do ano letivo 1992-1993 (aula de 17 de junho de 1993, Bourdieu, 2017a, p. 235-236).

action theory" (a teoria da ação coletiva). Os primeiros têm como filosofia da ação a ideia de que todas as ações têm como princípio a postulação intencional, consciente, deliberada e calculada de fins. Nessa lógica, Olson (2015) e toda essa tradição formulam da seguinte maneira o problema da ação coletiva: como uma ação coletiva é possível? Como acontece de, apesar de eu poder escutar a Radio Musique gratuitamente, eu enviarei 500 francos para ela? Não tenho nenhuma razão para fazer isso... Como acontece de, apesar de eu poder me beneficiar dos serviços de um sindicato sem me sindicalizar, existirem pessoas burras o bastante para pagar suas contribuições sindicais [*alguns risos na sala*]? Esse tipo de problemas é engendrado pelo fato de considerar a ação humana como tendo por princípio exclusivo o cálculo racional dos lucros e dos custos. Essa tradição é absolutamente aquela que fundamentou a teoria kantiana. É a tradição segundo a qual uma ação só pode ter como princípio a postulação de fins, e o fim pode ser o respeito puro da regra. No *Ensaio sobre as grandezas negativas*, Kant formula um certo número de perguntas que se tornam paradoxos para Elster[280]. Em geral, Elster tem exemplos ainda mais simplistas: "Como consigo parar de fumar?" Há também um exemplo belíssimo que cito sempre para dar risada. É esse tipo de questões que são discutidas muito prolongadamente nos círculos filosóficos restritos, com o sotaque oxfordiano obrigatório: "Sou um grande proprietário de terras e tenho opiniões políticas liberais, mas tenho medo de me arrepender do meu ato. Portanto, digo para minha mulher: 'Doarei minhas terras a meus escravos' de maneira a não poder me libertar de minha promessa porque ficaria desonrado diante de minha mulher". É esse tipo de pergunta muito abstrata que eles fazem: "Como posso decidir parar de fumar?" "Qual é esse 'eu' que dá uma ordem a 'mim'?" "Suponhamos dois avarentos, um avarento de grau 10 e outro

280. Referência à análise de Jon Elster sobre a "fraqueza da vontade" (Elster, 1984). O exemplo que P. Bourdieu dá sobre o indivíduo que toma a decisão de parar de fumar, assim como o do proprietário de terras, foi criado por Derek Parfit e citado por Elster: "Vamos supor um russo do século XIX que, daqui a alguns anos, deverá herdar grandes propriedades. Como ele tem ideais socialistas, agora pretende doar a terra aos camponeses. Mas sabe que, com o tempo, seus ideais podem desaparecer. Para se proteger contra essa possibilidade, ele faz duas coisas. Primeiro assina um documento legal que doará automaticamente a terra, e que só pode ser revogado com o consentimento de sua esposa. Então diz para sua esposa: 'Se eu algum dia mudar de ideia e te pedir para revogar o documento, prometa-me que não consentirá'. Ele poderia adicionar: 'Considero meus ideais essenciais para mim. Se eu perder esses ideais, quero que você pense que *eu* deixo de existir. Portanto, quero que encare seu marido não como eu, o homem que te pede essa promessa, mas apenas como seu eu posterior. Prometa-me que você não fará o que ele pedir'" (Parfit, 1973, p. 145).

de grau 5. Ambos realizam uma ação moral de grau 5, quem tem mais mérito?"[281] Evidentemente é o avarento de grau 10, porque a soma é 15, em valor algébrico. [*Reagindo a algumas risadas na sala:*] Não, isso é importante porque a teoria da virtude, da moral, do mérito se baseia na ideia de que a virtude só pode ser um vício superado conscientemente. Supõe-se que existem pulsões viciosas e que essas pulsões viciosas podem ser superadas por meio de uma referência pura à regra por uma intenção pura. Mencionei esses exemplos para aqueles que se interessam por esses problemas: toda a teoria que tentei fazer é uma resposta completamente diferente a essas perguntas. Entreabro muitas coisas... Na verdade, eu me perguntei se faria essa referência, porque no fundo poderia dispensá-la, mas acho que pode haver entre vocês pessoas que se interessam por esses problemas e que – esse é um efeito da situação pedagógica – poderiam não saber que respondo a esses problemas e que poderiam muito bem continuar sendo *rational action theorists* [teóricos da ação racional] ainda dizendo: "Bourdieu fala as coisas muito bem".

Em oposição às pessoas que desenvolvem as teorias da ação racional – que defini –, outras postulam a *collective action theory*. Elas dizem que existem ações coletivas: "Existem coletivos, existem grupos, existem massas, partidos, sujeitos de ação coletiva, a ação coletiva é possível" etc. Aqui, temos debates para mim metafísicos e ridículos. É por isso que os menciono de passagem. Seria muito cansativo para mim falar disso se não fosse de passagem. Então as pessoas dizem: "Mas sim, existem coletivos, as classes existem, as classes podem ter nações", e outras dizem: "Mas não, isso não é verdade, isso não existe, só existem sujeitos, indivíduos". Vocês têm porta-vozes desse discurso em [nosso?] ambiente. Não continuarei.

Essa alternativa, para mim, é completamente irreal e toda a teoria do *habitus* consiste em dizer que existem ações razoáveis, mas não racionais que são espontaneamente coletivas sem jamais terem sido desejadas enquanto tais. A ação pode ser coletiva nesse sentido em que é objetivamente designada para

281. "Insuflem em uma pessoa dez graus de uma paixão que, num certo caso, se opõe às regras do dever, por exemplo a avareza! Façam-no esforçar-se em doze graus pelo amor do próximo. Ele será salutar e caridoso em dois graus. Imaginem um outro indivíduo, avarento em três graus, capaz de um ato de sete graus conforme os princípios da obrigação. Sua ação para outra pessoa terá um valor de quatro graus. Entretanto, é incontestável que, à medida que a paixão em questão possa ser considerada natural e involuntária, o valor moral da ação do primeiro é superior à do segundo; sua estimação segundo a força *viva* sempre estabelecerá que a consequência de dois graus é menor que a de quatro graus. Portanto, é humanamente impossível julgar corretamente o grau das intenções virtuosas de outra pessoa segundo suas ações; o único juiz possível é aquele que enxerga as maiores profundezas dos corações" (Kant, 1991, p. 56).

outras pessoas ou que, sob certas condições de mobilização, se alguém lançar uma palavra de ordem, ela pode se tornar realmente coletiva e mobilizar com base em disposições orquestradas objetivamente. Com isso, quero dizer (acho que vocês me compreendem) que, se vocês tiverem pessoas que têm mais ou menos as mesmas disposições, a teoria do *habitus* leva a criar a hipótese de que elas terão mais ou menos a mesma reação diante do mesmo estímulo. Diante do mesmo quadro, elas terão de modo geral a mesma reação. Elas poderão divergir (um vai dizer: "Isso é formidável", o outro: "Isso não é nada mau"), mas para começar estarão diante do mesmo quadro enquanto outras não estarão, e em seguida ambas terão uma opinião mais favorável do que contrária. O *habitus* fundamenta ações razoáveis sem ter como princípio a razão (isso contra a *rational action theory*) e fundamenta ações coletivas sem que os coletivos sejam sujeitos (isso contra a *collective action theory*). Para mim, trata-se de uma falsa alternativa débil que só pode existir e se perpetuar no campo científico porque tem grande existência fora dele sob a forma das oposições individualismo/socialismo, direita/esquerda etc. Não é por acaso que a teoria da ação racional – que eu mesmo acreditei morta três vezes numa vida que nem é tão longa assim – volta em certos momentos da História. Se a teoria do *homo œconomicus* pode voltar[282], é porque ela tem por trás forças sociais, interesses sociais, pulsões que não têm nada a ver com o conhecimento científico. Farei um parêntese muito rápido e muito ruim, e correndo o risco de parecer uma jogada de força, mas não tenho vontade de fazer isso e queria que pelo menos vocês soubessem que é sobre isso que falo indiretamente.

Assim, contra o avarento kantiano que tem um mérito proporcional a seu esforço, a ação ética do primeiro tipo (ou seja, a ação ética que tem como princípio disposições percebidas espontaneamente como desinteressadas num certo estado de um campo) não pressupõe nem esforço, nem mérito. Se o mérito é medido em relação à importância do vício superado, se a virtude da generosidade se mede em relação à amplitude da avareza e do esforço que foi necessário para superar as pulsões de não pagar, essas pessoas aqui não têm nenhum mérito porque, em certa medida, elas não podiam fazer diferente do que pagar. É o contrário que teria sido para elas impensável e insuportável. O desinteresse como pulsão ética ligado a

282. P. Bourdieu falará novamente sobre esse retorno da teoria do *homo œconomicus* "no primeiro plano da cena intelectual sob a forma daquilo que chamamos de a 'teoria da ação racional'" no começo de seu curso de 1992-1993 sobre os "fundamentos sociais da ação econômica" (Bourdieu, 2017a, p. 13).

uma disposição positiva, que pode ser acompanhada de um prazer de se realizar... Aqui reencontraríamos Aristóteles e seu texto magnífico sobre o belo animal que cumpre sua função apropriada[283], que se realiza, que é feliz por fazer bem. Quanto a isso, criei uma frase de moralista que contarei a vocês. Ela se destina àqueles que, por confundirem a sociologia com o que chamamos de discurso de moralista (La Rochefoucauld, Montaigne etc.), vêm aqui para ouvir frases de moralista. Contarei uma dizendo que [farei?] sociologia: "O bem-feito faz bem a quem o fez". Isso poderia ser assinado por um moralista. Em outras palavras, existem casos em que o bem-feito faz bem a quem o fez, mas sem que aquele que faz o bem-feito sequer encontre um lucro por ser percebido fazendo o bem. Existe um grau zero da ética em que aquele que faz o bem não pode fazer de outra maneira que não fazer o bem, e fazer o bem é realizar sua função apropriada, é se realizar. É como o cavalo que galopa, segundo Aristóteles. É realizar aquilo que chamamos de sua natureza, ou seja, seu *habitus*. E existe uma forma de generosidade [que é desse tipo] e, aliás, essas são coisas que têm um charme enorme. Por exemplo, se as sociedades pré-capitalistas têm um charme inacreditável, pelo menos para as pessoas que têm meus valores[284] (o que está ligado ao *habitus*, à socialização etc.), é porque nelas as pessoas ainda são espontâneas, naturais e, portanto, magnificamente inclinadas a disposições desinteressadas, virtuosas, generosas, a uma espécie de relação encantada que nossas sociedades do cálculo, do tempo, da corrida contra o relógio não conhecem mais. Essas são, por exemplo, as sociedades nas quais as pessoas dão essa coisa que sabemos ser particularmente rara, que é o tempo. Uma análise redutora consistiria em dizer que, se é possível dar o tempo nessas sociedades, é porque o tempo não tem valor, não é convertível em dinheiro etc. Dito isso, as pessoas que foram formadas nas sociedades em que o tempo não tem valor guardam, quando são transpostas para universos em que o tempo é dinheiro, disposições que fazem com que elas não contem o tempo, e têm uma atração formidável. Eis o tipo de análise que se pode fazer.

283. Talvez referência à *Ética a Nicômaco*. Ao tratar da essência própria de cada ser, Aristóteles escreve que "cada animal tem o seu prazer próprio, tal como tem sua função própria, a saber, o prazer de exercer essa função" (Aristóteles, 2024, X, capítulo 5, p. 238) e fala do cavalo (mencionado um pouco mais adiante por P. Bourdieu), cuja virtude própria é de ser um bom cavalo, e também bom em galopar, em carregar seu cavaleiro e em enfrentar o inimigo" (Aristóteles, 2024, II, capítulo 6, p. 40).

284. Há uma incerteza ao redor da transcrição desta frase (pouco audível na gravação utilizada).

Portanto, a ação tem como princípio as disposições e, em certa medida, aquele que faz o bem, que age bem, sente prazer. Elas são, de alguma forma, ações de *self-fulfilling* (realização do eu) que são autorrealizadas, que são elas mesmas seus fins. Evidentemente, elas se opõem totalmente ao que chamarei de farisaísmo, quer dizer, a ação que consiste em fazer o bem pelos lucros que ele traz, na lógica do posicionamento interessado e calculado. Obviamente, numa perspectiva de ação racional, não há outra alternativa que não o cinismo ou a virtude. É Kant ou o cinismo. É por isso que essas teorias são incapazes de compreender a ação prática. Enquanto o fundamento das análises que fiz aqui é a teoria da ação, que desenvolvi num livro que se chama *O senso prático*. [*A gravação se interrompe aqui.*]

Aula de 2 de fevereiro de 1989

A transgressão regrada da regra burocrática – Campo político e campo burocrático – As categorias do entendimento tecnocrático – A noção de profissão, um mito erudito – A definição do conceito

Sempre tenho a sensação de ter me desviado... vou tentar chegar num outro ponto de coerência, voltar ao que foi deixado aberto. [Mas] apesar disso quero dizer a vocês duas coisas que esqueci: entre os delitos contra o dever de desinteresse que são mencionados nos trabalhos, figura aquilo que chamamos de "porta giratória" ["*pantouflage*"]. Acho que terei de voltar a isso, porque essa instituição - já que não existe outra palavra - coloca, creio, [um problema muito mais interessante?] do que o problema tradicional dos politólogos sobre as relações entre os gabinetes e o alto funcionalismo público. Os politólogos adoram esse problema: "Será que o político tem poder sobre o administrativo? Será que o administrativo é penetrado pelo político? Será que o fato de muitos funcionários administrativos se tornarem políticos - e vice-versa - afeta a autonomia do burocrata burocrático?" Eu acho que esse é um típico problema falso que tira a atenção de um [problema] verdadeiro. Se nossa atenção é atraída por esse problema, é porque aceitamos fácil demais a ideia da autonomia da ordem burocrática. Essa é uma questão interna: ela só se coloca se nos posicionarmos do ponto de vista das pessoas que aderem à representação burocrática.

Outra observação: [...] o sociólogo causa uma má impressão quando diz coisas que o jurista diz sem ser coberto de críticas. Vocês obviamente vão me perguntar por quê. Sem dúvida, o sociólogo diz coisas de modo diferente do jurista, mas no que consiste essa diferença? Ela tem uma relação com o *obsequium*[285]. Uma das coisas que, para mim, o sociólogo deve questionar para poder questionar de verdade o mundo social é o *obsequium*. Isso às vezes causa problemas quando o sociólogo toma como princípio prático o princípio prático de sua atividade científica. Esse é um problema quase existencial – sem fazer melodrama –, um problema difícil que todos os sociólogos dignos desse nome conhecem: a postura e a relação com o mundo social que o trabalho sociológico exige tem algo de difícil, porque é preciso recusar ao mundo social aquilo que ele mais exige e que não é grande coisa, mas é muito... Para aquele que comete uma transgressão contra o *obsequium*, dizemos: "Por que você não faz isso, isso não te custa nada". Mas algo que não custa nada custa muito, senão não o exigiríamos. Dizemos: "Por que você não diz 'senhor presidente' quando se dirige a um presidente?" Há pessoas para quem isso não custa nada: é isso o *obsequium*. Eu acho que, para poder formular a pergunta, é preciso que isso custe, devido ao fato de que isso não custa e é exigido... Vou parar por aqui [*risadinhas na sala*], porque vou acabar dizendo demais... Mas acho que é isto que é preciso sentir com força: o sociólogo se coloca nas posições de radicalismo, de ruptura radical, que os filósofos muitas vezes descrevem para si mesmos, mesmo que na minha visão eles a pratiquem muito pouco; um *obsequium* filosófico fundamental leva exatamente a se esquivar de todas as transgressões que o sociólogo é obrigado a realizar, o que causa, aliás, a fúria dos filósofos – e também de alguns sociólogos.

A transgressão regrada da regra burocrática

A porta giratória destaca com muita força esta questão: ela não seria uma dessas transgressões da norma burocrática organizadas burocraticamente, que são a condição do funcionamento da burocracia? Apenas formulo [a pergunta]... Por enquanto, essas são perguntas. Ainda não tenho certeza de ter uma resposta, mas tenho uma perplexidade... É fácil demais dizer: "Eu denuncio a porta giratória", minha descrição não é uma denúncia. Ela é uma surpresa: por que essa coisa, que é apesar de tudo uma falta extraordinária da deontologia oficial da burocracia, desse dever de desinteresse etc., é tão natural? [...] Por que, por exemplo, o direito administrativo sanciona de modo tão severo certos tipos de demissões?

285. Cf. acima: p. 123.

Existem casos [de demissões] muito importantes, mas vocês verão que eles só apresentam uma diferença de grau com a porta giratória nas suas formas (o "nas suas formas" é muito importante, está ligado ao *obsequium*: os grupos sociais exigem, essencialmente, que façamos as coisas respeitando suas formas, porque respeitar as formas é prestar um respeito formal à regra formal). Qual é a diferença entre a porta giratória formal, aprovada, socialmente respeitada, no limite até recomendada e, por exemplo, a demissão (sancionada) do fiscal de impostos da [empresa] Dassault que se torna empregado da Dassault? Digam-me a diferença, reflitam bem... Os estudos sobre os casos de sanções chamam a atenção para esse problema: o demissionário está determinado a pedir demissão pelo desejo de abusar, cito, "o conhecimento, a experiência e até a autoridade adquirida na função pública"[286]. Essa é uma definição da porta giratória... No caso do fiscal de impostos que, seis meses depois de ter controlado as contas da empresa X, com um intervalo muito pequeno (sempre é o problema do tempo)[287], é empregado pela empresa, há uma sanção. Mas quando o Sr. X passa de ministro da economia, onde, no fundo, controlava a companhia bancária, para a companhia bancária, não há sanção. Acho que os problemas que se colocam aqui são interessantes.

Darei outro exemplo de transgressão regrada da regra. Essa é uma outra maneira de dizer "*obsequium*": o *obsequium* realizado é a transgressão regrada da regra. O objetivo dos objetivos num universo social é dominar tanto a regra do jogo a ponto de ser capaz de jogar com a regra do jogo conforme a regra. Se, com muita frequência, os altos cargos são hereditários, não é porque eles passam de pai para filho como no século XIX, é porque é preciso gerações para adquirir essa arte do *obsequium*. É preciso nascer no universo para se tornar um virtuoso na transgressão regrada da regra, para saber fazer essas coisas sem cometer infrações. Uma das sanções mais frequentes num campo é aquela que se abate sobre alguém que respeita a regra exatamente no momento em que seria preciso ser flexível... um homem bem-nascido sabe que não se pode aplicar estupidamente a regra quando se trata de uma infração do primeiro-ministro [*grupo de palavras inaudíveis*]. (Dou

286. A fonte citada não foi identificada. Atualmente [na França], uma das condições sob as quais um funcionário público pode se demitir de seu posto para um emprego no setor privado é a ausência de elo entre "as funções exercidas durante os três últimos anos" pelo demissionário e "a empresa à qual ele deseja se juntar".

287. Alusão à análise da dádiva (a contradádiva, em particular, torna-se ofensiva se chegar logo na sequência – e portanto explicitamente – da dádiva inicial) para a qual P. Bourdieu voltou em sua aula de 19 de janeiro de 1989 (cf. aula acima). Cf. também Bourdieu (2012a, p. 164-186).

um exemplo ridículo, mas poderia escolher um exemplo não ridículo [*risadinhas na sala*]. É verdade, sou obrigado muitas vezes a passar ao riso, senão vocês não me concederiam mais a distância que me concedo.) Todas essas faltas regradas da regra me parecem extremamente importantes. Elas devem ser levadas em conta numa teoria geral da ordem burocrática em nome daquilo que mencionei há pouco: será que as coisas funcionariam sem isso? Pensaríamos que isso são erros, que podemos rejeitar etc.; já eu penso que elas são estruturalmente necessárias.

Darei outro exemplo, citando um artigo de Jacques-Sylvain Klein chamado "O procedimento dos *fonds de concours* ou a arte de girar as regras orçamentárias" (Klein, 1981, p. 466-471) (percebe-se imediatamente que ele fala de "arte"...). Esse autor é crítico e, em circunstâncias normais, não deveria ter escrito esse artigo. Nele, ele explica o que são os *fonds de concours* [fundos de assistência]. Não tenho certeza de ter compreendido completamente, mas não tenho certeza de que seja muito importante que tenha compreendido para transmitir a vocês aquilo que tenho a transmitir. Esses fundos, de modo geral, provêm das coletividades locais e de fontes diferentes. Eles têm a propriedade de poderem ser recolhidos, recebidos e empregados sem qualquer controle parlamentar. Eles são receitas que escapam ao controle do parlamento. Como diz o autor, devido a esses *fonds de concours* – que são algo absolutamente legal e oficial –, "créditos consideráveis [são] deixados à discrição da administração" (Klein, 1981, p. 468). Eles foram avaliados em 1,7 bilhões [de francos][288] em 1981, não sei bem o que isso quer dizer, mas podemos ver que é uma espécie de caixa-preta burocrática. Isso também é interessante para compreender a autonomia da administração, algo que é preciso inscrever em nossa memória para a reflexão sobre a burocracia.

Como esses créditos são destinados? A partilha já fornece uma informação sobre a função real desses créditos: 3,2% são destinados à remuneração de funcionários titulares, 7,4% à remuneração de funcionários auxiliares (o autor não diz isso, mas é provável que essas funções sejam destacadas quando se trata de justificar o fundamento legal desses *fonds de concours*) e 90% são utilizados sob a forma de prêmios e indenizações. Esses prêmios e indenizações, obviamente,

288. P. Bourdieu se baseia aqui (e na discussão que se segue) numa passagem do artigo de Jacques-Sylvain Klein: "A quais capítulos [do orçamento] foram destinados os 1,7 bilhões de *fonds de concours* ligados aos créditos de remuneração? Uma pequena fração serviu para remunerar funcionários titulares (3,2%) e auxiliares (7,4%). Mas, de modo geral (perto de 90%), eles serviram para pagar prêmios e indenizações, como mostra a tabela seguinte" (Klein, 1981, p. 470).

não vão para qualquer pé-rapado. Os complementos de remunerações são essencialmente destinados aos funcionários [do ministério] das Finanças. Eles representam em média 34% do salário de base desses funcionários (34% é uma média, isso pode ir até 54,8% para os funcionários da administração central – nunca ninguém nos serve melhor do que nós mesmos – e, na periferia, representam 11% para a Direção Geral da Concorrência e dos Preços [Klein, 1981, p. 468]). Esses prêmios são financiados em 62% sobre os *fonds de concours*; uma das principais funções desses fundos é financiar esses prêmios. Depois da porta giratória, trata-se, portanto, de um outro exemplo de "transgressão" da norma do desinteresse burocrático defendido pelas pessoas de quem falo. [Atualmente] começo a fazer a análise dos discursos do presidente do Conselho de Estado[289] que, todo ano, faz uma celebração do desinteresse (assim como, na Academia Francesa, celebra-se a virtude). Essas pessoas estão entre os beneficiários ou entre os privilegiados desse privilégio, o que gera uma questão, sempre a mesma... Vou parar por aqui.

Campo político e campo burocrático

Passo à sequência. Estabeleci um certo número de fatores para desenhar um retrato desse campo burocrático: temos, por um lado, as virtudes do desinteresse, um ideal do desinteresse, uma norma publicada de desinteresse e, pelo outro, práticas que contradizem essas normas e até – isso é o que acabo de descrever – práticas oficiais e oficialmente reconhecidas que estão em contradição com a regra oficial. Tudo isso funciona muito bem sem contradição. É essa contradição não contraditória que é preciso ter em mente, e de que me parece que um modelo da burocracia deveria dar conta. Se vocês se lembram, ano passado utilizei Hegel e Marx[290] para retratar os dois polos do espaço dos possíveis teóricos no universo burocrático, mas disse: "Simplifiquei os dois autores em questão, mas sua visão é, apesar de tudo, um pouquinho simples". [Podemos perceber isso] diante de exemplos como esses que acabei de dar. Aliás, se algum dia eu publicar algo sobre esses assuntos, contarei essas coisas em muito mais detalhes, porque é preciso ir até o detalhe das contradições, procedimentos, medidas, meias medidas, contramedidas, para captar a realidade burocrática em toda sua complexidade,

---

289. Salvo engano, essa análise jamais foi publicada.

290. Cf. acima: p. 134ff.

para não simplificar os problemas, como os teóricos fazem, de certa forma, com muita frequência e é sob essa condição que talvez possamos chegar em seguida a modelos muito simples, mas realistas, o que é o objetivo. Posso dizer a vocês: uma das causas de meu embaraço e talvez aquilo que me leva a reprimir inconscientemente o momento em que direi a vocês o que realmente penso sobre o Estado é que ainda não sou capaz de dizer de maneira completamente coerente o que acho que seria preciso dizer sobre o Estado. É por isso que coloco vocês em situação de pesquisa comigo, ou seja, que digo: "Eis como eu trabalho, percebi coisas muito diferentes e vou procurar conexões, vou buscar ver por que é assim e não de outro jeito, se as coisas que parecem contraditórias realmente o são, se, contraditórias em certo nível, elas não seriam inteligíveis a partir de um princípio superior etc." [Não digo isso] para me desculpar, eu acho que é dessa maneira que se trabalha... Infelizmente, como digo muitas vezes, a situação pedagógica não autoriza a dizer essas coisas. Na situação pedagógica, nosso dever é dizer coisas constituídas e comunicáveis oficialmente, ou seja, provisoriamente indiscutíveis. Mas não é assim de jeito nenhum [que as coisas acontecem]...

Agora, gostaria de ir só um pouquinho mais longe e tentar dizer, de modo geral, como os sociólogos abordam o problema que tentei formular, por meio das análises e dos exemplos, de maneira um pouquinho confusa. Entre os temas mais correntes, existe um que consiste na oposição entre o que chamarei de "o campo político" e o que chamarei de "o campo burocrático". Dizem que o campo burocrático tem propriedades que o distinguem do campo político: por exemplo, esse campo burocrático – foi isso que mencionei um pouco – se distingue por invocar a neutralidade, pela recusa de tudo aquilo que torna a política impura. Por exemplo, muitas vezes se cita, nos trabalhos anglo-saxões, uma frase (não lembro mais de quem, acho que foi um deputado ou um ministro trabalhista inglês)[291]: "Apenas um funcionário público consegue fazer política e negá-la completamente". É uma frase ótima que no fundo corresponde ao que eu queria dizer com a ideia de denegação: no universo burocrático, trata-se das mesmas coisas que no campo político, mas os objetivos que na política são abertos tornam-se [no mundo burocrático] não negados como diz a frase, mas denegados, ou seja, as pessoas dizem que não fazem o que fazem.

291. É possível que se trate de Richard Crossman, que foi ministro duas vezes (da habitação e das questões sociais) no governo trabalhista de Harold Wilson (1964-1970).

Portanto, há uma espécie de jogo duplo, de má-fé burocrática. Por exemplo, vocês podem conferir um artigo que escrevi há alguns anos no número 36-37 de *Actes de la recherche en sciences sociales* (Bourdieu, 1989b, p. 163-208). O número é datado de fevereiro-março de 1981 (portanto, o artigo deve ter sido escrito em janeiro de 1981) e, se vocês o relerem agora, verão que a sociologia às vezes tem um poder de predição[292]: vocês verão a capa[293], o conteúdo, será divertido se vocês virem... Nesse artigo anterior a maio de 1981, insisti no fato de que as lutas políticas são lutas pelo monopólio do uso legítimo dos recursos políticos objetivados, dos recursos públicos, e também insisti no fato de que essas lutas políticas eram lutas pelo monopólio dos recursos controlados pelas burocracias do Estado, portanto, pelo monopólio do controle das burocracias do Estado, e esses objetivos eram abertamente declarados, mesmo se os políticos[294] – ilustrei o artigo com uma fotografia representando Pierre Mauroy fazendo um discurso sobre uma tribuna com a inscrição "Ele luta por vocês"[295]. Isso foi, repito, logo antes de maio de 1981. A função política tem fins interessados ("luto para tomar o poder") que são denegados, mas isso é feito de maneira tão leve que podemos dizer que, de todos os campos, o campo político é aquele que tem uma imagem pública muito próxima da imagem científica. Esse é um caso em que o grau de adesão do grande público à denegação realizada pelos detentores monopolísticos do capital específico que é preciso ter para jogar no campo é particularmente fraco. Ele não é muito concedido. O campo político tem essa particularidade de ser particularmente transparente à visão redutora ou, digamos, cínica. Ele se dá uma pequena margem de denegação, o "serviço público" é substituído pelo "serviço do povo" ou pelo "serviço dos interesses da França". Mas se olharmos as

292. Esta passagem contém alusões, transparentes para a plateia do curso, à alternância política que se produziu em maio de 1981 com a eleição de François Mitterrand, primeiro presidente da Quinta República vindo da esquerda. Pierre Mauroy fora nomeado primeiro-ministro. A vitória eleitoral se inscreveu no contexto de uma aliança política, às vezes chamada de "união da esquerda", entre o Partido Socialista (de onde vieram, entre outros, Mitterrand e Mauroy), o Partido Comunista (então representado por Georges Marchais) e o Movimento dos Radicais de Esquerda.

293. A capa da edição reproduz uma fotografia em que François Mitterrand aperta a mão de Georges Marchais, sentados numa tribuna diante de uma bandeira defendendo uma "vitória da união da esquerda".

294. Trecho suprimido originalmente. Como não há uma conclusão da ideia, é possível inferir que Bourdieu queria dizer algo do tipo: "disfarçam esses objetivos nos discursos públicos" [N.T.].

295. Deputado do norte e prefeito de Lille, Pierre Mauroy foi uma figura eminente do Partido Socialista. O lema exato era: "Juntem-se ao Partido Socialista, ele luta por vocês".

pesquisas, é provável que a lacuna entre a representação que os agentes propõem e aquela que os não participantes lhes concedem seja menor quando se trata da política do que quando se trata da alta administração.

Portanto, o campo político obedece quase abertamente à lógica do interesse e ele se dá como objetivos os objetivos de poder. A burocracia, pelo contrário, denega seus interesses e uma série de trabalhos tende a perguntar sobre a diferença entre administração e governo. Era a esses trabalhos que aludi há pouco. Eles analisam em detalhes a oposição entre os gabinetes e a administração. Resumirei essas coisas que não são muito apaixonantes: diremos que, do lado da administração, há a gestão, ou seja, uma maneira de tratar o político que faz desaparecer os problemas conflituais e que reduz os problemas de antagonismo, de conflito de interesses, a elementos de escolhas racionais, passíveis de tratamento pela competência. A palavra-chave é "competência": quando vocês têm dois grupos sociais (por exemplo, num trabalho que fiz sobre a habitação (Bourdieu; Christin, 1990), as coletividades locais que enfrentam, por exemplo, os beneficiários), o papel do funcionário, do tecnocrata, é de alguma forma racionalizar as escolhas, encontrar uma solução racional que satisfaça as duas partes pelo menor custo, e esse *optimum* técnico supostamente estaria conforme ao interesse coletivo. Portanto, a gestão se baseia no consenso, nessa união que dá o conhecimento do interesse geral, e o tecnocrata poderia dizer como Descartes (2018, p. 32): "basta bem julgar para bem fazer". Com efeito, as escolhas políticas são da ordem do juízo e não da vontade (a vontade não passa, de alguma forma, de uma resultante de um cálculo racional). "Sou um gestor" quer dizer: "Estou do lado dos funcionários públicos".

As categorias do entendimento tecnocrático

Portanto, de um lado há a gestão e a união e, do outro, a divisão, o viés, o partido, a circunscrição, o local. Há uma oposição entre o central e o local. O funcionário público, o alto funcionário, está do lado do central, do interesse do centro, isto é, do ponto a partir do qual se vê todos os pontos. É o ponto de vista sobre os pontos de vista. A metáfora célebre de Leibniz sobre Deus (Deus é o geometral de todas as perspectivas, o lugar geométrico de todos os pontos de vista[296], o ponto de vista dos pontos de vista) é uma metáfora do alto funcionário,

296. Cf. nota 156.

que se vê como um ponto de vista sem ponto de vista sobre os pontos de vista que são necessariamente locais, parciais. Como se ensina na Sciences Po (isso vai lembrar algumas coisas para aqueles entre vocês que já ouviram isso), o local é sempre cego, fechado em si mesmo, interessado, sumário, pequeno, mesquinho. É o pequeno camponês populista [*poujadiste*] que colide com a compreensão esclarecida do *Aufklärer* [iluminista] burocrático, capaz de ver o ponto de vista do todo.

Um dia ouvi falar, comentado nas universidades americanas, de um texto extraordinário de Durkheim (jamais consegui descobrir o título[297], se algum de vocês souber...). Durkheim, que foi leitor de Kant e Espinosa e que tinha em mente a analogia espinosista do erro como privação, define nesse texto a função do sociólogo em oposição aos simples indivíduos particulares que têm visões particulares, interessadas (o interesse, nesse caso, é o fato de ser particular, de não enxergar mais longe do que a ponta de seu nariz, de só levar em conta sua própria opinião... são todos os temas ainda muito "Sciences Po" do corporativismo, dos *lobbies*, da França que seria apenas uma soma de *lobbies* se não houvesse felizmente a burocracia que otimiza etc.). Os indivíduos particulares têm um ponto de vista particular, privado, local, tomando a palavra "privado" no sentido espinosista do termo[298], ou seja, [que é um ponto de vista] privado da visão do todo. Essa visão do todo é restituída pelo tecnocrata ou pelo sociólogo durkheimiano ao tomar, sobre os pontos de vista particulares, o ponto de vista do todo que faz com que esses pontos de vista particulares apareçam como particulares. Em seguida, para convencer [os indivíduos particulares] de que eles são realmente particulares – o que em grego se diz *idios* (isso é "idiota", hein[299]...) –, é preciso um trabalho ideológico.

Eu já trabalhei muito sobre esse trabalho ideológico por meio do qual o alto funcionalismo público busca justificar o monopólio da gestão. Num número de *Actes de la recherche* [*en sciences sociales*], fiz até um dicionário dos temas da

297. Esse texto não foi identificado. Em seu curso de 1913-1914 sobre o pragmatismo, Durkheim diz uma coisa parecida: "Os espíritos particulares terminaram, nem um só existe que se possa situar simultaneamente em todos os pontos de vista", e a "verdade científica" (que "não é incompatível com a diversidade dos espíritos"), permitia totalizar as "verdades parciais" (Durkheim, 1988).

298. "Digo, em primeiro lugar, que a privação não é o ato de privar, mas apenas uma simples e mera carência, que por si mesma não é nada, porque é somente um ente de razão ou modo de pensar que formamos quando comparamos uma coisa com a outra. Dizemos, por exemplo, que um cego está privado da visão porque facilmente podemos imaginá-lo como vidente, seja comparando-o a outras pessoas que podem ver, ou comparando seu estado atual com um estado anterior no qual ele podia ver" (Espinosa, 2013, p. 73).

299. Cf. em particular Bourdieu (2021b, p. 28ff).

ideologia burocrática (Bourdieu; Boltanski, 1976). Vocês verão [ao lê-lo] que não falo por falar: trabalhei muito esses textos muito chatos de ler, é preciso que alguém faça isso [*algumas risadas na sala*]... Essa oposição entre ponto de vista parcial e ponto de vista total, ponto de vista particular e ponto de vista sobre os pontos de vista, é uma das estruturas fundamentais do entendimento burocrático francês hoje em dia. O texto de Durkheim é apaixonante porque ele teoriza isso. Da mesma maneira, no *Tratado de economia* de Samuelson[300], há uma exposição sobre essa espécie de falácia do... Não vou continuar, mas aqueles entre vocês que conhecem essa direção compreenderão.

Portanto, de um lado temos o político, representado pelos deputados, agentes locais, prefeitos de pequenas cidades. Isso vai gerar, por exemplo, coisas que estudei concretamente, como as famosas comissões Raymond Barre, as comissões Nora (Bourdieu; Christin, 1990) sobre a política de habitação. Nas comissões, aquilo que descrevi *in abstracto* é encarnado por agentes. Uma comissão inclui inspetores [do ministério] das Finanças, engenheiros das Pontes, engenheiros das Minas, eleitos, deputados locais etc., e um dos princípios da luta é a oposição entre o local e o central. O local dirá: "Você é central, ou seja, longe de tudo, você não entende nada, você planeja etc.", e o outro dirá: "Mas você está perto demais da realidade, você está metido nisso até o umbigo [...]"[301].

Aqui estamos em oposições, por assim dizer, muito fortes. Eu anunciei a vocês que falaria sobre os sociólogos, mas falo sobre a realidade. Isso porque toda uma parte da sociologia não passa de um contrabando de categorias de pensamento que estão em estado prático na realidade. Acabei de dizer que um problema dos juristas é que eles constituem como conceitos para pensar a realidade conceitos que, como a noção de soberania, fazem parte das condições de constituição da realidade que eles querem pensar. Isso é igualmente válido para os sociólogos; os sociólogos passam seu tempo contrabandeando, por exemplo, a oposição local/central. Não citarei autores [...]. Existem sociólogos que surgiram apenas pela introdução não repensada dessa oposição que faz parte dos próprios objetivos de luta na realidade. O que não quer dizer que essa oposição não exista na realidade (seria fácil demais se bastasse apontar o oposto do erro espontâneo para fazer

300. Cf. acima: nota 158.

301. P. Bourdieu faz uma observação muito pouco audível na gravação (que poderia ser: "talvez também [com as mãos] no dinheiro"), que suscita risos na sala.

boa sociologia). Na verdade, é preciso começar suspendendo essas oposições para ver como elas são ilusões bem fundamentadas. Elas não são sem fundamento. A oposição entre o tecnocrata, o inspetor das Finanças parisiense e o eleito em Bourges, RPR ou socialista[302], não é sem fundamento, mesmo que, ao se tornar uma estrutura mental e também um instrumento de luta nos conflitos que opõem as duas categorias, ela contribua para tornar difícil pensar a oposição.

Última pergunta: a união, o consenso, o puro, a competência, a inteligência... trata-se do sistema de categorias de pensamento da tecnocracia. Remeto vocês a esse número [de *Actes de la recherche en sciences sociales*] sobre a ideologia da tecnocracia, não lembro como se chama ["A produção da ideologia dominante", 1976]... Quando Lévi-Strauss faz esse tipo de análise sobre os mitos[303], todo mundo acha que isso é ciência, mas se o trabalho trata da mitologia dos "enarcas", acham que é polêmica. Entretanto, é exatamente a mesma coisa. É até mais difícil, acho, [no segundo caso] – como fiz os dois[304], acho que posso dizer isso. Portanto, a competência e a inteligência estão do lado [dos tecnocratas]. Fiz esse trabalho sobre Giscard [d'Estaing]: a inteligência de Giscard[305] foi celebrada em inúmeras páginas pelos tecnocratas que, por tenderem a universalizar sua definição da inteligência, achavam inteligentes as pessoas que tinham uma inteligência parecida com sua definição [*risos na sala*].

Uma outra proposição interessante: o emprego em tempo integral. Os burocratas são profissionais em tempo integral, enquanto as pessoas que estão do lado local, do pequeno, do parcial, do viés, do partido, da circunscrição, também estão do lado do tempo parcial. Elas passam um tempo em Paris, um tempo em sua circunscrição, existe o absenteísmo[306]. Obviamente, dou a vocês mais a versão central, porque a versão local é muito menos expressada do que a versão central.

É toda essa oposição que fazemos funcionar para pensar a oposição entre os altos funcionários e os gabinetes. Então nos perguntamos se a oposição entre

---

302. O RPR (*Rassemblement pour la République*), que existiu de 1976 a 2002, era então o principal partido de direita na França. Durante esse período, o Partido Socialista dominava a esquerda.

303. Cf. em particular a série *Mitológicas* (1964-1971).

304. P. Bourdieu pensa em parte de suas pesquisas feitas na Argélia. Cf. em particular o seguinte texto, escrito originariamente para uma coletânea de textos dedicados a Claude Lévi-Strauss: Bourdieu (2000, p. 61-82; 2021a, p. 211-239).

305. Cf. Bourdieu e Boltanski (1976), e também Bourdieu (1976; 2019b, p. 248-252).

306. Sem dúvida, alusão ao absenteísmo dos deputados na Assembleia Nacional.

os gabinetes e os diretores aumenta ou diminui, se é mais forte na Quinta do que na Quarta [República]. Na Sciences Po, trabalha-se muito nisso: será que ela era mais forte sob Pompidou, sob de Gaulle, como compará-la, a taxa de funcionários públicos… Existem muitos trabalhos, li muito, muito, mas não farei vocês… Às vezes, um professor é alguém que faz os alunos sofrerem a dor que ele passou [*risos na sala e de P. Bourdieu*]. Já eu não tenho pulsões sádicas, dispenso vocês! Mas existe toda uma literatura, por exemplo, sobre a evolução da parte dos tecnocratas nos gabinetes. Dizem que, durante Pompidou, havia um pouco menos – o que podemos duvidar – do que durante de Gaulle, que tinha um ideal da função pública etc., e um pouco mais do que durante Giscard… resumindo, vou poupá-los disso. Mas o problema [nesses textos] é saber como, em última instância, essas duas categorias, o político e o burocrático, se articulam. Eu acho que isso é um falso ponto de interesse.

(Aqui comunico a vocês um reflexo profissional: o velho soldado da pesquisa acaba enxergando coisas que muitas vezes não são analisadas, ele diz a si mesmo que se tantas pessoas se interessam tão superficialmente por esse problema tão superficialmente importante, é porque há realmente uma armadilha. Podemos nos enganar, mas transmito isso a vocês como um truque: é preciso ter uma espécie de disposição um pouco, como dizer, paradoxal, porque a *doxa* indica a você que é aí que é preciso trabalhar. Entre as armadilhas presentes no campo científico, temos esta: você quer demonstrar que não, não era 12% sob Pompidou e 14% sob Giscard, mas sim 12,5% e 14,8%. Pode-se dedicar uma vida a coisas assim… O campo científico tende a armadilhas e censuras, esse é um dos meios pelos quais, como dizia Platão, cortamos as garras dos filhotes de leão[307]: os filhotes de leão têm vontade de fazer a revolução científica, e dizem para eles: "Preste atenção, temos 12%, é preciso rever [sua porcentagem]!" [*risos na sala*])

Obviamente, penso aqui em pesquisas francesas e não é por acaso (já que a pesquisa francesa é a burocracia, não desenvolverei isso…). Nos Estados Unidos, o problema que formulei [é um pouco diferente]… Se faço esse desvio pela literatura (de maneira muito superficial), também é para que vocês apreciem um

307. Referência a uma exposição de Cálicles em *Górgias*: "[...] segundo as leis que nós mesmos arbitrariamente instituímos e impomos aos melhores e mais fortes do nosso meio, dos quais nos apoderamos desde os mais tenros anos, como fazemos com o leão, para domesticá-lo com encantamentos ou fórmulas mágicas, e convencê-los de que devem contentar-se com a igualdade, pois nisso, precisamente, consiste o belo e o justo" (Platão, 1980, 483e-484a, p. 160-161).

pouco mais o trabalho de demolição das ideias recebidas que está implicado em tudo que disse até agora e continuarei a dizer. Senão vocês não vão se dar conta, arriscam-se a considerar naturais coisas que na verdade absolutamente não são.

A noção de profissão, um mito erudito

Gostaria agora de mencionar muito rapidamente uma parte imensa da sociologia americana, que é a sociologia das profissões – é preciso dizer *professions*[308], porque é a palavra inglesa, anglo-saxã. Por um acaso histórico, os anglo-saxões têm esse conceito de *professions* que designa um conjunto de ofícios, aliás muito mal definido – esse é um dos problemas que surgem para os pesquisadores (quanto mais eles não se colocam o problema, mais ele aparece). Desde a década de 1960 até nossos dias, uma literatura imensa (não li nem um décimo dela e já li uma centena de títulos...) discute para saber o que é uma *profession*, quais são seus limites, quais são as características centrais, secundárias... Menciono isso porque, entre as características dessas *professions*, o desinteresse é uma das mencionadas com maior frequência. Na definição mais ampla, aquela que encontramos, por exemplo, em Talcott Parsons, a noção de profissão engloba os cientistas, os pesquisadores, os sociólogos. Portanto, aqui temos [...], como se diz, um interesse obscuro dos pesquisadores...

Vou contar para vocês o artigo de Parsons... A boa pedagogia exigiria que eu quase o lesse linha a linha, porque esse homem dominou a sociologia mundial por vinte anos[309]. É um texto tão irreal que chega a ser alucinante. Darei a vocês apenas a substância, mas darei a referência para que vocês possam verificar porque senão eu faria uma imposição autoritária de juízo de valores... Trata-se do artigo "*Professions*" na – isso não é pouca coisa – *Enciclopédia internacional das ciências sociais*, em inglês, Nova Iorque, 1968, páginas 536-546 (Parsons, 1968, v. 12, p. 536-547). Então leiam esse artigo para a próxima aula, pronto... [*risos na sala*]! Isso é de fato algo que é realmente preciso fazer, mas não vou falar imediatamente para vocês. Essa literatura é interessante por motivos duplos. Senão, eu não a contaria para vocês. Infelizmente, para um sociólogo, faz parte das exigências profissionais

308. O itálico, tanto nesta aula quanto na seguinte, é utilizado quando P. Bourdieu pronuncia a palavra em inglês.

309. Sobre esse ponto (e o anterior), cf. um texto de uma conferência quase contemporânea a esse curso: Bourdieu (2015b, p. 33-49). Cf. também: Bourdieu (1983, 2002).

conhecer essa literatura. É sinistro, mas, entre os obstáculos para o progresso da ciência social – digo isso para ajudar a juventude –, está o fato de que, para ser um profissional das ciências sociais, é preciso ler imbecilidades enormes, enormes. Se não as tivermos lido, não somos profissionais. Isso é algo muito complicado, e acho que é verdade em todas as ciências. Porque [se não tivermos lido essa literatura] não podemos nem sequer compreender por que há um problema, não podemos nem sequer compreender por que recebemos algumas objeções, não podemos nem sequer compreender o que querem dizer as pessoas que não nos compreendem… Isso é extremamente importante.

Isso que eu disse pode ser muito útil para saber como utilizar uma bibliografia. Evidentemente, nas bibliografias, essa literatura detestável é promovida, porque ela é fácil de resumir, porque tem por trás dela toda a lógica das forças sociais etc. Para aqueles entre vocês que estão no começo da carreira de pesquisador, essa talvez seja a coisa mais importante que posso lhes dizer: diante de um texto sociológico, sempre é preciso perguntar: "Mas do que isso se trata? Será que não é um contrabando de discurso… Será que eu não leria a mesma coisa [no jornal] *New York Times*? Será que isso não é uma transcrição pedante, sinistra, aborrecida, de algo que o autor leu no *New York Times* – ou no *Le Monde* – três dias atrás…?" E, depois de fazer isso, também não se deve dizer: "Eu não li isso, isso é ideologia americana", porque essa é uma das maneiras de perder os 10% de trabalhos extraordinários que fazem parte das condições de avanço da profissão. Perdoem-me por dizer isso, vou me arrepender muito, é o tipo de coisa que, depois [das aulas], me faz sofrer bastante.

Volto aos [trabalhos sobre as] profissões, que são interessantes porque são exatamente o tipo do mito científico. Canguilhem analisou muito essa espécie de construções que as ciências que se constroem elaboram (Canguilhem, 1977, p. 33-45)[310]. Elas têm todos os sinais exteriores da cientificidade, e quanto menos científicas são, mais sinais têm. Escrevi um artigo sobre essa questão que chamei de "efeito Montesquieu" (Bourdieu, 1998a, p. 177-185). Darei apenas o esquema da análise: enquanto com frequência toma-se o famoso texto de Montesquieu sobre o Norte e o Sul como a primeira expressão do determinismo geográfico[311], como

310. Sobre essas análises de Georges Canguilhem, cf. Bourdieu (2021d, p. 237ff).

311. A teoria dos climas de Montesquieu foi exposta principalmente nos livros XIV a XVII de *O espírito das leis* (1748) [N.T.].

uma antecipação científica, demonstrei – acho que isso é bastante evidente – que na verdade é uma representação mítica do tipo daquelas descritas pelos etnólogos, com Norte/Sul, quente/frio, seco/úmido etc., mas revestida de todos os trapos científicos da época, ou seja, uma teoria das fibras feitas por cientistas ingleses etc. Temos, portanto, um mito, mas um mito disfarçado de ciência. As ciências sociais estão cheias de mitos científicos, e o disfarce pode ser o formalismo matemático, todo tipo de coisas...

Aqui está o primeiro interesse [da exposição sobre a sociologia das *professions*]: fazer ver como funciona um espaço ideológico. Nesse caso em particular, o princípio dessa ideologia no fundo é a meritocracia. Essa teoria das profissões é uma espécie de imenso hino à meritocracia, quer dizer, à ideologia dominante daqueles que dominam em nome do saber e dos quais fazem parte os cientistas do mundo social. Segundo interesse: trata-se de uma contribuição à sociologia da sociologia e isso fundamenta um pouco as coisas um pouco proféticas que acabei de dizer a vocês, isso permite que vocês, na prática, fiquem precavidos. Para dizer isso em duas frases, a noção de profissão me parece uma noção perigosa e ainda mais hoje em dia que [seu retorno?] também é um dos efeitos da dominação simbólica: hoje em dia a noção de profissão, graças a Deus, está prestes a morrer nos Estados Unidos, mas tem gente a reintroduzindo na França[312] para jogar jogos nos campos franceses, em nome do fato de que a modernidade é associada *a priori* aos Estados Unidos. Na sociologia da sociologia, a ideia central é que a noção de profissão é exatamente o tipo de conceito nativo contrabandeado para a ciência, ou seja, sem exame, sem controle.

A definição do conceito

Depois de dizer isso, vou tentar contar para vocês, e depois voltarei aos usos, porque tenho uma tendência a dizer imediatamente as intenções teóricas antes de ter exposto o... Bom, depois direi para vocês o que podemos tirar disso.

312. É apenas na década de 1980 que começa a importação da sociologia das profissões para a França. Por exemplo, obras de Eliot Freidson (1986, 2009) são traduzidas e vários sociólogos franceses começam a reivindicar essa especialidade sociológica, como Claude Dubar e Pierre Tripier, que publicarão dez anos depois a primeira síntese em francês (Dubar; Tripier, 1998). O período também corresponde ao momento em que a sociologia interacionista (por exemplo, o estudo de Howard Becker sobre músicos de jazz) é mais traduzida na França.

Portanto, uma bibliografia enorme se organiza no começo ao redor de um imenso exercício de definição. Não existe autor que não comece com uma definição. Em nome de uma definição positivista da definição que Durkheim, aliás, tinha[313], mas que transgredia constantemente: já que "não se pode pensar cientificamente sem conceitos bem definidos", começamos definindo, esquecendo que aquilo que está em jogo é exatamente a definição (quem faz parte do jogo e quem não faz parte?). Muitas vezes, os sociólogos definem seu objeto *a priori* ("Chamo de 'artista'..."), em nome por exemplo de uma definição operacional, esquecendo-se de que a definição de seu objeto está em jogo na realidade. Ao dizer: "Chamo de 'artista' esta ou aquela categoria", destruo o próprio objeto que quero estudar antes mesmo de estudá-lo, já que na realidade um dos principais objetivos do campo artístico é saber quem é realmente artista, o que é um artista "verdadeiro". Existem belíssimas reflexões do filósofo Austin sobre o que significa dizer que alguém é um *verdadeiro* filósofo[314]. Se vocês tiverem entendido o que eu disse, a verdade pode avançar graças às lutas pela verdade e o fato de dizermos: "Esse é um *verdadeiro* filósofo" é, portanto, uma homenagem à verdade. As lutas para ser um verdadeiro filósofo ou denunciar alguém como não sendo fazem a verdade avançar.

Volto à definição das profissões. Falando muito rapidamente, toma-se uma lista de atributos que parecem característicos das profissões. Qual é o núcleo irredutível das profissões, as *main characteristics*, as características centrais, cruciais, como eles dizem? Existe quanto a isso toda uma literatura de *trend report* [relatório de tendências]. Para quem não sabe, o *trend report* é um gênero constituído socialmente, muito interessante, que consiste em fazer um quadro do desenvolvimento recente da ciência. É uma literatura muito típica, pelo menos na sociologia, dos países anglo-saxões, porque existem condições sociais de produção que a favorecem: os professores pagam os estudantes para lerem livros, fazerem fichamentos, e em seguida fazem cursos juntando um a um esses fichamentos. Eles chamam isso de *trend report*. Hoje em dia chamariam isso de "teoria". Esses

313. "Toda investigação científica refere-se a um grupo determinado de fenômenos que respondem a uma mesma definição. Portanto, o primeiro passo do sociólogo deve ser definir as coisas de que trata, para que se saiba e que ele saiba o que está em questão" (Durkheim, 2019, p. 64).

314. Austin não emprega em lugar nenhum a frase "verdadeiro filósofo" ou uma expressão equivalente. É muito possível que P. Bourdieu tivesse em mente a passagem de *Sentido e percepção* sobre os diferentes significados da palavra "real" que já tinha mencionado no ano anterior (aula de 10 de março de 1988): aquilo que Austin diz sobre a expressão "pato real" (cf. acima: nota 59) valeria para a expressão "verdadeiro filósofo" ou "verdadeiro artista".

resumos de livros com bibliografias, juntados um a um, podem ser muito úteis, desde que conheçamos as condições sociais de sua produção e, portanto, de sua utilização. Um número enorme de *trend reports* diz: "Sr. Fulano escreveu sobre as profissões e descobriu 14 características, já Sr. Beltrano descobriu 18 características, e Sr. Sicrano encontrou 25, e eu digo que as *main* [principais] são na verdade as quatro seguintes". Darei a vocês imediatamente uma referência, só para que vocês possam verificar que não estou falando por falar. [*P. Bourdieu escreve a referência na lousa*[315].] Esse artigo de semivulgarização retém 23 elementos que foram levados em conta em diferentes definições da profissão. Eu me lembro de alguns: por exemplo, há a competência, *skill* ou capacidade, fundamentada no conhecimento teórico, a educação, a formação, o exame das competências, [...] (uma) moral profissional e o fato de que essas são ocupações que cumprem funções de serviços altruístas[316]. A ideia de altruísmo, de desinteresse, volta quase o tempo todo.

Trata-se aqui de variações sobre a compreensão do conceito: quais são as características que mantemos como constitutivas do conceito? Numa fase crítica dessa literatura, outros [autores] fizeram a extensão variar. Eles se perguntam se por acaso as variações observadas nas definições, na compreensão do conceito, não se deveriam ao fato de que as pessoas têm em mente extensões diferentes da noção. Por exemplo, alguns pensam em médicos, advogados e contadores especializados, outros em professores, cientistas etc. Isso é muito surpreendente, mas, quando olhamos os artigos (eu fiz isso), observamos que as categorias em geral são derivadas de um número muito pequeno de ocupações que não são as mesmas de um artigo para outro... (Repito que esse é um dos grandes debates científicos: o *American Journal* [*of Sociology*], em certas épocas, publicava pelo menos um artigo por ano sobre a questão.)

Portanto, em primeiro lugar, as categorias provêm de um número pequeno de corpos profissionais. Em segundo lugar, esses corpos profissionais nem sempre são os mesmos. Em terceiro lugar, a lista das profissões em questão nem

---

315. Salvo engano, a referência é Millerson (1964).

316. P. Bourdieu provavelmente se baseia numa tabela chamada "Demonstração de uma análise de elementos incluídos em várias definições de profissão" (Millerson, 1964, p. 5). A transcrição aqui não é integral devido a uma breve interrupção da gravação (mudança de lado de uma fita), mas P. Bourdieu só menciona visivelmente os primeiros dos 23 critérios listados na tabela: "1. *Habilidade com base em conhecimento teórico*, 2. *Requer treinamento e educação*, 3. *Competência testada*, 4. *Organizada*, 5. *Adere a um código de conduta profissional*, 6. *Serviço altruísta*, 7. *Aplicada a negócios de outras pessoas* etc.".

sempre é mencionada explicitamente. Em quarto lugar, o que é comum com essas taxonomias é estarem sempre ligadas ao contexto anglo-saxão, e ninguém diz isso... Tem um artigo que diz: "Na Europa, eles não têm esse conceito, eles têm coisas como 'quadros'... Será que nosso conceito é universal?" Mas ninguém faz a seguinte pergunta: "Será que nós não temos essa pergunta sobre a universalidade do conceito simplesmente porque nós temos esse conceito?" Essa questão eu realmente não encontrei na literatura.

Uma coisa divertida, eu disse há pouco que a verdade do campo político é mais transparente do que a verdade em outros campos, como a do campo religioso, por exemplo... E eu pensei nisso e o censurei, mas no fundo isso é muito engraçado. Quando existe um *Streit* [disputa], um tema forte numa disciplina, é preciso falar dele a qualquer preço, o que também é uma coisa interessante para a sociologia da ciência: as pessoas mais opostas no espaço, quer dizer, os grandes burgueses de Boston e os pequenos judeus de Chicago (que fazem, de qualquer forma, a subversão na sociologia americana), todas falam de profissão. Os de Chicago certamente vão estudar as profissões de perto[317], de modo que eles vão de alguma forma subverter, mas preservam apesar de tudo [a noção de] "profissão", o que faz com que aquilo que há de bom no que eles fazem seja prejudicado, pelo menos para mim, pelo fato de terem sido contaminados pela problemática dominante, que não analisaram enquanto tal porque não fizeram muita socioanálise.

Estourei o limite [de tempo], vou terminar, mas quero falar mais um minuto apesar disso. Portanto, as pessoas contam e enumeram as profissões. Em seguida, vêm as pessoas que mensuram (na próxima aula escreverei a referência na lousa), é a fase positivista onde buscamos indicadores mensuráveis do grau de profissionalismo (Hickson, 1969). Esqueci de dizer que *profession* engendra *professionalism* e *professionalization*. *Professionalization* é um programa de pesquisa: será que há etapas no processo de profissionalização, será que todas as profissões – que não sabemos o que são – passam pelas mesmas etapas? Nessa fase positivista, mensura-se e, para isso, critérios serão criados, indicadores mensuráveis do grau de profissionalismo. Os cientistas baseiam-se em Millerson e fazem uma escala de Guttman (1950, v. 4, p. 60-90). Nas décadas de 1960 e

317. Referência aos sociólogos interacionistas de Chicago que, muitas vezes alunos de Everett Hughes, realizaram pesquisas aprofundadas sobre os grupos profissionais: Howard Becker, Anselm Strauss, Blanche Geer...

1970, essa técnica era de ponta. Mas ela é muito rigorosa (coisas [escaláveis?] como essa, eu pelo menos não conheço no mundo social...), é uma cama de Procusto tecnológica e, como resultado, perde-se no caminho quatro critérios fundamentais de Millerson. Cito: "Infelizmente, é preciso eliminar características consideradas importantes como o grau de autonomia da profissão (o que não é pouca coisa), o grau pelo qual a prática está fundamentada numa teoria e o grau de conformidade com o ideal altruísta"[318]. Portanto, abandona-se o terceiro critério, mas mensura-se! E então ficamos felizes com os resultados – vou parar por aqui – porque eles mostram o que esperávamos, isto é, que existe uma correlação muito forte entre o grau de profissionalização e a antiguidade da profissão. Como conclusão, dizem – seria preciso que eu ousasse pronunciar em inglês, mas...: "A profissão é um processo demorado"[319] [*risos na sala*]. Essa é a conclusão, nas páginas 48-49, de um artigo cuja referência darei a vocês na próxima aula. Começarei com isso, depois direi a vocês o que o problema se torna, com as etapas da profissionalização etc. E demonstrarei a vocês como voltamos aos nossos problemas depois disso [*aplausos*].

318. "Entre esses elementos, nenhum meio foi projetado para 'Habilidade com base em conhecimento teórico', 'Serviço altruísta', 'Negócios de outras pessoas'. Todos os outros foram operacionalizados, incluindo representação de 'Requer educação e treinamento', 'Competência testada', 'Organizada', e 'Adere a um código de conduta'. Portanto, a escala verifica a suposição de que a posse de mais dessas características significa uma profissionalização maior" (Hickson; Thomas, 1969, p. 46).

319. "A profissionalização é muito provavelmente um processo de longa duração no qual os iniciantes têm uma vantagem em relação aos que chegam mais tarde no número de características profissionais que podem exibir" (Hickson; Thomas, 1969, p. 49).

Aula de 9 de fevereiro de 1989

Uma sociodiceia por trás da descrição de um processo histórico – A profissão, um mito científico – Profissão, corpo e campo – A teoria das profissões como teoria negativa do Estado – A escola libertadora – Continuidade e gênese dos grandes corpos

Retomarei minha proposta onde a deixei, ou seja, na descrição das profissões tal como ela é proposta pela tradição anglo-saxã. Se vocês se lembram, comecei mencionando que uma parte importante dos trabalhos dedicados a essa noção propunham definições e demonstrei como essas definições muitas vezes eram insuficientes devido à extensão do conceito jamais ser especificada e sua compreensão ser flutuante. A pergunta que formulei era saber se essas descrições tratam de um tipo ideal no sentido weberiano do termo (ou seja, uma definição obtida pela passagem ao limite a partir de casos particulares, mas não farei um longo discurso sobre a noção de tipo ideal em dois segundos [Bourdieu; Passeron; Chamboredon, 2015, p. 65-66]) ou um ideal. Uma outra pergunta que formulei: a mensuração da profissão. Eu disse que, na tradição acadêmica anglo-saxã, quando um conceito se torna objeto de discussão, chega um momento em que nos perguntamos como mensurá-lo.

Eu estava no ponto em que contava a vocês como Hickson e Thomas descreveram, num artigo, o trabalho que fizeram para tentar mensurar o grau de profissionalização construindo indicadores mensuráveis de profissionalismo (Hickson; Thomas, 1969). Eu mostrava a vocês os absurdos a que eles chegaram, segundo uma lógica muito comum nas ciências sociais e, infelizmente, nas ciências em geral (a preocupação em mensurar, que é absolutamente inseparável da intenção científica, pode levar a mensurar aquilo que é mensurável em vez de tentar mensurar aquilo que deve ser mensurado (Bourdieu; Passeron; Chamboredon, 2015, cap. 2): acabamos reduzindo o objeto que nos damos àquilo que pode ser mensurado nele, em vez de nos perguntarmos o que é o objeto, para tentar em seguida mensurar o melhor possível aquilo que construímos como objeto científico real).

Assim, eu lembrava a vocês que esses autores eliminaram da definição tomada de Millerson um certo número de propriedades que pareciam fundamentais para ele, tudo isso para concluir com uma espécie de correlação entre o grau de profissionalização e a antiguidade de uma profissão, resultado que poderíamos ter obtido desde o começo. Muitas vezes, essas empreitadas de mensuração resultam em tautologias um pouco pomposas, o que não quer dizer que eu condene a própria intenção de mensurar: existe uma reação contra o positivismo que alimenta um certo teoricismo tão estúpido quanto aquilo que combate... [Quanto a mim], tenho reservas quanto a uma espécie de ambição de mensurar.

Uma sociodiceia por trás da descrição de um processo histórico

Depois dos debates sobre a definição e as tentativas de mensuração que acabam em resultados pomposos e ridículos, um terceiro aspecto desse debate imenso – que esquematizo e simplifico – é uma filosofia da história construída ao redor da noção de *professionalization*. Temos, portanto, uma noção mal definida, a profissão, fazemos dela implicitamente o fim da história e dizemos que a profissão é característica das sociedades modernas (esta é, vocês verão, uma das razões pelas quais fiz questão de falar disso: vocês talvez percebam essa análise das profissões como uma digressão, mas acho que na verdade enxergarão que ela é central para minha pesquisa sobre o Estado). Assim, tomamos uma noção mal definida, tentamos mensurar e depois, sem nenhuma outra forma de processo, perguntamo-nos como chegamos aqui, pressupondo que o processo que levou a esse ponto é um progresso. Chegamos então a um evolucionismo finalista e etnocêntrico, o que acontece com muita frequência na sociologia, especialmente na sociologia americana. Muitos sociólogos norte-americanos, esquecendo-se de fazer a sociologia de sua relação com sua sociedade, tendem a fazer dos Estados Unidos o fim da história e a considerar que aquilo que descrevem sobre a realidade americana é uma conclusão da história. A maioria das grandes teorias dos processos de modernização – outra velha história, que foi objeto de muitos debates na década de 1970[320] –, de responsabilização, de profissionalização etc. consideram esses processos evoluções na direção de um estado considerado final e tacitamente ideal.

De passagem, acho que a crítica que dirigirei a essa teoria evolucionista valeria para todos os grandes discursos ou conceitos aplicados a processos tendenciais. Se vocês leram minhas obras, terão notado que praticamente nunca formulo proposições gerais sobre a evolução das sociedades[321], por exemplo sobre os processos de encarceramento[322], ou racionalização, profissionalização, burocratização. Com efeito, penso que, no estado atual da ciência social, essas tomadas de posição em geral são profissões de fé muito obscuras para seus próprios autores. Elas ocultam uma filosofia da história mal dominada e uma visão mal analisada do mundo atual no qual vivem os autores dessas teses. Em outras palavras, esses conceitos informam muito mais sobre aqueles que os empregam do que sobre as realidades que deveriam designar. É por isso que me abstenho disso muito sistematicamente.

Os autores que querem descrever os processos de profissionalização esforçam-se para estabelecer sequências estáveis, séries, pelas quais passariam todas as ocupações e todos os ofícios a ponto de se tornarem profissões. Como um ofício se torna uma profissão? Existem alguns trabalhos belíssimos nessa lógica, em geral feitos por historiadores (eles são os menos pretensiosos, os menos ambiciosos e, ao mesmo tempo, muitas vezes os melhores teoricamente): há, por exemplo, trabalhos absolutamente notáveis sobre a história da profissão de farmacêutico, a história da profissão de psiquiatra... Eu não englobo essas obras na crítica que posso fazer aqui; pelo contrário, elas são contribuições sobre as quais podemos realmente nos basear para descrever a história da gênese das instâncias que quero estudar. Minha crítica não se refere a elas, mas a esses trabalhos supostamente sociológicos que em geral se baseiam em saberes de segunda mão e que pretendem descrever grandes leis tendenciais e, ao mesmo tempo, as etapas do processo que as profissões seguem.

---

320. Cf. em particular o subtítulo desta obra: A sociologia científica e a particularidade da França. Cf. também Bourdieu (2023b, p. 180).

321. P. Bourdieu voltará com frequência a esse ponto em seu curso dos três anos seguintes: Bourdieu (2014b).

322. Sem dúvida, alusão a Foucault (2014).

Há, por exemplo, um livro de Caplow, *A sociologia do trabalho* (Caplow, 1954). Vou me referir a um artigo de Wilensky (1964) que creio ser típico, mas poderia ter usado muitos outros. Wilensky diz que o processo de profissionalização passa pelas seguintes fases:

- Primeiro, surgimento de uma ocupação, de um ofício *full-time* (pessoas exercem a atividade em tempo integral);
- Segundo, criação de uma escola e assim profissionalização da transmissão da *skill* em questão, da competência, da capacidade, das aptidões, da arte etc.;
- Terceiro, constituição de uma associação profissional permanente, dotada de estatutos;
- Quarto, luta pela proteção da associação pelo direito. Com efeito, há uma tentativa de legalização dessa profissão. É o que aconteceu, por exemplo, com a criação da ordem dos médicos. Um problema para a associação profissional é ter a capacidade de exercer sanções sobre seus membros e poder definir as fronteiras do pertencimento à profissão (quem faz parte dela? Quem não faz?). Para isso, a profissão precisa da ajuda do direito. Ela precisa ser reconhecida juridicamente e ao mesmo tempo ver reconhecida suas capacidades jurídicas de decisão;
- Última fase: codificação da profissão, adoção de um código oficial e formalizado.

Agora, como dizer...? Vocês vão pensar que me contradigo... Poderíamos dizer – essa é uma maldade que um dos meus antigos mestres de filosofia dizia: "Isso nem sequer é falso!"[323] Isso nem sequer é falso quer dizer que, de modo geral, as coisas se passam assim, mas será que é realmente nessa ordem, no fundo isso não tem grande interesse... O que importa nesse caso é que, no fundo, aceitamos como conclusão o término do processo e que, sob a aparência de uma descrição histórica positiva, fazemos uma espécie de sociodiceia. Vou explicar esta palavra, "sociodiceia". Ela é cunhada a partir da palavra "teodiceia". Para aqueles que não sabem, lembro a belíssima frase de Max Weber que, para definir os discursos que

323. "Isso nem sequer é falso" parece ser uma anotação que Éric Weil – de quem P. Bourdieu foi próximo durante o período em que lecionou em Lille (1961-1964) – às vezes anotava nas margens das dissertações que corrigia. A origem do chiste parece ser o físico Wolfgang Pauli, que teria usado a expressão "*Das is nicht einmal falsch*" no final da década de 1940 para comentar um artigo de um jovem pesquisador [N.T.].

os dominantes fazem sobre si mesmos, diz que os dominantes sempre propõem "uma teodiceia de seus próprios privilégios"[324]. "Teodiceia" é uma palavra cunhada por Leibniz (2022): como demonstrar que Deus é justificado, que o mundo é como deve ser e que Deus não se enganou, que ele não é maldoso etc.? Portanto, dizer que os dominantes fazem uma teodiceia de seus próprios privilégios é assim dizer que produzem um discurso destinado a demonstrar que o mundo é aquilo que deve ser, que não pode ser diferente; o privilégio, portanto, está justificado. A noção de sociodiceia mistura tudo isso e diz que esses são discursos justificadores e justificativos da ordem social. No caso em questão, a intenção de sociodiceia se expressa num esquema evolucionista de aparência positivista; a intenção de sociodiceia se mascara como descrição de um processo histórico.

A profissão, um mito científico

Uma outra maneira de tratar o problema (não gastarei muito tempo porque gostaria, apesar de tudo, de terminar hoje e na semana que vem o esquema que me propus a expor): a variante funcionalista, isto é, a teoria funcionalista das profissões. Essa teoria funcionalista é ilustrada essencialmente por Parsons, mas ela de fato guiou todo o discurso do *establishment* sociológico na década de 1960 e ainda rasteja no cérebro da maioria dos sociólogos. Essa teoria funcionalista declara aberta e ingenuamente aquilo que a teoria evolucionista que acabei de mencionar disfarçava sob as aparências de uma descrição positiva da evolução histórica. Vou me basear num texto de Barber (1963). [*P. Bourdieu escreve a referência na lousa e aproveita para indicar as outras "principais referências" utilizadas nessas análises da sociologia das profissões: o artigo de Parsons e o de Wilensky.*]

Essa tradição funcionalista retoma os atributos essenciais que as diferentes descrições positivistas retinham, mas declarando abertamente, de certa maneira,

324. "Quem é feliz raramente se contenta com o simples fato de ter felicidade. Além de possuí-la, sente necessidade de *ter direito* a ela. Quer convencer-se de que a 'merece' e principalmente: que a merece em comparação com os demais. Daí querer também poder acreditar que quem é menos feliz que ele, quem não tem uma felicidade comparável à dele, também está, tanto quanto ele, recebendo em troca a parte que lhe cabe. A felicidade quer ser 'legítima'. Quando na expressão genérica 'felicidade' se encerram todos os bens da honra, do poder, da posse e do gozo, eis-nos diante da fórmula mais geral daquele serviço de legitimação – a teodiceia da felicidade – que cabe à religião prestar aos interesses externos e internos de todos os poderosos, todos os proprietários, todos os vitoriosos, todos os sadios, numa palavra, de todos os felizardos" (Weber, 2016, p. 25-26).

a intenção que assombrava de modo confuso as definições de aparência positiva tais como mencionei para vocês. A primeira propriedade das profissões, segundo Barber: um alto grau de conhecimento generalizado e sistemático. As profissões em questão (pensem em médicos, advogados etc.) pressupõem um alto grau de conhecimento ou, nesse jargão intraduzível [...] dos sociólogos americanos, um "alto grau de conhecimento generalizado e sistemático"[325] (pronto, vou dizer assim...). Segunda propriedade: "orientação primária – traduzo realmente palavra por palavra – para o interesse da comunidade em vez do interesse individual". Outros dizem "altruísmo". Terceira propriedade: "alto grau de *self-control* de comportamento, por meio de códigos de ética interiorizados na socialização e mediante associações voluntárias". Isso remete à definição anterior, mas é [um pouquinho mais?] normativo. "Um alto grau de *self-control* do comportamento" significa que as pessoas são controladas eticamente e subentende em particular que elas são desinteressadas, e as associações voluntárias que eram descritas implicitamente nas definições anteriores como grupos de pressão ou *lobbies* que buscavam obter o reconhecimento do corpo, obter vantagens, controlar seus membros, aqui são descritas como associações de controle coletivo dos comportamentos individuais. Quarta propriedade [...]: um sistema de recompensas num sentido muito amplo (*rewards*) que é antes de tudo um conjunto de símbolos de sucesso profissional (*work achievement*).

Por trás disso tudo, há, portanto, uma tese funcionalista, que consiste, de modo geral, em dizer que, se eles são tão bem pagos (sobretudo em reconhecimento simbólico – não há nenhuma referência ao fato de que também são pagos em gratificações materiais), se o mundo social lhes concede tanto, é porque eles são eleitos, é porque merecem. Essa é a tese funcionalista fundamental no plano da estratificação (de parêntese em parêntese, corro o risco de perder meu fio...): a divisão do trabalho e a divisão dos produtos do trabalho são aquilo que devem ser.

---

325. P. Bourdieu se baseia na seguinte passagem: "O comportamento profissional pode ser definido em termos de quatro atributos essenciais: um alto grau de conhecimento generalizado e sistemático; uma orientação primária para o interesse da comunidade e não para o interesse pessoal individual; um alto grau de autocontrole de comportamento através de códigos de ética internalizados no processo de socialização do trabalho e através de associações voluntárias organizadas e operadas pelos próprios especialistas do trabalho; e um sistema de recompensas (monetárias e honorárias) que é primariamente um conjunto de símbolos de realização de trabalho e portanto fins em si mesmos, não meios para algum fim de interesse pessoal individual" (Barber, 1963, p. 672).

"Para cada um segundo seu mérito"... É uma ideologia meritocrática convertida em teoria da estratificação. A descrição dessas profissões, desses ofícios que se distinguem do conjunto das ocupações pelos lucros materiais e sobretudo simbólicos superiores, resume-se a dizer que assim está bem, que as *professions* são – segundo conceito anglo-saxão muito assombroso – *service or community oriented*, "orientadas para o serviço ou a comunidade". Elas são, portanto, profissões altruístas que aplicam um corpo de conhecimentos sistemáticos (teorias, saberes etc.) a problemas vitais para a sociedade. Essa ideia não aparece nesse artigo, mas em outros textos (porque há variantes, só apresentei uma para não encher vocês de bibliografia) encontraremos a ideia segundo a qual se eles são tão bem pagos (pensem no salário de um médico) ou tão fortemente reconhecidos (por exemplo, os médicos são citados com muita frequência em primeiro lugar nas pesquisas sobre a hierarquia das profissões), é porque cumprem serviços vitais para a sociedade. Consequentemente, eles têm a retribuição legítima correspondente à raridade e ao valor de seus serviços. De passagem: esses funcionalistas englobam nessas proposições sua própria profissão, isso é importante [*risos na sala*]. [...] Para simplificar as coisas (esquematizo, mas garanto a vocês que, se lerem os textos, verão que não exagero nem um pouco. [...] Remeto vocês ao artigo de Parsons, que é formidavelmente entediante, ele merece ser lido por isso): eles dizem no fundo que essas profissões recebem uma grande recompensa porque são profissões altruístas. Para um grande altruísmo, uma grande recompensa.

Resumo a tese central de Parsons: existem diferenças entre as *rewards*, materiais e sobretudo simbólicas (prestígio, estima etc.), e elas estão funcionalmente ligadas à hierarquia dos talentos... Mérito, talento: estamos – isso é interessante – no coração de uma sociodiceia que deve dar conta de um privilégio fundamentado, no fundo, nos títulos acadêmicos. Chega-se naturalmente a uma sociodiceia fundamentada em dois conceitos, o dom e o mérito. Voltarei a isso daqui a pouco. E a palavra "talento" é equivalente à nossa palavra "dom". Assim, existem diferenças de recompensas que estão ligadas à hierarquia dos talentos e essa hierarquia das recompensas age de modo a colocar esses talentos a serviço das necessidades da sociedade. Seria preciso analisar essas ideologias – mas não gosto de usar essa palavra, prefiro "sociodiceia"... As sociodiceias são sempre muito difíceis de analisar, porque há laços que sentimos mas que destruímos assim que os formalizamos. Por exemplo, temos aqui duas proposições: (1) existem diferenças nas recompensas e nos talentos; (2) essa diferença nos talentos age de modo a (eles dizem "age de modo a" em vez de "tem como fim" porque sabem que não se deve ser ingenuamente finalista) colocar esses talentos a serviço das necessidades da sociedade, segunda proposição. Assim, tudo se passa como se essa distribuição admirável das recompensas tivesse como fim garantir a *devoção* dos melhores para as coisas boas, ou seja, ao bem público. Eis, de modo geral, as duas teses. Como elas se articulam? Elas se articulam como num sistema... (muitas vezes, os sistemas filosóficos, sobretudo nas filosofias políticas, são desse tipo; os filósofos são apenas muito mais espertos e articulam melhor as ligações.)

Agora que disse o que me parece ser a intuição central dessas teorias, direi em duas palavras o que estava implícito em minha maneira de expô-las. No fundo, esses teóricos oferecem – o que com muita frequência é o caso da sociologia – uma ideologia profissional ou uma sociodiceia das profissões como se fosse a sociologia das profissões. Essa sociodiceia é de um tipo muito particular. A demonstração seria muito longa, mas acho que existem invariantes das sociodiceias, trate-se da sociodiceia de uma aristocracia guerreira, da sociodiceia de um mandarinato, da sociodiceia de uma tecnocracia, da sociodiceia de um poder sacerdotal... Uma invariante de todas as teodiceias do privilégio é o fato de naturalizarem propriedades históricas. Todas as sociodiceias acabam dizendo que as coisas são o que elas são e que é bom que seja assim porque elas são da natureza do mundo natural (as cosmologias servem como teodiceias) ou, sobretudo, da natureza dos dominantes (se os dominantes dominam, é porque dominar é de sua natureza, porque eles têm por natureza as propriedades que fundamentam de fato e legitimam de direito a dominação). Essa é uma primeira proposição.

Segunda proposição – que, evidentemente, decorre da primeira: as sociodiceias variam de acordo com o privilégio que tratam de legitimar. Se se trata de legitimar uma aristocracia guerreira, a sociodiceia se baseia na filosofia da terra e do sangue, na hereditariedade biológica etc. Se se trata de legitimar uma tecnocracia burocrática na qual o poder e a legitimidade fundamentam-se no diploma, a legitimação se baseia essencialmente, como em Parsons, no dom natural que deve ser a condição do sucesso acadêmico e no mérito, no desinteresse. Essa combinação leva a uma espécie de ideologia carismática-meritocrática. *Charisma* – a palavra grega (χάρισμα) quer dizer "a graça", e o carisma, no sistema escolar, é o dom. Quando se diz: "Esse aluno é dotado para matemática", diz-se que ele tem um carisma. Portanto, quando se trata de justificar as tecnocracias, teremos as sociodiceias carismáticas e meritocráticas, um exemplo sendo as teorias funcionalistas das profissões.

Vemos aqui que a sociologia não é uma ciência fácil já que encontramos nosso objeto escrito por nossos colegas. E muitas vezes, os mais eminentes. A visão de Parsons é muito disseminada. Em sua época, havia três grandes nomes na sociologia mundial. Falo da "tríade capitolina": Parsons, Merton e Lazarsfeld[326]. Merton, no mesmo momento, desenvolveu uma sociologia da ciência, ou seja, a sociologia de uma outra profissão – da qual fazia parte com Parsons –, segundo a qual o mundo científico obedecia a valores de desinteresse. Por exemplo, Merton caracterizou a comunidade científica como uma comunidade comunista que compartilha os bens, o saber etc. Estou simplificando, mas, em seu livro sobre a sociologia da ciência, Merton oferece uma descrição da profissão científica que tem os mesmos pressupostos da descrição de Parsons. O objetivo de Merton não é dizer: "É por isso que eles são bem pagos", mas a descrição é a mesma[327].

Resumo a visão deles: as profissões são grupos muito eficazes e caracterizados por uma formação intelectual que lhes confere uma autoridade fundamentada na perícia e não no poder. Seu poder é, de alguma maneira, o prolongamento de sua perícia. Essas pessoas agem como peritas autônomas, independentemente do Estado, e estão livres de qualquer compromisso com as burocracias governamentais. A tese desses sociólogos também consiste em dizer que essas profissões são guiadas pela visão do *common good*, do bem comum, bem público (para aqueles que me ouviram falar sobre D'Aguesseau[328], os D'Aguesseau são pessoas orientadas para o bem público), o que esses sociólogos chamam de *collectivity orientation*, a "orientação para o coletivo".

Profissão, corpo e campo

Agora vou estender um pouco a crítica. Vimos que a profissão é exatamente o tipo de mito científico que recebe uma elaboração, teórica ou empírica, e que tem como mérito fazer enxergar tudo isso que acabo de dizer, a saber, como os

326. Sobre esse ponto, cf. a aula anterior.

327. Para uma análise da sociologia das ciências de Merton, cf. Bourdieu (1983, 2017b).

328. Cf. acima: curso do ano 1987-1988.

mitos científicos podem revestir de trajes científicos ou teóricos uma sociodiceia, uma visão interessada do mundo social. Isso posto, a noção de profissão pode ser criticada num nível mais positivo, no próprio terreno em que se situam aqueles que simplesmente apresentam [as características das profissões?]. Para esclarecer as coisas rapidinho, para destacar a noção de profissão, gostaria de demonstrar muito rapidamente que, como normalmente acontece com as noções de senso comum transportadas brutalmente para a ciência, ela é uma noção bastarda, não pensada. Gostaria de demonstrar a vocês que a profissão obscurece a construção de duas noções que para mim são adequadas: por um lado a noção de campo, pelo outro a noção de corpo[329]. No fundo, falar de profissão é desperdiçar dois objetos, por um lado o campo, pelo outro o corpo. Dependendo de seu estado, dependendo do momento de sua evolução, dependendo de todas as variáveis que podem afetá-los, em particular as variáveis históricas, os ofícios podem estar mais perto do campo ou mais perto do corpo. Vou explicar.

No que muitos ofícios são campos? Aqui, remeto vocês a um artigo de William Goode (1960, p. 902-914), interessante por vários motivos [*P. Bourdieu escreve a referência na lousa*]. Não vou resumi-lo completamente, mas fico tentado a contar em detalhes, porque ele é apaixonante por dois motivos.

Digo que com a noção de profissão passamos de lado por dois conceitos, campo e corpo, mas, na verdade, todo grupo profissional é potencialmente campo e potencialmente corpo. Todo grupo profissional está disperso, mais ou menos disperso. Pensem nos professores: há dispersão em relação aos títulos, em relação às funções, em relação às disciplinas, em relação aos salários, em relação às rendas etc. Toda ocupação está dispersa e, ao mesmo tempo, entre outras coisas pelas necessidades da luta com as outras profissões, as ocupações precisam ser integradas, homogêneas. Em outras palavras, todas as profissões são campos que gostariam de ser corpos e que, sob certas condições e dependendo dos momentos, podem ser corpos. Se vocês pensarem nos professores, há momentos em que não há mais dispersão: os professores chegam a distinguir entre os admissíveis, os *biadmissíveis*[330], os inadmissíveis, mas basta que eles se incomodem um pouco como

329. Para análises sobre as noções de campo e de corpo, cf. em particular: Bourdieu (1985, 2023a).

330. Termos que se aplicam aos professores que passaram da primeira fase (as provas escritas), mas não da segunda (as provas orais) de um concurso de entrada na docência (a agregação, por exemplo).

agora[331] para que logo façam corpo. O fazer-corpo [*faire-corps*] é extremamente importante, o corpo é algo que os grupos *fazem*. Os grupos fazem corpo, entre outras ocasiões, para enfrentar outros grupos, por exemplo na concorrência pelas vantagens que o Estado distribui. Mas isso não os impede de existirem como campos. Quando pensamos com conceitos tais quais esses que manipulo, não estamos num universo realista: podemos ser simultaneamente campo e corpo. Ao mesmo tempo, os problemas de definição se colocam, porque se você tomar como objeto o campo, os docentes estão extremamente dispersos: como colocar no mesmo saco os professores de ensino básico e os professores de matemática [na Universidade de] Orsay? Isso posto, sob certas condições, esse campo pode se organizar como corpo: sejam como corpos dividindo o campo, seja o conjunto das pessoas que têm em comum estarem no campo se constituindo como corpo. Isso depende da ação dos agentes, que, por sua vez, depende da posição que os agentes ocupam no campo e da posição que o campo ocupa no espaço dos campos. Estamos assim num universo ao mesmo tempo mais complicado e mais real; acho que isso que conto está muito mais perto da realidade do que esses...

O artigo de Goode é interessante porque alude às lutas que se observam quando os campos se constituem. Particularmente, há as lutas sobre o abuso de títulos (o uso ilegal de uniformes, o porte ilegal de títulos...) e, por exemplo no campo da medicina, sobre o exercício legal de uma atividade sobre a qual um corpo entende garantir o monopólio. Os corpos são quase sempre organizados ao redor da conquista e da conservação do monopólio de um serviço. Por exemplo, se a sociologia não é um corpo, é porque nenhum sociólogo pode dizer: "Existe um exercício ilegal da sociologia". Bem, acontece de eu muitas vezes ficar chateado por isso [*alguns risos na sala*]... Portanto, o artigo é interessante no sentido de fazer ver a dispersão das profissões, o fato de que elas funcionam, em graus diferentes, como campos.

Segundo aspecto (é a segunda parte do artigo), ele faz ver que a própria sociologia está particularmente preocupada com esse tipo de problemas. Já eu penso que o interesse um pouco patético dos sociólogos pelas profissões tem a ver com o fato de que eles gostariam muito de ser uma profissão [*risos na sala*]

331. Provável alusão às mobilizações de docentes que começaram em 18 de janeiro de 1989, depois do anúncio de um conjunto de proposições de "revalorização da função docente" pelo ministro da educação nacional, Lionel Jospin.

(Heilbron, 1986, p. 61-73). Sobre esse ponto, eu poderia até dizer mais, por exemplo sobre as vocações: para alguns sociólogos, estudar as profissões é uma maneira de entrar [nas] profissões sorrateiramente (as pessoas que deveriam ter ido para a ENA encontram a chave-mestra ao tomar como objeto a ENA). Pareço exagerar, mas poderia dizer coisas muito mais fundamentadas. É apenas para mostrar a vocês que sempre é preciso refletir, quando alguém trata de um objeto, sobre a relação dele com esse objeto. No caso em questão, eu acho que há um enorme inconsciente social, não apenas o inconsciente de dominante que quer utilizar sua dominação, mas também um inconsciente mais específico de dominante que ocupa uma certa posição no campo do poder e se preocupa em legitimar sua profissão, servindo-se de seu instrumento específico, que é um discurso sobre as profissões. Isso que digo é muito abrupto, muito arbitrário, mas garanto a vocês que tem fundamentos. A partir disso, poderíamos fazer uma tese completamente fundamentada com os dados.

O artigo analisa muito bem as relações entre psiquiatras e psicólogos. Aqueles que conhecem um pouco essa área sabem que nela, pessoas que em última instância têm a mesma clientela se enfrentam com duas formações diferentes (mais médica para algumas, mais tradicionalmente universitária para outras). Elas têm ideologias profissionais, "sistemas de conhecimento" – como dizia Parsons – diferentes, contraditórios, conflituais. Têm salários diferentes, sistemas de educação diferentes. Goode também dá o exemplo das relações entre os psicossociólogos e os sociólogos: será que os sociólogos podem ser considerados psicólogos quando fazem psicologia social? Existem lutas no nível das sociedades nacionais de sociologia e de psicologia. Tudo isso é interessante e é uma razão para ler esse artigo.

O que é importante, do ponto de vista daquilo que estou contando, é o fato de que as ocupações em via de constituição como corpos precisam definir os limites do pertencimento ao corpo que são ao mesmo tempo… como dizer… digamos que as pessoas que querem se constituir como corpos sempre têm uma luta em dois frontes. Existe uma luta para fora, que é ao mesmo tempo uma luta para dentro: para dar valor ao corpo e para autorizar o corpo ao monopólio do serviço que ele quer vender, para torná-lo competitivo com outros corpos que pretendem ter o mesmo monopólio, os dominantes de certa forma putativos do corpo devem fazer jogadas claras no universo. Em particular, eles devem decretar regras de deontologia, regras de direito de acesso e dizer, por exemplo: "Que ninguém entre aqui se não souber matemática", "Que ninguém entre aqui se não tiver feito a ENA" etc. Em outras palavras, a luta para constituir o corpo é, antes de tudo, uma luta entre os pretendentes a fazer parte do corpo. No fundo, o melhor jeito de ver que as profissões são campos é no momento em que elas lutam para se tornarem corpos. Porque, para dizer as coisas de modo brutal, haverá os sacrificados ou as pessoas que, se o corpo existir, não existirão mais como membros do corpo. Por exemplo, se quiserem minha opinião, essa é uma das razões pelas quais não se pode profissionalizar a sociologia: se a sociologia fosse um corpo com uma deontologia, com definições, gente demais afundaria pelo caminho. É por isso que tanta gente tem um interesse vital numa definição pluralista, tolerante e eclética [*P. Bourdieu sorri*] da sociologia... mas esse é um problema de todas as profissões... Não vou me estender, acho que já disse o bastante para ser entendido. Até demais...

A noção de profissão mascara tudo isso que acabo de dizer, a saber, que num campo profissional existem tensões, contradições e momentos em que algo como um corpo se constitui. Um trabalho deve ser feito para limitar os conflitos, proteger a união e, de alguma forma, fazer os interesses gerais da ocupação passarem na frente dos interesses particulares daqueles que têm as definições antagônicas da ocupação. Em outras palavras, existe uma espécie de exaltação ao fazer corpo e, portanto, dos construtores. É aqui que vemos as coisas de maneira muito diferente [da visão ordinária]: aqueles que constroem a associação profissional, que trabalham para unificar, instaurar as formas de diálogo, obrigar as pessoas de formações antagônicas a dialogarem, a se enfrentarem, em geral são aqueles que, mesmo sem saber, têm o maior interesse no funcionamento como corpo. Aqueles que resistem são aqueles que sentem confusamente que serão excluídos: "certamente seria ótimo se a sociologia se constituísse como corpo, mas será que eu faria parte dele?" Evidentemente, essas coisas não afloram à consciência. Senão seria muito fácil fazer sociologia (aliás, o artigo em questão não diz tudo isso que digo, ele apenas descreve e fornece elementos para compreender...).

O corpo, para existir enquanto tal, deve fazer corpo, em geral para fazer frente. Ao mesmo tempo, ele deve construir sua união, por exemplo, por intermédio das ordens como a ordem dos médicos e, para construir sua união, também deve estabelecer limites para a concorrência. Ele deve definir o limite das pessoas que podem estar em concorrência, excluindo as pessoas que estão na ordem da concorrência desleal... [*Aqui falta uma passagem da gravação utilizada, sem dúvida muito curta.*] A ideia de que é preciso excluir a concorrência desleal é uma tautologia... Mas é preciso absolutamente proceder muito devagar para ver o que se esconde por trás das ideias recebidas. Para que exista uma concorrência leal, é preciso definir os limites entre as pessoas que têm o direito de entrar no jogo. É preciso definir os limites e o direito de entrada no campo. Quanto mais se sobe a barra, como se diz, mais os concorrentes se encontram de alguma forma entre si, entre pessoas que aceitam as mesmas regras de luta, entre pessoas que concordam quanto aos instrumentos legítimos que podem ser empregados na luta e que também se poupam. Por exemplo, as convenções por meio das quais os médicos designam limites para a concorrência mereceriam um estudo: um médico, todo mundo já viu isso, jamais fala mal de outro médico, a não ser em família, porque mediante a transgressão desse preceito seria afetado o próprio fundamento da concorrência leal, a crença na legitimidade do ato médico. Digo coisas simples e um pouco abruptas, mas é apenas para que vocês sintam... Designar limites para a concorrência de maneira que, dentro desses limites, a concorrência seja leal é no fundo impor uma forma de *numerus clausus*. Vemos que na verdade a constituição de um corpo é inseparável [da operação que consiste em limitar o número] de pessoas colocadas em situação legítima de concorrência por um bem cujo monopólio pertence ao corpo enquanto tal, e não às pessoas.

Volto assim às análises dos processos de profissionalização, mas de uma maneira que creio ser muito diferente, ainda que muito esquemática. Eu me perguntei antes da aula se contaria isso a vocês, mas não poderia deixá-los com algo puramente negativo, com a crítica que poderia parecer puramente ideológica da noção de profissão. Eu também ia fazer uma crítica técnica e a fiz mal porque ela me fez desviar de minha linha principal, que não vai nessa direção. Uma condição dessa produção da união como artefato é a produção de um consenso (mesmo artificial) dos doutores, aquilo que o latim medieval chamava de *communis doctorum opinio* (Bourdieu, 2002a). Essa produção do consenso dos doutores, que pode ser empreendida às custas de um trabalho de esquiva ou de descarte das dificuldades, leva ou pode levar àquilo que mais caracteriza as falsas ciências, quer dizer, a uma lógica da ortodoxia que é muito parecida com a lógica da ciência. No fundo, Merton, Lazarsfeld e Parsons (a "tríade capitolina" que descrevi) constituíram tipicamente uma profissão no sentido que eles mesmos diziam: preocupados em dar à sociologia uma legitimidade e em fazê-la parecer respeitável, eles produziram uma ortodoxia, com uma divisão do trabalho muito hábil (um defendia a sociologia empírica; outro, a grande teoria; o terceiro, a teoria de alcance médio); eles produziram uma espécie de *communis doctorum opinio* com algumas grandes revistas cujos critérios de acesso eram os mesmos. Estranhamente, eles produziram exatamente o que descreveram sobre uma área, a da ciência, onde se pode produzir o equivalente simulado, de alguma forma, da lógica da ciência, ou seja, não um consenso sobre os desacordos e sobre as condições de solução dos desacordos, mas um consenso sobre os próprios fundamentos do acordo teórico, uma espécie de consenso simulado. Não posso estender isso, iria muito longe... mas aquilo que chamamos de deontologia na descrição dos sociólogos americanos é no fundo essa *communis doctorum opinio* e o sistema de regras de polidez que permite perpetuá-la: é esquivar-se de todas as ações que fariam afundar a crença no corpo por meio do afundamento do consenso do corpo que é necessário para obter a crença. Não falarei mais sobre isso. Já disse demais, tendo em vista o tempo que tinha disponível.

Uma coisa importante é a ligação entre o corpo e a noção de *numerus clausus*. A partir do momento em que um corpo se constitui, ele busca definir os direitos de entrada. Aqui, volto à minha linha geral e a um dos pontos centrais de minha proposta: quando se trata de instaurar o *numerus clausus* que permite a um corpo funcionar enquanto corpo, a ajuda do Estado é quase sempre indispensável. Em outras palavras, é por meio do Estado que as profissões conseguem garantir o monopólio de uma clientela e também, ao mesmo tempo, o monopólio de acesso à profissão. Desenvolverei isso agora.

A teoria das profissões como teoria negativa do Estado

Se fiz esse desvio pelas profissões, foi um pouco por acaso e agora eu me felicito, espero conseguir mostrar a vocês por quê. Eu pensava na tradição francesa, em que a noção de corpo está muito ligada a uma definição histórica (a definição daquilo que chamamos de grandes corpos: o Tribunal das Contas, o Conselho de Estado etc.). Ainda que, no meu trabalho, eu tenha estendido espontaneamente [a definição de corpo] por razões teóricas, permanecia ligado à definição histórica. O fato de ter reintroduzido a noção de profissão me obrigou a repensar o problema em toda sua amplitude e a ver que, por exemplo, quando os historiadores dizem:

“O grande corpo é uma tradição nacional francesa”, isso é idiotice. Existem equivalentes em outras sociedades, como as *professions*. Senti que pude fazer esse desvio legitimamente, mas vocês podem não compreender por que o fiz. A principal razão é que os defensores das profissões, além das funções ideológicas de sociodiceia que mencionei, tinham uma outra intenção, uma intenção que poderíamos chamar de liberal: demonstrar que, nesse estado final do Estado que são os Estados Unidos, no fundo não há Estado e que, nas sociedades desse tipo, são as profissões que ocupam o lugar daquilo que chamamos tradicionalmente de Estado. Eu disse isso muito mal, mas a tese é mais ou menos essa. Em outras palavras, nos Estados modernos, democráticos e liberais como os Estados Unidos, a força social dominante são as profissões. Como consequência, justificar as profissões é obviamente justificar um monte de coisas. Mas um outro objetivo consiste assim em dizer que as profissões são universos livres, independentes do poder central, autogerenciadas, obedecendo a suas próprias normas, normas que são as da ciência, do perito. É uma espécie de teodiceia da perícia. Tratamos de um Estado de peritos, e se o Estado murcha (os Estados Unidos não têm Estado, ou é um Estado fraco, um Estado central federal etc.), é porque não precisam dele, já que aqueles que governam se governam. Portanto, é essa a tese. Peço desculpas, preciso ir rápido...

O objetivo de saber se essas profissões, por exemplo, podem funcionar como corpos sem a ajuda do Estado é central. E é por aí que quero refutá-las. Essas pessoas enxergam nas profissões o estado final do Estado ou – para dizer as coisas numa linguagem que não é a deles – o desaparecimento do Estado, mas essas profissões só podem existir conforme elas dizem por meio do Estado e dessa instância estatal fundamental que é o sistema escolar – mesmo que a própria instância escolar não seja estatal (digamos que ela é menos estatal nos Estados Unidos do que em outros lugares). Não sei se vocês enxergam o que está em jogo, não sou muito claro, mas é a verdade que é complicada. Portanto, continuo [*P. Bourdieu provavelmente percebeu que, depois de falar por uma hora, deveria a princípio interromper a aula.*], não vou me interromper porque gostaria de ir até o fim. Sim, aqueles que quiserem ir embora podem ir embora [*risos na sala*]...!

Vou repetir aquilo que acabo de dizer de improviso dessa vez com base nas minhas notas: os teóricos que citei, sobretudo os teóricos funcionalistas, Parsons, Barber e alguns outros, enxergam uma espécie de oposição estrutural entre o Estado e aquilo que chamam de as *professions*. Eles opõem o controle governamental ao exercício livre da autoridade profissional, exercício que cabe aos indivíduos autônomos, que às vezes pertencem, por formação, a comunidades de pessoas competentes, de peritos, delimitadas estritamente. Um livro de Magali Sarfatti Larson (1979) expressa muito bem essa tese [*P. Bourdieu escreve a referência na lousa*] de uma oposição entre o Estado central e o... Ele dá um resumo da teoria das profissões, mas expressa, entre outras coisas, a tese da independência das profissões em relação ao Estado e propõe, poderíamos dizer, uma descrição do funcionamento de uma sociedade quase sem Estado. O objetivo desse debate sobre as profissões recorta os discursos ideológicos que encontramos hoje em dia: "mais Estado ou menos Estado?", "será que o mundo burocrático cria restrições insuportáveis, em particular para as profissões liberais, como a medicina?" (questão que se coloca na Inglaterra)[332], "será que é preciso liberar as profissões das restrições estatais?", "será que elas são suficientemente autogovernadas para não precisarem das restrições governamentais?" Esses são debates que reconhecemos. Em Parsons, encontramos uma espécie de formulação coerente do mito do perito profissional livre que opera independentemente do Estado e da burocracia do Estado.

No fundo, essa teoria das profissões é uma maneira de fundamentar uma visão ultraliberal segundo a qual o Estado no sentido "moderno" do termo, tal como ele está realizado nos Estados Unidos, é substituído por aquilo que Parsons chama de *professional complex*, o "complexo de profissões", que suplanta todos os modos de organização centralistas estatais tanto nas sociedades capitalistas quanto nas sociedades socialistas (outra dessas teorias evolucionistas era, num certo momento, a teoria da convergência: é parecido no leste e no oeste). Hoje em dia, esse *professional complex*, cito, "é o componente mais importante na estrutura das sociedades modernas"[333]. De passagem: há atualmente um retorno ao Estado [na literatura sociológica], uma jovem geração de sociólogos se constituiu nos

---

332. Talvez alusão aos debates ligados às reformas do sistema de saúde no Reino Unido de Margaret Thatcher (um aspecto dessas reformas era o novo papel designado aos administradores e gerentes).

333. "É minha posição que o complexo profissional, apesar de obviamente ainda incompleto em seu desenvolvimento, já se tornou o principal componente individual na estrutura das sociedades modernas. Primeiro ele deslocou o 'Estado', no sentido relativamente moderno do termo, e mais recentemente a organização 'capitalista' da economia. A ascensão massiva do complexo profissional, e não o estatuto especial de modos de organização capitalistas ou socialistas, é o desenvolvimento estrutural crucial na sociedade do século XX" (Parsons, 1968, p. 545).

Estados Unidos contra a tríade e não é por acaso que essa geração, por exemplo Skocpol[334], que é um dos nomes conhecidos, colocou o Estado em primeiro plano. Precisamente, essas são coisas que não compreendemos se não enxergarmos que o objetivo desse discurso sobre as profissões era na verdade um discurso sobre o Estado. A tradição dominante na sociologia americana tinha feito o Estado desaparecer e hoje há uma intenção de reintroduzir o Estado como agente autônomo tendo sua lógica própria e irredutível ao *professional complex*. Acho que isso é importante para compreender a evolução recente da discussão teórica nos Estados Unidos.

Por meio dessa teoria das profissões, temos uma teoria negativa do Estado. Pronto, consegui dizer...: o discurso sobre as profissões é interessante enquanto teoria negativa do Estado, enquanto teoria liberal do Estado como supérfluo. Na verdade, esses teóricos diriam que o Estado é bom em países um pouco subdesenvolvidos. Nos países em que as profissões não atingiram esse grau de realização intelectual e de autonomia ética, é preciso ter o Estado, porque o Estado é o único capaz de impor o interesse geral, e mesmo que seja um pouco militar, isso não é inútil... Já os Estados Unidos não precisariam mais do Estado porque são enfim um reino dos peritos que são autogovernados e para quem não faz sentido impor uma autoridade externa. Contra esse discurso, podemos opor um monte de coisas, mas podemos também opor fatos. Esses grupos profissionais são, mesmo nos Estados Unidos – poderíamos quase dizer "sobretudo nos Estados Unidos" –, falsamente independentes. Na verdade, eles também dependem da autoridade delegada pelo Estado. Por exemplo, os médicos recebem uma forma de proteção sob a forma de títulos que lhes garantem o monopólio de certos serviços. Essas proteções também existem para os arquitetos e os juristas (falamos disso no ano passado). Essa proteção surge quando o *numerus clausus* enfraquece. Um corpo, com efeito, pode voltar a se tornar um campo. Eu disse há pouco que não devemos escolher entre corpo e campo: um corpo nunca tem garantias de não regredir ao estado de campo. Na década de 1970, todos os corpos (o corpo dos médicos, o corpo dos advogados etc.) estiveram ameaçados na França. Não é por acaso que, nessa época, tenham surgido revistas um pouco esquerdistas,

334. Cf. por exemplo: Evans, Rueschemeyer e Skocpol (1985). P. Bourdieu analisará obras de Theda Skocpol em seu curso sobre o Estado (Bourdieu, 2014b) e publicará a tradução de um de seus textos: Skocpol (1993).

por exemplo a *Actes* para a magistratura[335], que tenha ocorrido uma contestação da ordem dos médicos[336] etc. Com o *numerus clausus* atacado dessa maneira (isso é ainda mais evidente entre os arquitetos), uma fração dos pretendentes a entrar no corpo tem interesses divergentes daqueles que dominam o corpo. Eles não têm interesse em que os dominantes do corpo mantenham a porta fechada e mantenham o *numerus clausus*. Os dominados num corpo ou as pessoas que pretendem entrar no corpo têm interesse que o corpo passe a funcionar como um campo. Não desenvolverei isso.

A ligação entre o Estado e os corpos pode ser vista quando os corpos são ameaçados devido ao enfraquecimento do *numerus clausus*. Por exemplo, entre os *lawyers* [advogados, em inglês] – que também eram protegidos pelo *numerus clausus*, o direito de entrada etc. –, vimos surgir os *lawyers* de vanguarda, de esquerda, que criticam, que passam a vender serviços, a criar novos mercados. Eles passam, por exemplo, a fazer – contei isso ano passado – coisas escandalosas do ponto de vista das normas deontológicas do corpo, como a publicidade. Podemos imaginar um corpo digno desse nome (um corpo médico, um corpo farmacêutico, um corpo jurídico...) fazendo publicidade? Ora, em certos estados de desenvolvimento do corpo, acontece de agentes marginais terem interesse em fazer publicidade, correndo o risco de jogar o descrédito, como se diz, no corpo, quer dizer, de afetar a crença do corpo. Será que as pessoas que cuidam dos meus negócios, *ex officio*, pessoas de autoridade, com autoridade, permanecem realmente legítimas quando outras me oferecem os mesmos serviços com os mesmos títulos, mas sob o modo da oferta aberta, com publicidade, e constituem assim o serviço instituído numa realidade diferente, o constituem em um serviço como os outros?

Poderíamos retomar muitas discussões [com essas ideias na cabeça]. Se vocês lerem a coleção de *Actes*, a revista da magistratura, verão que isso que digo absolutamente não é teórico (quer dizer, é teórico, mas não no sentido pejorativo do termo). Vemos assim que nos períodos de crise, quando o *numerus clausus* está em questão, os grupos profissionais dependem formidavelmente da autoridade

335. Publicada entre 1974 e 1993, a revista *Actes. Cahiers d'action juridique trimestriels* foi criada por advogados que "escolheram questionar a instituição judiciária".

336. Essa contestação foi forte o suficiente na década de 1970 para que a supressão da Ordem dos médicos fosse uma das "110 proposições para a França" publicadas por François Mitterrand durante a campanha presidencial de 1981.

delegada que o Estado lhes concede, da proteção que o Estado lhes oferece por meio da existência do mercado protegido que ele garante. Digo imediatamente, por medo de esquecer, uma das propriedades das profissões: as *professions* têm estratégias formidavelmente ambíguas e contraditórias. Isso resulta daquilo que eu disse – mal – agora há pouco sobre "campo e corpo": elas sempre querem duas coisas contraditórias, por um lado, a proteção (que só podem obter do Estado) contra os concorrentes desleais, o que as leva a serem restritivas e; por outro, a independência do Estado (elas não querem que o Estado se meta nos seus negócios). Quando descem para a rua, as profissões são sempre muito ambíguas e contraditórias: elas pedem para o Estado protegê-las como corpos enquanto recusam que o Estado intervenha na gestão desses corpos. Acho que isso é verdade de maneira muito geral. Pensem nos professores...

Eu não sei se vocês percebem, espero que vocês se deem conta, que estou num terreno extremamente difícil e extremamente arriscado. Acho que isso que estou falando, para dizer uma vez na vida, é extremamente original [*risos na sala*]... Não, [se eu digo isso] é para pedir indulgência, porque é extremamente difícil. Não sei se vocês se dão conta, estou num combate intelectual muito difícil, porque é preciso enfrentar uma realidade já pensada, onde tudo está misturado, onde aquilo que se deve pensar e aqueles que pensam estão fortemente intricados. Digo isso para pedir indulgência em relação aos meus vaticínios teóricos. Para refutar, criticar, como se diz normalmente, as teorias funcionalistas muito poderosas no campo intelectual mundial e no cérebro dos sociólogos, pude me agarrar à crítica que fiz: é uma ideologia, uma sociodiceia etc. Mas o jogo é muito mais importante. Aquilo que está em jogo, por intermédio dessa teoria do Estado supérfluo, é também a própria realidade das sociedades modernas, a lógica específica do funcionamento das sociedades modernas, o papel do Estado nessas sociedades e, em particular, a questão da relação entre os ofícios (as profissões, no sentido francês do termo) cuja autoridade está fundamentada no título acadêmico e no poder do Estado. Em outras palavras, é também a questão dos limites daquilo que colocamos no Estado. É por isso que foi importante ter reintroduzido as profissões. Quando os professores dizem: "Nós lutamos contra o Estado", ou quando os médicos dizem: "Nós reivindicamos novas vantagens contra o Estado", será que eles não fazem esquecer de que fazem parte do Estado? Aliás, será que eles não se esquecem de que fazem parte do Estado? Se quiserem, minha tese que creio ser empiricamente validável é que essas profissões, que se dizem independentes, existem enquanto tais devido ao Estado. Elas andam de mãos dadas com o Estado, o Estado é constitutivo de sua existência. Podemos ver isso para o corpo das Minas, o corpo das Pontes, agora a ENA: como isso é exótico para eles, os americanos que desembarcam na França compreendem [isso] imediatamente. Salta a seus olhos que esses são corpos no sentido que eu disse: são constituídos pelos diplomas, por um concurso do Estado, conduzem a poderes do Estado no sentido estreito do termo, a poderes de tipo administrativo. Enxerga-se isso imediatamente. Mas não devemos nos impor os limites pré-construídos da realidade e esquecer que o mesmo acontece com essas famosas profissões liberais – mais uma vez utilizo a palavra "liberais" de propósito, eu me contive desde o começo, mas a tradução de *professions*, de modo geral, é "profissões liberais". Essas profissões liberais que se constroem contra o Estado, e que servem de fundamentação para uma teoria do não Estado, são na verdade o Estado [*alguns risos na sala*]. É por isso que não é fácil de contar. Elas são o Estado. Elas são o Estado porque [sem ele] não têm existência enquanto corpo, correndo o risco de recair no estado de campo, como vemos hoje em dia com as medicinas paralelas[337]. Elas não têm existência enquanto corpo, assim como a nobreza no século XVIII (pensei na visão histórica no tempo longo. Sobre isso, há um belíssimo artigo de um sociólogo americano, David D. Bien (1988, p. 379-404), publicado no número de março-abril [da revista] *Annales*. Cito para que eventualmente vocês possam lê-lo antes da próxima aula). [*O resto desta exposição e o começo da exposição seguinte faltam da gravação utilizada.*]

A escola libertadora

Esses detentores de um saber técnico [...] são ao mesmo tempo detentores de um saber do todo, são detentores da autoridade que não é somente política, mas também moral. Isso que tento contar aqui é a fundamentação obscura que ninguém ousaria expressar dessa forma. Nesse ponto, Parsons é muito útil para dizer aquilo que todos os dominantes modernos pensam, mas não ousam dizer. Se essa explicação tiver fundamento, acho que poderíamos encontrar sua fundamentação social na gênese dos poderes tecnocráticos [...], que são os poderes de Estado, os poderes sobre o Estado, garantidos pelo Estado. No fundo, o que quero tentar

337. Um artigo sobre essa questão fora publicado na revista dirigida por P. Bourdieu: Cf.: Elzière (1986, p. 79-80).

demonstrar muito rapidamente é a gênese de uma forma de dominação cuja pedra angular é um modo de reprodução de um tipo absolutamente novo, um modo de reprodução de componente escolar ("de componente" porque a escola não tem a exclusividade da transmissão do capital), capaz de fundamentar a transmissão do poder e dos privilégios entre as gerações de uma maneira quase tão certa (e ao mesmo tempo infinitamente melhor dissimulada e, simultaneamente, infinitamente mais legítima) do que os modos de reprodução mais primitivos, como a transmissão em linha direta do poder entre o rei e seu filho. Esse modo de reprodução foi estabelecido progressivamente no decorrer do tempo mediante a invenção de um sistema escolar, de um Estado e de um discurso sobre o Estado que não é um discurso de legitimação do Estado, mas que é um discurso de constituição do Estado e do qual fez parte todo o discurso sobre o desinteresse sobre o qual falei para vocês ano passado (e em particular o conjunto dos textos de D'Aguesseau que comentei).

Eis, de modo geral, aquilo que eu gostaria de demonstrar. Gostaria de demonstrar como a relação entre, de um lado, as profissões e os corpos e, do outro, o Estado é ocultada por meio da própria ação dos mecanismos que garantem a reprodução tal como eu a descrevi. Aqui também, Parsons não é inútil. Eu disse há pouco que via seus textos como uma espécie de ideologia, de sociodiceia carismática-meritocrática. Na tradição francesa, essa sociodiceia carismática-meritocrática concentrou-se em torno do mito da escola libertadora. A escola libertadora é uma dessas mitologias coletivas cujo nascimento, origem, grupos produtores etc. podem ser situados com bastante precisão. Essa ideologia da escola libertadora se baseia na ideia de que o sistema escolar, sobretudo por meio de suas instâncias elementares, garante títulos acadêmicos proporcionais aos dons ou ao mérito dos indivíduos. Nesse respeito, a ideologia da escola libertadora se constituiu contra a representação tradicional da nobreza.

Eu digo "ideologia", mas quando se diz "ideologia", pensa-se num discurso... Não gosto da palavra "ideologia", primeiro porque ela foi usada e abusada, tornou-se um insulto na polêmica, segundo porque como ouvimos "ideia" em "ideologia", pensamos que essas são coisas ditas no ar. Pelo contrário, uma sociodiceia, tal como eu a descrevo, é um conjunto de mecanismos que justificam a sociedade, mesmo por fora e antes de qualquer discurso. Para ver o mito da escola libertadora funcionando, é preciso ler um artigo de Yvette Delsaut (1988,

2020) no antepenúltimo número de *Actes de la recherche en sciences sociales*. Ele propõe uma descrição do funcionamento de um curso complementar nas décadas de 1950-1960, em seus funcionamentos mais elementares: a limpeza noturna da sala de aula, o fato de haver um aluno encarregado de apagar a lousa, o fato de os alunos fazerem ginástica e precisarem ficar de pernas para o ar etc. Em todas essas coisas insignificantes da ordem escolar ordinária, essa ideologia estava em operação. Ela estava presente em todos os cantos. Além disso, ela estava muitas vezes ligada, por meio de um secretário da prefeitura, por exemplo, à prefeitura, à ordem republicana etc. A escola libertadora não era uma representação à qual prestamos homenagem, como ao busto de Marianne[338], ela era a realidade dos comportamentos mais cotidianos, esse conjunto de escolhas que fazemos sem sequer fazê-las e por meio das quais reproduzimos alguma coisa.

Os primeiros trabalhos de sociologia da educação questionaram essa escola libertadora[339]. Eles mostraram que, paradoxalmente, a escola tinha funções conservadoras. Diante dessa espécie de desafio da sociologia, a escola libertadora precisou se expressar – em geral, como indignação. Mas, ordinariamente, ela não precisava mais se expressar. Ela estava nos cérebros, nas instituições, nos quadros negros, na blusa cinza do professor republicano etc. Ela se fizera coisa e estrutura mental. A forma de estrutura mental sob a qual ela mais existia era a oposição estrutural entre o mérito e o privilégio (ou a herança), entre a elite, para empregar a linguagem republicana, e a nobreza. A escola libertadora estava constituída, mas havia forças que pressionavam por um retorno aos critérios de transmissão dos privilégios, do tipo do Antigo Regime. Vou tentar demonstrá-las: constituiu-se o que é uma nobreza, a saber a nobreza da escola e do Estado, contra a nobreza de sangue. A nobreza do dom e do mérito se pensou espontaneamente contra a nobreza visível e ingenuamente hereditária. [...] Se o sociólogo é insuportável, é porque ele toca no mais profundo do inconsciente republicano. Ele perturba tanto, e até

338. Figura que representa a República no imaginário francês desde 1792 [N.T.].

339. P. Bourdieu provavelmente se refere aqui e nas análises que se seguem aos trabalhos de sociologia da educação que realizou a partir do começo da década de 1960 no Centro de Sociologia Europeia. Em particular, cf. a seguinte citação: "É [sem dúvida] por um efeito de inércia cultural que continuamos tomando o sistema escolar como um fator de mobilidade social, segundo a ideologia da 'escola libertadora', quando, ao contrário, tudo tende a mostrar que ele é um dos fatores mais eficazes de conservação social, pois fornece a aparência de legitimidade às desigualdades sociais, e sanciona a herança cultural[,] o dom social tratado como dom natural" (Bourdieu, 2015a, p. 43-72, tradução e acréscimo nosso).

mais, o inconsciente republicano de esquerda do que o inconsciente republicano de direita, e isso é importante. Porque esse inconsciente republicano de esquerda assumiu a forma dessa sociodiceia meritocrática organizada ao redor da oposição entre o nascimento e o mérito e segundo a qual a escola permite acabar com o nascimento: o concurso anônimo (que, como já ouvi mil vezes, é, como se diz "apesar de tudo mais justo" que o nepotismo, o favoritismo, o [reconhecimento?] aberto dos direitos de sucessão). Assim, a oposição entre o nascimento e o mérito tornou-se uma das oposições que estrutura fundamentalmente o inconsciente das pessoas modernas e ela é exatamente aquilo que Parsons retomou sob a forma da oposição entre *ascription* e *achievement*[340]. Para mim, essa categoria da sociologia parsoniana só é aceita tão facilmente porque engloba uma oposição que todos nós temos no fundo do cérebro. A escola libertadora enquanto sociodiceia feito coisa, estrutura mental, era o principal obstáculo para se pensar a escola, o senso comum da escola.

Posso confessar uma coisa para vocês, para que vejam a dificuldade do trabalho que tento fazer e também para pedir indulgência se choco as mentes (porque é verdade que digo coisas que tive muita dificuldade de pensar em parte porque elas me chocavam). [*A passagem seguinte está pouco audível e sua transcrição contém incertezas*]. [Era preciso] tornar visível o mito da escola libertadora, mas enunciar (e não "denunciar", mesmo que houvesse um pouquinho de denúncia) o mito da escola libertadora não ia longe o bastante. Para ir até o fim[341], era preciso romper a barreira da sociodiceia e descobrir que por trás das oposições entre o nascimento e o mérito, entre a nobreza e a elite, esconde-se o fato de que aquilo que chamamos de "a elite republicana" tem todas as propriedades da nobreza[342], de que o título acadêmico funciona como um título de nobreza garantido pelo Estado. Evidentemente existem diferenças específicas devido ao fato de a transmissão

---

340. A oposição entre *ascription* e *achievement* [em certas traduções brasileiras, entre "atribuição" e "performance"] é, junto de alguns outros dilemas (neutralidade *vs.* afetividade, universalismo *vs.* particularismo...) uma das "variáveis estruturais" (*pattern variables*) com as quais Talcott Parsons pretende caracterizar toda ação social. Cf. Parsons (1951).

341. A transcrição é difícil (P. Bourdieu se mostra hesitante e a gravação utilizada é de má qualidade nesse momento), mas P. Bourdieu parece falar de suas próprias obras (e chamar atenção ao fato de que a ideia de uma comparação com a nobreza não surgiu desde o começo).

342. Lembremos que este curso foi dado no ano do bicentenário da Revolução Francesa. A celebração desse aniversário em 1989 muitas vezes foi acompanhada da ideia de que a nobreza e os privilégios haviam sido definitivamente "abolidos" em 1789.

do título de nobreza acadêmica e a transmissão do título de nobreza tradicional obedecerem a leis levemente diferentes: a transmissão da nobreza hereditária é puramente genealógica e no fundo só é limitada pelas regras genealógicas ([apenas?] os homens herdavam, o filho mais velho herda antes do segundo etc.), enquanto a transmissão da nobreza da escola ou do Estado é intermediada por uma instituição escolar aparentemente autônoma. A transmissão entre as gerações não é mais mecânica, e sim estatística: na nobreza medieval, o filho mais velho estava certo de herdar; enquanto na nobreza moderna, o filho de conselheiro de Estado não está certo de chegar ao Conselho de Estado (o que foi tomado como uma objeção às análises que propus). Em todo caso, a simples transmissão de um pergaminho não é o bastante, é preciso que ele faça o desvio pelo sistema escolar, pela Sciences Po, pela ENA. Depois de fazer as contas, descobriremos uma proporção muito elevada de filhos de conselheiros de Estado no Conselho de Estado, mas essa transmissão é realizada por um mecanismo estatístico que a torna simultaneamente mais arriscada e formidavelmente mais dissimulada. O que demonstrei foi que a diferença é muito mais de grau do que de natureza.

Volto à ideologia da escola libertadora: acho que se trata da versão francesa, ou seja, republicana, 1789, pequeno-burguesa, daquilo que Parsons contava sobre os Estados Unidos. Tanto que, quando vocês sorriram a respeito de Parsons, vocês sorriram de coisas que ainda são estruturas profundas no seu cérebro (tenho certeza disso porque elas também o são no meu, apesar de todos os meus esforços) e que vão se manifestar, por exemplo, sob a forma de adjetivos que vocês utilizarão para qualificar uma performance intelectual. Portanto, essa é a tese central que eu queria propor: a oposição entre a nobreza e a elite sobre a qual se construiu a ideologia republicana (em "elite", há a ideia de eleição, seleção, concurso, concurso anônimo, concurso justo que também recompensa o dom inato...) escondeu, assim, que nossa elite é uma nobreza com todas as propriedades da nobreza.

Continuidade e gênese dos grandes corpos

Às vezes os historiadores encontram esse problema, por exemplo quando se colocam a pergunta de saber se é possível fazer uma história dos corpos. Eles têm reflexos profissionais bem constituídos e dizem, com razão, que é preciso desconfiar daquilo que batizei como "a ilusão da constância do nominal" (Bourdieu, 2025). Os historiadores e, mais ainda, os sociólogos, tendem a agir como se uma instituição que manteve o mesmo nome no decorrer do tempo fosse a mesma: acredita-se, por exemplo, poder estudar o Conselho de Estado linearmente sob o pretexto de ele existir desde o século XVII. Diante desse exemplo, vocês me dirão: "Realmente, é preciso ser estúpido". Mas, por exemplo, os historiadores comparam normalmente os bispos de 1850 com os bispos de 1950[343] porque a palavra permaneceu a mesma, enquanto a coisa mudou formidavelmente. Da mesma maneira, existe um monte de trabalhos em que os historiadores comparam friamente as estatísticas dos médicos de 1850 com os médicos de hoje em dia, embora tudo, inclusive a maneira de recrutar, tenha mudado. Assim, esses anacronismos são o produto da ilusão da constância do nominal, ilusão que consiste em pensar que, quando a palavra permanece idêntica, a coisa permanece idêntica. Isso posto, para os grandes corpos, os historiadores se colocam a pergunta de saber se os grandes corpos sempre foram os grandes corpos e, resistindo à tentação da ilusão da constância do nominal, os melhores dizem: "Atenção, os grandes corpos do Antigo Regime não têm nada a ver com os grandes corpos napoleônicos, que não têm nada a ver com os grandes corpos da Terceira República, a continuidade é apenas aparente e, aliás, essa é uma definição puramente francesa, puramente nacional [do corpo]".

Tudo isso é excelente, mas, com muita frequência, nas ciências sociais um erro esconde outro. Nesse caso, o problema da continuidade dos grandes corpos esconde o seguinte problema, que é absolutamente central. Se nos colocamos na longa duração, observamos um trabalho insensível e progressivo. Ele começa no século XII, sofre acelerações, torna-se muito importante no século XVI, acelera particularmente no XVII etc., e marca a constituição de alguma coisa que podemos chamar de "corpos" dando ao conceito um sentido conceitual e não mais histórico, dando-lhe, como fiz hoje, um sentido amplo que engloba as profissões. Constitui-se um conjunto de grupos sociais cujo título funciona como um título de nobreza garantido pelo Estado e que anda de mãos dadas com a escola do Estado porque a escola do Estado é a garantia de seu título e, ao mesmo tempo, dessa competência simultaneamente técnica e social que define as [elites?] modernas.

Portanto, os historiadores têm razão em dizer: "Atenção, não misturemos os corpos reconstituídos por Napoleão depois da Revolução numa lógica de

343. P. Bourdieu e Monique de Saint Martin trabalharam sobre o episcopado (Bourdieu; Saint Martin, 1982) e, em particular, realizaram a comparação de gerações (aproximadas) de bispos.

restauração com os corpos da antiga monarquia!" Mas, uma vez feita essa distinção, ainda assim temos o direito de falar de corpos e dizer que existe uma continuidade histórica entre os parlamentares do século XVI que tal historiador estuda e os membros do Conselho de Estado que passaram pela ENA. E escrever a história da gênese desses corpos é escrever inseparavelmente a história da gênese de instituições escolares de um certo tipo, de instituições burocráticas de um certo tipo e de representações da instituição burocrática e das funções dos detentores do poder burocrático que é constitutivo do Estado. No fundo, aquilo que tentarei descrever para vocês na próxima aula é essa espécie de gênese de um poder de Estado exercido por agentes sociais que recebem do Estado seus títulos para exercer seu poder de Estado, poder de Estado esse que não se reduz ao poder burocrático central. O poder burocrático central, a alta administração, é o coração, mas esse poder de Estado se estende para bem além disso. Ele engloba o advogado, o médico que emite um certificado, o professor que detém um diploma, resumindo, todos esses detentores estatutários de um poder delegado pelo Estado. Para escrever sua gênese, é preciso descrever a gênese do Estado, porque no fundo é a mesma coisa... O que vou tentar fazer é a história de pessoas que andavam de mãos dadas com o Estado. Se demonstrei longamente que as profissões liberais, com sua aparência de liberdade, estavam ligadas ao Estado, é porque em seguida vou descrever a gênese de corpos, de pessoas que, para criar sua posição de advogados ou médicos modernos, precisaram inventar o Estado moderno que garantiu o estatuto que elas detêm. No trabalho que precisaram realizar para construir esse Estado moderno, havia o trabalho de produção de representações de desinteresse.

Se insisti tanto sobre o desinteresse, é porque esse aspecto, talvez o mais difícil, do trabalho de criação do Estado foi constantemente esquecido pelos teóricos do Estado. Os teóricos do Estado, em geral, fazem a história das instituições administrativas. Acontece de eles enxergarem um pouco a ligação com o sistema escolar, mas é muito raro. São outros historiadores que estudam a história do nascimento das ideias do Estado, os constitucionalistas do século XVII. Já eu penso que só podemos compreender esse fenômeno juntando tudo isso. Existe uma história única, com os parlamentares, os D'Aguesseau e hoje em dia os tecnocratas, aliás muitas vezes descendentes desses parlamentares. Ainda hoje há laços genealógicos visíveis (D'Ormesson, como tantos outros, Talon[344]... são nomes antigos...), mas esses laços genealógicos no fundo não são tão importantes, já que estamos na lógica estatística: uma família substitui outra. Isso posto, a estrutura permanece a mesma.

Para compreender essas formas modernas de poder que os teóricos americanos descreviam ingenuamente em seu aspecto mais ingenuamente ideológico, é preciso, portanto, fazer uma história que reúna a gênese de um título acadêmico, os colégios do século XVIII (por que houve nessa época um *boom* dos colégios, um número muito maior de pessoas que, repentinamente, passam pelo sistema escolar?)[345], a gênese do sistema burocrático (com a invenção de procedimentos irredutíveis àqueles que caracterizavam a Igreja – ainda que muito tenha se baseado nela – ou o corpo jurídico – ainda que muito sempre tenha se baseado nele) e a gênese das representações do poder e da função de direção das pessoas (com a criação de noções como as de público, bem público e escola libertadora). Em outras palavras, o obstáculo que encontramos no começo de toda sociologia da escola é um dos próprios produtos da ordem social na qual a escola desempenha um papel determinante. É isso que quero fazer na próxima aula, para tentar dar uma coerência retrospectiva a coisas que podem ter parecido um pouco distantes para vocês.

344. Cf. acima: p. 34.

345. Para uma análise, cf. Bourdieu (1989d, p. 540-541).

Aula de 16 de fevereiro de 1989

A profissão médica e o Estado – Weber e a "patente educativa" – Magia de Estado, certificação, magia e universo escolar – O confinamento dos dominantes – Um programa de pesquisa

Como esta é a última aula, hoje gostaria de tentar fechar o conjunto das conclusões às quais cheguei e, ao mesmo tempo, definir as linhas diretrizes de uma pesquisa essencialmente histórica sobre a gênese do Estado, cujos resultados tentarei propor nos próximos anos[346].

O interesse da análise das profissões pela qual fiz um desvio na última aula é fazer enxergar que o Estado não se resume ao campo administrativo e que as categorias que andam de mãos dadas com o Estado na verdade se estendem de maneira muito ampla no espaço social, de modo que, ao corpo dos altos funcionários que associamos intimamente ao Estado, é preciso juntar todos os corpos técnicos, e até as profissões liberais que tendemos, por tradição, a opor ao Estado na medida em que elas são um dos elementos da oposição entre liberalismo e estatismo. Consequentemente, o problema que se encontra formulado quando procedemos a essa espécie de limpeza das ideias recebidas é o da relação entre o Estado, a escola e o poder. O que eu gostaria de demonstrar é que, nas sociedades modernas, não é mais possível formular o problema do poder independentemente do problema da escola. Tem-se questionado muito o poder, particularmente

346. Cf.: Bourdieu (2014b). Os principais pontos desta aula tocam com frequência na quinta parte de *La Noblesse d'État* (Bourdieu, 1989d, p. 533-559), em que são tratados de maneira às vezes mais concisa, às vezes mais detalhada.

entre os filósofos, depois dos eventos de 1968[347], mas, por razões sociológicas muito evidentes que vocês mesmos são capazes de encontrar, os filósofos situam o poder um pouco em todos os lugares[348], mas quase nunca naquilo que creio ser seu coração na sociedade moderna, a saber, o sistema escolar. O que eu gostaria de fazer, passando por Max Weber – que, de todos os pensadores tradicionais, foi quem mais se aproximou daquilo que me parece ser uma teoria correta das relações entre a escola, o Estado e o poder –, é tentar formular a questão das relações, no fundo, entre o sistema escolar, com instituições como o exame e o controle racional dos saberes, e as novas formas de poder, o poder de tipo tecnocrático.

A profissão médica e o Estado

Antes de chegar a isso, indico a vocês uma referência que esqueci de dar semana passada. Geison foi o editor de um livro importante sobre as profissões e o Estado francês, e esse livro contém um artigo de Jan Goldstein sobre a origem da profissão médica que me parece absolutamente ilustrativo das análises que propus na última aula. Vou contar a vocês a substância desse artigo. Nele, Goldstein (1984, p. 188-222) demonstra que a profissão médica, em particular a profissão psiquiátrica, constituiu-se com o apoio do Estado ao tentar – essa é uma análise que considero absolutamente apaixonante – fundamentar uma teoria do contágio moral numa teoria do contágio medicinal. Apoiando-se em problemas políticos, a profissão médica fundamentou uma teoria do contágio moral sobre a base de analogias entre o contágio moral – o contágio político, em última instância – e o contágio medicinal tradicional. Seguindo essa autora, vemos que, no fundamento de certas estratégias pelas quais o corpo dos médicos se constituiu, existe uma espécie de teoria política. Jan Goldstein demonstra que na década de 1860 assistimos a algo que na época foi chamado de "uma epidemia de possessões diabólicas". Com base nessa analogia entre o contágio moral e o contágio biológico, essas possessões diabólicas – que apareciam como que por acaso na Saboia que acabara de ser anexada [pela França] – serviram como base a uma reivindicação dos médicos de uma espécie de poder de polícia – enfim, de polícia simbólica e física. Os médicos

347. Em outras ocasiões, P. Bourdieu criticou as análises do poder propostas, na década de 1970, por Michel Foucault, Gilles Deleuze, Pierre Legendre, Pierre Clastres...

348. P. Bourdieu às vezes cita (e critica) a frase de Michel Foucault segundo a qual "o poder vem de baixo" (cf. em particular Bourdieu (2025), aulas de 17 de abril e de 15 de maio de 1986).

efetivamente se encontraram delegados, nessa ocasião, de uma autoridade estatal que implicava o poder de fazer uso da polícia. De modo mais geral, essa autora demonstra como o monopólio médico se baseou em procedimentos e modos de pensar desse tipo para estender ou anexar um poder delegado que pertencia não mais, como o poder das corporações no tempo do Antigo Regime, ao corpo em seu conjunto, mas a cada médico. Sobre esse ponto, haveria toda uma análise a aprofundar. Não voltarei a isso, mas é importante para não pensarmos de modo simples demais os corpos modernos a partir do modelo das corporações do Antigo Regime. Uma diferença fundamental, sobretudo depois da Revolução Francesa[349], é que os corpos modernos recebem delegação individual. É cada agente (cada médico, cada professor etc.) que recebe o mandato, e não apenas o corpo. Em outras palavras, há uma delegação num único nível e não mais em dois níveis. Isso é uma mudança considerável que, aliás, contribui para a ilusão liberal, a ilusão da autonomia dos corpos das profissões liberais em relação ao Estado.

Esse artigo mostra bem como o Estado é parte integral do trabalho por meio do qual os corpos, em particular o corpo médico, se constituem e constituem seu poder monopolista, seu controle de um mercado. Em seguida, demonstra-se como, por exemplo, com a instauração de um Estado de providência social, fenômenos como o seguro-saúde – aludi a isso na última aula – criam uma espécie de laço direto entre o médico e o Estado por meio do intermediário dessa clientela obrigatória que é designada aos médicos mediante a existência de garantias estatutárias designadas aos enfermos. Em certa medida – chegamos a coisas muito interessantes –, o seguro-saúde pode levar à ruína da fundamentação da ideologia liberal, isto é, o princípio da livre escolha dos cuidadores, nesse sentido de que os seguros só são concedidos àqueles que escolhem os bons médicos, aqueles que são, como se diz, "convencionados"[350], ou seja, reconhecidos pelo Estado. Assim, o seguro-saúde condena o mau gosto médico. Para demonstrar até que ponto podemos ir: [...] pode acontecer de uma intervenção estatal condenar o mau

349. Várias medidas tomadas na Revolução Francesa (a noite de 4 de agosto de 1789 e a abolição dos privilégios, o Decreto de Allarde, a Lei Le Chapelier de 1791) visavam as "corporações do Antigo Regime", cada vez mais percebidas como um obstáculo à liberdade de empreendimento e a uma relação direta entre o Estado e os cidadãos.

350. Desde 1945, a convenção médica liga na França os médicos liberais ao seguro-saúde: os médicos que a assinam comprometem-se a fixar os honorários em função das bases de reembolso praticadas pelo seguro-saúde.

gosto estético e dizer: "Não comprem cromos[351] em mercados de subúrbios..." – acabo de ler um livro muito bom de uma socióloga sueca sobre os cromos[352]. Podemos muito bem imaginar um ministro da cultura um pouco abusado nos dizendo: "Não comprem mais cromos! Se quiserem ser reembolsados pelo seguro estético, devem comprar..." [*P. Bourdieu reage a risadinhas na sala.*]. Basta pensar nisso, fazer essa passagem ao limite, para ver aquilo que está evidente [e passa despercebido]. "Vocês devem comprar suas pinturas apenas nas lojas convencionadas, e de pintores reconhecidos pelo Estado". Isso não é uma utopia, é uma situação bastante próxima àquela dos salões do século XIX com a garantia da Academia[353]. Assim, de certa maneira, o seguro-saúde arruína, sem que se perceba, o princípio de livre escolha do médico. Você é livre para consultar um curandeiro, mas não será reembolsado, o que quer dizer [se você for curandeiro?] que você terá que conquistar seu mercado sob a espada de Dâmocles do exercício ilegal da medicina. Isso vale para o Estado, mas imaginem para a religião... Façam a analogia: "Aqueles que vão para [a basílica de] Lourdes não serão reembolsados". Ora, o *aggiornamento* da Igreja foi algo desse tipo[354]... Não continuarei porque poderia chocar, mas a analogia funciona quase perfeitamente.

Portanto, o Estado protege os enfermos contra seu mau gosto médico e sanciona negativamente as escolhas incorretas. Vemos de passagem que essa política confronta os pressupostos fundamentais do otimismo liberal que muitas vezes inspirou a afirmação dos direitos (direito à educação, à instrução etc.). O otimismo liberal supunha que cada cidadão era capaz de escolher, [de escolher] certo. A utopia revolucionária que se perpetuou até a década de 1880, com autores como Jules Simon, consistia em dizer que os cidadãos eram mestres de suas escolhas políticas, que eram capazes de escolher politicamente. Como começou a haver dúvidas sobre essa capacidade, associou-se muito fortemente a competência

---

351. "Cromo" [*chromo*] refere-se a imagens coloridas impressas mediante processos de cromolitografia, técnica muito popular no século XIX e início do século XX devido a seu baixo custo. Na França, o termo adquiriu conotações de vulgaridade e mau gosto, já que o consumo dessas imagens estava associado às classes populares [N.T.].

352. A referência a esse livro não foi encontrada.

353. Cf. a pesquisa sobre Manet: Bourdieu (2023c, p. 51). Para uma nova exposição, num estado posterior de pesquisa: Bourdieu (2023a).

354. Referência à orientação tomada pela Igreja Católica depois do Concílio Vaticano II (1962-1965). Para observações sobre esse "*aggiornamento*" (palavra italiana que significa "atualização"), cf. Bourdieu e Saint Martin (1982).

política à existência de um sistema escolar capaz de inculcar a competência política, e uma das justificações do ensino obrigatório era essa necessidade de dar a todas as pessoas os meios de chegar à competência. Se prolongarmos um pouquinho para hoje em dia (vocês verão que as coisas não são simples): hoje em dia, as pesquisas de opinião pressupõem a competência e existem implicações difíceis no fato de lembrar, como eu fiz num artigo já antigo (1970) (Bourdieu, 2019a), que o postulado aparentemente democrático da competência política na verdade é antidemocrático porque consiste em pressupor que as pessoas têm competências que não têm e, ao mesmo tempo, em prestar atenção às respostas que elas produziram sem competência, isto é, muitas vezes contra seus interesses. Temos consequências formidáveis resultando de análises aparentemente anódinas.

Weber e a "patente educativa"

Assim, com o Estado de bem-estar e todas as medidas a ele relacionadas, o Estado de certa forma toma nas mãos as escolhas médicas dos enfermos. Ele orienta tacitamente essas escolhas por meio de sanções positivas ou negativas, contra o otimismo liberal segundo o qual os cidadãos livres sabem reconhecer seu verdadeiro interesse, o que é um dos postulados do liberalismo. Eu acho que esse é um caso ótimo para começar a formular os problemas. O que gostaria de fazer hoje é tentar ver como funciona essa aliança entre a escola, o Estado e o poder daqueles que dominam o Estado ou dominam com a garantia do Estado. Antes de entrar nessa análise, é preciso mencionar muito rapidamente uma coisa que encontraremos... Portanto, acho que vou começar voltando rapidamente ao texto fundador de Max Weber, que há muito tempo considero como expressando meu pensamento, mesmo que – vou explicar hoje – eu tenha ficado surpreso ao descobrir que Max Weber no fundo tinha uma posição muito ingênua sobre esse problema. Aproveito para fazer uma observação. Se eu tivesse permanecido numa postura de professor comentador, teria continuado a conceder a Weber aquilo que tudo leva a lhe conceder: diferente de Hegel e Marx, que mencionei, acho que ele enxergou uma coisa muito importante, a saber, a ligação entre o sistema escolar e o Estado, entre o diploma e a competência designada aos detentores das formas modernas de poder. Mas essa lucidez parcial escondeu para ele aquilo que tentei retomar com ajuda da análise histórica e cujas consequências quero derivar, para tentar demonstrar a vocês o que pode ser uma teoria mais rigorosa da ligação entre a escola e o Estado.

O texto de Max Weber se encontra no tomo 2 da edição Kiepenheuer e Witsch de *Wirtschaft und Gesellschaft* [*Economia e sociedade*], páginas 718 e 735-736 (infelizmente, esse tomo 2 não foi traduzido para o francês[355], não sei quando finalmente teremos [em francês] uma edição [digna desse nome] de Max Weber[356]. Eis um exemplo de coisa que consterna: por exemplo, nos encontros entre historiadores, os historiadores alemães têm uma espécie de superioridade estatutária devido ao fato de lerem Weber no original; já os historiadores franceses primeiro não têm acesso aos textos weberianos e, segundo, acreditam-se obrigados a desdenhar esse tipo de comparatistas pretensiosos. Esse foi um parêntese para provocar os historiadores, mas volto ao texto de Weber.) Esse texto muito célebre, clássico, é bastante comentado para dizer que, segundo Weber, o processo de racionalização que conduz ao Estado moderno é inseparável de um processo de racionalização dos modos de recrutamento dos funcionários. Entre as características desse processo de racionalização, Weber insiste na existência de formas racionais de formação, ou seja, de formações orientadas por referência explícita à profissão que será preciso ocupar e, portanto, orientadas explicitamente em relação a fins postulados explicitamente.

Segunda propriedade: Weber insiste no fato de que essas estruturas pedagógicas estão de alguma forma condensadas no exame ou no concurso moderno, como instrumento de medição racional das competências racionais. Por exemplo, o exame difere da ordália em que, para saber quem tem razão num debate judiciário, os dois [protagonistas] são jogados no fogo e aquele que sobrevive é inocente. Certas formas de testes acadêmicos são desse tipo. Por exemplo, [Clifford] Geertz conta que em Bali a transmissão do saber entre os mestres e os alunos se faz pelo beijo[357]. Imagino que essas sejam formas bastante agradáveis [*pequenas risadas discretas na sala*], mas cuja validade técnica podemos questionar. Poderíamos fazer uma história das formas de formação carismática que se perpetuam dentro

355. Em português, a referência é Weber (2012, v. 2, p. 213, 230-231).

356. P. Bourdieu assinalava regularmente as lacunas da edição de Max Weber em francês (cf. Bourdieu, 2023b, p. 21-22). Quando estas aulas foram dadas, a primeira onda de traduções de Weber para o francês (entre 1959 e 1971) já estava distante. É a partir de meados dos anos 1980 e sobretudo nos anos 1990 que as traduções serão retomadas.

357. A referência a essa passagem não foi encontrada.

dos sistemas chamados de racionais. Há um monte de traços carismáticos dentro dos sistemas escolares. Por exemplo, acho que em última instância o sistema das *grandes écoles* é mais carismático do que racional, mesmo que, em benefício dos exercícios carismáticos, insira-se um pouquinho de racionalidade.

Isso posto, Weber insiste no fato de que o exame é racional e que, por causa disso, os processos de racionalização das formas de governo são acompanhados da racionalização das formas de medição das competências; chega-se assim às formas de governo que tendem a excluir da função pública "[o] amor, [o] ódio e [...] todos os elementos sentimentais, puramente pessoais e, de modo geral, irracionais, que se subtraem ao cálculo" (Weber, 2012, v. 2, p. 213). Isso é Weber, hein...: é um sistema sem paixão, sem emoção, sem nada que remeta à afetividade e, por meio disso, à pessoa. *Sine ira et studio*[358]. Assim, essa burocracia racional exclui as paixões e tudo aquilo que é inacessível ao cálculo. Lembrem-se, para Weber a definição da burocracia e do Estado racional é o fato de ele obedecer a princípios que garantem a calculabilidade e a previsibilidade[359]: ele se organiza ao redor de um direito racional, você sabe a que obedecer, mesmo se você o transgredir. Você pode transgredi-lo com conhecimento de causa, sabendo os riscos que corre apesar de isso depender, com as formas carismáticas, do humor do príncipe e mesmo, com as formas tradicionais (como Sancho Pança em sua ilha ou o que chamo de *Kadijustiz*)[360], do estado do humor do juiz, por exemplo. Com as formas racionais, definidas idealmente, de direito e de Estado, sabemos a que nos agarrar, podemos prever e calcular. Isso não é falso: em todas as grandes firmas americanas há, como todos sabem, corpos de *lawyers* que estão lá para prever as sanções e escolher a mais econômica (às vezes, quando a sanção é mais econômica, vale mais a pena sofrê-la de maneira calculada [do que obedecer ao direito]).

358. "Sem cólera nem paixão". Essa frase de Tácito é empregada por Weber logo após a passagem citada (Weber, 2012, v. 2, p. 213).

359. Cf. em particular "A dominação legal com quadro administrativo burocrático" (Weber, 2012, v. 1, p. 142-147).

360. Referência a um texto de Max Weber (que P. Bourdieu (2023b) comentou em suas aulas do ano 1984-1985, em particular p. 325-330): "O ideal dessa justiça racional é a 'justiça de cádi' dos juízos 'salomônicos', tais como os pronuncia o herói dessa lenda – e Sancho Pança como governador" (Weber, 2012, v. 2, p. 121). A referência a Sancho Pança remete ao capítulo 45 do segundo volume de *Dom Quixote* intitulado "De como o grande Sancho Pança tomou posse de sua ilha e como principiou a governá-la" (Cervantes, 2021 [1605]).

Esse é o direito racional, segundo Weber, e o especialista, que governa sem paixão, é o produto de uma delimitação das tarefas. Essa é uma outra propriedade da burocracia, enquanto no sistema patrimonial e, ainda mais, no sistema carismático, tudo se mistura: o doméstico, o político, a família, os negócios etc. Lá onde, por assim dizer, o sistema carismático mistura tudo, um sistema racional divide as funções, delimita as competências: as geográficas, mas também de poder. Assim, o sistema do modelo racional de burocracia é inseparável da figura do especialista, confinado a um cantão e capaz de aplicar a esse cantão regras universais que encontram sua aplicação particular por meio da intermediação de sua competência. No fundo, o especialista – mencionei isso em relação ao direito[361] – procede por dedução, a partir de regras universais que valem para todo *x*. No fundo, o jurista, segundo Weber, é um geômetra que substitui a variável por uma variável particular e que, a partir da equação que recebe do direito, calcula o resultado. Esse especialista, diz Weber, é indiferente às considerações humanas e, por causa desse fato, é "estritamente objetivo"[362]. Estamos muito próximos da visão hegeliana do burocrata como portador do universal. A análise de Weber – é por isso que ela é particularmente sedutora e é difícil de se livrar dela – capta muito bem um certo número de propriedades indiscutíveis do sistema burocrático moderno, não somente em sua organização ideal, mas até em sua definição concreta e prática.

Isso posto, quando lemos esse texto com atenção (isso que acabo de dizer encontra-se na página 718, mas podemos ir mais adiante, até as páginas 735-736), observamos que Weber propõe, um pouco entre as linhas, de passagem, análises que contradizem o tema central, o único mantido pelos comentadores. Trata-se de algo clássico: os comentadores apagam de um pensamento (não foi preciso esperar os desconstrutivistas[363] para descobrir isso) os subentendidos, sim, os mal-estares, muitas vezes nas notas ou no infratexto que rasteja sob o texto. Eu efetivamente já fiz coisa parecida, porque muitas vezes lemos os comentadores

361. Referência, sem dúvida, à aula de 10 de maio de 1984: Bourdieu (2023b, p. 325-330).

362. Depois da passagem citada anteriormente, Weber continua: "Em vez do senhor das ordens mais antigas, movido por simpatia pessoal, favor, graça e gratidão, a cultura moderna exige para o aparato externo em que se apoia o *especialista* não envolvido pessoalmente e, por isso, rigorosamente 'objetivo', e isso tanto mais quanto mais ela se complica e especializa" (Weber, 2012, v. 2, p. 213).

363. Alusão à "análise de texto" praticada na perspectiva desconstrutivista desenvolvida por Jacques Derrida. Cf. em particular: Derrida (1973).

antes de ler os autores... e quando lemos os autores isso já está muito constituído. O ponto de partida de minha releitura deve-se ao fato de que ao abrir Weber vi que ele chamava o diploma de *Bildungspatent* ("patente educativa"), o que é absolutamente surpreendente... Devido ao contexto em que eu estava, a palavra "patente" me saltou aos olhos, porque é o Estado que concede uma patente. Assim, enxergamos que o diploma é algo que, por meio de uma espécie de garantia, institui seu detentor como *patenteado*, quer dizer, como tendo visibilidade [*pignon sur rue*], como quem pode escrever "diplomado em", por exemplo, em seu cartão de visitas ou em sua placa ("internista dos hospitais de Paris"). Ao fazer isso, ele afirma uma competência técnica que é ao mesmo tempo uma competência social que dá garantias a seus clientes, e essas garantias são garantidas por uma espécie de banco central de crédito que não é nada mais nada menos do que o Estado. Em última instância, o diploma tem propriedades absolutamente análogas às da moeda, entidade que também não existe fora do banco central de crédito econômico. Assim como o Estado funciona enquanto banco central de créditos econômicos e monetários, ele também funciona enquanto banco central de créditos simbólicos, e o diploma é uma forma de crédito simbólico garantido.

Trata-se de uma distinção bastante prática que vemos funcionar a partir do momento em que fazemos uma pesquisa. Para compreender isso, basta pensar, se vocês leram *A distinção*, na diferença entre a pessoa que podemos chamar de culta, que seria capaz de manifestar sua cultura numa conversa mundana ou, por assim dizer, nos usos ordinários da vida, e o detentor de um diploma[364]. No limite, podemos ser uma pessoa culta sem garantia e uma pessoa garantida sem cultura. Essa é uma das razões pelas quais os professores não querem que se meça a cultura. As garantias são garantias estatutárias, universais, que aliás são em grande parte exatamente feitas para – nesses casos pode-se dizer "feitas para" – garantir mesmo na ausência daquilo que é garantido. Isso é muito importante. Como eu disse outro dia, vocês não enxergam as consequências disso que digo. É por isso que o ensino é uma coisa muito difícil: quando digo, como os canonistas diziam, "*dignitas non moritur*" ("O rei está morto, viva o rei")[365], dizem para mim: "Sim, isso é interessante, é uma discussão histórica, legal..." Dito isso, é um pouco assombroso, dizer: "O rei está morto, viva o rei" é dizer que a realeza sobrevive

364. Cf. em particular Bourdieu (2011a, p. 25).

365. Uma tradução mais literal é "A função é eterna".

ao rei, o que é difícil de engolir em termos de racionalidade. Mas se dizemos "a cultura"... Enquanto os canonistas comentados por Kantorowicz (1998) insistiam no fato de que a realeza sobrevive a tudo que pode acontecer de infelicidades biológicas ao rei (ele pode morrer, esse é o caso radical). [*Falta o final desta análise da gravação utilizada.*]

Magia de Estado, certificação, magia e universo escolar

Vou retomar. Acho que serei obrigado a reduzir minha proposta a um esquema, mas espero conseguir dar a vocês pelo menos a linha geral não da demonstração, mas do programa de verificação que gostaria de propor. Eu insisti no fato de que, para compreender adequadamente os mecanismos nos quais se baseia o poder nas sociedades altamente diferenciadas, como a sociedade francesa, é preciso, como dizer, se deixar comandar por essa espécie de paradoxo que está contido na noção de magia do Estado. Com "magia do Estado"[366] quero dizer esses atos sociais absolutamente paradoxais que consistem em constituir ou uma coisa ou uma pessoa como dotada de propriedades irredutíveis àquilo que a razão ordinária [...] é capaz de captar ou medir.

Agora irei bem rápido – espero que aqueles que estiveram presentes antes se lembrarão e que direi o bastante para quem não esteve –, mas seria preciso retomar longamente a análise que fiz do processo de validação, homologação e certificação[367]. Dei o exemplo do certificado (o fato de conceder um certificado de enfermidade, aptidão, inaptidão etc.) como ato típico da burocracia: é um ato perfeitamente característico da burocracia racional e que, ao mesmo tempo, implica uma parte formidável de magia que se baseia em mecanismos análogos àqueles que fundamentam as magias nas sociedades arcaicas. Penso no ensaio de Mauss (2017) sobre a magia, que ainda é um texto muito mal lido, porque é lido por professores que simplesmente não fazem ideia do que é um rito mágico. Eles nunca viram um, nem sequer pensam que nunca viram um e, quando têm um diante de si, não o enxergam, como aqueles que falam sobre o fetichismo... Eu realmente sei do que estou falando agora. Realmente... Aqueles que falam de fetichismo não sabem que existe fetichismo quando está diante deles. Farei vocês

366. "La magie d'État" (Bourdieu, 1989d, p. 535-539).

367. Sem dúvida, referência à aula de 19 de maio de 1985: Bourdieu (2023c, p. 217ff).

entenderem o que quero dizer voltando ao exemplo da moda (Bourdieu; Delsaut, 2018) [...]. O ato por meio do qual o costureiro assina um produto e multiplica o seu valor por 30 é tipicamente um ato fetichista. Ora, não se conhece nenhuma dissertação sobre o fetichismo, e Deus sabe quantas tivemos na década de 1960 que tenha pensado sobre esse tipo de coisas. [Habitualmente, quando se fala do fetichismo] ou se está no nível do conceito puro, ou se pensa nos primitivos [...]. Na verdade, a magia está entre nós. Ela está nos lugares mais inesperados, no coração do próprio asilo da racionalidade, no coração dos processos de Estado.

O ato de certificação, por exemplo, é um caso muito próximo da experiência. Tudo que eu tinha a dizer está na expressão que usamos quando dizemos: "Eles regularizaram sua situação"[368]. Mencionei as análises para vocês: se pôr em regra, estar em regra, se pôr em conformidade com o grupo. Um outro exemplo: os diferentes tipos de certificado que se pode dar a alguém. Por exemplo, o que é um certificado de conformidade? Será que é um simples ato técnico por meio do qual dizemos que uma coisa está conforme ao que deve ser ou será que é alguma coisa a mais? Como acontece, por exemplo, que se eu escrevesse um certificado de enfermidade, isso não teria nenhum valor, mas se eu escrevesse um certificado de aptidão à sociologia (não me pedem isso, mas se acontecesse...), isso teria um certo valor (aliás, é por isso que não me pedem [*risadinhas na sala*]!). Portanto, o certificado vale aquilo que vale aquele que o certifica. Mas quem certifica o que vale aquele que o certifica? Aqui encontramos Kafka e, como eu disse para vocês alguns anos atrás[369], passo a passo, por meio de uma espécie de regressão ao infinito, voltamos a Deus. Então dizemos: "Deus é o Estado", porque o Estado, em última análise, é aquele que certifica todos aqueles que certificam, enquanto não é certificado por ninguém. Temos assim uma espécie de teologia negativa, e podemos tirar várias conclusões desse fato.

Não continuarei, mas, no caso dos diplomas, os diplomas certificam. Com a palavra "certificação", percebemos bem que estamos no domínio da crença: ele [o Estado?] diz que uma coisa é certa e exige a crença daqueles a quem se dirige, quanto à certeza daquilo que é afirmado por aquele que certifica. Essa espécie

368. Essa frase, ainda de uso corrente na década de 1980, era utilizada para os casais que, depois de terem vivido em "união livre", casavam-se, oficializando sua vida em comum ao fazê-la reconhecida pelo Estado.

369. Referência às análises sobre Kafka que P. Bourdieu desenvolveu no curso do ano 1983-1984 (cf. Bourdieu, 2023b, p. 81, 165; 2023c, p. 320-322).

de demanda da crença é um elemento do círculo da magia, tal como Mauss o descreveu, se lermos bem seu texto. (Vocês certamente já viram comentários sobre o "Ensaio sobre a magia", ele faz parte, como o "Ensaio sobre a dádiva" (Mauss, 2017), dos textos obrigatórios, que é preciso absolutamente reler, porque, como são realmente textos obrigatórios, são os mais mal lidos, porque mal comentados pelas razões que mencionei.) O "Ensaio sobre a magia" de Mauss é um texto extremamente simples. Ele diz: "Quando nós nos perguntamos, nós, pessoas modernas, sobre os atos mágicos, questionamos: 'De onde vem a magia? Onde está a magia? Será que ela está nos instrumentos utilizados?' Não. 'Será que ela está nos agentes?' Não. 'Será que ela está no local?' Não". Assim, ele enumera todo tipo de coisas para dizer que a magia está mais ou menos na relação entre essas coisas. Ela está na relação entre todas essas coisas, que é uma relação de crença. Para que a magia funcione, para que o ato que consiste em assinar um produto tenha o efeito multiplicador de valor que falei, é preciso um universo de crença, é preciso outros estilistas com os quais o estilista está em concorrência (eles têm em comum o fato de lutar em nome da fé na alta-costura), é preciso jornalistas de moda, é preciso cerimônias anuais que produzam discursos sobre a moda, é preciso pessoas que as frequentem, é preciso compradores, é preciso vendedores etc. É esse universo de crença extremamente complexo que é a condição da efetivação e do sucesso do ato singular que chamamos de "magia". Quando pegamos essa ideia no estado isolado ou quando estamos no círculo da crença, não a enxergamos como mágica. Não entendemos mais aquilo que vemos como mágica e dizemos: "É preciso ser louco". Em última instância, nesse caso particular, a loucura é a magia dos outros, cujo princípio não compreendemos porque não estamos no círculo da crença – o que é exatamente verdadeiro da magia religiosa.

Sob a luz dessa análise, vemos que o universo escolar, identificado com a racionalidade, a ciência, o progresso, é um universo mágico. Como o Estado, é um universo mágico…, quer dizer, é um universo parcialmente mágico que tem uma dimensão técnica. É uma infelicidade, mas, como acontece muito para fazer a pesquisa avançar, somos obrigados, como dizia Mao Tsé-Tung, a curvar o bastão para o outro lado[370]. Nesse caso em particular, como tratamos da crença, contra a representação muito forte segundo a qual "o Estado é racional", vou acentuar o lado

370. Essa expressão era utilizada pelos maoístas, mas talvez emprestada de Lênin: "Todos nós sabemos agora que os economistas curvaram a barra [*ont tordu la barre*] para um lado. Para retificar isso, era preciso curvá-la para o outro lado, e foi isso que fiz" (Lênin, 1966, v. 6, p. 515).

"o Estado é mágico". Mas, agora que enfatizei bastante isso, não se esqueçam de que os dois aspectos são indissociáveis e o que causa a originalidade extraordinária das formas modernas de poder é exatamente que é preciso muita racionalidade para produzir essa magia particular que é a magia de Estado. Portanto, se eu disser: "A escola é um lugar mágico", se vocês anotarem isso em seus cadernos e relerem [mais tarde, vocês dirão]: "Mas Bourdieu está maluco". Existem pessoas que não deixam de fazer essa espécie de mutilação: quando você tem um pensamento um pouco complicado, é muito fácil cortá-lo em três e...

A escola é, por um lado, sob uma certa relação menos percebida, um universo mágico de crença no qual se produzem fenômenos do tipo daqueles que Mauss descreve: aquele que outorga os diplomas é certificado para fazê-lo, ele se acredita certificado e se dirige a pessoas que só reivindicaram o diploma porque acreditam no valor do diploma, porque reconhecem o diploma pelo fato de se prepararem, e se, por acaso, não estiverem preparadas, serão submetidas a testes que vão prepará-las. Por exemplo, as provas escolares – a palavra é interessante – são evidentemente uma ocasião de medir uma competência técnica, mas também uma ocasião de reforçar a crença daqueles que aspiram a um diploma em seu valor, no valor do título outorgado.

O confinamento dos dominantes

Não desenvolverei isso, mas poderíamos demonstrar que todo o sistema escolar, mesmo em suas dimensões mais conformes à imagem que podemos ter da escola racional (a Escola Politécnica, a Escola Normal Superior em Ciências etc.), é um local onde operam mecanismos de produção de valor e de crença por meio de todo um conjunto de técnicas.

A mais evidente, todo mundo já viu: há um livro célebre sobre Oxford etc., *The cloistered Elite* [*A elite enclausurada*] (Wakeford, 1969), e sempre se enxergou que, na maioria das sociedades, uma maneira de constituir as elites como elites consiste em confiná-las. Não devemos esquecer que os primeiros confinados na maioria das sociedades são os dominantes. Mas confiná-los é uma maneira de separá-los e, na boa sociologia, se realmente lermos (quer dizer, aqui também, não

---

A "teoria da curvatura do bastão", que Lênin devia a seu "avô camponês e mateiro" também é conhecida por uma citação de Louis Althusser (1977, p. 136).

academicamente) Durkheim, sabemos que o sagrado é aquilo que está separado, que está confinado[371]. Nossa famosa escola laica, que muitas vezes se vê como oposta à escola livre religiosa, é um local religioso. Ela é um local religioso no sentido durkheimiano do termo, ela é dominada por pessoas vindas de lugares que, como a École normale, são religiosos por serem constituídos com base em cortes iniciáticos, entre aqueles que estão lá e os que não estão. Por exemplo, o concurso weberiano, que é evidentemente – mais ou menos – uma medida de competência, é ao mesmo tempo uma prova iniciática, um rito de separação por meio do qual se cria uma barreira de essência – o que remete à nobreza, que se definia por uma barreira de nascença e de essência – entre o último aprovado e o primeiro reprovado, que, como todos sabem, muitas vezes estão separados apenas por uma diferença técnica de um quarto de ponto. Essa diferença técnica é o equivalente da grife. As pessoas perguntam se a grife de um perfume muda a natureza técnica do perfume, [seria preciso perguntar se] a grife "normaliana" [da École normale] num perfume de competência muda a natureza... Vocês percebem que esses problemas são problemas reais.

Assim, o corte iniciático é marcado pelo confinamento, mas o confinamento é apenas o sinal exterior mais visível. Há muitos outros sinais, como a separação, como dizer, mental. A separação mental é a coisa mais extraordinária. É o que chamo de "ritos de instituição" e que outros chamam de "ritos de iniciação" (Gennep, 2013): a maioria dos ritos tem como função fazer aceitar uma fronteira. Quando pensamos na [aceitação de uma] fronteira, pensamos sempre na aceitação de uma fronteira por aqueles que estão do lado errado. Mas, por exemplo, ao pensar que é preciso fazer as mulheres aceitarem que elas não são tão boas quanto os homens, esquecemos de que também é preciso fazer os homens aceitarem que é muito bom ser um homem, que eles têm um monte de deveres etc. Há uma ótima frase de um grande especialista da teoria das fronteiras, Owen Lattimore: "Pensamos que a muralha da China foi feita para proteger os chineses das pessoas de fora, mas esquecemos de que ela foi feita para impedir os chineses de saírem" (Lattimore, 1962, p. XLVI). Se vocês pensarem nisso para os ritos de iniciação, não são meros detalhes, é absolutamente sério... Com efeito, acontece de os herdeiros não terem vontade de herdar. Releiam *A educação sentimental*

371. Por exemplo, Émile Durkheim escreve: "As coisas sagradas são aquelas que as proibições protegem e isolam; as coisas profanas, aquelas a que se aplicam essas proibições e que devem permanecer à distância das primeiras" (Durkheim, 1996, p. 24).

de Flaubert[372], acontece de os herdeiros não terem vontade de dizer: "O rei está morto, viva o rei!", eles prefeririam fazer outra coisa... Acontece de os herdeiros do ponto de vista acadêmico terem vontade de tocar *rock*...

Uma função dos ritos de iniciação acadêmicos, da escola funcionando como rito de iniciação organizado por grandes iniciados que são eles mesmos o produto de ritos de iniciação, uma função dessas instituições (as classes preparatórias [para as *grandes écoles*], para chamá-las pelo nome)[373], é fazer com que sintamos que essas pessoas que estão isoladas, no estado separado, constituídas como clero (esta é a definição durkheimiana: o clero são aqueles que simplesmente estão separados dos profanos)[374], são diferentes. É preciso que acreditemos que elas são realmente diferentes, de uma outra essência – o que, numa sociedade em que a dimensão técnica [está em primeiro plano], pressupõe um pouquinho de diferença técnica. Foi preciso que eu desse essa explicação, senão vocês iriam pensar que estou desviando... Bom, ao mesmo tempo, é preciso que eles sintam que são de uma outra essência. Aqui encontramos uma propriedade da nobreza: quando se diz "*noblesse oblige*", isso quer dizer que o nobre é obrigado a ser nobre. Um verdadeiro nobre é aquele que se constituiu, que se produziu sob tais condições de modo que a ideia de não ser nobre não lhe vem à mente. Um *habitus* de nobre conduz o nobre a agir nobremente sem esforço, no modo natural. Da mesma maneira, o "normaliano" age "normalianamente"... Não, mas isso é muito importante porque não é de maneira alguma uma analogia brutal: existe uma categoria geral da produção de uma nobreza da qual a nobreza, no sentido histórico do termo, é um caso particular. Ao constituir o problema da nobreza tal como ele se coloca para todas as sociedades, em sua definição mais geral[375], isto é,

---

372. P. Bourdieu pensa no personagem principal do romance, Frédéric Moreau, "um 'herdeiro' que quer herdar sem ser herdado [e a quem] falta aquilo que os burgueses chamam de 'seriedade', essa aptidão a ser o que se é" (Bourdieu, 1975a, p. 67-93; 1996a, p. 17-61).

373. Cf. Bourdieu (1989d, p. 102-124 e 140-181).

374. P. Bourdieu sem dúvida deduz essa definição do clero a partir da ligação que Durkheim estabelece entre a separação e o clero: as "coisas sagradas, isto é, separadas, proibidas" (Durkheim, 1996, p. 32), a "grande oposição que separa o profano do sagrado" (1996, p. 81) etc., e da ideia segundo a qual os sacerdotes são "personagens privilegiadas [...] tidas como detentoras de um poderoso espírito cuja proteção a sociedade deve conservar" (1996, p. 49).

375. P. Bourdieu desenvolverá em maiores detalhes esse ponto em seu curso sobre a dominação de 1998. Cf. também: Bourdieu (2007, p. 385-397).

a naturalização do arbitrário ligado ao poder (é disso que se trata), entendemos melhor a particularidade da nobreza histórica, hereditária, pelo sangue.

Um programa de pesquisa

Agora irei bem rápido. Isso também é uma maneira de esconder os limites de minha cultura histórica, porque esse é um programa imenso. Vocês perceberão imediatamente que, para realizar o programa que vou esboçar, seria preciso várias equipes de historiadores. Infelizmente, muitas vezes acontece de problemas muito importantes não serem estudados por ninguém porque as condições sociais, que englobam as condições mentais, para o estudo desses problemas não são atingidas. Já eu penso que às vezes é melhor formulá-los e esboçá-los, e esboçar a solução, em vez de escamoteá-los em nome de uma definição positivista do trabalho e então responder a eles a partir de pequenas monografias parciais[376] que destroem o problema. Esse foi um pequeno parêntese para os historiadores (de quem, aliás, gosto muito, porque são praticamente os únicos em que realmente posso me basear na maioria das coisas em que acredito).

O diploma, o título acadêmico, é um título de dimensão mágica, um traço dos atos de magia de Estado. Se admitirmos, mais exatamente, que é um privilégio constituído magicamente e garantido pelo Estado, então esse privilégio se encaixa na definição de Donald Bien no artigo de *Annales* que citei aula passada para caracterizar o privilégio do nobre sob a realeza: é um "direito ao exercício exclusivo de alguma função e ao desfrute de certas rendas" (Bien, 1988, p. 381). Em outras palavras, o privilégio é um monopólio legítimo sobre uma função, acompanhado de lucros. Se aceitarmos essa definição e vermos que esse privilégio é garantido pelo Estado, que, nesse caso, representa o papel de uma espécie de tesouro público de recursos simbólicos que garantem as apropriações privadas, é preciso de certa forma refazer toda a história das relações entre a escola e o Estado que Weber esboçou, mas caindo na visão unilateral que consiste em visualizar essa história como um processo de racionalização e de modernização. Na verdade, é um processo ambíguo, de dupla face, exatamente como o título cuja ambiguidade demonstrei agora há pouco. Eu acho que sei o bastante dessa história para dizer que é preciso fazer a história do exame, do diploma, do Estado, dos grandes corpos. É preciso fazer a história desse

376. Para mais detalhes sobre esse ponto, cf. as propostas de P. Bourdieu contemporâneas a esse curso: Bourdieu e Wacquant (2014, p. 191, 201, 292).

conjunto de instituições simultaneamente. É apenas fazendo ao mesmo tempo a história do processo de constituição das instituições escolares, a história das instituições estatais, a história do processo de constituição daquilo que chamamos de corpo (mas dando a essa palavra um sentido muito amplo, esvaziando o termo de suas conotações históricas francesas) que deve seu poder à instituição estatal, que podemos realmente dar conta dessa realidade ambígua que descobrimos na sincronia. Agora lerei meu texto que, acho, resume bem isso que digo. O nascimento daquilo que chamo de nobreza de Estado, essa nobreza cujo título é garantido pelo Estado com base no reconhecimento de uma competência técnica inseparável de uma competência social e que, em sua primeira forma histórica, na França foi a nobreza de toga, é inseparável do desenvolvimento de um conjunto de instituições entre as quais figura o diploma. Em outras palavras, há um conjunto de invenções correlacionadas e complementares que é preciso reconstituir.

[*O início da análise está faltando na gravação utilizada.*] É preciso [...] estudar os casos particulares como casos particulares, como reações particulares e ver no que eles obedecem ao caso geral e no que eles são específicos. Em outras palavras, para fazer a história, é preciso fazer os conceitos enquanto, com muita frequência, os historiadores se definem contra o conceito. Eu me permito dizer isso a vocês de maneira sumária e simplista, mas acho que é importante, em todo caso, para esclarecer as posições daqueles de vocês que são historiadores em relação ao que digo. Assim, a pergunta não é saber se é ou não é uma cavalaria, se a pluma [sucede a?] espada como o cavalo sucede a armadura. A pergunta é saber se passamos de uma nobreza como corpo reconhecido socialmente como digno de governar a uma outra passando de um modo de reprodução a outro[377]. A nova nobreza encontrou no modelo da antiga nobreza contra a qual ela se constitui [o princípio segundo o qual] ser nobre é viver nobremente, mas também [o princípio segundo o qual] a nobreza é o serviço ao rei. O trabalho que ela realizou, porque seu modo de reprodução foi a escola, foi dizer que ser nobre é servir não ao rei, mas ao Estado, ao público (vocês se lembram de D'Aguesseau: "servir ao público"). Isso muda tudo. Com efeito, não sirvo ao rei em nome de um encargo hereditário ou, como diria Parsons, por *ascription* [atribuição], porque fui designado pela hereditariedade a essa tarefa, por meio de uma espécie de ligação fatal ou de relação com o rei que estaria escrita em minha natureza (uma relação entre minha

377. Sobre esses pontos, cf. Bourdieu (1989d, p. 542).

natureza e a natureza do rei), sirvo ao rei por vocação, por escolha, porque me devoto (é o conceito de *Beruf* cujas implicações Weber desenvolveu bastante)[378], eu me devoto à função de obediência ao rei, e o serviço ao rei torna-se assim o serviço desinteressado ao Estado.

Último ponto que menciono, realmente a galope: o serviço ao rei não está mais atribuído nem inscrito numa visão social da nobreza, segundo a equação "viver nobremente é servir ao rei". Não é mais um destino que não escolhemos, que é incumbido pelo nascimento e que você pode apenas trair ou realizar. É uma escolha deliberada da vocação, um ofício empreendido conscientemente, para o qual é preciso se preparar, porque pressupõe competências especiais adquiridas pela escola. Assim, descobrimos imediatamente que ele é algo que se merece, que queremos e que é merecido. Como resultado, essas pessoas andam de mãos dadas com a competência e o dom, e não é por acaso que elas elaboram teorias pedagógicas em que a noção de mérito aparece imediatamente. Isso posto, elas vão elaborar a relação entre seu corpo e o sistema escolar ao elaborarem a definição de seu serviço. Essa é a ideia de serviço público.

Mas ao mesmo tempo elas precisam elaborar uma teoria do Estado e do papel dos servidores do Estado. Assim, é preciso estudar uma terceira série de trabalhos históricos, completamente separada das duas anteriores: as obras que podemos chamar de história das ideias ou de história social das ideias, sobretudo anglo-saxãs, que demonstram como se construiu progressivamente, desde os juristas do século XVI, passando pelos girondinos até os reformadores da Escola Nacional de Administração, uma teoria do serviço público como devoção desinteressada ao interesse geral. Em outras palavras, houve todo um trabalho extremamente lento e um de seus elementos são as obras dos filósofos. Essas pessoas não são estudadas pelas questões filosóficas, porque elas consideram que isso é história das ideias, exceto algumas pessoas um pouco isoladas no mundo dos professores de filosofia. Citarei, apesar de tudo, uma referência muito interessante, Nannerl O. Keohane, *Philosophy and the State in France*. É um livro entre outros, mas nele vocês encontrarão uma espécie de história rápida das teorias do Estado, em particular de todas as *minores* que sempre são esquecidas nas histórias da filosofia. Nesse livro, vocês encontram uma descrição magnífica daquilo que a autora chama de "o humanismo cívico dos funcionários" (Keohane, 1980, p. 84), baseando-

378. Weber (2020), em particular páginas 63-74.

se sobretudo em pensadores que se chamavam Louis Le Caron e Louis Le Roy e que diziam desde o século XVI coisas muito próximas de D'Aguesseau. Eles insistem na responsabilidade cívica contra os individualistas, que conhecemos um pouquinho: são gente como Charron, os céticos e sobretudo Montaigne, que diziam: "Façamos a distinção, existe o privado [e o público]" segundo a famosa expressão *intus ut libet, foris ut moris est*, que era a solução de Montaigne ("do lado de dentro, penso o que quiser, do lado de fora sou conformista"). Essas pessoas diziam: "Mas não, isso é escandaloso". Se vocês se lembram[379], é isso que, em D'Aguesseau, chama-se "o filósofo", ou seja, o filósofo cético que separa o político e o... Essa é uma das razões dessas pessoas não fazerem parte dos programas de filosofia. A filosofia da filosofia está na base da filosofia dos professores, e a política está fora... (Vocês vão achar que isso não é verdade, mas eu seria capaz de demonstrar a vocês que isso ainda é verdade apesar das aparências, sob a forma da repressão das ciências sociais.) Os inventores da virtude civil, essas pessoas que chamamos de humanistas ("o humanismo cívico dos funcionários") querem fazer uma filosofia política. Elas recusam a fuga para a biblioteca, querem fundar um conjunto de poderes cívicos. A filosofia, para elas, é uma filosofia das pessoas que estão no mundo e que deve reger a conduta no mundo. Aqui há toda a corrente jansenista que, como eu disse rapidamente[380], pressenti estar por trás de D'Aguesseau. Essas pessoas contribuíram para elaborar simultaneamente uma teoria da escola, da competência fundamentada no corpo, e uma teoria do Estado como local onde se exerce essa competência racional universal, a serviço do universal, a serviço do público. Toda uma tradição constitucionalista se desenvolve a partir disso. Para concluir em duas palavras: eu acho que, onde Weber enxergou um processo relativamente estável e unilateral de racionalização sem objetivos políticos, é preciso reconstituir, por meio de uma gênese real da nobreza de Estado, um processo no qual os agentes que têm interesse no universal criam um jogo no qual o universal está ligado a interesses. É mais ou menos isso, bastante simplificado. [*Aplausos da sala.*]

---

379. Cf. acima aulas de 10 e 17 de março de 1988.

380. Cf. acima o subtítulo desta obra: A influência jansenista e o problema do amor-próprio.

Pierre Bourdieu às portas do Estado: situação dos cursos de 1987-1988 e 1988-1989

Por Julien Duval

Professor do Collège de France a partir de 1982, Pierre Bourdieu dedicou os cinco primeiros anos de seu ensino a um curso de "sociologia geral" centrado numa apresentação das fundamentações teóricas de sua sociologia (Bourdieu, 2021c, 2021d, 2023b, 2023c). Ele suspendeu suas aulas em 1986-1987. Este volume reúne os cursos magistrais que ele deu em Paris em 1987-1988 e 1988-1989 e que, destinados a um mesmo auditório, formam um conjunto homogêneo e contínuo. Em paralelo a essas aulas, Bourdieu organizou, no primeiro ano, além de seu curso, um seminário de sociologia do direito (cujas conclusões foram utilizadas como ponto de partida de seu curso)[381] e, no segundo ano, deu duas aulas de seu curso na Universidade de Lyon – cujas transcrições ele mesmo publicaria (Bourdieu, 1989c; 1996b, p. 137-156)[382].

As aulas aqui reunidas correspondem, em seu ensino, ao começo de um novo ciclo dedicado ao Estado[383] e que se estenderá por cinco anos[384]. Entretanto,

381. Não transcritas aqui (e não gravadas), essas sessões foram resumidas em *O Anuário do Collège de France* (cf. o anexo desta obra).

382. A escolha de Lyon deveu-se ao fato de que um de seus antigos alunos, Philippe Fritsch, lecionava lá. Durante a década de 1990, como o prédio do Collège de France estava sobrecarregado de trabalhos, Bourdieu mudará de local todos os seus cursos.

383. Os três anos seguintes já foram publicados: cf. Bourdieu (2014b).

384. Percebe-se, por certos indícios (por exemplo, "serei capaz depois de um ou dois anos...", cf. acima: p. 93), que Bourdieu projeta desde 1988 dedicar vários anos ao Estado, mas os títulos sob os quais esses cursos foram dados e que em duas ocasiões anunciam um "fim" falso ("A propósito do Estado" em 1987-1988, "A propósito do Estado (continuação)" em 1988-1989, "A propósito do Estado (continuação e fim)" em 1989-1990, "O Estado: conclusões" em 1990-1991, "Sobre

essas aulas também são um prolongamento do ciclo anterior: Bourdieu – que às vezes dizia trabalhar "em espiral" (Bourdieu, 2001e, p. 18) – nelas desenvolve e aprofunda temas que abordara com frequência, mas sem fazer deles o centro de sua proposta, em seu curso de sociologia geral, entre 1982 e 1986. Em todo caso, como sugere o título do curso – talvez escolhido para não suscitar falsas expectativas – "A propósito do Estado", Bourdieu não trata frontalmente do Estado. Quando fala dele, é depois de ter retardado o momento de fazê-lo, e isso acontece, segundo seus próprios termos, "de maneira negativa", "por desvios". Ele trata dos obstáculos encontrados por uma sociologia do Estado e detém-se em universos que fazem parte do Estado, mas que não se confundem com ele: o campo jurídico, o campo burocrático, as "profissões" e até a sociologia. Inversamente, ele remete sem cessar a problemas ligados ao Estado, mas que parecem ir além dele: o desinteresse e o universal.

O objetivo das páginas que se seguem é trazer elementos que permitam situar esses cursos no ensino de Pierre Bourdieu no Collège de France e, de maneira mais ampla, em sua obra e em seu itinerário intelectual. Essas operações de contextualização levam, no caminho, a refletir sobre questões de porte mais geral, em particular o local que ocupam as interrogações sobre o desinteresse e o Estado em sua sociologia e o interesse que ele teve no direito. A empreitada realizada esboça uma gênese de sua análise do Estado que estabelece relações com as condições históricas e pessoais sob as quais o sociólogo construiu sua proposta. O trabalho de contextualização proposto também evidencia aspectos sem dúvida mal conhecidos e em todo caso muito interessantes da articulação entre as aulas de Bourdieu e as formas, parcialmente novas, de seu engajamento na vida intelectual durante esse período do final da década de 1980.

Aproximando-se do Estado

"Há muito tempo eu estava consciente de que um dia precisaria enfrentar o problema do Estado. Mas desconfiava desse objeto imenso, completamente recoberto de vastos discursos teóricos, e queria abordá-lo da minha maneira", disse

---

o Estado" em 1991-1992) parecem demonstrar que no começo ele não sabia quantos anos o curso duraria.

Bourdieu[385]. No próprio curso, ele explica: "jamais falo sobre o Estado porque não sei o que ele é e, nesse sentido, sou muito mais científico do que os outros que não sabem nem sequer isso"[386].

De fato, "se se considera o conjunto de seus livros científicos, a palavra só aparece em sua obra no início dos anos 1980, durante sua aula inaugural no Collège de France" e o termo, de maneira surpreendente, está quase ausente das obras sobre a produção da ideologia dominante, a representação política, os modos de dominação e a opinião pública (Bourdieu, 2014b, p. 386). Constatamos no máximo interrogações isoladas, por exemplo durante uma comunicação sobre "a greve": tratando das relações de forças entre trabalhadores e empregadores, Bourdieu se interroga sobre o Estado, esse "terceiro ator – que talvez não seja um ator", que tem uma "aparência de realidade", mas que não existe como "agente real" (Bourdieu, 2019e, p. 236-247). Em *A distinção* e *O senso prático* que, em 1979 e 1980, são, sob muitos aspectos, as sínteses dos trabalhos que Bourdieu empreendera até então, o termo "Estado" quase não é empregado, e de maneira quase sempre anedótica[387].

A palavra e o conceito estão claramente mais presentes no curso de sociologia geral que Bourdieu inicia em 1982. É antes de mais nada na sequência de sua obra sobre a linguagem – que aparece na forma de livro pouco depois do começo do curso (Bourdieu, 1996a) – que ele fala do Estado. Esse trabalho estende, num terreno sociológico, a análise dos performativos proposta por Austin: as palavras podem fazer coisas quando certas condições sociais são preenchidas. Assim, uma frase como: "Eu declaro a mobilização geral" (Bourdieu, 2021c, p. 127, 141) desencadeia a mobilização geral se for pronunciada por um ou uma chefe de Estado (em circunstâncias oficiais), porém, se for dita por um anônimo, não terá efeito.

---

385. Entrevista inédita com Loïc Wacquant, sem data, Fonds Pierre Bourdieu (Grand équipement documentaire do Campus Condorcet). P. Bourdieu continua: "É por isso que comecei com um longo trabalho de 'sociologia negativa' (por analogia com a 'teologia negativa') que buscava questionar todos os pressupostos ingênuos ou científicos sobre o Estado".

386. Aula de 14 de abril de 1988.

387. As únicas exceções talvez sejam uma digressão em *A distinção,* que, ao observar que "a grande burguesia parisiense reapropriou-se, sem dúvida, mais completamente do que nunca, das posições dirigentes na economia, assim como da alta administração do Estado" (Bourdieu, 2011a, p. 277), antecipa as análises de *La Noblesse d'État* (Bourdieu, 1989d), e, em *O senso prático*, uma referência ao *obsequium* (Bourdieu, 2012a, p. 111) e um paralelo rápido entre a redistribuição econômica realizada pelos Estados modernos e a lógica da dádiva nas sociedades tradicionais (2012a, p. 204).

Bourdieu propõe enxergar o mundo social como o local de uma luta simbólica entre agentes sociais desiguais para impor seu ponto de vista. No começo do curso de sociologia geral, ele opõe dois discursos polares: o insulto, que permanece sendo a manifestação de impotência de um agente singular que busca defender sua honra, e o discurso público, que, vindo de uma pessoa com mandato para agir em nome do Estado, tende a ser ouvida e reconhecida por todos (e, portanto, a "fazer coisas") (Bourdieu, 2021c, p. 129)[388]. Nessas condições, o Estado aparece "[arrancando] os sujeitos do perspectivismo nietzschiano", ele "é uma espécie de lugar neutro que dá a perspectiva autorizada sobre todos os agentes sociais" (Bourdieu, 2021c, p. 157). No decorrer das aulas, Bourdieu multiplica as variações e diversifica as formulações sobre esse tema: "O Estado tem os meios de tornar verdadeira sua verdade" (2021c, p. 163), ele emite o "veredito", tem "a última palavra" (Bourdieu, 2023c, p. 184) nas lutas "de vida e morte" a propósito "da construção da identidade [das pessoas] e de si mesmas" (Bourdieu, 2023c, p. 322), essa "*social agency*" [agência social] "tem o poder de dizer a alguém o que ele é com uma autoridade relativamente indiscutível", o "poder de nomeação" (Bourdieu, 2023b, p. 76, 186). O Estado produz "uma significação transubjetiva e objetiva" (Bourdieu, 2023c, p. 267), a ponto de podermos identificá-lo com o "senso comum" (Bourdieu, 2021c, p. 158) etc.

Por ter "o monopólio do ponto de vista legítimo sobre os sujeitos sociais", o Estado é o "geometral de todas as perspectivas" (Bourdieu, 2021c, p. 155)[389]. A partir da década de 1980, Bourdieu utiliza com frequência essa frase de Leibniz (inicialmente relativa a Deus). Da mesma maneira, ele passa a modificar a definição de Weber do Estado em termos de "monopólio da violência legítima": o Estado que tem "o poder de dizer o que você é" detém o "monopólio da violência simbólica legítima"[390].

Os títulos acadêmicos são, com efeito, garantidos pelo Estado (Bourdieu, 2021c, p. 46), da mesma forma como os títulos de nobreza ou de propriedade (Bourdieu, 2023c, p. 160) e várias "competências técnicas e sociais" (Bourdieu, 2023b, p. 317). Em 1985, Bourdieu propõe uma longa análise (aula de 9 de maio) –

388. Cf. também, em particular, páginas 123 e 155.

389. Sobre essa frase, cf. acima, nota 296.

390. Cf.: Bourdieu (2021c, p. 156; 2021d, p. 285; 2023b, p. 76; 2023c, p. 93, 232-233, 266). Bourdieu às vezes lembra que esse monopólio está exposto, pelo menos virtualmente, à contestação (Bourdieu, 2021c, p. 157).

à qual remeterá em várias ocasiões nos anos seguintes – do *certificado*, por exemplo o certificado de enfermidade estabelecido por um médico (Bourdieu, 2023c, p. 218). Uma questão é saber qual é a autoridade certificadora: o médico certifica a doença, mas quem certifica o médico? E quem certifica a ordem que certifica o médico? Bourdieu explica que, em nossas sociedades, esse tipo de regressão geralmente leva "àquilo que chamamos de 'o Estado'"[391], "banco central" (não somente de maneira monetária) "onde seriam garantidos todos os atos de garantia" (Bourdieu, 2023c, p. 319). Se, no decorrer das aulas, ele menciona a diversidade daquilo que é garantido pelo Estado (categorias socioprofissionais, moeda, "palavras, pessoas..." [2023c, p. 142]), insiste no caso dos títulos acadêmicos (Bourdieu, 2023b, p. 221) e no apoio determinante que as categorias sociais cujo principal capital reside num diploma recebem do Estado: este, por meio do sistema escolar (por exemplo, com medidas de *numerus clausus*), pode manter a raridade e, portanto, o valor de seu capital. Essa observação tende a valer, para Bourdieu, para todos os "produtores de serviços com base em capital cultural" (Bourdieu, 2025). Essas análises, como a observação segundo a qual o Estado decide lutas como aquelas que opõem anestesistas a médicos (Bourdieu, 2023c, p. 234), prefiguram o longo desenvolvimento proposto em 1989 sobre as profissões.

No curso de sociologia geral, o Estado surgiu durante as análises sobre os campos, o que quase não era (ou não era) o caso até então. As aulas de março de 1984 sobre Kafka são a ocasião de descrever um campo intelectual que, depois de se autonomizar em relação ao Estado, é o local de uma luta simbólica de todos contra todos, sem árbitro (Bourdieu, 2023c, p. 160). Em 1985, tratando da "invenção do artista moderno", Bourdieu menciona, sobre o sistema acadêmico, uma situação em que o Estado garante "o curso e o valor dos pintores" (Bourdieu, 2023c, p. 94) e explica que os impressionistas aspiram a uma forma de "anarquia" que substitua o "poder do Estado dentro do campo artístico" (Bourdieu, 2023c, p. 50). Ao sugerir uma comparação com a ciência, ele convida a termos consciência daquilo que o campo científico deve ao Estado.

Se destacarmos também algumas observações, inicialmente ligadas às reflexões desenvolvidas em *A economia das trocas linguísticas*, sobre a dimensão linguística da

---

391. Mais tarde, ele escreverá que podemos, "como os teólogos, escolher atribuir o nome de Estado ao último (ou ao primeiro) [elo] da longa cadeia dos atos oficiais de consagração" (Bourdieu, 1996c, p. 113).

construção do Estado (a imposição, num país como a França, de uma língua padrão ou oficial por meio da desqualificação dos dialetos locais) (Bourdieu, 2021c, p. 160; 2021d, p. 163) e sobre o "processo histórico através do qual o Estado concentra [...] em particular o poder de nomeação" (Bourdieu, 2023b, p. 186), é apenas no começo da década de 1990 que Bourdieu analisará realmente a gênese do Estado como "processo de concentração das diferentes espécies de capital" (Bourdieu, 2014b)[392]. Em particular, ele estudará a formação do monopólio do "poder de nomeação" por intermédio da maneira pela qual o rei controlou cada vez mais a distribuição das honras em diferentes matérias (Bourdieu, 1996c, p. 110). Ele prestará atenção no modo pelo qual a construção do Estado é acompanhada da unificação dos espaços sociais, processo que atrairá seu interesse novamente na segunda metade da década de 1990, quando falará da constituição de espaços transnacionais no contexto da "mundialização" (Bourdieu, 2014a, p. 339-353).

O Estado aparece, durante as aulas dadas entre 1982 e 1986, como uma instituição impossível de ignorar na sociologia, mas também como um objeto extremamente arriscado e difícil de analisar. Nas passagens dedicadas ao objeto próprio da disciplina, Bourdieu volta ao debate sobre os nomes de coletivos na sociologia, que a tradição individualista quer banir, enxergando neles apenas a metafísica. Também considera que é preciso se interrogar sobre o modo de existência dos coletivos[393]. Se as classes sociais ocupam um lugar importante em sua proposta, ele também ilustra suas análises com os casos da "Igreja" e do "Estado", duas palavras "muito difíceis de definir" (Bourdieu, 2021d, p. 41). Falamos do "Estado" "sem sabermos o que é isso" (Bourdieu, 2021c, p. 132), quando "seria preciso refletir muito para saber o que queremos dizer com isso" (Bourdieu, 2023b, p. 76), induzimos a existência da coisa a partir da existência da palavra (Bourdieu, 2023c, p. 228). O Estado é uma abstração particularmente exposta ao risco de reificação. A palavra "é uma taquigrafia, mas num caso desses a taquigrafia é mortal" (Bourdieu, 2021d, p. 161). Bourdieu multiplica os exemplos de frases que, na filosofia ou na língua política, fazem do "Estado" um sujeito dotado de vontade, que almeja fins e é capaz de ações racionais: "Quando se diz que 'o Estado está a serviço da classe dominante', postula-se um fim em

392. A revista *Actes de la recherche en sciences sociales* também publicará os números "História do Estado" (n. 116-117, março de 1997) e "Gênese do Estado moderno" (n. 118, junho de 1997).

393. Como o Estado é um coletivo, Bourdieu também fala do "mistério da encarnação do Estado numa pessoa", a do funcionário (Bourdieu, 2021c, p. 140, 142, 151; 2021d, p. 36).

ausência de sujeito"[394]. Simultaneamente, Bourdieu reconhece que essas frases são inevitáveis e ele não diz que o Estado não existe. Em vez disso, considera que o Estado existe, mas não como geralmente supomos. A palavra, para ele, designa "um universo de relações extremamente complexas", "todo o espaço daquilo que chamo o campo do poder" (Bourdieu, 2021d, p. 161). Em outras aulas, ele o define como "a estrutura, num dado momento, da relação de força simbólica entre os agentes que pretendem ter a certificação legítima das vantagens ou das desvantagens" (Bourdieu, 2023c, p. 234).

Por fim, o Estado está presente no curso de sociologia geral por meio das diferentes referências à "ciência do Estado"[395]. No primeiro ano, Bourdieu, que fala da classificação e categorização sociais, interroga-se sobre o trabalho dos estatísticos do Insee. Eles são, junto aos demógrafos, juristas e "a maioria dos economistas", "cientistas de Estado". Eles "dizem, pública e oficialmente, o que é o mundo social sem serem contestados por ninguém" (Bourdieu, 2023c, p. 199). A "ciência garantida pelo Estado" (Bourdieu, 2023c, p. 268) tem uma forma de performatividade, mas sofre com o "antagonismo fundamental entre a ciência e o Estado" (Bourdieu, 2021c, p. 163)[396]. Ela mistura continuamente as "duas maneiras de justificar um discurso sobre o mundo social", aquela que encontra "sua validação nas coisas" e aquela que adquire sua força "no consenso de um grupo" (Bourdieu, 2021c, p. 106). A sociologia é "pobre" diante dessa ciência "incontestável". Essas análises, às vezes apresentadas como um ponto-chave no percurso de Bourdieu (em relação ao período da década de 1960 em que ele trabalhou com os administradores do Insee)[397], serão aprofundadas no curso de 1987-1988, num sentido que questionará a exterioridade da sociologia em relação às "ciências do Estado".

Os cursos publicados nesse volume também devem ser situados em relação a duas pesquisas que ocupam Pierre Bourdieu na segunda metade da década de 1980. A primeira é uma investigação sobre o mercado da casa própria, que ele

394. Sobre esses pontos, cf. Bourdieu (2021c, p. 132; 2021d, p. 146, 160; 2023c, p. 234; 2025).

395. Em 2000, o número 133 da revista *Actes de la recherche en sciences sociales* será intitulado "Ciência de Estado".

396. Esse antagonismo também é uma questão de *obsequium* (aula de 2 de fevereiro de 1989). Na década de 1980, falando sobre o Estado, Bourdieu utiliza mais o termo *obsequium*, emprestado de Espinosa e seu comentador Alexandre Matheron, para designar "a relação estabelecida entre os cidadãos e o Estado" (Bourdieu, 2021d, p. 230).

397. Cf. em particular Desrosières (2003, p. 209-218).

empreendeu com sua equipe e que prestou muita atenção na maneira como o Estado contribui, por exemplo, por meio da mudança das regulamentações ou das leis que buscam orientar as escolhas dos consumidores, para a construção do mercado. Esse trabalho, do qual a análise de uma comissão burocrática é uma parte importante, é mencionado apenas ocasionalmente nas aulas deste volume (aula de 14 de abril de 1988). É verdade que ele ainda não havia sido publicado[398]. Por outro lado, Bourdieu se referirá a ele com frequência, e às vezes longamente, em seus cursos entre 1989 e 1992.

Na segunda metade da década de 1980, ele também publica um livro (grande), em parte escrito a partir de artigos publicados nos quinze anos anteriores[399]. Seu esforço sem dúvida se concentra na coerência do conjunto. Se a origem do livro está na pesquisa sobre as *grandes écoles* lançada na década de 1960, uma época em que a educação era um objeto central das pesquisas do Centro de Sociologia Europeia (Issenhuth, 2022), a obra – que não é apenas um novo livro de sociologia da escola – incluiu uma pesquisa sobre o patronato e uma parte, inédita e muito provavelmente escrita no momento em que foram dados os cursos publicados aqui, que se intitula "Poder de Estado e poder sobre o Estado". Algumas reflexões e análises de materiais (em particular os textos do Chanceler D'Aguesseau) apresentadas nas aulas de 1987-1988 encontram-se, em formas retrabalhadas e resumidas, nessa parte, que aliás parece às vezes fornecer as notas de curso nas quais Bourdieu se baseia no segundo ano[400]. O livro foi publicado em março de 1989, logo depois da última aula transcrita aqui. Na aula de 9 de fevereiro de 1989, Bourdieu dá uma explicação (não explicitamente apresentada como tal) do título que dá a seu livro: *A nobreza de Estado. As grandes écoles e o espírito de corpo*, ele demonstra progressivamente, para além do questionamento da representação da "escola libertadora" que propôs na década de 1960, que a "elite escolar", da qual são recrutados atualmente a maioria dos ocupantes das posições de poder econômico e tecnocrático, é uma *nobreza* que só difere em pontos efetivamente secundários

398. Essa pesquisa gerou um relatório em 1988 (Bourdieu, 1988), e depois um número de revista ("L'économie de la maison", *Actes de la recherche en sciences sociales*, n. 81-82, 1990, p. 2-112).

399. As quatro primeiras partes de *La Noblesse d'État* foram pré-publicadas na revista *Actes de la recherche en sciences sociales*: a primeira parte em Bourdieu e Saint Martin (2023); a segunda parte em Bourdieu (2019d, p. 73-233); a terceira parte em Bourdieu e Saint Martin (1987) e Bourdieu (1987); a quarta parte em Bourdieu e Saint Martin (1978).

400. Para um exemplo provável, cf. acima: p. 271.

da nobreza do Antigo Regime à qual [a França] geralmente se opõe. O subtítulo do livro também expressa, de maneira condensada, a necessidade exposta longamente nas aulas de 9 e 16 de fevereiro de 1989 de estudar "o estabelecimento progressivo de um sistema escolar, de um Estado e de um discurso sobre o Estado" e "a invenção correlacionada e complementar de instituições" escolares, tecnocratas e estatais.

O tempo do direito

É pelo viés do direito que P. Bourdieu, nas três primeiras aulas do ano 1987-1988, aborda o Estado. No curso de sociologia geral, o elo entre direito e Estado já havia sido destacado: o Estado moderno – que Weber define como "o direito racional (a justiça) e o poder de executá-lo (a polícia)" (Bourdieu, 2023c, p. 233) – é "o principal lugar onde as regras universais [do direito racional] são postas em prática" (Bourdieu, 2023b, p. 360; 2021d, p. 96); ele associa o "juízo burocrático" a esse "direito racional" (Bourdieu, 2023c, p. 263); isso está relacionado ao surgimento do personagem do "recebedor de benefícios" ["*assisté*"], distinto do mendigo tradicional porque é definido pelos *direitos* (Bourdieu, 2023c, p. 222) etc.

Retrospectivamente, a segunda metade da década de 1980 aparece como o principal período em que Bourdieu se interessou pelo direito. Assim, ele faz várias comunicações e publicações sobre esse tema[401] que também deu origem a dois números da revista que dirigiu desde 1975, *Actes de la recherche en sciences sociales.* O essencial do que foi dito anteriormente sobre o interesse de Bourdieu pelo Estado também vale para o direito. Ainda assim, há uma diferença: o direito, ao contrário do Estado, jamais esteve totalmente ausente de seu horizonte. Suas primeiras pesquisas o fizeram levar em conta o direito sucessório (em relação ao Béarn) e a denunciar o *legalism* ou "juridismo" que, na linguagem da década de 1980, consiste em "tomar o direito como princípio explicativo das práticas" (Bourdieu, 2023b, p. 276; 2023c, p. 158). Enquanto sociólogo e etnólogo, Bourdieu insiste na prática, mesmo que, também crítico da redução do direito a uma ideologia pura (Bourdieu, 2023b, p. 276), ele não exagere a oposição entre

401. Além de "A força do direito", uma comunicação "Novas reflexões sobre o campo jurídico" no Congresso da Sociedade Francesa de Sociologia em novembro de 1987 (de onde surgiu Bourdieu, 2022), e seminários sobre "The Force of Law" na European Summer University em Berlim em 1988.

o direito e os costumes: "O discurso jurídico se verifica na medida em que [...] impõe alguma coisa que se impõe", "na medida em que consagra alguma coisa que é pré-existente a ele" (Bourdieu, 2025).

Actes de la recherche en sciences sociales publicou artigos relacionados ao direito, como, em 1976, um texto em que o historiador britânico Edward P. Thompson volta à sua tese segundo a qual "o direito é uma mediação específica e um terreno de oposição de classes e não um simples instrumento ideológico a serviço da dominação da classe dominante" (Thompson, 2002, p. 211). Em particular, ele enfatiza que o direito, "vantajoso para os dirigentes", opõe "obstáculos às ações dos dirigentes" (Thompson, 1976)[402]. Dois anos depois, um longo artigo de Pierre Camus, um jovem sociólogo, chamado "Juízes vermelhos e direito do trabalho" (Camus, 1978), é publicado. Em 1986, há um número com o título "De qual direito?" Ele contém textos de Jean-Pierre Mounier (1986) e de Remi Lenoir (1986). No artigo de abertura, "A força do direito" (Bourdieu, 1989f, p. 209-254), Bourdieu postula o objetivo de contribuir para uma "sociologia rigorosa do direito" por meio de uma análise que, contra os profissionais do direito que concedem uma autonomia total à forma jurídica, mas também contra a redução do direito a um instrumento de dominação, se concentra no "campo jurídico". O direito é um negócio de profissionais dotados de uma competência própria e, por isso, separados dos profanos. O campo se baseia na "complementariedade no conflito" desses profissionais. Em particular, os juristas e teóricos, que tendem a levar o direito na direção da teoria pura, contrapõem-se aos juízes ordinários e aos advogados. O artigo enxerga no direito "a forma por excelência do discurso que age, capaz, por sua própria virtude, de produzir efeitos". Ele examina em particular a *vis formae*, a força da forma, a eficácia simbólica própria da formalização jurídica. Bourdieu também menciona a questão da homologia entre a oferta jurídica e a demanda, particularmente o surgimento de novos tipos de direito com o aumento da força dos dominados no campo social no século XIX.

Esse artigo encontra ecos no curso de sociologia geral. Particularmente, Bourdieu menciona a *vis formae* em várias ocasiões no curso do ano 1983-1984[403].

---

402. Esta passagem não consta da tradução citada de Thompson (2002) [N.T.]. Cf. também Thompson (1997).

403. A leitura do curso lembra que o interesse de Bourdieu na "força da forma" ultrapassa o caso do direito. O trabalho sobre Heidegger, especialmente, que ele republicará em 1988, evidencia a operação da formalização no caso do campo filosófico (Bourdieu, 1989a).

De modo mais geral, o direito é um *leitmotiv* [motivo condutor], certamente mais ou menos discreto ou insistente dependendo dos momentos, durante o curso. As reflexões sobre o direito parecem ter sido estimuladas pelo trabalho sobre a linguagem. Nesse ponto, elas são comparáveis àquelas que concernem o Estado – às quais estão às vezes (mas nem sempre) ligadas. Aliás, Bourdieu retoma em três ocasiões a proximidade destacada por Émile Benveniste entre o vocabulário ligado ao fato de dizer ("Eu digo") e o vocabulário jurídico (*díkē* – "justiça") nas línguas indo-europeias: o juiz é aquele que diz (Bourdieu, 2021c, p. 100, 121; 2023c, p. 155). Um destaque das análises em torno do direito ocorre em 1983-1984, quando Bourdieu propõe reflexões aprofundadas a partir de trechos de *Economia e sociedade* (relativos à operação de codificação ou tirados da seção sobre o direito)[404]. Em particular, ele examina em detalhes a passagem de um direito simbolizado pela *Kadijustiz* das sociedades árabes (e as justiças de Sancho Pança e Salomão) ao direito racional, assim como a universalidade da regra jurídica (no futuro ele remeterá em várias ocasiões a essa última análise, incluindo numa aula deste volume)[405], essa economia de gênio, tempo e energia (Bourdieu, 2023b, p. 118, 329) que o direito racional realiza enquanto o direito de costumes ignora a "fórmula jurídica universal" e se baseia no bom senso, no esquema prático (2023b, p. 325-327, 108).

Durante os cinco anos do curso de sociologia geral, Bourdieu insiste, de maneira mais ou menos incidental dependendo dos casos, nas propriedades do direito. Como de hábito, ele multiplica as formulações para expressar a cada vez coisas um pouco diferentes. O direito transforma o descontínuo em contínuo, ele "recorta [...] o interior dos contínuos" (Bourdieu, 2021c, p. 25; 2023b, p. 316), institui diferenças, "reifica as percepções" (Bourdieu, 2023b, p. 90), opera um "efeito de teoria" (Bourdieu, 2021c, p. 97). Ele é uma "visão direita", uma "ortodoxia" (Bourdieu, 2023b, p. 128; 2023c, p. 158), representa "a sociedade tal como ela se apresenta" (Bourdieu, 2023c, p. 159), ou seja, a visão masculina, dominante, legítima (Bourdieu, 2021c, p. 97). O direito – cuja forma por excelência é "o veredito do Estado na luta pela identidade" (Bourdieu, 2023c, p. 159) – opera formas de "objetivação", "publicação" (2023c, p. 158), "codificação" (2023c, p. 160),

404. Sobre o interesse particular que Bourdieu parece ter em Weber nessa época, cf.: Bourdieu (2023b, p. 381-404).

405. Cf.: Aula de 16 de fevereiro de 1989.

"fisicalização" (Bourdieu, 2021d, p. 284). Também podemos mencionar, sem esgotar as referências ao direito, as análises sobre o *numerus clausus* (Bourdieu, 2021c, p. 115) e as aulas sobre *O processo* de Kafka, que falam de um "mundo às avessas" (em relação à visão de justiça de Max Weber), já que o tribunal de Kafka se caracteriza pela imprevisibilidade (Bourdieu, 2023b, p. 274).

A simples constatação de que "a representação dominante do mundo social [que o direito produz] faz parte da realidade" (Bourdieu, 2021c, p. 95) obriga os sociólogos a se interessarem pelo direito. Mas, no quadro desse curso de sociologia geral, quase o primeiro desse tipo a ser dado no Collège de France (2021c, p. 165-178), Bourdieu também aponta que "a luta entre o sociólogo e o jurista é absolutamente constitutiva da existência da sociologia" (Bourdieu, 2023c, p. 159). Ele lembra o combate contínuo que Durkheim empreendeu "contra as faculdades de direito"[406], e sublinha num outro momento que, em Marx e Weber, "o confronto com o direito [era igualmente] capital" (Bourdieu, 2021c, p. 95). Ele relaciona isso ao fato de que "o discurso jurídico sobre o mundo social tem uma forma de validade" (2021c, p. 95) e que, em outros termos, o direito se parece com "uma sociologia poderosa, uma sociologia que tem força de lei" (Bourdieu, 2023c, p. 158)[407].

O seminário de "sociologia do direito" organizado em 1987-1988 é provavelmente uma espécie de substituto à pesquisa empírica sobre o direito que Bourdieu não realiza por falta de tempo, mas sem dúvida também porque, filósofo de formação, tem consciência de conhecer mal esse ramo do saber (cujo caráter altamente formalizado não cessa de mencionar e cujos especialistas, como ele sabe, geralmente não são bem dispostos a intrusões exteriores). "Eu não sou um grande especialista da história do direito"[408], ele explica num momento de seu curso. Em outras circunstâncias, expressa o arrependimento de só poder contribuir com uma "ajuda [...] limitada ao método" devido ao seu "conhecimento muito reduzido do mundo jurídico"[409] para os jovens pesquisadores sobre o direito. Em seu centro de pesquisa, o Centro de Sociologia Europeia (CSE), os pesquisadores

406. P. Bourdieu alude novamente a esse ponto em sua aula de 19 de janeiro de 1989.

407. Poderíamos mencionar, no sentido contrário, as reações de juristas à sociologia do direito de Bourdieu. Cf. em particular sobre esse ponto Israël (2020, p. 262-264).

408. Cf.: aula de 10 de março de 1988.

409. Carta de Pierre Bourdieu a Gérard Lyon-Caen de 29 de março de 1978, sobre o artigo de Pierre Cam, localizado no Fonds Pierre Bourdieu.

também, em sua maioria, tinham formação literária (ou dos cursos de sociologia que foram estabelecidos, a partir do final da década de 1950, nas faculdades de letras). Somente dois publicarão artigos sobre esse tema em *Actes de la recherche en sciences sociales*: Remi Lenoir, que fez estudos de direito (mas que realizou, pelo menos até a década de 1980, sobretudo pesquisas sobre a velhice e a família), e Yves Dezalay, colaborador técnico no CSE na década de 1960 (para a pesquisa sobre as *grandes écoles*), que se afastou do laboratório e retornou no começo da década de 1980, com o projeto de uma tese de Estado sobre os juristas orientada por Bourdieu[410]. Considerando que Bourdieu só traz primeiros elementos para a questão, ele se interroga sobre como a noção de campo pode ser utilizada em pesquisas empíricas sobre o direito (Dezalay; Bigo; Cohen, 2015). Ele faz duas intervenções no seminário de sociologia do direito organizado por Bourdieu em 1988. Os outros participantes do seminário, como ele, têm por volta de quarenta anos (mas não fazem parte do CSE). Vários também passaram pelo Centro de Pesquisa Interdisciplinar de Vaucresson, uma unidade do Ministério da Justiça e do CNRS, e fizeram dos magistrados um objeto de pesquisa, coisa ainda rara na época[411].

No começo de seu curso de 1988, Bourdieu se baseia nesse seminário (que alimentará o número 76-77 de *Actes de la recherche en sciences sociales*, "Direito e perícia", em março de 1989). Se "A força do direito" procedia em parte por meio da extensão ao campo jurídico de observações estabelecidas inicialmente para o campo religioso, a empreitada é mais genética no curso de 1987-1988. Ela evoca aquela realizada no estudo do campo literário (Bourdieu, 1975b). Trata-se de esboçar uma "história social da gênese do campo jurídico"[412], interessando-se simultaneamente pela produção de novos discursos, novas "regras práticas" e novos "sistemas de sanções"[413]. Bourdieu se detém em D'Aguesseau, que teria descoberto por um "acaso" feliz[414]. Tende a enxergar nele a encarnação de uma "fase inicial", uma espécie de "nomoteta", para utilizar uma palavra que emprega

410. Yves Dezalay relembra sua trajetória em Dezalay (2005, p. 233-238; 2015). A partir de sua tese, ele publicará Dezalay (1992).

411. Sobre esse ponto, Bourdieu observou que, para os juristas, "o cúmulo do cúmulo é a sociologia do direito", porque, para eles, "o direito diz o que existe" (Bourdieu, 2023c, p. 159).

412. Cf.: aula de 17 de março de 1988.

413. Cf.: aula de 24 de março de 1988.

414. Cf.: aulas de 10 de março de 1988 e 19 de janeiro de 1989.

em casos análogos. Ele utiliza a obra de D'Aguesseau como uma ocasião para refletir sobre "a gênese daquilo que poderíamos chamar de um espírito de profissão, um espírito jurídico que [parece ser] um elemento importante na gênese de um campo"[415].

Esse trabalho não está ligado apenas às preocupações de Bourdieu relativas ao Estado. Ele também remete à teoria dos campos que Bourdieu construiu desde a década de 1970, por meio de uma ampliação regular de suas pesquisas e análises para novos objetos: partindo de uma releitura da sociologia da religião de Max Weber, ele começa pesquisas aprofundadas sobre o campo literário no século XIX, dedica obras ao campo científico e filosófico (Heidegger), faz análises gerais sobre o tema do conjunto dos campos de produção cultural etc. Na década de 1980, ele se volta a objetos menos ligados à cultura no sentido estrito, como a economia, com a pesquisa sobre a casa própria, e o direito. Ele acha que "modos de pensar como esses engajados na noção de campo podem valer para terrenos para os quais eles não foram aplicados até o momento"[416]. Ele sempre busca "prolongar, especificando-as", as análises produzidas sobre outros campos para explicitar "as propriedades gerais dos campos" (Bourdieu, 2001a, p. 100). A dimensão comparativa da empreitada pode ser bem-vista no curso, por exemplo quando ele compara, em relação ao "grau de denegação", os campos político e burocrático[417].

No caso do direito, um objetivo manifesto de Bourdieu é estabelecer que o universo jurídico apresenta uma estrutura "dualista" ou "quiasmática" do mesmo tipo daquela que ele pôs em evidência no caso dos campos de produção cultural. Ele enxerga o campo jurídico como "um dos menos autônomos em relação aos poderes políticos e econômicos", mas ainda assim lhe concede uma "autonomia relativa em relação ao Estado e aos negócios", uma "referência a uma norma ideal"[418]. Ao realizar "uma espécie de resumo dos seminários" que aconteceram no outono de 1987, ele menciona "o problema da relação entre as profissões jurídicas e o mundo dos negócios"[419]. O resumo desses seminários apresentado

415. Cf.: aula de 17 de março de 1988.

416. Seminário de P. Bourdieu de 28 de março de 1985, ainda inédito.

417. Cf.: aula de 2 de fevereiro de 1989.

418. Cf.: aula de 24 de março de 1988.

419. Cf.:aula de 24 de março de 1988.

em *O Anuário do Collège de France* (cf. o anexo desta obra) sugere que os diversos participantes mencionaram com frequência fatores de estruturação do universo jurídico: oposições entre uma justiça técnica e uma justiça "negociada e paternalista" (Yves Dezalay), entre juristas "puros" e outros mais "políticos" (Alain Bancaud), entre um polo jurídico e um terapêutico na justiça familiar (Jacques Commaille). Com prudência ("não tenho uma pesquisa como base")[420], Bourdieu menciona a oposição entre os advogados de negócios que "ganham muito dinheiro e têm uma moral 'frouxa'" e os representantes do "direito puro", que tendem a ter as propriedades inversas.

Essa análise sobre o direito é a ocasião, para Bourdieu, de insistir particularmente nos controles cruzados que a estrutura quiasmática de um campo engendra ("as pontes jamais são derrubadas entre os dois polos"): o polo temporalmente dominante é levado, por seu próprio interesse, a respeitar pelo menos um pouquinho, por uma "hipocrisia piedosa", os valores "puros" que o outro polo impõe[421]. Dando o exemplo da situação do direito nos Estados Unidos na década de 1980, Bourdieu chega a ponto de desenvolver uma hipótese de aparência paradoxal: num campo, um movimento de "mercantilização" não produz necessariamente uma perda de autonomia, já que a concorrência e os controles cruzados continuam a se exercer. "Quanto a isso, podemos ter avanços na direção do universal em condições muito inesperadas"[422], conclui Bourdieu.

Na sequência de sua obra, ele voltará ao direito e aos juristas sobretudo no quadro das aulas posteriores que dedicará ao Estado e, nelas, à gênese do Estado moderno e do campo burocrático. Ele então se concentrará nessa nobreza de toga que deu uma forma universal a seus interesses particulares e que, ao fazê-lo, contribuiu para o nascimento do Estado moderno. Mencionará a maneira pela qual os juristas constituíram e concentraram "um capital de competência específica" e gradativamente obrigaram o rei a formar uma composição com eles, favorecendo a passagem do princípio dinástico a um princípio burocrático, a passagem "da casa do rei à razão de Estado" (Bourdieu, 1996c; 1997; 2014b). De maneira mais rápida, Bourdieu também voltará ao direito em 1993, quando

420. Cf.: aula de 24 de março de 1988.

421. Cf.: aula de 24 de março de 1988.

422. Cf.: aula de 24 de março de 1988.

se interessará pelas ameaças que "a influência do jornalismo" representa para a autonomia de certos universos sociais[423].

As origens da sociologia

O curso contém muitas passagens relacionadas às ciências sociais, por exemplo, sobre a dificuldade particular dessas disciplinas para "decolar em relação ao senso comum"[424] e do risco de importar para a análise científica o senso comum tecnocrático[425]. Ainda que todos os cursos de Bourdieu contenham esse tipo de metadiscurso, a longa análise que abre o caminho para "uma crítica sociológica das ciências sociais"[426] é característica do curso de 1988. Bourdieu fala de "sociologia da sociologia" pelo menos desde *Ofício de sociólogo* (Bourdieu; Passeron; Chamboredon, 2015) e repetiu, em momentos diferentes de sua obra, que isso para ele não se tratava de "uma especialidade entre outras mas [de] uma das condições principais de uma sociologia científica" (Bourdieu, 2019e, p. 22): os sociólogos devem conhecer as determinações que pesam sobre eles para terem uma chance de elas escapar, por menor que seja. Ainda que nenhuma de suas grandes pesquisas tenha tratado diretamente da sociologia, ele trabalhou, em particular na década de 1970, sobre universos que tinham ligações com ela ou que a englobavam: o mundo universitário, a filosofia (por meio de Heidegger) e a ciência (Bourdieu, 1983; 1989a; 2013a). Em 1975, falando sobre a "ciência colonial", ele insiste na importância da dimensão histórica na "sociologia dos sociólogos" (Bourdieu, 2019e, p. 78-83), devido ao fato de que "o inconsciente de uma disciplina é sua história" (2019e, p. 80). Com o tempo, ele falará ainda mais –

---

423. Essas reflexões resultam num número de *Actes de la recherche en sciences sociales* (101-102, março de 1994) dedicado à "influência do jornalismo". O número contém um texto de abertura (p. 3-9) em que Bourdieu menciona o "caso dos juristas" (e refere-se implicitamente a suas análises dos anos anteriores sobre o campo jurídico) e dois artigos sobre as relações entre a imprensa e o mundo jurídico (Lenoir, 1994; Powell, 1994). Em 1993, P. Bourdieu parece ter conversado com vários pesquisadores trabalhando com o direito (Denis Ardisson, Alain Bancaud, Anne Boigeol, Yves Dezalay, Dominique Khalifa, Remi Lenoir, Lygia Sigaud...) sobre a questão de saber "como a imprensa muda o direito", como "o corpo do jurista é penetrado pelos jornalistas" (fonte: documentos de Remi Lenoir comunicados ao autor).

424. Cf.: aula de 17 de março de 1988.

425. Cf.: aula de 2 de fevereiro de 1989.

426. Cf.: aula de 21 de abril de 1988.

e/ou mais amplamente – da "história social das ciências sociais"[427]. O esboço, proposto em 1988, de uma "história comparada das relações entre o campo das ciências sociais e o campo burocrático"[428] talvez seja uma de suas tentativas mais substanciais nesse terreno.

Em 1968, em *Ofício de sociólogo*, que afirmava a necessidade da "construção do objeto", Bourdieu já insistia no fato de que o sociólogo está exposto a "demandas [...] extrínsecas" (Bourdieu; Passeron; Chamboredon, 2015, p. 94) e que deve resistir à "pretensão dos problemas sociais em existirem como problemas sociológicos". Dez anos mais tarde, ele observou que "ninguém – entre aqueles que estão em posição de comandá-la ou patrociná-la – [...] realmente exige [...] a verdade sobre o mundo social" e disso deduziu que "a sociologia realmente científica é uma prática social que, sociologicamente, não deveria existir" e que não tem outra escolha senão avançar disfarçada (Bourdieu, 2019e, p. 39-61). Num certo sentido, ele repete essa constatação no curso de 1988 ao notar que não existe uma "demanda social [...] de cientificidade pura, mas uma demanda de *serviço*" e que "ninguém quer a verdadeira ciência social" "porque a ciência social desvela coisas que não queremos saber". Mas nessa ocasião a proposição é apoiada por elementos relativos à gênese da disciplina. Esta não nasceu, como às vezes se diz, do movimento operário, mas da "réplica esclarecida" de uma fração da classe dominante que, ligada ao Estado, lhe pedia uma forma de assistência. Disso resulta que a sociologia só pode esperar se desenvolver como uma "ciência pura" de maneira marginal e, segundo uma palavra que Bourdieu às vezes utiliza em relação à autonomia dos campos (Bourdieu, 1996b, p. 290), favorecendo uma forma de "desvio". Desse passado, a sociologia herda particularmente uma ambiguidade persistente, uma tendência a buscar "fazer o bem", a servir[429].

Essas considerações históricas, assim como a problematização em termos de relação ao Estado, são um aporte à reflexão de Bourdieu sobre a sociologia. Em *Ofício de sociólogo*, a questão era apenas de vieses ligados ao "etnocentrismo de classe" e ao "etnocentrismo intelectual ou profissional" do sociólogo. O pensamento de Estado quase não aparece até o curso de sociologia geral. Nele

427. Cf. em particular as duas edições de *Actes de la recherche en sciences sociales* dedicadas à "História social das ciências sociais", n. 106-107 e 108, 1995.

428. Cf.: aula de 21 de abril de 1988.

429. Cf.: aula de 26 de janeiro de 1989.

Bourdieu menciona sobretudo, em várias ocasiões, a diferença, em particular em matéria de categorização, entre "um sociólogo independente, que acredita sê-lo, e uma sociologia burocrática de Estado como o Insee"[430]. Ele também formula várias defesas contra os riscos do objetivismo, que associa à tentação do "sociólogo-rei", muito parecida com uma postura tecnocrática. Ao demonstrar o lugar do Estado desde a origem, e ao mesmo tempo no inconsciente da disciplina, a análise de 1988 é muito mais explícita. A partir desse momento, por exemplo, Bourdieu pode – propondo uma explicação histórica da constatação – enunciar que "a representação oficial que a disciplina sociológica dá de si mesma" é levada a reproduzir "a representação oficial que o Estado dá de si mesmo". Ele também formula "a antinomia das ciências sociais": elas só podem ganhar autonomia apoiando-se num Estado que é uma fonte de restrições; elas precisam "usar contra o Estado a liberdade relativa que o Estado lhe garante". Bourdieu também é levado a sublinhar as relações, muitas vezes reprimidas (ou despercebidas) e potencialmente problemáticas de Durkheim com o Estado, a Terceira República e a Comuna [de Paris], e a formular simultaneamente, sem dúvida de maneira mais explícita do que em outras ocasiões, aquilo que o separa, particularmente no terreno da reflexividade[431], de Durkheim.

O desinteresse e o universal

Os cursos de 1987-1988 e 1988-1989 foram dados sob um título que mencionava o Estado, mas, como Bourdieu destaca numa ocasião, "o problema do desinteresse sustenta este curso"[432]. O primeiro ano começa com três aulas centradas no campo jurídico, "um universo no qual se tem interesse no desinteresse"[433]. Na sequência, Bourdieu examina teorias do Estado que descrevem uma instituição desinteressada e outras que, pelo contrário, questionam a sinceridade do serviço desinteressado ao Estado. Ele finalmente destaca, dessa vez em relação às ciências sociais, "a questão do desinteresse" da qual elas, como ele diz, tendem a "se esquivar"[434]. No ano seguinte, tanto em Lyon quanto Paris, mas

430. Cf.: aula de 21 de abril de 1988.

431. Cf.: aula de 14 de abril de 1988.

432. Cf.: aula de 17 de março de 1988.

433. Cf.: aula de 17 de março de 1988.

434. Cf.: aula de 21 de abril de 1988.

sob formas diferentes, formula "a questão de saber como uma ação desinteressada é possível"[435]. Sua proposta vai tratar sobretudo de um "campo burocrático" cuja lei é "a obrigação de desinteresse" ou "o serviço público"; "[nele] os agentes sociais não têm interesse pessoal e sacrificam seus próprios interesses ao público, ao serviço público, ao universal"[436].

Opondo-se ao interesse (particular), o desinteresse está com efeito do lado do universal. Esse é outro tema de origem filosófica que perpassa o curso, e Bourdieu conclui suas aulas de 1988-1989 falando de "um processo no qual os agentes que têm interesse no universal criam um jogo no qual o universal está ligado a interesses"[437]. Os objetos aparentemente um tanto disparatados de que trata – o Estado, o direito, a gênese das ciências sociais, o espaço burocrático, as *professions* – tendem a convergir para uma mesma família de problemas. Ele às vezes chama a atenção de seu auditório para esse ponto, por exemplo na aula de 14 de abril de 1988, em que destaca que um "mesmo problema", o da "classe universal", do "lugar livre", se propõe a respeito do Estado, do "universo jurídico", dos "pensadores de Estado", e do "sociólogo que reivindica a ciência"; com efeito, juristas, tecnocratas e sociólogos parecem cada um reivindicar o fato de situarem-se num ponto do espaço social que estaria "de alguma forma fora do jogo"[438], desprovido de interesse particular, que representaria uma "posição que teria a propriedade de não ser uma posição".

As questões do desinteresse e do universal não surgem bruscamente em 1988 na reflexão de Bourdieu, não mais do que a questão, igualmente abordada no curso, da historicidade da razão. Esse último problema – que ocupará novamente um lugar central num curso posterior (Bourdieu, 2017b) – já estava presente num de seus primeiros artigos sobre o campo científico (Bourdieu, 1975b). Quanto ao desinteresse, Bourdieu já havia tratado dele especialmente em *O senso prático* (1980), ao voltar ao debate aberto por Marcel Mauss sobre a dádiva[439]. Ele já chamara a atenção aos lucros que os grupos associam à "[aparência] de desinteresse" e mencionara a necessidade de "escapar à alternativa do interesse

435. Cf.: aula de 19 de janeiro de 1989. Cf. também: Bourdieu (1996c, p. 137-156).

436. Cf.: Bourdieu (1996c, p. 149).

437. Cf.: aula de 16 de fevereiro de 1989.

438. Cf.: aula de 14 de abril de 1988.

439. Ele retomará esse debate em detalhes em seu curso do ano 1992-1993 (Bourdieu, 2017a).

puramente material, estreitamente econômico, e do *desinteresse*" reafirmando "[o] princípio de razão suficiente que quer que não haja ação sem razão de ser" (Bourdieu, 2012a, p. 102, tradução nossa). Mas essas observações permanecem muito incipientes; os termos "desinteressado" e "desinteresse" não contam mais de uma dezena de ocorrências em *O senso prático*.

Os cursos publicados aqui representam no mínimo uma amplificação do tema. Provam isso, em particular, as análises frequentes que contêm sobre a possibilidade da virtude e sobre a ação moral pura que, numa concepção kantiana, só poderia ser inspirada pelo respeito à lei moral e não responderia a nenhum interesse (aulas de 24 de março e 14 de abril de 1988, 19 e 26 de janeiro de 1989). Um outro sinal[440] está nas referências aos moralistas do século XVII (e ao jansenismo), autores que Bourdieu normalmente não cita. O curso foi quase colocado sob o sinal de uma máxima de La Rochefoucauld: "a hipocrisia é uma homenagem que o vício presta à virtude". É verdade que um argumento central do curso – assim como as razões pelas quais, no começo de seu curso em Lyon, Bourdieu justifica sua utilização da noção de interesse[441] – retoma a empreitada dos moralistas quando discerniam sob a máscara da generosidade a expressão do "amor-próprio" ou do interesse egoísta. Esse curso de 1988 marca uma atenção de Bourdieu à ambivalência (ou, se preferirmos, aos "benefícios") da hipocrisia que, se não é nova, aumenta. Ele atribui a Alain Bancaud a introdução, durante o seminário sobre o direito, da expressão "hipocrisia piedosa". Ele a retoma[442] e a utiliza para além do caso do direito[443], em relação com uma ideia central em sua reflexão: o ato "piedoso, mas hipócrita" com o qual um agente social (do qual os juristas que "revestem sua decisão de um raciocínio supostamente jurídico" são apenas um caso particular) se põe em regra, externamente, com a lógica do grupo, "faz o universal avançar um pouquinho"[444].

Voltando a essas questões, Bourdieu responde aos filósofos que ficam tentados a associar de uma vez por todas as ciências sociais ao utilitarismo ou

---

440. Pode-se mencionar outros temas apresentados mais rapidamente aqui, como o do sacrifício pela pátria ou a questão da santidade (Bourdieu, 1996c, p. 150).

441. Cf.: Bourdieu (1996c, p. 137-139).

442. Cf.: aula de 24 de março de 1988.

443. Ele menciona, por exemplo, "as formas de 'hipocrisia piedosa' que a lógica paradoxal do campo burocrático pode estimular" (Bourdieu, 1996c, p. 124).

444. Cf.: aula de 10 de março de 1988.

ao relativismo (às vezes para se livrar delas com o menor esforço). Sua análise do desinteresse também pode ser relacionada ao retorno, na década de 1980, das teorias do ator racional (a Escola de Chicago na economia, o "individualismo metodológico" na sociologia...) para as quais as ações desinteressadas e mesmo a "ação coletiva" dependem fundamentalmente de um paradoxo. Bourdieu também responde àqueles que, apoiando-se em seu uso frequente da noção de "interesse", assimilam sua sociologia a uma forma de utilitarismo[445]. Quanto à historicidade da razão, as aulas deixam entender que Bourdieu reage à publicação (em 1981) e depois à tradução francesa (em 1987) da *Teoria da ação comunicativa* de Jürgen Habermas, autor com quem Bourdieu tem pontos comuns e desacordos desde a década de 1960 (Gilcher-Holtey, 2020, p. 385-386).

Os debates do momento ou a sensação de ser mal-entendido não explicam tudo. A possibilidade de uma ação virtuosa (que é um desafio para as ciências sociais porque, como destaca Bourdieu em Lyon (Bourdieu, 1996c, p. 138), questiona o princípio de razão suficiente que orienta a empreitada científica), como a questão da historicidade da razão (que inclui o próprio estatuto das "verdades" que a sociologia pode esperar produzir) se colocam na própria lógica do trabalho de Bourdieu. Esses cursos se inscrevem numa evolução que o leva a deduzir progressivamente as implicações de suas pesquisas e que, dez anos mais tarde, terá em *Meditações pascalianas* (onde as questões abordadas em 1988 serão retomadas) um ponto alto. Bourdieu também explica[446] que uma questão filosófica como a do desinteresse faz parte das questões que uma sociologia do Estado deve se colocar, para não cair numa das duas visões – opostas, mas, para ele, criticáveis – do Estado que são expressas, por exemplo, por Hegel e por Marx. Além do mais, os termos "desinteresse" e "universal" não são, num certo sentido, algo além do que uma nova forma de nomear (e, ao mesmo tempo, de apreender) uma coisa que, em suas obras anteriores, era designada por outras palavras. Assim, a autonomia nos campos de produção cultural corresponde às ações aparentemente desinteressadas e "a pretensão à universalidade" é, como Bourdieu notou num curso de 1986, uma das características comuns aos "campos de produção cultural" (Bourdieu, 2025).

---

445. É o caso do Movimento Anti-Utilitarista em Ciências Sociais (MAUSS, na sigla em francês), que publica uma revista a partir de 1981.

446. Cf. acima: p. 291.

Assim, também podemos dizer que Bourdieu buscará em sua obra a solução dos problemas específicos que formula aqui ou que ele se serve desses problemas para retirar novas implicações de seus trabalhos sobre os campos. O que ele expõe, nesses cursos de 1988 e 1989, é a existência (não universal) de universos em que agentes lutam pelo "monopólio do universal" e contribuem para "fazer avançar [...] as verdades", escapando do relativismo. Sua demonstração leva-o a expor a noção de "interesse no desinteresse", paradoxo aparente que lhe permite escapar da oposição entre interesse particular e interesse geral. Nos universos em que existe um tal interesse, as ações desinteressadas são objetivamente possíveis sem que os agentes sociais sejam necessariamente, enquanto indivíduos, virtuosos, sem que obedeçam apenas ao dever. A demonstração de Bourdieu também pressupõe sua análise da diferenciação do mundo social em campos associados, todos eles, a capitais e tipos de interesse. Um último ponto, que ele não destacara até agora, reside na afirmação de que o universal e o desinteresse tenderiam a ser recompensados universalmente.

Defender o universal

Um último tipo de elemento pode esclarecer os cursos publicados aqui. No final da década de 1980, Bourdieu, perto dos sessenta anos, trabalha e raciocina cada vez mais num espaço internacional. Ele continua, como já fazia há muito tempo, a dar conferências na Europa, mas também realiza duas estadias muito próximas (março-abril de 1987 e abril de 1989) em universidades estadunidenses e visita o Japão (outubro de 1989). Nos Estados Unidos, ele propõe em especial uma intervenção sobre um campo sociológico internacional que ele toma como objeto, mas no qual ele é cada vez mais um ator eficiente. Bourdieu se mantinha atualizado, desde a década de 1960, sobre a produção sociológica estadunidense, mas os desenvolvimentos sobre a análise das *professions* (e da "tríade capitolina"), as alusões às relações dos sociólogos americanos com o Estado, e certamente a "história comparada" da sociologia que propõe em 1988 talvez inscrevam os cursos de 1988 e 1989 em particular num espaço internacional. Além do mais, as aulas incluem observações sobre os Estados Unidos: a constatação da importância da "religião cívica" nesse país[447], mas sobretudo a comparação franco-americana

447. Cf.: aula de 21 de abril de 1988.

com relação ao direito que marca uma tentativa, sem precedentes na obra de Bourdieu, de utilizar o conceito de campo no caso estadunidense[448].

Na França, sua notoriedade também se estende progressivamente desde o começo da década e suas atividades fora da pesquisa propriamente dita se tornam mais numerosas. Em 1985, ele participara ativamente na redação de uma série de proposições sobre o sistema educacional que os professores do Collège de France submeteram ao presidente da República, François Mitterrand. O curso de 1988 ocorreu nas semanas que precederam sua reeleição em maio de 1988 e a nomeação de Michel Rocard ao cargo de primeiro-ministro. Ainda que Bourdieu – apesar de sua decepção diante dos poucos efeitos do relatório de 1985 – copresida uma comissão sobre os programas escolares em 1989, seu ato político mais marcante durante esse período é a publicação de um texto de intervenção [no jornal] *Le Monde*, em 16 de setembro de 1988 (Bourdieu, 2002b, p. 235-238). Essa "intervenção única [na vida de Bourdieu] em favor de um governo em vigor" (Aeschimann, 2012) também parece ser o primeiro artigo de opinião ligado à atualidade que Bourdieu publica nesse jornal.

Ainda que num nível mais geral, o artigo dá crédito ao governo de Michel Rocard por ter buscado, contrariamente ao governo anterior, uma resposta pacífica aos conflitos entre defensores e adversários da independência na Nova Caledônia. Esse texto ressoa bastante com as aulas do Collège de France. Ele tem como título "A virtude civil", noção que Bourdieu menciona numa aula atribuindo sua "invenção" ao "humanismo cívico dos funcionários"[449]. Num outro eco do curso[450], o artigo começa com a constatação de que em matéria de política "a distância não para de crescer entre os profissionais e os profanos, assim como a consciência da lógica própria do jogo político". Sobretudo, ele trata do desinteresse e da oposição entre "as decisões que encontram seus princípios nos interesses nascidos da concorrência por alguma posição rara" e as "exigências de desinteresse que estão inscritas na delegação democrática de poderes" (Bourdieu, 2002b, p. 234). Bourdieu saúda como "exemplar" a atitude de um governo que prefere "se [colocar] a serviço dos problemas, correndo o risco de não durar, em vez de se servir dos problemas para se perpetuar a qualquer preço" (2002b, p. 237). Para

448. Cf.: aula de 24 de março de 1988.

449. Cf.: aula de 16 de fevereiro de 1989.

450. Cf. Bourdieu (1996c, p. 140) e aula de 2 de fevereiro de 1989.

além da homenagem prestada a esse ato de "coragem política", Bourdieu, tirando as consequências das análises que desenvolve em seu curso, invoca "mecanismos objetivos capazes de impor praticamente aos políticos as disciplinas da virtude civil" (2002b, p. 238), já que o desinteresse não pode repousar sobre as "disposições morais" por muito tempo.

O linguista Pierre Encrevé, então assessor de Michel Rocard, relata que Bourdieu (os dois se conheciam pelo menos desde a década de 1970) participou de "um grupo de intelectuais [reunido] ao redor de Rocard no inverno de 1988-1989" e que, em várias ocasiões durante 1990-1991, ele se encontrou com o primeiro-ministro e com alguns de seus assessores, reunindo algumas observações sobre o exercício do poder que às vezes alimentaram seu curso sobre o Estado (Aeschimann, 2012). Essa proximidade relativa com a esquerda do governo termina rapidamente. Bourdieu critica cada vez mais o Partido Socialista, como atesta em 1993 a publicação de *A miséria do mundo*, que apresenta o "resumo de quatorze anos de 'socialismo'" (Bourmeau, 1997, p. 22-29). Um eixo central das intervenções políticas do sociólogo, mais numerosas do que no passado, reside, ainda mais depois do movimento social de 1995 (Bourdieu, 1998b; 2001b), na crítica de políticas de inspiração neoliberal que permitem o desmantelamento do Estado e do "serviço público", instituições cuja gênese ele estudou em seus cursos no Collège de France. Bourdieu realiza, de certa maneira, uma passagem entre o positivo e o normativo – cujas dificuldades ele lembra em várias ocasiões nas aulas publicadas aqui (10 de março e 21 de abril de 1988): suas tomadas de posição a favor do serviço público na década de 1990 se fundamentam nas análises que expôs no Collège de France a partir de 1988 sobre o Estado num registro muito constativo (apenas algumas alusões rápidas aos debates do momento sobre o lugar do Estado e algumas observações, em que se entrevê sem dúvida uma discreta simpatia por D'Aguesseau[451], saem desse registro).

Os cursos de 1988 e 1989 intervêm num momento que, retrospectivamente, parece importante no processo que leva Bourdieu a intensificar o número de suas intervenções políticas. Se *La Noblesse d'État*, que publica em março de 1989, é um

451. Uma certa simpatia em relação ao magistrado parece, com efeito, aparecer por exemplo em relação à recusa de "fugir para a biblioteca" ou quando Bourdieu reconhece nos escritos de D'Aguesseau suas próprias preocupações de sociólogo (a ideia de que "só se pode combater uma paixão com uma paixão", ou o problema do "historicismo radical"), ou ainda quando desconfia que os sociólogos estejam, em certos aspectos, "abaixo do Chanceler D'Aguesseau".

livro científico voltado, por seu assunto e tamanho, a um público relativamente restrito, seu título é uma forma de interpelação à mídia e aos responsáveis políticos que se apressam a celebrar, em julho de 1989, o bicentenário da abolição dos privilégios[452] e Bourdieu tem em mente que essa "nobreza de Estado" herdeira da nobreza de toga que inventou o Estado massivamente se converte, nesse momento, a uma ideologia liberal que defende, paradoxalmente, a diminuição das instituições estatais. O ano de 1989 é igualmente marcado em outubro pelo lançamento do primeiro número da *Liber: Revista europeia dos livros*, publicação trimestral que é circulada em cinco jornais europeus (o *Le Monde* na França) e da qual Bourdieu espera que "[faça] circular na Europa e no mundo as novidades culturais que os jornalistas não abordam [mais, porque preferem] deixar na sombra tudo aquilo que era 'interessante', ou seja, desinteressado" (Casanova, 2020, p. 510).

O artigo sobre a "virtude civil" de setembro de 1988 anunciou uma aspiração maior a participar do debate público. Bourdieu o concluiu convidando os "cidadãos [...] que, como os intelectuais, têm o tempo e os meios de exercer seu direito de olhar sobre o mundo político" a "participar, com outras pessoas, em particular os jornalistas, do exercício da vigilância cívica" para "contribuir para instaurar um mundo político onde os responsáveis políticos teriam interesse na virtude" (Bourdieu, 2002b, p. 238). Ele propôs que talvez fosse a hora de acabar com o "silêncio dos intelectuais", tema difundido na década de 1980 quando a esquerda estava no poder, e a ação visualizada não era outra que a do controle ou da crítica cruzada, que é tratada no curso: dentro do campo do poder, a relação entre os intelectuais e os responsáveis políticos tende a ser homóloga àquela que une, no universo do direito, os juristas "puros" com aqueles que estão mais voltados para os negócios. Em 1988, Bourdieu espera associar os jornalistas ao exercício dessa vigilância. Ele ficará mais pessimista quanto a esse ponto na década de 1990.

Assim, os cursos foram dados num momento em que Bourdieu tende a adotar e a teorizar mais intensamente do que em outros momentos de seu percurso a função do intelectual crítico. O principal papel que ele designa aos intelectuais é defender e fazer progredir, no debate político, o "universal" de que fala em seus cursos, ou seja, uma conquista histórica que resulta da autonomização dos

452. "O direito à educação é sem nenhuma dúvida um dos mais difíceis de contestar na teoria; mas também um dos mais difíceis de impor nos fatos" (Bourdieu, 1989e, p. 25).

campos de produção cultural. Em maio de 1989, ele dá uma conferência[453] em que menciona "razões particulares que impõem hoje, com uma urgência especial, uma mobilização dos intelectuais" tendo em vista a "defesa da autonomia do campo" (Bourdieu, 1992). Ele conclama os produtores culturais a "tomarem consciência de seus interesses" para pô-los a serviço "dos valores universais que eles elaboram, em favor da autonomia, nos universos protegidos da arte, literatura e ciência" (Dutheil, 1993, p. 29). Sobre esse assunto, ele fala de "corporativismo do universal", aliança de termos contrários do mesmo tipo que "interesse pelo desinteresse" e emprega um raciocínio parecido: assim como, num universo dedicado ao bem público, os agentes podem servir ao interesse geral seguindo seu interesse particular, os intelectuais, agindo num universo orientado para o universal, fazem os valores universais avançar ao defenderem seus interesses particulares.

O engajamento intelectual que Bourdieu defende a partir do final da década de 1980 deve ser relacionado a um outro ponto central dos cursos de 1988 e 1989: a constatação de que a "nobreza de Estado" que hoje domina impôs-se ao se dar fins orientados para o universal. Bourdieu, em Lyon, cita a consequência política disso:

> Uma das dificuldades da luta política atualmente é que os dominantes, tecnocratas ou epistemocratas, de direita ou de esquerda, são partidários da razão e do universal: caminhamos em direção a universos nos quais, cada vez mais, serão necessárias justificativas técnicas, racionais, para dominar, e nos quais os próprios dominados poderão e deverão, cada vez mais, utilizar-se da razão para defender-se contra a dominação, já que os dominantes, cada vez mais, invocarão a razão e a ciência para exercer sua dominação (Bourdieu, 1996c, p. 156).

É daí que resulta a convicção de Bourdieu para a qual as ciências sociais têm um papel específico a desempenhar nas lutas políticas contemporâneas e que têm uma espécie de dever de difundir os conhecimentos que produzem. Essa visão das coisas fará parte particularmente do princípio da criação das edições Liber-Raisons d'agir em 1996.

---

453. Conferência proferida em Turim em maio de 1989. Cf.: Bourdieu (1992, p. 9-15). Versão revista em Bourdieu (1996b, p. 369-378).

Anexos: Resumos dos cursos publicados no Anuário do Collège de France

1987-1988: a propósito do Estado

Num primeiro momento, uma série de seminários foi dedicada à discussão de trabalhos de sociologia do direito.

O Sr. Yves Dezalay, pesquisador do Centro de Pesquisa Interdisciplinar de Vaucresson, propôs à discussão uma exposição sobre os objetivos políticos e profissionais da justiça negociada, demonstrando, por meio da comparação de diferentes tradições nacionais (Alemanha, França, Reino Unido, Estados Unidos), que a credibilidade da justiça baseia-se em grande parte na oposição – e na complementariedade – entre uma justiça técnica e altamente profissionalizada destinada aos ricos e uma justiça negociada e paternalista, destinada mais especialmente aos pobres, que assumiu formas muito diversas dependendo dos locais e momentos, desde o recurso aos juízes de paz e a pessoas notáveis locais, até a instauração de uma divisão de trabalho entre um juiz profissional e auxiliares peritos para tratar dos pequenos conflitos da existência cotidiana.

O Sr. Alain Bancaud, pesquisador do Centro de Pesquisa Interdisciplinar de Vaucresson, analisou a arte da interpretação, técnica específica da Corte de Cassação, e a "hipocrisia piedosa" graças à qual as decisões política e juridicamente inovadoras conseguem casar-se com as formas antigas; ele também examinou as condições sociais de aquisição dessa arte de ler que é inseparável de uma arte de viver e de toda uma visão do mundo social. Isso levando em conta constantemente a posição da Corte de Cassação no subcampo da alta justiça em que se instaura uma divisão do trabalho sutil entre os juristas "puros" e os juristas mais "políticos".

Enfocando as transformações recentes do tratamento jurídico da situação das empresas em dificuldades, o Sr. Yves Dezalay analisou a redefinição da divisão do trabalho entre o notável dos negócios (o síndico)[454], o jurista e o perito que determinaram a crise (com a multiplicação das falências), e a importação do modelo americano do profissional do conselho às empresas.

A Sr.ª Irène Théry, pesquisadora do Centro de Pesquisa Interdisciplinar de Vaucresson, analisou o tratamento jurídico dos divórcios enfocando particularmente o confronto entre os diferentes grupos profissionais engajados na definição da noção de "interesse da criança": o *aggiornamento* legislativo realizado em relação à guarda das crianças não pode ser compreendido independentemente da nova definição do compartilhamento das competências e tarefas entre o juiz, os advogados e os peritos, que está mais bem adaptada a uma ordem política na qual a legitimidade jurídica não é autoevidente.

Segundo a Sr.ª Anne Boigeol, pesquisadora do Centro de Pesquisa Interdisciplinar de Vaucresson, a história dos confrontos e conflitos entre diferentes frações de magistrados que, devido à sua posição na hierarquia e sua trajetória social e profissional, têm interesse desigual no estabelecimento de um recrutamento e uma formação acadêmica da magistratura, permite compreender a criação da Escola Nacional da Magistratura como uma resposta à desvalorização do capital social da magistratura em referência a outras profissões jurídicas – e, mais geralmente, em relação a posições dirigentes, como consequência, em particular, da criação da ENA. Mas ela também formula a questão muito geral da passagem de um modo de reprodução baseado principalmente na transmissão familiar de uma arte a um modo de reprodução propriamente escolar, que busca transmitir explicitamente, ou seja, por uma pedagogia instituída para esse fim, uma competência expressamente definida e delimitada.

O Sr. Jacques Commaille, diretor de pesquisa do Centro de Pesquisa Interdisciplinar de Vaucresson, demonstrou que, se a diversidade das formas de justiça da família, que oscila entre um polo jurídico e um polo terapêutico – por exemplo, com a tentativa abortada das Câmaras da Família –, pode ser interpretada por referência às lutas entre corpos de profissionais, ela também deve ser relacionada a transformações da família como ordem política, em particular se quisermos dar conta da evolução ligada à descentralização, como no caso da

454. O termo "síndico", aqui, está em sua acepção jurídica de administrador de massa falida [N.T.].

justiça dos menores de idade. O Sr. Antoine Garapon, diretor do Laboratório de Sociologia Jurídica de Paris, tentou demonstrar que a análise das práticas judiciárias pode se basear em três pares de oposições fundamentais, entre a justiça ritual e a justiça de gabinete, entre a justiça negociada e a justiça imposta, entre o processo justo e a justiça burocrática, com o juiz, levando em conta as exigências e restrições próprias de cada tipo de conflito ou de clientela, podendo escolher no reservatório múltiplos recursos que nascem da combinação das possibilidades que lhe são assim ofertadas.

A primeira parte do curso foi dedicada a um resumo desses seminários sobre o campo jurídico, que devia também servir de introdução a uma interrogação sobre os problemas do Estado. A noção de campo jurídico, estabelecida em alguns dos trabalhos apresentados no seminário, tem como principal virtude permitir escapar da alternativa que parece se impor todas as vezes que queremos compreender uma obra erudita (filosófica, literária, pictórica ou mesmo científica): à análise interna que, como a história do direito praticado pelos juristas, postula a autonomia da forma jurídica em relação ao mundo social e que, principalmente com Kelsen, busca num modo de pensar específico e perfeitamente irredutível a fundamentação de uma teoria pura, opõe-se à análise externa que, reduzindo o direito (como o Estado) à sua função de instrumento de dominação, visa estabelecer relações de dependência direta entre a "ideologia jurídica" e os grupos sociais cujos interesses ela deve servir, ignorando a própria estrutura do discurso jurídico. A ruptura com essas duas posições opostas é indissociável de uma segunda ruptura, indispensável para compreender a dupla verdade da "ciência jurídica": ruptura com a representação que os profissionais do direito dão e têm de si mesmos; ruptura com a representação ingenuamente crítica do "semi-hábil" que descreve a moral profissional como "ideologia profissional". Os agentes engajados no campo jurídico não podem não ser tomados por seu próprio jogo (*illusio*), mesmo que na lógica da "hipocrisia piedosa" mencionada por Alain Bancaud e, entre outros fatores, a referência obrigatória a um conjunto de normas que pretende a universalidade e aos valores de retidão que convêm àqueles que dizem que o direito realmente afeta as práticas.

Os valores ideais que as profissões jurídicas reivindicam são o produto de um trabalho coletivo de invenção que é inseparável do processo de constituição de um campo jurídico, ordem separada e autônoma em relação ao poder político e ao mercado, dentro do qual certos ideais de desinteresse são explicitamente professados e, às vezes, impostos, de maneira quase jurídica, como norma das práticas. Assim, analisou-se um certo número de textos (especialmente o "Discurso sobre a independência do advogado", de 1693), nos quais o Chanceler D'Aguesseau, frequentemente invocado como um dos "pais fundadores" da justiça moderna, elaborou (com base em toda uma tradição de filosofia política) uma representação da magistratura como instância capaz de afirmar sua independência em relação aos poderes políticos e econômicos e sua dedicação ao "público". Também se examinou como esse trabalho simbólico de construção de uma representação da profissão de magistrado e de advogado prolongou-se, sobretudo no século XIX, num trabalho de codificação das "regras da profissão de advogado", que pretendia sobretudo reger a conduta dos advogados em relação ao dinheiro e aos negócios. Mesmo no caso em que ela é particularmente fraca, como nos Estados Unidos no final do século XIX, a autonomia em relação às restrições e comprometimentos políticos e econômicos sempre é reivindicada pelos juristas, e mesmo por seus clientes. Mas, desde o final do século XIX nos Estados Unidos e sobretudo após a Segunda Guerra Mundial na França, os princípios e regras que buscavam marcar a distância entre o campo jurídico e o campo econômico enfraquecem-se. Como o campo literário, o campo jurídico tende a organizar-se segundo uma estrutura quiasmática: assim, temos de um lado a teoria jurídica, praticamente monopolizada pelos professores, o direito "puro" das altas instâncias encarregadas da salvaguarda da letra e do espírito jurídicos, como a Corte de Cassação, e, por fim, o direito tradicionalmente empregado nas cortes, produções que buscam mais prestígio do que lucros materiais; o outro polo é ocupado pelo direito comercial que, diretamente engajado com os compromissos e comprometimentos da vida econômica, busca mais lucros econômicos do que lucros simbólicos. Mas seria ingênuo concluir que a transformação das relações entre o campo econômico e o campo jurídico que resulta do reforço contínuo do polo mais próximo do mundo econômico resulta num enfraquecimento da autonomia do campo jurídico. Na verdade, num universo dominado pela referência aos valores de universalidade e de desinteresse, a concorrência, por meio dos controles e censuras mútuas que engendra, tende a impor um respeito à norma fundamental do campo jurídico, a saber o reconhecimento do direito, que não depende das disposições individuais à virtude. É assim, por exemplo, que os juristas comerciais, muitas vezes condenados pelos "fundamentalistas", só podem cumprir suas funções econômicas na negociação de contratos, criação de sociedades, conclusão de compromissos e acordos entre grupos sob a condição de permanecerem juristas e prestarem homenagem, mesmo que puramente verbal, aos guardiões do direito puro. Os "cambistas do templo"[455] também podem ser percebidos como pioneiros do universal, que fazem o direito avançar em terrenos no qual estava ausente, como pregadores missionários que, como disse um advogado comercial de Boston, cumprem uma *civilization function* [função civilizatória], uma função de moralização da vida econômica. Como diz bem a expressão "litigociação" ["*litigociation*"], inventada para designar as negociações entre advogados destinadas a evitar processos entre firmas, a economia penetra no direito, mas o direito penetra na economia, o direito muda ao mudar uma realidade que muda, operando uma redefinição das maneiras de pensar a empresa que, como Yves Dezalay demonstra bem, faz, por exemplo, da intervenção do jurista numa liquidação um ato de gestão.

No final, vimos que a teoria da razão jurídica extraída da análise sociológica do funcionamento do campo jurídico se opõe a uma filosofia social tal como a de Habermas, que, à maneira dos durkheimianos que buscavam fundamentar positivamente uma razão normativa, busca retirar de uma análise positiva da comunicação a fundamentação de uma definição normativa e universal da razão. "Ficção bem fundamentada", a "hipocrisia piedosa" que consiste em emitir vereditos contingentes e determinados socialmente como conclusão necessária de uma dedução a partir de princípios universais encontra o princípio de sua existência e eficácia sociais na existência e funcionamento do campo jurídico: nesse universo fechado e regrado que é o produto contingente de um longo trabalho histórico de representação, produz-se e reproduz-se, em benefício de lutas muitas vezes estreitamente "interessadas" (num sentido que não é o dos utilitaristas), representações e práticas relativamente independentes da particularidade dos interesses.

No prolongamento lógico dessa reflexão sobre a gênese histórica de um microcosmo social (o campo jurídico) funcionando sob o signo do universal, passou-se – muito mais tarde do que previsto – àquilo que deveria ser o objeto principal do curso desse ano: a análise do Estado e da burocracia. De todos os "problemas sociais", o problema do Estado é sem dúvida o mais difícil de

455. Mt 21,12-13 [N.T.].

converter em problema sociológico. Com efeito, como demonstra o fato de que as administrações públicas e seus representantes são grandes produtores de "problemas sociais" que a ciência social muitas vezes apenas ratifica ao retomá-los por sua conta e sem análise; o Estado, enquanto detentor do monopólio da violência simbólica legítima, tem os meios de propor e impor um pensamento autorizado sobre o mundo social e em particular sobre si mesmo: o sociólogo que tenta pensar o Estado está exposto a retomar por sua própria conta um pensamento de Estado sobre o Estado, a aplicar ao Estado categorias de pensamento produzidas e garantidas pelo Estado (e isso, muito particularmente, quando ele é funcionário do Estado). Para ter alguma chance de pensar realmente um Estado que pensa por meio daqueles que se esforçam para pensá-lo, é preciso, portanto, empreender uma espécie de dúvida radical e colocar-se como tarefa o questionamento de todos os pressupostos e todas as pré-construções que estão inscritas na realidade que se trata de pensar e no próprio pensamento dos analistas.

Para isso, tentou-se analisar, tratando-as como documentos antropológicos exemplares, as duas teorias que balizam o espaço dos possíveis quando se trata de teoria do Estado, a de Hegel (e sua variante durkheimiana) e a de Marx: de um lado, a burocracia como "grupo universal" dotado da intuição (e da vontade) do interesse universal; do outro, o corpo dos burocratas como usurpadores do universal, que atuam como proprietários privados dos recursos públicos. (Observa-se de passagem que, como no caso do direito, a ingenuidade de primeira ordem, que consiste em retomar por sua conta a representação interna; e a ingenuidade de segunda ordem, que lhe opõe uma visão cínica e desencantada, conjugam-se para proibir a produção de uma representação que integre numa descrição realista das causas e efeitos da ação burocrática a referência aos valores de neutralidade e devoção desinteressada ao bem público). Mas basta passar de Hegel a Durkheim, que, apesar de às vezes professar a maior prudência com essa questão, faz do Estado um "órgão de reflexão" e um instrumento racional encarregado de realizar o interesse geral, para ver como é difícil escapar da influência do Estado no pensamento do Estado: se o pensamento do sociólogo funcionário está totalmente atravessado pela representação oficial do oficial, é porque, como vimos em relação ao Chanceler D'Aguesseau, o Estado e o funcionário concebido como servidor do "público" são o resultado de um trabalho simbólico que busca produzir e impor uma representação oficial do Estado como local de universalidade e do serviço ao interesse geral.

A própria ciência social é parte integrante desse esforço de construção da representação do Estado que faz parte da própria realidade do Estado (pode-se enxergar bem isso no elo entre o Estado e a estatística). Todos os problemas que se colocam em relação à burocracia se colocam em relação à sociologia que afirma formular a questão da neutralidade ou do desinteresse da burocracia; mas num grau de dificuldade superior, já que se pode colocar a seu respeito (como demonstra o caso de Durkheim, que fazia do sociólogo a encarnação por excelência da reflexividade e da universalidade do funcionário) a questão de sua autonomia em relação ao Estado e da pretensão à autonomia que ele professa.

Portanto, é preciso questionar as relações entre a sociologia e o Estado, e propor pelo menos o programa de uma história social da gênese das ciências sociais (tentando escapar, aqui também, da alternativa ordinária, que faz das ciências sociais ou um instrumento de transformação esclarecida, ou um instrumento de manipulação). Ainda que possamos traçar sua origem num tempo mais distante (incluindo a filosofia política dos conselheiros de príncipes), a ciência social propriamente dita é trazida à existência pelos "movimentos sociais" e pelo socialismo, mas apenas de maneira indireta, por meio da vontade de se opor a eles a réplica esclarecida de um reformismo social; ela encontra seus primeiros defensores nessa espécie de vanguarda dos dominantes, reformistas, filantropos etc., que esperam que a "economia social" (ciência ancilar e auxiliar da "economia política") lhes ajude a encontrar a solução dos "problemas sociais" colocados pelos indivíduos e grupos "problemáticos". A sociologia do Estado e a sociologia do elo entre a sociologia e o Estado estão numa relação de dependência mútua: para ter alguma chance de pensar adequadamente o Estado, o sociólogo deve pensar a relação impensada com o Estado, que, por meio de um conjunto de condições sociais que funcionam como condições de possibilidade de sua atividade, comanda seu pensamento primário sobre o Estado; e ele só pode esperar uma compreensão verdadeira da verdade de sua relação com o Estado de uma história do Estado. Uma rápida história comparada do desenvolvimento das ciências sociais segundo as nações e os momentos deverá levar em conta dois fatores fundamentais: por um lado, a forma que reveste a demanda social de conhecimento do mundo social em função particularmente da filosofia dominante nas burocracias de Estado (liberalismo ou keynesianismo etc.), já que uma forte demanda estatal pode garantir o desenvolvimento de uma ciência social relativamente independente das forças econômicas (e das demandas dos dominantes), mas fortemente dependente do Estado; por outro lado, a extensão da autonomia do sistema de ensino e do campo científico em relação aos poderes econômicos e políticos, que é sem dúvida uma das condições principais para o desenvolvimento de uma ciência social independente desses poderes. Tudo parece indicar que as ciências sociais só podem afirmar sua autonomia diante das forças sociais apoiando-se no Estado, ou seja, correndo o risco de perder sua autonomia em relação a ele. E sem dúvida, elas só podem se tornar ciências como as outras, isto é, sem obrigações nem sanções que não sejam científicas, independência que lhes é particularmente indispensável quando pretendem se aplicar ao Estado que as torna possíveis, se utilizarem contra o Estado a liberdade (relativa) que o Estado lhes garante.

1988-1989: a propósito do Estado (continuação)

Tendo como projeto o exame da lógica específica de um universo, o campo burocrático, que se dá como lei oficial a obrigação de desinteresse, escolhemos interrogar inicialmente (durante as aulas dadas em Lyon) os fundamentos antropológicos das noções de interesse e desinteresse. A noção de interesse constitui um instrumento insubstituível de ruptura com certas representações espontâneas da ação, e em particular com o moralismo das belas almas que, sobretudo quando se trata dos universos dos quais elas fazem parte, recusam como "redutoras" todas as tentativas de "dar razão" das práticas ou de "torná-las necessárias" relacionando-as a determinantes econômicos e simbólicos. Mas, devido às conotações associadas ao uso dominante da noção (tal como expressas, por exemplo, na expressão "melhor interesse"), as análises que o utilizam correm o risco de sofrer uma redução dupla: por um lado, reduz-se o interesse ao interesse propriamente econômico (segundo a oposição ordinária do gratuito ou benévolo e o lucrativo); por outro, reduz-se a ação, conforme o melhor interesse, à ação organizada conscientemente em vista da satisfação desse interesse. A combinação de uma visão estreitamente intelectualista da ação, que faz do cálculo consciente e racional (hoje em dia, por exemplo, com a *rational action theory*) o princípio de toda ação, e de um economismo que identifica todas as economias sociais à economia específica do campo econômico, leva a uma forma de utilitarismo que é absolutamente incapaz de dar razão das condutas humanas mais ordinárias, mesmo no campo econômico propriamente dito. Portanto, é preciso voltar à relação (analisada nos cursos anteriores) entre o *habitus* e o campo (e, mais precisamente, os diferentes campos constitutivos de um mundo social diferenciado) como *illusio*, *investimento* no jogo, interesse no jogo (em oposição à indiferença, apatia e ataraxia) que é o fundamento dos interesses (no sentido de investimentos) pelos objetivos; e analisar a estrutura temporal desse senso do jogo como antecipação ou como pré-ocupação, isto é, como referência a um por-vir inscrito no presente imediato (como uma "coisa a fazer" etc.) em oposição ao projeto ou ao plano como mira de um futuro, um possível constituído como tal entre outros possíveis. Assim, vemos que um agente ajustado às exigências do campo – que a análise estatística capta sob a forma de probabilidades – pode atingir objetivos que não buscou, propriamente falando; ele pode realizar, sem a menor suspeita de cálculo, e menos ainda de cinismo, fins que não postulou como tais. É isso que acontece em vários campos aos quais associamos muito costumeiramente a ideia de desinteresse, como o campo religioso, o campo artístico, o campo científico e até o campo burocrático: neles os agentes produzem ações e discursos que são duplamente "desinteressados" – no sentido ordinário do termo – já que não têm como princípio uma intenção consciente, um cálculo racional e orientado para a obtenção de lucros econômicos (no sentido restrito).

O que não quer dizer que eles não obedeçam a uma forma particular de interesse ou de *libido*: assim como uma certa reflexão religiosa questionou-se sobre a validade de vidas exemplares, mas suspeitas de serem guiadas pela busca dos lucros associados a uma reputação de santidade, também podemos perguntar se a *libido sciendi* mais pura não encobre uma certa *libido dominandi*, e também todas as formas de *libido* específicas que estão associadas aos diferentes campos. Depois de reduzir a área da consciência e do cálculo – em benefício do senso do jogo –, mas estendendo a área do interesse, em particular com todas as formas de interesse simbólico, descobrimos que existem, fora da esfera propriamente econômica, condutas que, sem serem o produto de um cálculo de interesse consciente, ainda assim obedecem à lei de uma forma particular de interesse. É isso que diz, por exemplo, a expressão "*noblesse oblige*": a nobreza obriga, propriamente falando, o nobre, ela o coage a agir nobremente; incorporada sob a forma de disposições ao término de uma educação consciente ou inconsciente, ela se torna um princípio incoercível da prática, um *habitus* que, quando confrontado de maneira durável e contínua a um universo social próprio a recompensar suas realizações ("glória", "honra" etc.) e a reprimir suas faltas ("vergonha", "desonra" etc.), pode levar a formas extremas de sacrifício; a tendência do *habitus* a se autoperpetuar (para além até das condições de sua produção) pode até impor a aniquilação do corpo que lhe serve de suporte (*pro patria mori*).

A questão do desinteresse como distância em relação ao interesse econômico ou, mais amplamente, em relação a qualquer espécie de interesse egoísta, material ou simbólico, está ligada à questão das condições sociais de possibilidade de universos sociais que teriam como lei a submissão ao interesse geral ou a devoção ao serviço público e que, numa palavra, criariam as condições favoráveis para o surgimento de um interesse no desinteresse e, ao mesmo tempo, de *habitus* altruístas de abnegação e devoção. Como testemunha a existência universal de estratégias de universalização do interesse particular (por meio das quais os agentes tentam colocar o universal, ou seja, o grupo, ao seu lado ao se porem em regra com as regras de pretensão universal), pode-se admitir que o universal é objeto de um reconhecimento universal e que o sacrifício dos interesses egoístas (especialmente econômicos) é universalmente reconhecido como legítimo (o juízo coletivo dos grupo não pode deixar de reconhecer na passagem do ponto de vista singular e egoísta do indivíduo para o ponto de vista do grupo um reconhecimento do valor do grupo e do grupo como fundador de todo valor, portanto, uma passagem do *is* para o *ought* [*ser* para o *dever-ser*]). Isso implica que todos os universos sociais tendem a oferecer, em graus diferentes, lucros simbólicos de universalização (os mesmos que buscam as estratégias que visam "se pôr em regra"). E que os universos que, como o campo burocrático, exigem com a maior insistência a submissão ao universal são particularmente dispostos à produção de tais lucros – e, ao mesmo tempo, particularmente expostos à visão desconfiada que enxerga em qualquer ação de pretensão universal a universalização de um interesse particular. É significativo que o direito administrativo que, visando instaurar um universo de devoção ao interesse geral, se dá como lei fundamental a obrigação de desinteresse, institui a suspeita em relação à generosidade como princípio prático de avaliação das práticas: "a administração não dá presentes"; a ação administrativa que beneficia de maneira tão individualizada uma pessoa privada que pode parecer ter como objetivo um interesse privado é suspeita, até ilícita.

O lucro de universalização é sem dúvida um dos motores históricos do progresso do universal. Isso à medida que favorece a criação de universos em que os valores universais (razão, virtude etc.) são pelo menos reconhecidos verbalmente e onde se instaura um processo de reforço circular entre as estratégias de universalização que buscam obter os lucros (pelo menos negativos) associados à conformidade com as regras universais e as estruturas dos universos dedicados oficialmente ao universal. O campo burocrático é um desses mundos à parte, que exige dos agentes o sacrifício de seus interesses privados às obrigações inscritas em sua função ("o agente se dá inteiramente à sua função") ou, de maneira mais realista, ao interesse específico que ele produz e impõe (o interesse no desinteresse que designamos de modo confuso quando falamos do "interesse dos funcionários"). E podemos ter uma ideia da lógica real dos universos dedicados ao universal ao confrontarmos o direito administrativo, norma oficial do universo do oficial, com a realidade da prática administrativa tal como ela é captada (em particular) a partir de um censo das faltas (efetivamente sancionadas) quanto à obrigação de desinteresse: por exemplo, todos os casos de "utilização privada do serviço público" (desvio de bens ou de serviços públicos, corrupção ou tráfico de influência etc.) ou, de maneira mais perversa, os "privilégios especiais", tolerâncias administrativas, dispensas especiais, tráficos de função, que consistem em se aproveitar da não aplicação ou transgressão do direito. Depois de entendermos dessa maneira a lógica essencialmente dupla do universo burocrático (particularmente em comparação com o campo político), podemos submeter ao exame crítico a imensa literatura (sobretudo anglo-saxã) das *professions*, isto é, na linguagem empregada até agora, o conjunto dos agentes ou dos corpos que exerce, em nome de uma competência técnica garantida pelo Estado, um poder político denegado. A maioria dessas obras, especialmente por não fazer a distinção entre campo e corpo, aceitam como descrição científica a representação idealizada (com noções como a de *collectivity orientation* de Parsons, o altruísmo ou a devoção ao *common good*) que os *professionals* dão de si mesmos e de sua função. Mas sobretudo esquecem que os "grupos profissionais" dependem duplamente do Estado, que garante sua autoridade e sua clientela, ao lhes garantir, por meio do título acadêmico e do efeito de *numerus clausus*, um mercado protegido.

Nunca se enxerga melhor a lógica dupla (até a duplicidade ou a esquizofrenia) dos universos e dos agentes dedicados ao universal do que na história, que tracei em maiores detalhes em outras ocasiões, do processo de constituição do campo burocrático. A nobreza de toga, cujos herdeiros estruturais são os tecnocratas contemporâneos, é um corpo que se criou ao criar o Estado, que, para se construir como detentor de uma nova espécie de poder, e de legitimidade, precisou construir o Estado, ou seja, entre outras coisas, toda uma filosofia política do "serviço público" como atividade desinteressada e orientada para fins universais. Foi assim que a *libido dominandi* pôde se tornar um princípio de progresso ético tanto nos discursos quanto nas práticas, incitando a instituição de universos em que a virtude cívica é constituída como instrumento e objetivo de lutas e que, especialmente por meio dos lucros de universalização que garantem, podem favorecer o desenvolvimento e a efetivação de *habitus* altruístas. A não ser que acreditemos em milagres, ou na possibilidade de ações éticas sem motivação, ou sem outra motivação que a resolução da vontade pura (a incapacidade da *rational action theory* de dar razão a qualquer espécie de devoção ao coletivo basta para duvidarmos), é preciso aceitar que o interesse no desinteresse ou, se permitirmos a expressão, a *libido virtutis*, constitui sem dúvida o único fundamento, e de qualquer forma o mais certo, de uma ordem social orientada duravelmente àquilo que aparece, a cada momento, como o universal.

Referências

ADORNO, T. W. *Jargon der Eigentlichkeit*: Zur deutschen Ideologie. Frankfurt am Main: Suhrkamp, 1964.

AESCHIMANN, É. "Bourdieu venait voir Rocard à Matignon…". Un entretien avec Pierre Encrevé. *Le Nouvel Observateur*, Paris, 4 jan. 2012.

AGATHON. *L'esprit de la nouvelle Sorbonne*: la crise de la culture classique, la crise du français. Paris: Mercure de France, 1911.

ALTHUSSER, L. *Posições*. Tradução: João Paisana. Lisboa: Horizonte, 1977.

ALTHUSSER, L. *Aparelhos ideológicos de Estado*. Tradução: Walter José Evangelista; Maria Laura Viveiros de Castro. Rio de Janeiro: Paz & Terra, 2022.

ARISTÓTELES. *Sobre o céu*. Tradução: Rodolfo Lopes; Maria de Fátima Sousa e Silva. Lisboa: Imprensa Nacional, 2022. *E-book*.

ARISTÓTELES. *Ética a Nicômaco*. Tradução: Vinícius Chichurra. Petrópolis: Vozes, 2024.

AUSTIN, J. L. *Sentido e percepção*. Tradução: Armando Mora de Oliveira. São Paulo: WMF Martins Fontes, 2021.

BACHELARD, G. *Études*. 2. ed. Paris: Vrin, 2000.

BACHELARD, G. *A formação do espírito científico*. Tradução: Estela dos Santos Abreu. Rio de Janeiro: Contraponto, 2007.

BANCAUD, A. Considérations sur une "pieuse hypocrisie": la forme des arrêts de la Cour de cassation. *Droit et Société*, [*s. l.*], v. 7, n. 1, p. 373-387, 1987. DOI: https://doi.org/10.3406/dreso.1987.972

BARBER, B. Some problems in the sociology of the professions. *Daedalus*, [*s. l.*], v. 92, n. 4, p. 669-688, 1963.

BELLAH, R. N. *The broken covenant*: American civil religion in time of trial. Chicago: University of Chicago Press, 1992.

BÉNICHOU, P. *Morales du grand siècle*. Paris: Gallimard, 1948.

BIEN, D. D. Les offices, les corps, et le crédit d'État: l'utilisation des privilèges sous l'Ancien Régime. *Annales. Histoire, Sciences Sociales*, [*s. l.*], v. 43, n. 2, p. 379-404, 1988. DOI: https://doi.org/10.3406/ahess.1988.283495

BOÉTIE, É. de L. *O discurso da servidão voluntária*. Tradução: Bruno Gambarotto. Petrópolis: Vozes, 2022.

BOURDIEU, P. La spécificité du champ scientifique et les conditions sociales du progrès de la raison. *Sociologie et sociétés*, [*s. l.*], v. 7, n. 1, p. 91-118, 1975a. DOI: https://doi.org/10.7202/001089ar

BOURDIEU, P. L'invention de la vie d'artiste. *Actes de la recherche en sciences sociales*, [*s. l.*], n. 1-2, p. 67-93, 1975b. DOI: https://doi.org/10.3406/arss.1975.2458

BOURDIEU, P. Structures sociales et structures de perception du monde social. *Actes de la recherche en sciences sociales*, [*s. l.*], n. 1-2, p. 18-20, 1975c. DOI: https://doi.org/10.3406/arss.1975.3507

BOURDIEU, P. Un jeu chinois. *Actes de la recherche en sciences sociales*, [*s. l.*], n. 2-4, p. 91-101, 1976. DOI: https://doi.org/10.3406/arss.1976.3467

BOURDIEU, P. Os doxósofos. *In*: BOURDIEU, P. *Crítica metodológica, investigação social e enquete operária*. Tradução: Ruth Joffily Dias. São Paulo: Pólis, 1982. p. 153-168.

BOURDIEU, P. O campo científico. *In*: ORTIZ, R. (org.). *Pierre Bourdieu*: Sociologia. Tradução: Paula Montero. São Paulo: Ática, 1983. (Grandes Cientistas Sociais, v. 39). p. 122-156.

BOURDIEU, P. Le hit-parade des intellectuels français ou qui sera juge de la légitimité des juges? *Actes de la Recherche en Sciences Sociales*, [*s. l.*], v. 52, n. 1, p. 95-100, 1984. DOI: https://doi.org/10.3406/arss.1984.3336

BOURDIEU, P. Effet de champ et effet de corps. *Actes de la recherche en sciences sociales*, [*s. l.*], n. 59, p. 73, 1985. DOI: https://doi.org/10.3406/arss.1985.2272

BOURDIEU, P. La force du droit. *Actes de la Recherche en Sciences Sociales*, [*s. l.*], v. 64, n. 1, p. 3-19, 1986. DOI: https://doi.org/10.3406/arss.1986.2332

BOURDIEU, P. Variations et invariants. *Actes de la recherche en sciences sociales*, [*s. l.*], n. 70, p. 3-30, 1987. DOI: https://doi.org/10.3406/arss.1987.2391

BOURDIEU, P. *A ontologia política de Martin Heidegger*. Tradução: Lucy Moreira Cesar. Campinas: Papirus, 1989a.

BOURDIEU, P. A representação política: elementos para uma teoria do campo político. *In*: BOURDIEU, P. *O poder simbólico*. Tradução: Fernando Tomaz. Rio de Janeiro: Bertrand, 1989b. p. 163-208.

BOURDIEU, P. *Intérêt et désintéressement*. Bron: IRESE, Université Lumière Lyon, 1989c. (Cahiers de recherche (Groupe de recherches sur le procès de socialisation) [Lyon, France]).

BOURDIEU, P. *La noblesse d'État*: grandes écoles et esprit de corps. Paris: Minuit, 1989d.

BOURDIEU, P. Naître à Normale. *Le Monde de la Révolution française*, Paris, mar. 1989e. p. 25.

BOURDIEU, P. *O poder simbólico*. Tradução: Fernando Tomaz. Lisboa: DIFEL, 1989f.

BOURDIEU, P. Droit et passe-droit. *Actes de la Recherche en Sciences Sociales*, [*s. l.*], n. 81-82, p. 86-96, 1990a. DOI: https://doi.org/10.3406/arss.1990.2928

BOURDIEU, P. Un signe des temps. *Actes de la recherche en sciences sociales*, [*s. l.*], n. 81-82, p. 2-5, 1990b. DOI: https://doi.org/10.3406/arss.1990.2923

BOURDIEU, P. Pour une internationale des intellectuels. *Politis*, Paris, 1992. p. 9-15.

BOURDIEU, P. *Raisons pratiques*. Sur la théorie de l'action. Paris: Seuil, 1994.

BOURDIEU, P. *A economia das trocas linguísticas*. Tradução: Sergio Miceli. São Paulo: Edusp, 1996a.

BOURDIEU, P. *As regras da arte*. Tradução: Maria Lucia Machado. São Paulo: Companhia das Letras, 1996b.

BOURDIEU, P. *Razões práticas*: sobre a teoria da ação. Campinas: Papirus, 1996c.

BOURDIEU, P. De la maison du roi à la raison d'État. *Actes de la recherche en sciences sociales*, [*s. l.*], n. 118, p. 55-68, 1997. DOI: https://doi.org/10.3406/arss.1997.3222

BOURDIEU, P. A retórica da cientificidade: contribuição para uma análise do efeito Montesquieu. *In*: BOURDIEU, P. *A economia das trocas linguísticas*. Tradução: José Carlos Durand. São Paulo: Edusp, 1998a. p. 177-185.

BOURDIEU, P. *Contrafogos*: táticas para enfrentar a invasão neoliberal. Tradução: Lucy Magalhães. Rio de Janeiro: Zahar, 1998b.

BOURDIEU, P. La parenté comme représentation et comme volonté. *In*: BOURDIEU, P. *Esquisse d'une théorie de la pratique*. Paris: Seuil, 2000. p. 83-215.

BOURDIEU, P. *A produção da crença*. Tradução: Guilherme João Freitas Teixeira. Porto Alegre: Zouk, 2001a.

BOURDIEU, P. *Contrafogos 2*: por um movimento social europeu. Tradução: Lucy Magalhães. Rio de Janeiro: Zahar, 2001b.

BOURDIEU, P. Le mort saisit le vif: as relações entre a história reificada e a história incorporada. *In*: BOURDIEU, P. *O poder simbólico*. Rio de Janeiro: Bertrand, 2001c. p. 75-106.

BOURDIEU, P. Le mystère du ministère: Des volontés particulières à la "volonté générale". *Actes de la recherche en sciences sociales*, [*s. l.*], v. 140, n. 1, p. 7-11, 2001d. DOI: https://doi.org/10.3406/arss.2001.2831

BOURDIEU, P. *Meditações pascalianas*. Tradução: Sergio Miceli. Rio de Janeiro: Bertrand, 2001e.

BOURDIEU, P. *Science de la science et réflexivité*. Paris: Raisons d'agir, 2001f.

BOURDIEU, P. A causa da ciência. *Política & Sociedade*, [*s. l.*], v. 1, n. 1, p. 143-161, 2002a. DOI: https://doi.org/10.5007/%x

BOURDIEU, P. La vertu civile. *In*: POUPEAU, F.; DISCEPOLO, T. (org.). *Interventions 1961-2001*. Marseille: Agone, 2002b. p. 235-238.

BOURDIEU, P. *Coisas ditas*. Tradução: Cássia Silveira; Denise Pegorim. São Paulo: Brasiliense, 2004.

BOURDIEU, P. *Esboço de auto-análise*. Tradução: Sergio Miceli. São Paulo: Companhia das Letras, 2005a.

BOURDIEU, P. Secouez un peu vos structures! *In*: DUBOIS, J.; DURAND, P.; WINKIN, Y. (org.). *Le Symbolique et le Social*. La réception internationale du travail de Pierre Bourdieu. Liège: Éditions de l'Université de Liège, 2005b. p. 325-341.

BOURDIEU, P. Diálogo sobre a poesia oral na Cabília: entrevista de Mouloud Mammeri a Pierre Bourdieu. *Revista de Sociologia e Política*, [*s. l.*], n. 26, p. 61-81, 2006. DOI: https://doi.org/10.1590/S0104-44782006000100006

BOURDIEU, P. La noblesse: capital social et capital symbolique. *In*: LANCIEN, D.; SAINT MARTIN, M. de (org.). *Anciennes et nouvelles aristocraties de 1880 à nos jours*. Paris: Éditions de la Maison des sciences de l'homme, 2007. p. 385-397.

BOURDIEU, P. *A distinção*: crítica social do julgamento. Tradução: Daniela Kern; Guilherme João Freitas Teixeira. Porto Alegre: Zouk, 2011a.

BOURDIEU, P. *A economia das trocas simbólicas*. São Paulo: Perspectiva, 2011b.

BOURDIEU, P. *O senso prático*. Tradução: Maria Ferreira. Petrópolis: Vozes, 2012a.

BOURDIEU, P. *Sur l'État*: Cours au Collège de France. Paris: Seuil, 2012b.

BOURDIEU, P. *Homo Academicus*. Florianópolis: UFSC, 2013a.

BOURDIEU, P. *Manet, une révolution symbolique*. Paris: Seuil, 2013b.

BOURDIEU, P. *Les Structures sociales de l'économie*. Paris: Seuil, 2014a.

BOURDIEU, P. *Sobre o Estado*. Tradução: Rosa Freire D'Aguiar. São Paulo: Companhia das Letras, 2014b.

BOURDIEU, P. A escola conservadora: as desigualdades frente à escola e à cultura. *In*: BOURDIEU, P. *Escritos de educação*. Tradução: Aparecida Joly Gouveia. Petrópolis: Vozes, 2015a. p. 43-72.

BOURDIEU, P. *Sociologie générale vol 1*: Cours au Collège de France 1981-1983. Paris: Seuil, 2015b.

BOURDIEU, P. Sur la possibilité d'un champ international de la sociologie. *In*: LECLERC, C.; LIZÉ, W.; STEVENS, H. (org.). *Bourdieu et les sciences sociales*. Réception et usages. Paris: La Dispute, 2015c. p. 33-49.

BOURDIEU, P. *Sociologie générale vol 2*: Cours au Collège de France 1983-1986. Paris: Seuil, 2016.

BOURDIEU, P. *Anthropologie économique*. Paris: Seuil, 2017a.

BOURDIEU, P. *Para uma sociologia da ciência*. Lisboa: Edições 70, 2017b.

BOURDIEU, P. A opinião pública não existe. *In*: BOURDIEU, P. *Questões de sociologia*. Tradução: Fábio Creder. Petrópolis: Vozes, 2019a. p. 210-221.

BOURDIEU, P. O racismo da inteligência. *In*: BOURDIEU, P. *Questões de sociologia*. Tradução: Fábio Creder. Petrópolis: Vozes, 2019b. p. 248-252.

BOURDIEU, P. Proposições para o ensino do futuro: relatório do Collège de France. *In*: VALLE, I. R.; SOULIÉ, C. (org). *Pierre Bourdieu*: Uma sociologia ambiciosa da educação. Tradução: Gabriela Albanás Couto; Tatiana Pires Escobar; Ione Ribeiro Valle. Florianópolis: UFSC, 2019c. p. 235-265.

BOURDIEU, P. Provação escolar e consagração social: as classes preparatórias para as Grandes Escolas. *In*: VALLE, I. R.; SOULIÉ, C. (org.). *Pierre Bourdieu*: uma sociologia ambiciosa da educação. Tradução: Tiago Ribeiro Santos; Silvana Rodrigues de Souza Sato. Florianópolis: UFSC, 2019d. p. 73-233.

BOURDIEU, P. *Questões de sociologia*. Tradução: Fábio Creder. Petrópolis: Vozes, 2019e.

BOURDIEU, P. A casa cabila ou o mundo invertido. *In*: BOURDIEU, P. *O desencantamento do mundo*. São Paulo: Perspectiva, 2021a. p. 211-239.

BOURDIEU, P. *O baile dos celibatários*: crise da sociedade camponesa no Béarn. Tradução: Carolina Pulici. São Paulo: Editora Unifesp, 2021b.

BOURDIEU, P. *Sociologia geral vol. 1*: Lutas de classificação. Tradução: Fábio Ribeiro. Petrópolis: Vozes, 2021c.

BOURDIEU, P. *Sociologia geral vol. 2*: Habitus e campo. Tradução: Fábio Ribeiro. Petrópolis: Vozes, 2021d.

BOURDIEU, P. Os juristas, guardiães da hipocrisia coletiva. *Contexto Jurídico*, [*s. l.*], v. 9, n. 2, 2022. Disponível em: https://www.e-publicacoes.uerj.br/contexto/article/view/77777. Acesso em: 15 mar. 2025.

BOURDIEU, P. *Manet: uma revolução simbólica*. Tradução: Rosa Freire D'Aguiar. São Paulo: Edusp, 2023a.

BOURDIEU, P. *Sociologia geral vol. 3*: As formas do capital. Tradução: Fábio Ribeiro. Petrópolis: Vozes, 2023b.

BOURDIEU, P. *Sociologia geral vol. 4*: Princípios de visão. Tradução: Fábio Ribeiro. Petrópolis: Vozes, 2023c.

BOURDIEU, P. *Sociologia geral vol. 5*: Política e sociologia. Tradução: Fábio Ribeiro. Petrópolis: Vozes, 2025.

BOURDIEU, P.; BOLTANSKI, L. La production de l'idéologie dominante. *Actes de la Recherche en Sciences Sociales*, [*s. l.*], n. 2, p. 3-73, 1976. DOI: https://doi.org/10.3406/arss.1976.3443

BOURDIEU, P.; CHRISTIN, R. La construction du marché. *Actes de la Recherche en Sciences Sociales*, [*s. l.*], n. 81-82, p. 65-85, 1990. DOI: https://doi.org/10.3406/arss.1990.2927

BOURDIEU, P.; DARBEL, A. *O amor pela arte*: os museus de arte na Europa e seu público. Tradução: Guilherme João Freitas Teixeira. Porto Alegre: Zouk, 2016.

BOURDIEU, P.; DELSAUT, Y. O costureiro e sua grife: contribuição para uma teoria da magia. *In*: BOURDIEU, P. *A produção da crença*. Tradução: Maria da Graça Jacintho Setton. Porto Alegre: Zouk, 2018. p. 113-190.

BOURDIEU, P. *et al. Éléments d'une analyse du marché de la maison individuelle*. Centre de sociologie européenne, 1988.

BOURDIEU, P.; PASSERON, J.-C.; CHAMBOREDON, J.-C. *Ofício de sociólogo*. 8. ed. Petrópolis: Vozes, 2015.

BOURDIEU, P.; SAINT MARTIN, M. de. Le patronat. *Actes de la recherche en sciences sociales*, [*s. l.*], n. 20-21, p. 3-82, 1978. DOI: https://doi.org/10.3406/arss.1978.2592

BOURDIEU, P.; SAINT MARTIN, M. de. La sainte famille. *Actes de la Recherche en Sciences Sociales*, [*s. l.*], n. 44-45, p. 2-53, 1982. DOI: https://doi.org/10.3406/arss.1982.2165

BOURDIEU, P.; SAINT MARTIN, M. de. Agrégation et ségrégation. *Actes de la recherche en sciences sociales*, [*s. l.*], n. 69, p. 2-50, 1987. DOI: https://doi.org/10.3406/arss.1987.2380

BOURDIEU, P.; SAINT MARTIN, M. de. As categorias do juízo professoral. *In*: BOURDIEU, P. *Escritos de educação*. Tradução: Vera Falsetti. Petrópolis: Vozes, 2023. p. 313-368.

BOURDIEU, P.; WACQUANT, L. *Réponses*. Pour une anthropologie réflexive. Paris: Seuil, 1992.

BOURDIEU, P.; WACQUANT, L. *Invitation à la sociologie réflexive*. Paris: Seuil, 2014.

BOURMEAU, S. Défataliser le monde. Entretien avec Pierre Bourdieu. *Les Inrockuptibles*, [*s. l.*], 9 abr. 1997. p. 22-29.

CAILLÉ, A. *Don, intérêt et désintéressement*: Bourdieu, Mauss, Platon et quelques autres. Paris: La Découverte, 1994.

CAM, P. Juges rouges et droit du travail. *Actes de la recherche en sciences sociales*, [*s. l.*], n. 19, p. 2-27, 1978. DOI: https://doi.org/10.3406/arss.1978.2584

CANGUILHEM, G. *Idéologie et rationalité dans l'histoire des sciences de la vie*. Paris: Vrin, 1977.

CAPLOW, T. *The sociology of work*. Minneapolis: University of Minnesota Press, 1954.

CASANOVA, P. Liber. *In*: SAPIRO, G. (org.). *Dictionnaire international Bourdieu*. Paris: CNRS Éditions, 2020. p. 510.

CERVANTES, M. de. *Dom Quixote de La Mancha*. Tradução: Almir de Andrade; Milton Amado. Rio de Janeiro: Nova Fronteira, 2021.

CHAMPAGNE, P. Le cercle politique. *Actes de la Recherche en Sciences Sociales*, [*s. l.*], v. 71, n. 1, p. 71-97, 1988. DOI: https://doi.org/10.3406/arss.1988.2407

CHAMPAGNE, P. *Faire l'opinion*: le nouveau jeu politique. Paris: Minuit, 1990a.

CHAMPAGNE, P. Notes sur quelques développements récents de la sociologie en Union soviétique. *Actes de la recherche en sciences sociales*, [*s. l.*], n. 83, p. 68-72, 1990b. DOI: https://doi.org/10.3406/arss.1990.2942

CHURCH, W. F. The Decline of the French Jurists as Political Theorists, 1660-1789. *French Historical Studies*, [*s. l.*], v. 5, n. 1, p. 1-40, 1967. DOI: https://doi.org/10.2307/285863

CLAUDEL, P. *Art poétique*. Paris: Mercure de France, 1946.

COMPAGNON, A. *La Troisième République des lettres*: De Flaubert à Proust. Paris: Seuil, 1983.

CROW, T. *Painters and public life in eighteenth century Paris*. New Haven: Yale University Press, 1987.

D'AGUESSEAU, H. F. Discours pour l'ouverture des audiences du Parlement. Premier discours, prononcé en 1693: L'indépendance de l'avocat. *In*: D'AGUESSEAU, H. F. *Œuvres du chancelier D'Aguesseau*. Paris: Fantin et Compagnie, 1819a. v. 1, p. 1-13.

D'AGUESSEAU, H. F. L'Amour de la patrie. *In*: D'AGUESSEAU, H. F. *Œuvres du chancelier D'Aguesseau*. Paris: Fantin et Compagnie, 1819b. v. 1.

D'AGUESSEAU, H. F. *Œuvres du chancelier D'Aguesseau*. 2. ed. Paris: Fantin et Compagnie, 1819c.

D'AGUESSEAU, H. F. Trente-septième plaidoyer, prononcé en deux audiences, la dernière le 10 janvier 1696 dans la cause de M. le prince de Conty et de Madame la duchesse de Nemours. *In*: D'AGUESSEAU, H. F. *Œuvres du chancelier D'Aguesseau*. Paris: Fantin et Compagnie, 1819d. v. 3, p. 113.

D'AGUESSEAU, H. F. Troisième discours, prononcé en 1699: Des causes de la décadence de l'éloquence. *In*: D'AGUESSEAU, H. F. *Œuvres du chancelier D'Aguesseau*. Paris: Fantin et Compagnie, 1819e. v. 1, p. 31-46.

DAMAMME, D. Genèse sociale d'une institution scolaire. *Actes de la recherche en sciences sociales*, [*s. l.*], n. 70, p. 31-46, 1987. DOI: https://doi.org/10.3406/arss.1987.2392

DELSAUT, Y. Carnets de socioanalyse 2 – Une photo de classe. *Actes de la recherche en sciences sociales*, [*s. l.*], n. 75, p. 83-96, 1988.

DELSAUT, Y. *Carnets de socioanalyse*: Écrire les pratiques ordinaires. Paris: Raisons d'agir, 2020.

DERRIDA, J. *Gramatologia*. Tradução: Miriam Schnaiderman; Renato Janine Ribeiro. São Paulo: Perspectiva, 1973.

DESCARTES, R. *Discurso sobre o método*. Tradução: Fábio Creder. Petrópolis: Vozes, 2018.

DESROSIÈRES, A. Bourdieu et les statisticiens: une rencontre improbable et ses deux héritages. *In*: ENCREVÉ, P.; LAGRAVE, R.-M. (org.). *Travailler avec Bourdieu*. Paris: Flammarion, 2003. p. 209-218.

DEZALAY, Y. *Marchands de droit*: La restructuration de l'ordre juridique international par les multinationales du droit. Paris: Fayard, 1992.

DEZALAY, Y. Une leçon de réflexivité. *In*: MAUGER, G. (org.). *Rencontres avec Bourdieu*. Boissieu: Éditions du Croquant, 2005. p. 233-238.

DEZALAY, Y.; BIGO, D.; COHEN, A. Enquêter sur l'internationalisation des noblesses d'État. *Cultures et Conflits*, [*s. l.*], n. 98, p. 15-52, 2015.

DUBAR, C.; TRIPIER, P. (org.). *Sociologie des professions*. Paris: Armand Colin, 1998. *E-book*.

DURKHEIM, É. *Textes 3*: Fonctions sociales et institutions. Paris: Minuit, 1975.

DURKHEIM, É. *Sociologia, pragmatismo e filosofia*. Tradução: Evaristo Santos. Porto: Rés, 1988. *E-book*.

DURKHEIM, É. *Da divisão do trabalho social*. Tradução: Eduardo Brandão. São Paulo: WMF Martins Fontes, 1995.

DURKHEIM, É. *As formas elementares da vida religiosa*. Tradução: Paulo Neves. São Paulo: Martins Fontes, 1996.

DURKHEIM, É. *Les règles de la méthode sociologique*. Paris: PUF, 2013.

DURKHEIM, É. *As regras do método sociológico*. Tradução: Maria Ferreira. Petrópolis: Vozes, 2019a.

DURKHEIM, É. *Lições de sociologia*. Tradução: Monica Stahel. São Paulo: WMF Martins Fontes, 2019b.

DUTHEIL, F. L'intellectuel dans la cité. Un entretien avec Pierre Bourdieu: "Il faut restaurer la tradition de vigilance". *Le Monde*, Paris, 4 nov. 1993. p. 29.

ELIAS, N. *O processo civilizador 1*: uma história dos costumes. Tradução: Ruy Jungmann. Rio de Janeiro: Zahar, 1990.

ELIAS, N. *A sociedade de corte*. Tradução: Pedro Süssekind. Rio de Janeiro: Zahar, 2001.

ELSTER, J. *Ulysses and the Sirens*: Studies in rationality and irrationality. Cambridge: Cambridge University Press, 1984.

ELZIÈRE, P. A propos des "médecines naturelles". *Actes de la recherche en sciences sociales*, [*s. l.*], n. 64, p. 79-80, 1986. DOI: https://doi.org/10.3406/arss.1986.2339

ESPINOSA, B. de. *Ética*. Tradução: Tomaz Tadeu. Belo Horizonte: Autêntica, 2009a.

ESPINOSA, B. de. *Tratado político*. Tradução: Diogo Pires Aurélio. São Paulo: WMF Martins Fontes, 2009b.

ESPINOSA, B. de. Carta XXI (28 de Janeiro de 1665) - Ao Mui Doutor e Distinto Senhor Willen van Blijenbergh. *Revista Conatus - Filosofia de Spinoza*, [*s. l.*], v. 7, n. 14, p. 71-76, 2013.

EVANS, P. B.; RUESCHEMEYER, D.; SKOCPOL, T. (org.). *Bringing the State Back in*. Cambridge: Cambridge University Press, 1985.

FOUCAULT, M. *A arqueologia do saber*. Rio de Janeiro: Forense Universitária, 2012.

FOUCAULT, M. *Vigiar e punir*: Nascimento da prisão. Tradução: Raquel Ramalhete. Petrópolis: Vozes, 2014.

FOUCAULT, M. *As palavras e as coisas*. São Paulo: Martins Fontes, 2019.

FRÊCHE, G.; SUDREAU, J. *Un chancelier gallican*: D'Aguesseau, et un cardinal diplomate: François Joachim de Pierre de Bernis. Paris: Presses universitaires de France, 1969.

FREIDSON, E. Les professions artistiques comme défi à l'analyse sociologique. *Revue française de sociologie*, [*s. l.*], v. 27, n. 3, p. 431-443, 1986. DOI: https://doi.org/10.2307/3321317

FREIDSON, E. *Profissão médica*: um estudo de sociologia do conhecimento aplicado. Tradução: André de Faria Pereira Neto; Kvieta Brezinova de Morais. São Paulo: Editora Unesp, 2009.

GADAMER, H.-G. *Verdade e método*. Tradução: Flávio Paulo Meurer. 15. ed. Petrópolis: Vozes, 2015.

GALILEI, G. O ensaiador. *In*: *Os Pensadores*. Tradução: Helda Barraco. São Paulo: Abril Cultural, 1973. (Os Pensadores).v. 12.

GARFINKEL, H. *Estudos de etnometodologia*. Tradução: Aline Domingues de Paiva *et al*. Petrópolis: Vozes, 2018.

GENNEP, A. van. *Os ritos de passagem*. Tradução: Mariano Ferreira. Petrópolis: Vozes, 2013.

GHEORGHIU, M. D. La sociologie roumaine contemporaine. *Actes de la recherche en sciences sociales*, [*s. l.*], n. 55, p. 68-70, 1984. DOI: https://doi.org/10.3406/arss.1984.2242

GILCHER-HOLTEY, I. Jürgen Habermas. *In*: SAPIRO, G. (org.). *Dictionnaire international Bourdieu*. Paris: CNRS Éditions, 2020. p. 385-386.

GOFFMAN, E. *A representação do eu na vida cotidiana*. Tradução: Maria Célia Santos Raposo. Petrópolis: Vozes, 2014.

GOLDMANN, L. *Le Dieu caché*: Étude sur la vision tragique dans les "Pensées" de Pascal et dans le théâtre de Racine. Paris: Gallimard, 1956.

GOLDMANN, L. *Correspondance de Martin de Barcos, abbé de Saint-Cyran, avec les abbesses de Port-Royal et les principaux personnages du groupe Janséniste*. Paris: Presses Universitaires de France, 1957.

GOLDMANN, L. *Sociologia do romance*. Rio de Janeiro: Paz & Terra, 1976.

GOLDSTEIN, J. "Moral Contagion": A professional ideology of medicine and psychiatry in Eighteenth- and Nineteenth-Century France. *In*: GEISON, G. L. (org.). *Professions and the French State, 1700-1900*. Philadelphia: University of Pennsylvania Press, 1984. p. 188-222.

GOODE, W. J. Encroachment, charlatanism and the emerging profession: Psychology, sociology and medicine. *American Sociological Review*, [*s. l.*], v. 25, n. 6, p. 902-914, 1960.

GOULDNER, A. W. Cosmopolitans and locals: Toward an analysis of latent social roles. *Administrative Science Quarterly*, [*s. l.*], v. 2, p. 281-306, 1957. DOI: https://doi.org/10.2307/2391000

GRATTI, B. R. *Sobre a adivinhação, de Marco Túlio Cícero*. 239 f. 2009. Dissertação (Mestrado em Estudos da Linguagem) - Universidade Estadual de Campinas, Campinas, 2009. Disponível em: https://repositorio.unicamp.br/acervo/detalhe/772837. Acesso em: 20 fev. 2024.

GRICE, P. *Studies in the way of words*. Cambridge: Harvard University Press, 1991.

GUILLERMIT, L. *L'élucidation critique du jugement de goût selon Kant*. Paris: CNRS Editions, 2000.

GUTTMAN, L. Relation of scalogram analysis to other techniques. *In*: STOUFFER, S. A. *et al.* (org.). *Measurement and prediction*: Studies in social psychology in World War II. Princeton: Princeton University Press, 1950. v. 4, p. 60-90.

HABERMAS, J. *Teoria da ação comunicativa*. Tradução: Luiz Repa. São Paulo: Editora Unesp, 2022.

HAURIOU, M. *Précis de droit administratif et de droit public*. Paris: Dalloz, 2002.

HEGEL, G. W. F. *Enciclopédia das ciências filosóficas em compêndio III* - A filosofia do espírito. Tradução: Paulo Meneses. São Paulo: Loyola, 1995.

HEGEL, G. W. F. *A razão na história*. Tradução: Artur Morão. Lisboa: Edições 70, 2013.

HEGEL, G. W. F. *Fenomenologia do espírito*. Tradução: Paulo Meneses; Karl-Heinz Efken; José Nogueira Machado. Petrópolis: Vozes, 2014.

HEGEL, G. W. F. *Linhas fundamentais da filosofia do direito*. Tradução: Marcos Lutz Müller. São Paulo: Editora 34, 2022.

HEILBRON, J. La professionnalisation comme concept sociologique et comme stratégie des sociologues. *In*: *Historiens et sociologues aujourd'hui*. Paris: Éditions du CNRS, 1986. p. 61-73.

HEILBRON, J. Particularités et particularismes de la sociologie aux Pays-Bas. *Actes de la recherche en sciences sociales*, [*s. l.*], n. 74, p. 76-81, 1988. DOI: https://doi.org/10.3406/arss.1988.2437

HEILBRON, J. *Het ontstaan van de sociologie*. Amsterdam: Prometheus, 1991. *E-book*.

HICKSON, D. J.; THOMAS, M. W. Professionalization in Britain: A Preliminary Measurement. *Sociology*, [*s. l.*], v. 3, n. 1, p. 37-53, 1969. DOI: https://doi.org/10.1177/003803856900300103

HIRSCHMAN, A. O. *As paixões e os interesses*: argumentos políticos a favor do capitalismo antes de seu triunfo. Tradução: Luiz Guilherme Chaves; Regina Bhering. Rio de Janeiro: Record, 2002.

HOOFT, P. La philosophie du langage ordinaire et le droit. *Archives de philosophie du droit*, [*s. l.*], v. 17, p. 261-284, 1972.

HUIZINGA, J. *Homo ludens*: O jogo como elemento da cultura. Tradução: João Paulo Monteiro; Newton Cunha. São Paulo: Perspectiva, 2019.

HUME, D. *Tratado da natureza humana*. Tradução: Debora Danowski. São Paulo: Editora Unesp, 2009.

HURST, J. W. *The Growth of American Law*: The Law Makers. Boston: Little Brown, 1950.

HUSSERL, E. *A crise das ciências europeias e a fenomenologia transcendental*. Tradução: Diogo Falcão Ferrer. Rio de Janeiro: Forense Universitária, 2012.

ISRAËL, L. À qui de droit. *In*: ISRAËL, L. *La force du droit*. Paris: Sorbonne, 2017. p. 7-15.

ISSENHUTH, P. La "clef de voûte de toute sociologie de la culture". Enjeux des premières enquêtes "Éducation". *In*: DUVAL, J.; HEILBRON, J.; ISSENHUTH, P. (org.). *Pierre Bourdieu et l'art de l'invention scientifique*. Paris: Garnier, 2022.

KANT, I. *Versuch den Begriff der negativen Größen in die Weltweisheit einzuführen*. [*S. l.*]: [*s. n.*], 1763.

KANT, I. *Essai pour introduire en philosophie le concept de grandeur négative*. Tradução: Roger Kempf. Paris: Vrin, 1991.

KANT, I. *Fundamentação da metafísica dos costumes*. Tradução: Guido Antônio de Almeida. São Paulo: Barcarolla, 2010.

KANT, I. *Crítica da razão prática*. Tradução: Monique Hulshof. Petrópolis: Vozes, 2016.

KANT, I. *O conflito das faculdades*. Tradução: Andre Rodrigues Ferreira Perez. Petrópolis: Vozes, 2021.

KANT, I. *A religião nos limites da simples razão*. Tradução: Bruno Cunha. Petrópolis: Vozes, 2024.

KANTOROWICZ, E. H. *Os dois corpos do rei*. Tradução: Cid Knipel Moreira. São Paulo: Companhia das Letras, 1998.

KANTOROWICZ, E. H. *Mourir pour la patrie*. Paris: Fayard, 2004.

KELSEN, H. *Teoria pura do direito*. Tradução: João Baptista Machado. São Paulo: WMF Martins Fontes, 2009.

KEOHANE, N. O. *Philosophy and the State in France*: The Renaissance to the Enlightenment. Princeton: Princeton University Press, 1980.

KLEIN, J. S. La procédure des fonds de concours ou l'art de tourner les règles budgétaires. *La Revue administrative*, [*s. l.*], v. 34, n. 203, p. 466-471, 1981.

KRIPKE, S. A. *Wittgenstein on rules and private language*: An elementary exposition. Oxford: John Wiley & Sons, 1984.

KUHN, T. S. *A estrutura das revoluções científicas*. Tradução: Beatriz Boeira; Nelson Boeira. São Paulo: Perspectiva, 2017.

LARSON, M. S. *The rise of professionalism*: A sociological analysis. Berkeley: Univ of California Press, 1979.

LATTIMORE, O. *Inner Asian frontiers of China*. Boston: Beacon Press, 1962.

LE PLAY, F. *L'organisation de la famille selon le vrai modèle signalé par l'histoire de toutes les races et de tous les temps*. Tours: Mame et fils, 1875.

LE PLAY, F. *La méthode sociale*. Paris: Méridiens-Klincksieck, 1989.

LE PLAY, F. *Les Mélouga*. Une famille pyrénéenne au XIXe siècle. Paris: Nathan Université, 1994.

LEIBNIZ, G. W. A monadologia. *In*: *Os Pensadores*. Tradução: Marilena Chaui. São Paulo: Abril Cultural, 1973. (Os Pensadores). v. 19.

LEIBNIZ, G. W. *Animadversiones ad Cartesii Principia philosophiae*. Michigan: University of Michigan Library, 1844.

LEIBNIZ, G. W. *Ensaios de teodiceia sobre a bondade de Deus, a liberdade do homem e a origem do mal*. Tradução: William de Siqueira Piauí Silva; Juliana Cecci. São Paulo: Estação Liberdade, 2022.

LÊNIN, V. Discours sur la question du programme du parti. 22 juillet (4 août). *In*: *Œuvres*. Paris: Éditions sociales, 1966. v. 6, p. 515.

LENOIR, R. Groupes de pression et groupes consensuels. *Actes de la recherche en sciences sociales*, [*s. l.*], n. 64, p. 30-39, 1986. DOI: https://doi.org/10.3406/arss.1986.2334

LENOIR, R. Objet sociologique et problème social. *In*: CHAMPAGNE, P. *et al.* (org.). *Initiation à la pratique sociologique*. Paris: Dunod, 1989. p. 53-100.

LENOIR, R. La parole est aux juges. *Actes de la recherche en sciences sociales*, [*s. l.*], n. 101-102, p. 77-84, 1994. DOI: https://doi.org/10.3406/arss.1994.3086

LERNER, D. *The Passing of Traditional Society*: Modernizing the Middle East. Londres: Macmillan, 1958.

LERNER, D. Social sciences: Whence and Whither. *In*: LERNER, D. (org.). *The human meaning of the social sciences*. Cleveland: Meridian, 1959. p. 13-39.

LÉVI-STRAUSS, C. *Tristes trópicos*. Tradução: Rosa Freire D'Aguiar. São Paulo: Companhia das Letras, 1996.

LÉVY-BRUHL, L. *La Morale et la science des moeurs*. Paris: F. Alcan, 1903.

LUHMANN, N. Die Einheit des Rechtssystems. *Rechtstheorie*, [*s. l.*], v. 14, p. 129-154, 1983.

LUHMANN, N. *Sistemas sociais*: Esboço de uma teoria geral. Tradução: Antonio C. Luz Costa; Roberto Dutra Torres Junior; Marco Antonio dos Santos Casanova. Petrópolis: Vozes, 2016.

LUKÁCS, G. *A teoria do romance*. 2. ed. São Paulo: Editora 34, 2009.

MAIER, H. *Politische Wissenschaft in Deutschland*. Lehre und Wirkung. München: Piper, 1969.

MALLARMÉ, S. *Mallarmé*. Tradução: Augusto de Campos; Haroldo de Campos; Décio Pignatari. São Paulo: Perspectiva, 2019.

MARIN, L. *La Critique du discours*. Paris: Minuit, 1975.

MARX, K. *Crítica da Filosofia do Direito de Hegel*. São Paulo: Boitempo, 2005.

MARX, K.; ENGELS, F. *A ideologia alemã*. Tradução: Rubens Enderle; Nélio Schneider; Luciano Cavini Martorano. São Paulo: Boitempo, 2007.

MARX, K. *O capital*: Livro 1. Tradução: Rubens Enderle. São Paulo: Boitempo, 2013.

MATHERON, A. *Individu et communauté chez Spinoza*. Paris: Minuit, 1969.

MAUSS, M. *Sociologia e antropologia*. Tradução: Paulo Neves. São Paulo: Ubu, 2017.

MAZON, B. *Aux origines de l'École des hautes études en sciences sociales*. Le rôle du mécénat américain (1920-1960). Paris: Le Cerf, 1988.

MERLEAU-PONTY, M. *Fenomenologia da percepção*. Tradução: Carlos Alberto Ribeiro de Moura. São Paulo: WMF Martins Fontes, 2018.

MERTON, R. K. *Ensaios de sociologia da ciência*. Tradução: Sylvia Gemignani Garcia; Pablo Rubén Mariconda. São Paulo: Editora 34, 2013.

MILLERSON, G. *The qualifying associations*. Nova York: Routledge & Kegan Paul, 1964.

MOLLOT, F.-É. *Règles de la profession d'avocat*: suivies des usages, lois et règlements. Paris: Hachette Livre BNF, 2016.

MONTAIGNE, M. de. Ensaios. *In*: *Os Pensadores*. Tradução: Sérgio Milliet. São Paulo: Abril Cultural, 1972. (Os Pensadores). v. 11.

MONTESQUIEU. *Cahiers 1716 - 1755*. Paris: Grasset, 1941.

MOUNIER, J.-P. Du corps judiciaire à la crise de la magistrature. *Actes de la recherche en sciences sociales*, [*s. l.*], n. 64, p. 20-29, 1986. DOI: https://doi.org/10.3406/arss.1986.2333

MUSIL, R. *O homem sem qualidades*. Tradução: Lya Luft; Carlos Abbenseth. Rio de Janeiro: Nova Fronteira, 2015.

NIETZSCHE, F. *Segunda consideração intempestiva da utilidade e desvantagem da história para a vida*. Tradução: Marco Antonio dos Santos Casanova. Rio de Janeiro: Relume Dumará, 2003.

NIETZSCHE, F. *Humano, demasiado humano*. Tradução: Paulo César de Souza. São Paulo: Companhia das Letras, 2005.

NIETZSCHE, F. *Além do bem e do mal*. Tradução: Mário Ferreira dos Santos. Petrópolis: Vozes, 2014.

NIZAN, P. *Antoine Bloyé*. Paris: Grasset, 1978.

OLSON, M. *A lógica da ação coletiva*. Tradução: Fábio Fernandez. São Paulo: Edusp, 2015.

PARFIT, D. Later Selves and Moral Principles. *In*: MONTEFIORE, A. (org.). *Philosophy and personal relations*. Londres: Routledge, 1973. p. 137-169.

PARIENTE, J.-C. *L'Analyse du langage à Port-Royal*: Six études logico-grammaticales. Paris: Minuit, 1985.

PARSONS, T. Professions. *In*: SILLS, D. L. (org.). *International Encyclopedia of the Social Sciences*. Nova York: Macmillan, 1968. v. 12, p. 536-547.

PARSONS, T. *et al.* (org.). *Theories of Society*: Foundations of Modern Sociological Theory. Nova York: Free Press, 1961.

PARSONS, T.; SHILS, E. A. *Toward a general theory of action*: Theoretical foundations for the social sciences. Londres: Routledge, 1951.

PASCAL, B. Pensamentos. *In*: *Os Pensadores*. Tradução: Sérgio Milliet. São Paulo: Abril Cultural, 1973. (Os Pensadores). v. 16.

PINTO, L. Un regard sur la sociologie en Hongrie. *Actes de la recherche en sciences sociales*, [*s. l.*], n. 61, p. 48-51, 1986. DOI: https://doi.org/10.3406/arss.1986.2302

PLATÃO. *Diálogos*: Protágoras, Górgias, O Banquete, Fedão. Tradução: Carlos Alberto Nunes. Belém: EDUFPA, 1980.

PLATÃO. *Cartas e epigramas*. Tradução: Edson Bini. São Paulo: Edipro, 2012.

PLATÃO. *A república*. Tradução: Carlos Alberto Nunes. Belém: EDUFPA, 2023.

POLANYI, M. *Conhecimento Pessoal*. Tradução: Eduardo Beira. Porto: Inovatec, 2013.

POLLAK, M. La planification des sciences sociales. *Actes de la recherche en sciences sociales*, [*s. l.*], n. 2-3, p. 105-121, 1976. DOI: https://doi.org/10.3406/arss.1976.3455

POWELL, M. La nouvelle presse juridique et les métiers du droit. *Actes de la recherche en sciences sociales*, [*s. l.*], n. 101-102, p. 63-76, 1994. DOI: https://doi.org/10.3406/arss.1994.3085

PROUST, M. *Contra Sainte-Beuve*. Tradução: Luciana Persice Nogueira. 2. ed. Belo Horizonte: Âyiné, 2021.

PUDAL, B. Les dirigeants communistes. *Actes de la recherche en sciences sociales*, [*s. l.*], n. 71-72, p. 46-70, 1988. DOI: https://doi.org/10.3406/arss.1988.2406

QUINE, W. V. O. *Palavra e objeto*. Tradução: Demétrio Murcho; Sofia Stein. Petrópolis: Vozes, 2010.

RANULF, S. *The jealousy of the Gods and criminal law at Athens*: A contribution to the sociology of moral indignation. Londres: Williams, 1914.

RANULF, S. *Moral indignation and middle class psychology*: A sociological study. Copenhagen: Levin & Munksgaard, 1938.

RAUSHENBUSH, W. *Robert E. Park*: Biography of a sociologist. Durham: Duke University Press, 1979.

RICHER, L. (org.). *L'Activité désintéressée*: réalité ou fiction juridique? Paris: Economica, 1983.

ROSANVALLON, P. *L'Etat en France*: De 1789 à nos jours. Paris: Seuil, 1993.

ROUSSELET, M. *Histoire de la magistrature française des origines à nos jours*. Paris: Librairie Plon, 1957.

SAINT MARTIN, M. de. Uma grande família. *RePOCS*, [*s. l.*], v. 17, n. 33, p. 37-68, 2020.

SAMUELSON, P. A. *Economics*: An introductory analysis. 3. ed. Nova York: McGraw-Hill, 1955.

SARTRE, J.-P. *Nekrassov*. Paris: Gallimard, 1980.

SARTRE, J.-P. *A questão judaica*. Tradução: Mário Vilela. São Paulo: Ática, 1995.

SAYAD, A. *L'immigration ou Les paradoxes de l'altérité*. Bruxelles: De Boeck, 1992.

SHILS, E. *The calling of sociology and other essays on the pursuit of learning*. Chicago: University of Chicago Press, 1980.

SKOCPOL, T. Formation de l'État et politiques sociales aux États-Unis. *Actes de la recherche en sciences sociales*, [*s. l.*], n. 96-97, p. 21-37, 1993. DOI: https://doi.org/10.3406/arss.1993.3038

TEITGEN-COLLY, C. *La légalité de l'intérêt financier dans l'action administrative*. Paris: Economica, 1981.

THOMPSON, E. P. Modes de domination et révolutions en Angleterre. *Actes de la recherche en sciences sociales*, [*s. l.*], n. 2-3, p. 133-151, 1976. DOI: https://doi.org/10.3406/arss.1976.3457

THOMPSON, E. P. *Senhores e caçadores*. Tradução: Denise Bottmann. Rio de Janeiro: Paz e Terra, 1997.

THOMPSON, E. P. *As peculiaridades dos ingleses e outros artigos*. Tradução: Fernando Teixeira da Silva. Campinas: Editora da Unicamp, 2002.

VAUBAN, S. L. P. *Projet d'une dixme royale qui, supprimant la taille, les aydes, les doüanes*. Paris: Hachette Livre BNF, 2012.

VAUCHEZ, A. Droit. *In*: SAPIRO, G. (org.). *Dictionnaire international Bourdieu*. Paris: CNRS Editions, 2020. p. 262-264.

VERDÈS-LEROUX, J. Champ scientifique et champ politique. *Actes de la recherche en sciences sociales*, [*s. l.*], n. 36-37, p. 25-31, 1981a. DOI: https://doi.org/10.3406/arss.1981.2106

VERDÈS-LEROUX, J. Les invariants du parti communiste français. *Actes de la Recherche en Sciences Sociales*, [*s. l.*], n. 36-37, p. 65-81, 1981b. DOI: https://doi.org/10.3406/arss.1981.2108

VERDÈS-LEROUX, J. Une institution totale auto-perpétuée. *Actes de la recherche en sciences sociales*, [*s. l.*], n. 36-37, p. 33-63, 1981c. DOI: https://doi.org/10.3406/arss.1981.2107

WAKEFORD, J. *The cloistered elite*: A sociological analysis of the english public boarding school. Londres: Macmillan, 1969.

WEBER, M. *Die Lage der Landarbeiter im ostelbischen Deutschland*. Tübingen: J.C.B. Mohr, 1892.

WEBER, M. *Ciência e política*: Duas vocações. Tradução: Leonidas Hegenberg; Octanny da Mota. São Paulo: Cultrix, 2003.

WEBER, M. *Economia e sociedade*. Tradução: Regis Barbosa; Karen Elsabe Barbosa. Brasília: Editora UnB, 2012.

WEBER, M. O sentido da "neutralidade axiológica" nas ciências sociais e econômicas. *In*: WEBER, M. *Metodologia das Ciências Sociais*. Tradução: Augustin Wernet. São Paulo: Cortez, 2015. p. 559-610.

WEBER, M. *Ética econômica das religiões mundiais*: ensaios comparados de sociologia da religião - confucionismo e taoísmo. Tradução: Gilberto Calcagnotto; Antonio Luz Costa. Petrópolis: Vozes, 2016.

WEBER, M. *A ética protestante e o espírito do capitalismo*. Tradução: Tomas da Costa. Petrópolis: Vozes, 2020.

WEBER, M. *Política como vocação e ofício*. Tradução: Gabriel Philipson. Petrópolis: Vozes, 2021.

WILENSKY, H. L. The Professionalization of Everyone? *American Journal of Sociology*, [*s. l.*], v. 70, n. 2, p. 137-158, 1964.

WILSON, N. L. Substances without Substrata. *Review of Metaphysics*, [*s. l.*], v. 12, n. 4, p. 521-539, 1959.

WINKIN, Y. Portrait du sociologue en jeune homme. *In*: GOFFMAN, E. *Les Moments et leurs hommes*. Paris: Seuil, 1988. p. 11-92.

WITTGENSTEIN, L. *Wittgenstein's lectures on the foundations of mathematics, Cambridge, 1939*. Chicago: University of Chicago Press, 1989.

WITTGENSTEIN, L. *Investigações filosóficas*. Tradução: Marcos G. Montagnoli. Petrópolis: Vozes, 2014.

Índice onomástico

Índice de conceitos

D

I

J

K

L

M

N

O

U

V

W

EDITORA VOZES LTDA.
Rua Frei Luís, 100 – Centro – Cep 25689-900 – Petrópolis, RJ
Tel.: (24) 2233-9000 – E-mail: vendas@vozes.com.br